Y^2

LE COCU
par
PAUL DE KOCK.

PRÉFACE
A CAUSE DU TITRE

Je n'ai jamais fait de préface à mes romans; j'ai toujours regardé comme assez inutile ce que l'auteur y dit, y explique d'avance au lecteur. Celui-ci serait en droit de lui répondre, comme Alceste à Oronte : *Nous verrons bien*.

Je n'ai jamais pensé non plus que c'était pour causer avec l'auteur du roman que le public lisait ce roman. Peu importe sans doute à mes lecteurs que je sois jeune ou vieux, petit ou grand, que j'écrive le matin ou la nuit; ce qu'ils désirent c'est un ouvrage qui leur plaise, où il y ait assez de naturel pour qu'on puisse s'identifier avec les personnages; et, si l'auteur vient toujours parler de lui et se mettre là entre ses héros et son lecteur, il me semble qu'il détruit l'illusion et nuit à son propre ouvrage.

Si je mets aujourd'hui une préface à mon livre, c'est à cause du titre.... de ce titre qui a fait reculer d'épouvante quelques personnes qui ne reculent pas devant les *bourreaux*, les *damnés*, les *suppliciés*, les *guillotinés* et autres graciousetés qu'on se

LE CABINET DE LECTURE.

— Ah! avez-vous quelque chose de nouveau de l'auteur de *Sœur Anne*? Vous savez que c'est mon favori, celui-là.

permet en toute liberté. Je veux, non pas me justifier, car je ne me crois pas coupable, mais je désire rassurer quelques-unes de mes lectrices que mon titre effaroucherait par trop.

Le Cocu! qu'a donc ce mot de si indécent? qu'est-ce qu'il signifie d'abord? Un homme marié, qui est trompé par sa femme; un mari dont l'épouse est infidèle. Vouliez-vous que je misse pour titre à mon livre : *l'Époux dont la femme a trahi ses serments?* Cela aurait ressemblé à une affiche de Pontoise. N'était-il pas plus clair, plus simple de ne mettre que le mot qui, seul, dit tout cela?

Vous auriez pu mettre *le Prédestiné*, me diront quelques personnes. Je répondrai à ces personnes que ce titre eût été fort bon pour ceux qui l'auraient compris, mais que beaucoup de gens n'auraient pas deviné que cela signifiait *Cocu*; que tout le monde n'est pas initié à ce langage de convention, et que j'écris pour être compris de tout le monde.

Puis enfin, pourquoi tant se gendarmer contre ce mot, si souvent et si heureusement employé au théâtre? Qui ne sait pas que notre immortel Molière a intitulé une de ses pièces : *le Cocu imaginaire?* Cette pièce, je l'ai vue représentée, et par conséquent affichée dans les rues de Paris, il n'y a pas encore trois ans, temps où cependant nous nous permettions beaucoup moins de libertés qu'à présent ; et cependant je n'ai vu personne reculer d'horreur, de dégoût, ou avoir des mouvements d'indignation, des crispations nerveuses, en lisant l'affiche du Théâtre-Français sur laquelle était imprimé : *le Cocu imaginaire*. Je crois pourtant que l'on doit être plus sévère pour ce que l'on dit au théâtre que pour ce qu'on met dans un roman ; car, si je mène ma fille au spectacle, et si les personnages y disent quelque chose d'inconvenant, je ne puis pas empêcher ma fille de l'entendre ; tandis qu'il m'est bien facile de ne pas lui laisser lire un roman où il y aurait de ces choses-là.

Mais, je le répète, le mot *Cocu* doit faire rire, et voilà tout. N'est-ce pas là l'effet qu'il produit au théâtre ?

Oui, voilà qui est bien ; mes enfants seront gentilshommes ; mais je serai cocu, moi, si l'on n'y met ordre.
(*Georges Dandin*, acte Ier.)

Voilà pour le prochain une leçon utile ;
Et si tous les maris qui sont en cette ville
De leurs femmes ainsi recevaient le galant,
Lo nombre des cocus ne serait pas si grand.
(*L'École des Femmes*, acte IV.)

Ce damoiseau, parlant par révérence,
Me fait cocu, madame, avec toute licence
(*Sganarelle*, scène XVI.)

Vous apprendrez, marouffe, à rire à nos dépens,
Et, sans aucun respect, faire cocus les gens.
(*Idem*, scène XVII.)

On vit brûler son âme,
Malgré nous et nos dents, d'une illicite flamme ;
Et qu'enfin, m'efforçant d'en être convaincu,
J'appris, sans me vanter, qu'on me faisait cocu.
(MONTFLEURY, la *Femme juge et partie*.)

Quoi ! me couvrir moi-même et d'opprobre et de blâme !
Moi-même publier la honte de ma femme !
Et chercher, quoiqu'enfin j'en sois trop convaincu,
Des témoins, et prouver qu'elle m'a fait cocu !
(*Idem, ibidem*.)

Je sais qu'on me dira encore : Ce qui était bon jadis ne peut plus l'être maintenant ; autres temps, autres mœurs.

Je répondrai à cela : autres temps, autres usages, autres modes, autres façons d'habits, autres heures pour les repas, je le crois très-vrai ; mais autres mœurs, je n'en crois rien. Nous avons les mêmes passions, les mêmes défauts, les mêmes ridicules que nos pères. Je suis très-persuadé que nous ne valons pas mieux qu'eux : ces passions, ces vices peuvent être cachés sous des formes plus policées, mais le fond est toujours le même. La civilisation rend les hommes plus aimables, plus habiles à cacher leurs défauts ; le progrès des lumières les rend plus instruits, moins crédules. Mais où me prouverez-vous que cela les rend moins intéressés, moins ambitieux, moins envieux, moins libertins ? Non : les hommes d'aujourd'hui ne valent pas mieux que ceux d'autrefois et que ceux qui existeront dans mille ans, si dans mille ans il en existe encore, ce que je ne vous affirmerai pas, mais ce qui est présumable. Ne soyons point scandalisés aujourd'hui de ce qui *faisait* rire nos ancêtres ; ne nous montrons donc pas si rigoristes, si méticuleux, cela ne prouverait nullement en faveur de notre vertu. Au spectacle, les bonnes mères de famille rient franchement d'une plaisanterie un peu leste, mais les femmes entretenues font la grimace ou mettent leur éventail devant leurs yeux.

Ensuite, lorsque l'on ose tant dans le genre qu'on appelle romantique, pourquoi donc serait-on plus sévère pour le genre gai, pour des tableaux de société ? Parce que je peins une scène contemporaine, dois-je craindre de laisser toute allure à ma plume ? ce privilège sera-t-il exclusivement réservé à ceux qui nous transportent aux siècles passés, et qui affublent leurs personnages de bottes à entonnoir et de petits manteaux ?

Pendant que je m'adresse à mes lecteurs, et surtout à mes lectrices, je ne puis résister au désir de répondre à l'inculpation que l'on m'a quelquefois adressée, de faire des ouvrages peu moraux.

Ce qui est gai, ce qui ne tend qu'à provoquer le rire, peut être un peu leste de ton sans être pour cela licencieux.

Si cette volupté est dangereuse, des plaisanteries ne l'inspirent jamais. Un ouvrage qui fait soupirer, qui exalte l'imagination, est bien autrement dangereux que celui qui fait rire. Ceux qui dans mes romans n'ont point vu le but moral, n'ont pas voulu le voir. Je ne crois pas qu'il soit nécessaire d'être morose pour offrir quelques leçons à ses lecteurs. Ce n'est pas tristement que Molière a châtié les travers, les sottises des hommes, et tourné leurs vices en ridicules.

Dans *Georgette*, j'ai tracé la vie d'une femme entretenue ; elle finit de manière à ne pas donner envie de l'imiter. Dans *Frère Jacques*, j'ai peint un joueur, et montré jusqu'où cette affreuse passion peut nous mener. Dans *le Barbier de Paris*, deux hommes cèdent à leurs passions : la cupidité et le libertinage. Tous deux sont punis par où ils ont péché. Jean prouve qu'une passion bien placée peut nous faire rougir sur nos manières, sur notre ignorance, et nous dégoûter de la mauvaise compagnie et des mauvais lieux. Dans *la Laitière de Montfermeil*, j'ai cherché à prouver que l'argent répandu en bienfaits rapportait plus que celui dépensé en folies. *André le Savoyard* est l'histoire d'un pauvre enfant des montagnes : c'est en se conduisant bien, c'est en secourant sa mère, en aidant son frère, en donnant ce qu'il possède à sa bienfaitrice, qu'il parvient à être heureux et à triompher d'un amour sans espoir. *Sœur Anne* est une jeune fille séduite. Un séducteur, placé entre sa maîtresse et sa femme, y reçoit une assez forte leçon. *La Femme, le mari et l'amant* offre un tableau trop vrai de la conduite de bien des époux. *L'homme de la nature et l'homme policé* doit montrer les avantages de l'éducation. Si ces ouvrages n'ont pas un but moral, c'est que probablement je n'ai pas su les écrire avec assez de talent pour le faire sentir à mes lecteurs.

Mais c'est assez, c'est beaucoup trop parler de mes romans ; et tout cela à propos de ce pauvre *Cocu*, que le titre ne vous effraie pas. L'épigraphe de ce livre a dû déjà vous rassurer un peu : lisez donc sans crainte, ne condamnez pas sans entendre. Peut-être trouverez-vous ce roman bien moins gai que vous le croyiez ; peut-être même penserez-vous que j'aurais pu, que j'aurais dû présenter mon héros d'une tout autre manière. Enfin, si tel qu'il est, ce roman ne vous plaît pas, pardonnez-le-moi, mesdames, je tâcherai de prendre ma revanche dans un autre ouvrage ; car le *Cocu* que je vous offre aujourd'hui ne sera pas, je l'espère, le dernier que je ferai.

CH. PAUL DE KOCK.

LE COCU.

CHAPITRE PREMIER. — Un Cabinet de Lecture.

— Madame, donnez-moi *le Constitutionnel*.
— Ils sont tous en lecture pour le moment, monsieur.
— Eh bien ! donnez-moi *le Courrier français*.
— En voici la première feuille, monsieur... Vous aurez l'autre tout à l'heure.
— Madame, quand je viens lire un journal, je suis bien aise de l'avoir entier : avec vos nouvelles méthodes de couper le journal en deux, vous nous faites quelquefois rester en suspens dans l'endroit le plus intéressant, et c'est fort désagréable...
— Mais, monsieur, nous ne pouvons cependant pas avoir dix exemplaires de chaque journal !... Les frais sont déjà assez lourds !... En coupant le journal, il est plus facile de contenter beaucoup de personnes, et certainement la seconde feuille du *Courrier* rentrera avant que vous n'ayez lu la première.
— Ce n'est pas sûr. Je ne suis pas de ces gens qui mettent une heure à lire une colonne... Je veux un journal entier.
— Voulez-vous les *Débats* ?
— Va pour les *Débats*.

Le monsieur qui tient à avoir un journal entier, comme ces enfants qui, chez le traiteur, ont un plat pour eux seuls, quoique souvent ils n'en puissent pas manger la moitié, est entré en grommelant dans le salon de lecture : il va s'asseoir sur un banc entre deux liseurs, dont l'un, jeune et poli, se recule pour lui faire place; tandis que l'autre, vieux, rabougri et coiffé en ailes de pigeon, regarde avec humeur le nouveau venu, et lui tourne le dos après avoir murmuré d'une voix aigre :

— Prenez donc garde, monsieur, vous vous asseyez sur ma redingote.

Moi, je suis debout à l'entrée du salon, où je fais rarement une longue station : j'ai pu facilement un journal *entier*, parce que j'ai pris un petit journal littéraire, et maintenant que la politique absorbe tout, on néglige cruellement la simple littérature. Je conçois fort bien que les intérêts de notre pays occupent et intéressent. Il y a des moments où je lis les grands journaux avec empressement; mais alors même je ne pourrais passer des heures à les méditer... Que voulez-vous ? on ne se refait pas : la politique n'a jamais été de mon ressort !.... et, je ne sais si je me trompe, mais il me semble qu'il serait bien heureux, le pays où l'on n'aurait pas besoin de s'en occuper.

Je voulais savoir ce qu'on disait de la pièce que l'on a donnée hier aux *Variétés*. Un journal prétend qu'elle est détestable; un autre la trouve charmante : faites-vous donc une opinion là-dessus !...

— Madame, donnez-moi, s'il vous plaît, *la Quotidienne*... et *la Gazette de France*... si on ne les tient pas...

— Non, monsieur, on ne les tient pas... Les voici.

J'ai tourné la tête.... On tourne souvent la tête quand on ne lit pas des choses sérieuses; j'ai voulu voir la figure du monsieur qui vient de prendre *la Gazette* et *la Quotidienne*. J'ai vu un grand personnage, tout long, tout droit; aux cheveux plats, lisses, bouclés par derrière l'oreille; à l'œil couvert, à la voix mielleuse... j'allais presque dire à l'oreille rouge et au teint fleuri : c'est qu'on en vérité il y a de cela; et si j'avais regardé ce monsieur avant qu'il parlât, j'aurais deviné quels journaux il demanderait. On prétend que la physionomie est trompeuse, mais non, elle ne l'est pas autant qu'on le dit, surtout pour ceux qui veulent bien se donner la peine de l'examiner attentivement.

Je tiens encore mon journal, mais je ne le lis plus. Je m'amuse à considérer toutes ces figures penchées sur ces feuilles de papier imprimé. Ce serait un joli tableau à faire pour un peintre de genre. Le gros homme, dont les deux coudes sont appuyés sur la table couverte du tapis vert de rigueur, a l'air d'un potentat appelé à prononcer entre les rois ses voisins. Tantôt sa lèvre inférieure s'avance, il blâme sans doute ce que l'on a fait; mais bientôt il se radoucit, sa bouche reprend son expression accoutumée, et un petit mouvement de tête annonce qu'il est plus satisfait de ce qu'il lit. A sa droite, un petit homme à cheveux gris lit avec une avidité qui se peint dans tous ses traits. Peu lui importe qu'on entre, qu'on sorte, qu'on tousse, qu'on se mouche ou qu'on s'asseye près de lui; ses yeux ne quittent pas une minute la feuille qu'il tient, et ses yeux brillent comme ceux d'un jeune homme. Il y a du patriotisme, de la gloire, de la liberté dans cette tête-là.

Là-bas, un homme entre deux âges, un homme à manies : cela se voit tout-de-suite. Il faut que la lampe soit juste devant lui, que ses pieds aient une chaise pour s'appuyer, et que sa tabatière soit placée à côté de son journal. Si toutes ces formalités ne sont pas exactement remplies, voilà un homme qui est malheureux et qui ne saura plus ce qu'il lit. J'en ai bientôt la preuve ; un voisin vient avec son coude de repousser sa tabatière; il lève les yeux avec colère et regarde le voisin en murmurant :

— Il me semble que vous avez assez de place, et qu'elle ne vous gêne pas.

Il est plusieurs minutes avant de pouvoir reprendre tranquillement sa lecture, ce qu'il ne fera qu'après avoir replacé sa boîte à la même distance de sa main. Mais bientôt il lui arrive un accident plus grave : comme il y a beaucoup de monde dans le cabinet, un nouveau venu se permet de s'emparer de la chaise sur laquelle il posait ses pieds. Alors l'homme à manies est tout bouleversé : après avoir regardé du haut en bas celui qui s'est permis une telle action, il se lève, passe au comptoir, jette avec humeur le journal et un sou, puis sort en disant :

— C'est détestable !... il n'y a pas moyen de lire les nouvelles quand on est troublé et dérangé à chaque instant.

Dans ce coin, au fond, s'est placé le monsieur aux cheveux lisses. Il jette de temps à autre un regard en dessous autour de lui ; il reprend ensuite sa lecture, mais doucement, sans remuer, sans gesticuler, sans laisser paraître le moindre changement dans l'expression de sa physionomie.

Un peu plus loin, un individu à figure bête est depuis un temps infini penché sur la même feuille; cependant il ne dort pas, ce que j'avais cru d'abord. Cet homme-là, m'a-t-on dit, l'épouvantail des cabinets littéraires. Il met régulièrement quatre heures pour lire un journal ordinaire, et six heures pour lire *le Moniteur*. Si les loueurs de journaux avaient beaucoup d'habitués comme celui-ci, ils devraient faire payer à l'heure, comme au billard.

J'allais continuer ma revue, mais je suis distrait par une voix féminine, qui retentit à mes oreilles ; ce qui est féminin m'a toujours causé des distractions. J'abandonne bien vite les habitués du cabinet, et je regarde à ma droite dans le salon voisin, qui est tapissé de tablettes chargées de livres, car ici on loue des livres et des journaux : et en vérité on a raison ; dans ce siècle-ci, pour gagner sa vie, ce n'est pas trop, ce n'est même quelquefois pas assez de faire deux choses à la fois.

Comme je suis debout entre les deux salons, il m'est facile de voir aussi dans celui consacré à la librairie : je vois donc une femme d'une vingtaine d'années, à la figure vive, éveillée. Sa mise annonce qu'elle est voisine ; elle est coiffée en cheveux ; un tablier de taffetas noir à corsage lui prend fort bien la taille; mais ses pieds sont dans des chaussons de lisière beaucoup trop larges, et elle a encore un dé à une de ses mains, couvertes de vieux gants dont les doigts sont coupés.

Elle entre en souriant, en sautillant, et dépose sur le comptoir un paquet de livres en disant :

— Tenez! nous avons déjà dévoré tout ça !...

— Comment !... et vous ne les avez que d'hier ?...

— Oh! c'est que nous lisons vite à la maison... Ma tante ne fait pas autre chose; ma sœur, qui a mal au pouce, ne pouvait pas travailler; elle a souvent mal au pouce, ma sœur !... et monsieur mon frère aime beaucoup mieux lire des romans que d'étudier son violon.... J'avoue que j'aime bien mieux aussi quand il n'étudie pas ; c'est si ennuyant d'entendre racler du violon à vos oreilles !... Ah ! ça me fait grincer des dents, rien que d'y penser... J'ai le violon en horreur !... Qu'est-ce que vous allez me donner ?... Nous voulons quelque chose de gentil...

— Je ne sais trop... Vous allez si vite !... Vous aurez bientôt lu toute ma boutique !...

— Nous voulons du nouveau.

— Du nouveau !.... voilà bien tous les abonnés : il leur semble que le nouveau seul est bon !... Et pourtant nous avons d'anciens romans qui sont bien au-dessus des modernes !...

— Ah ! vous dites ça pour me faire prendre encore vos *Cleveland*, vos *Tom Jones*, votre vieux *Doyen de Killerine*...

— Mademoiselle, *le Doyen de Killerine* est un très-bon ouvrage, et...

— Madame, je ne m'intéresse pas à un héros qui est bossu, a les jambes torses et des loupes sur les yeux ! Fi donc ! parlez-moi d'un beau jeune homme, bien brun... bien fait, d'une belle tournure.... A la bonne heure ; on se le représente, on croit le voir... Quand il parle d'amour, on se dit : Je voudrais un amant comme cela... Et ça fait plaisir.

La libraire sourit ; j'en fais autant, tout en ayant l'air de n'être occupé que de mon journal. La demoiselle voltige devant chaque tablette du magasin ; elle prend des volumes, les ouvre, puis les replace sur des rayons en disant :

— Nous avons lu cela... nous avons lu cela... Mon Dieu ! Est-ce que nous avons tout lu ?...

— Tenez, mademoiselle, dit la dame qui tient le cabinet, voici quelque chose de fort intéressant et de bien écrit...

— Qu'est-ce que c'est ?...

— *La Femme de bon sens ou la Prisonnière de Bohême.*

— Voyons par qui : Traduit de l'anglais par *Ducos* !... Comment ! cela a paru en 1798 ! Est-ce que vous vous moquez de moi, de me donner un roman aussi vieux ?

— Mais qu'importe son âge, puisque je vous dis que c'est bien ?

— Et moi je vous dis que l'âge fait beaucoup ; nous aimons les tableaux de mœurs, les scènes contemporaines. Un roman qui a plus de vingt ans ne peut peindre les mœurs actuelles.

— Mais il peut peindre les passions, les ridicules de la société ; ces choses-là sont de tous les temps, mademoiselle. C'est pourquoi on s'amuse encore en voyant représenter *Tartufe*, le *Misanthrope*, l'*Étourdi*, quoique ces ouvrages ne soient certainement pas nouveaux.

— Ah ! cela dépend du goût... Mais je ne veux pas de votre *Femme de bon sens*... D'ailleurs, le titre ne me plaît pas... Il semble que ce soit une épigramme !...

— Tenez, voici qui est plus nouveau... C'est le *Bourreau de*...

— Assez !... assez !... Grâce au ciel, nous n'avons jamais eu de goût pour les bourreaux !... Nous n'aimons pas la littérature de cimetière, les mœurs de la Morgue. Il est possible que ces tableaux-là soient pleins de vérité, mais nous n'avons nulle envie d'aller nous en assurer ; nous fuirions avec horreur une rue, une place où l'on se disposerait à exécuter quelques criminels, et vous voulez que nous lisions avec plaisir des ouvrages où l'on s'attache à nous détailler de telles horreurs, à nous offrir des tableaux hideux !... Ah ! madame, je trouve qu'il faut avoir bien mauvaise opinion des femmes pour penser qu'elles prendront goût à ces lectures, pour croire que de telles peintures peuvent avoir de l'attrait pour nous ! C'est nous assimiler à ces malheureuses qui se pressent, se foulent pour assister à une exécution, et je ne pensais pas qu'il pût y avoir de la gloire à écrire pour ces femmes-là !

Je ne puis m'empêcher de quitter des yeux mon journal ; on aime à rencontrer des personnes qui pensent comme nous, et, comme, relativement à la littérature, je partage entièrement l'opinion de cette demoiselle, je la regarde avec satisfaction. Le hasard fait qu'en ce moment elle me regarde aussi. Je souris sans doute, car elle fait une petite figure toute drôle, et va voltiger près d'une autre partie de la bibliothèque.

Elle revient bientôt, tenant quatre gros volumes, en disant :

— Enfin, je crois qu'en voici un que nous n'avons pas lu... *Eugène et Guillaume...* Je prends cela... C'est par *Picard ;* ça doit être bon.
— Il ne faut pas toujours s'en rapporter au nom de l'auteur, mademoiselle ; malgré cela, quand c'est d'un écrivain qui sait écrire, on est sûr au moins d'avoir quelque chose qui ne pèche pas par le style, alors même que l'intrigue ou les événements ne seraient pas heureux. Vous prenez alors *Eugène et Guillaume ?*
— Oui ; mais il me faut encore quelque chose avec cela... Quatre volumes ! à peine s'il y en a pour notre soirée !... Ah ! avez-vous quelque chose de nouveau de l'auteur de *Sœur Anne ?...* Vous savez bien que c'est mon favori, celui-là ?...
Je ne puis m'empêcher de regarder cette demoiselle avec une nouvelle satisfaction, parce que je suis très-lié avec l'auteur dont elle vient de parler.
— Non, mademoiselle ; nous n'avons rien de cet auteur-là que vous n'ayez lu... Mais voici quelque chose qui a paru hier...
— Ah ! donnez... donnez...
— Je ne sais pas trop ce que c'est... Mais pour nouveau, je vous le garantis !...
— Donnez...
— Vous me promettez de ne point le garder longtemps ?...
— Non, non ; vous savez bien que c'est l'affaire d'une veillée, chez nous...
— Vous prendrez bien garde en le coupant...
— Oui, oui !... je m'en vais bien vite, car ma tante dira que j'ai bavardé.
La demoiselle prend tous les volumes sous son bras et sort, après toutefois avoir encore jeté un petit regard de mon côté.
A cette jeune personne succède une femme en bonnet rond, en déshabillé d'indienne. Celle-là ne rapporte qu'un seul ouvrage qu'elle dépose sur le comptoir en disant :
— Ah ! Dieu !... avons-nous eu de la peine à le finir !... J'ai cru que nous n'en verrions jamais la queue !...
— Il est vrai qu'il y a près d'un mois que vous avez ce roman-là...
— Ah ! dame ! nous ne lisons pas vite chez nous ; avec ça, d'ordinaire, c'est mon homme qui me lit pendant que je travaille ; et, comme il a toujours son catarrhe, il s'arrête à chaque virgule pour tousser... C'est égal, c'est bien amusant... J'ai fièrement pleuré avec cette pauvre fille qui passe quinze ans dans des souterrains, nourrie seulement avec du pain et de l'eau... Fallait qu'elle eût un fameux estomac, quoique ça, pour ne pas faire une maladie !...
— Voulez-vous quelque chose ?
— Oui, sans doute. Des *voleurs*, s'il vous plaît... et puis des *revenants*, si vous en avez... parce qu'un roman où il y a des revenants et des voleurs, ça ne peut pas être mauvais... Ah ! et puis qu'il y ait des gravures... de ces belles gravures où l'on voit des crimes !... Je tiens aux gravures, moi ; d'ailleurs je me dis : Un roman où l'on n'a pas fait la dépense d'une image, c'est qu'apparemment ce n'est pas le Pérou... Est-ce que je n'ai pas deviné juste ?...
— Tenez, madame, voici qui vous amusera beaucoup.
— Qu'est-ce que c'est ?
— *Les Esprits du château sans nom* ou *les Brigands de la Carrière abandonnée.*
— Ah ! le beau titre !... comme ça résonne bien !... Voyons les images... Un homme qui mange un squelette ! Ah ! Dieu ! que ça doit être joli !.. Je n'en veux pas voir davantage... J'emporte vos *Esprits,* et je vais acheter de la pâte de jujube pour mon mari, afin qu'il tousse un peu moins en lisant.
La bonne dame qui aime les images est remplacée par un monsieur âgé qui veut aussi avoir un roman. On lui demande dans quel genre ; mais peu lui importe : c'est pour lire le soir dans son lit ; il désire quelque chose qui l'endorme tout de suite. On lui trouve sur-le-champ ce qu'il lui faut.
Après ce monsieur, vient une dame sur le retour. Elle rapporte des *Mémoires ;* elle demande des *Mémoires ;* elle trouve qu'on ne peut plus lire que des Mémoires. Quand on a passé l'âge des conquêtes, je conçois que les Mémoires lui semblent une lecture instructive et agréable : pour ces dames, le passé a plus de charmes que le présent. Ne pouvant plus nous entretenir de ce qu'elles font, elles veulent que l'on s'occupe de ce qu'elles ont fait : c'est encore un moyen de faire parler de soi. Après avoir eu des aventures, elles trouvent que ne plus occuper le public, c'est mourir de son vivant. Pauvres femmes ! je les plains : elles meurent deux fois. Voyez comme on se trompe pourtant !... Celles-là tombent dans l'oubli en cherchant l'immortalité, et il est de ces bonnes mères de famille, de ces femmes simples, vertueuses, vivant sans renommée auprès de leurs enfants, qui pourtant ne meurent pas entièrement, car tous ceux qui les ont connues conservent au fond du cœur et leur *image* et leur *souvenir.*
La dame aux mémoires est partie avec huit volumes *in-octavo* sous le bras. Vient ensuite un vieux monsieur poudré et musqué comme au temps de la régence. Un petit chapeau à cornes qui n'approche pas de ses oreilles, et par-dessus son habit une douillette de soie, quoique nous soyons à peine en octobre.
Ce monsieur fait un salut de protection à la dame qui tient le magasin, et place deux volumes sur son comptoir en disant :

— Que diable m'avez-vous donné là ?... c'est mauvais... c'est détestable...
— Quoi ! monsieur, vous n'êtes pas content de cet ouvrage ?... Il a cependant obtenu l'approbation générale.
— Je vous assure qu'il n'aura pas la mienne !...
— Alors monsieur ne veut pas la suite ?... Il y a encore deux volumes.
— Non certainement je ne veux pas la suite... C'est tout au plus si j'en ai lu trois pages.
— Et cela vous a suffi pour juger ?
— Oui, madame ; je juge dès les premières lignes, moi... Je veux quelque chose de bon... d'utile... un roman de chevalerie, par exemple.
— J'ai *Amadis des Gaules.*
— Je l'ai lu.
— *Geneviève de Cornouailles.*
— Je l'ai lu.
— *Les Chevaliers du Cygne.*
— Je l'ai lu... J'ai lu tout ce qui est ancien dans ce genre. Donnez-m'en un nouveau.
— Mais... c'est qu'on ne fait plus guère de romans de chevalerie.
— Comment ! on n'en fait plus ?... Et pourquoi n'en fait-on pas ?... Il faut en faire faire, madame ; il faut en commander à vos romanciers.
— Ils disent que ce n'est plus de mode, monsieur.
— Ils ne savent ce qu'ils disent !... Il n'y a que cela de joli... c'est le vrai genre du roman. Mais ces auteurs modernes ne comprennent pas le goût des lecteurs !... Ils font des ouvrages où ils visent à l'esprit, au naturel... Ils font des tableaux de société... comme si cela pouvait se comparer à la description d'un tournoi !... Jadis on faisait des romans bien meilleurs ! Ceux de Crébillon fils n'étaient pas sans mérite. Mademoiselle de Scudéry les faisait un peu trop longs, j'en conviens ; mais *le Sopha, les Bijoux indiscrets, Angola !...* voilà de jolis ouvrages... pétillants de détails délicieux !...
— Si monsieur voulait *l'Enfant du Carnaval* de Pigault-Lebrun, c'est aussi plein de détails fort amusants...
— Non, madame, non ; je ne lis point de ces ouvrages-là !... Pour qui me prenez-vous ? C'est d'un leste !... et ça là-dedans un certain plat d'épinards qui...
— Qui fait rire, monsieur ; tandis que votre *Angola* fait rougir, et quelquefois pis encore.
— Madame, donnez-moi un roman de chevalerie... Je veux instruire mon petit-fils ; et certainement c'est la seule lecture qui puisse lui être à la fois *utile dulci*.
— Si monsieur voulait *Don Quichotte ?...*
— *Don Quichotte !...* fi donc, madame !... votre *Cervantes* est un impertinent !... un drôle !... un faquin !... qui se permet de rire de ce qu'il y a de plus noble, de plus galant, de plus révéré !... Si ce Cervantes avait vécu de mon temps, madame, je lui aurais fait rétracter son *Don Quichotte...* ou, par les mânes de mes aïeux ! je jure qu'il aurait passé un mauvais quart d'heure !...
La libraire feint d'avoir un accès de toux pour cacher son envie de rire. Quant à moi, je n'y tiens pas... j'éclate, et le journal me tombe des mains. L'homme à la douillette se retourne de mon côté ; il me toise avec indignation, et porte la main droite à son côté gauche ; je ne sais si c'était pour y chercher une épée et me traiter comme *Michel Cervantes ;* mais comme, au lieu d'une rapière, sa main ne rencontre qu'une bonbonnière en bergamote, il la prend, l'ouvre, en tire deux ou trois pastilles qu'il met avec dignité dans sa bouche, puis il dit à la libraire :
— Voyons, finissons-en... Que me donnez-vous, madame ?...
— Si monsieur ne connaissait pas, par hasard, l'histoire des *Quatre fils Aymon ?...*
— Je l'ai lue trois fois ; mais je la lirai encore avec plaisir... Donnez-moi l'histoire des fils Aymon, je la ferai méditer à mon petit-fils... et ce ne sera pas ma faute si je n'en fais pas un *Richardet.*
Le monsieur met les fils Aymon sous sa douillette ; il me lance encore un regard courroucé, et va probablement faire une très-belle sortie : malheureusement en me regardant il n'a pas vu une dame qui entrait ; en se retournant il se jette sur elle, et le chapeau de la dame fait tomber à terre celui à trois cornes qui n'était posé qu'en équilibre. Le petit vieux ramasse son chapeau, l'enfonce sur ses yeux en murmurant : — Où en sommes-nous ?... et sort en tirant la porte avec une telle colère, qu'il manque de briser tous les carreaux, ce que je ne trouve nullement poli pour un vieux chevalier.
La dame qui a fait voltiger le petit chapeau est jeune et assez gentille ; un demi-voile rejeté sur la forme de sa capote n'empêche pas de voir ses traits ; ses yeux d'ailleurs annoncent pas une personne qui craint d'être remarquée ; au contraire. Mais il y a dans sa mise un mélange de coquetterie et de malpropreté, de prétention et de pauvreté ; elle tient à la main une brochure qu'elle pose sur le comptoir en disant :
— Je vous apporte *les Chevilles de maître Adam* : combien vous dois-je ?
— Six sous, mademoiselle.
— Comment ! six sous pour un vaudeville que je n'ai gardé que trois jours, le temps de copier mon rôle ?...
— Mademoiselle, c'est le prix... Vous m'avez donné trente sous d'arrhes : en voici vingt-quatre.

— Mais, madame, c'est exorbitant... six sous !... J'en loue très-souvent, et je n'ai jamais payé cela... Autant vaudrait alors acheter la pièce. Combien donc coûte-t-elle ?
— Trente sous, mademoiselle.
— Ah! mon Dieu! comme on fait monter les pièces à présent.... C'est bien bête!... j'ai pourtant besoin du *Mariage de Figaro* pour apprendre Chérubin, que je joue dimanche rue Chantereine... Moi, je ne peux apprendre mes rôles qu'en les copiant : en écrivant, ça se grave dans la tête... J'ai copié *Nanine* en une nuit, et je la savais le lendemain. Mais six sous! c'est un peu dur... On croit que de jouer en société ça ne coûte rien ! Ah bien ! ce sont des frais à n'en plus finir. Les costumes... le rouge, les paquets à faire porter. C'est égal, donnez-moi *Figaro*. Je n'ai pas encore joué de *travesti*, mais mon professeur m'a dit que je serais très-bien, parce que je n'ai pas les genoux en dedans... Gardez mes arrhes, ça fera pour celle-ci.

On donne à cette dame *le Mariage de Figaro*. Elle feuillette la brochure en murmurant : — Ah ! qu'il est court !... presque pas de tirades... moi qui aime tant les *tartines*... Je suis fâchée maintenant de ne pas jouer *Suzanne*... Mais je les copierai tous les deux ; ça fait que je ferai la femme ou l'homme, comme on voudra. Je n'y tiens pas.

L'apprentie comédienne fourre la brochure dans son sac, et sort en tortillant autour de son corps un vieux châle qui semble avoir servi souvent de turban à Zaïre ou à Mahomet.

Ce doit être amusant de louer des livres ; on voit beaucoup de monde, on entend de plaisantes choses ; il y a des gens qui mettent tout de suite à leur sottise, leur ridicule, leur mauvais goût ; mais il faut de la patience, surtout lorsqu'on a affaire à des abonnés comme le chevalier en douillette.

Je vais rendre mon journal et payer, lorsqu'une voix, bien connue de moi, se fait entendre avant même que celui à qui elle appartient ait ouvert la porte de la boutique.

Je me retourne et vois entrer mon ami Bélan, qui, suivant son habitude, crie en parlant comme s'il s'adressait à des sourds, et trouve moyen de tenir la place de quatre personnes, quoiqu'il soit fluet et que sa taille l'ait exempté de la conscription ; mais Bélan fait sans cesse aller ses bras, il se hausse sur les pointes pour se grandir, jette sa tête en arrière, et fait continuellement le manège d'un ours dans sa cage.

En ouvrant la porte Bélan m'aperçoit ; il vient à moi en s'écriant :
— Ah, Blémont !... je vous cherche, mon ami... je viens de chez vous... on m'a dit que vous étiez peut-être ici, et voilà que...
— Chut !... chut !... ne parlez pas si haut ! dis-je à Bélan dont les accents criards causent une révolution dans le cabinet de lecture. Attendez... je suis à vous.
— Mon cher ami, c'est qu'il s'agit d'une chose... d'un événement très-grave. Je vais vous conter cela : vous verrez si...
— Mais taisez-vous donc... les liseurs de journaux, dont vous interrompez la lecture, ne se soucient nullement de savoir vos affaires : ce n'est pas pour cela qu'ils sont venus ici.
— Ah ! c'est juste, mais...
— Allons, venez.

Et, prenant M. Bélan sous le bras, je l'entraîne loin du cabinet de lecture.

CHAPITRE II. — De ces choses qui arrivent souvent.

— Maintenant, mon cher Bélan, parlez : nous sommes sur le boulevard, et vous ne gênerez personne ; cependant je vous engage à baisser un peu la voix, car je ne vois jamais la nécessité de mettre les passants dans notre confidence.
— Mon ami, baisser la voix !... Cela vous est fort aisé à dire... Mais quand on est aussi agité... aussi ému que je le suis... il est bien permis de crier... ça soulage. Ah ! mon Dieu ! comment finira tout ceci !...
— Vous commencez à m'effrayer, Bélan. De quoi s'agit-il donc ?...
— Eh parbleu ! d'amour... d'intrigue... de femme... toujours de femmes ! Vous savez bien que je ne sors pas de là !...

Je ne puis m'empêcher de regarder le petit homme. Je conviens qu'il est très-bien fait dans sa petite façon, et que beaucoup d'hommes grands n'ont pas le mollet aussi fourni et aussi bien placé que le sien. Mais sa figure est si drôle !... son nez au vent, ses sourcils trop haut, sa bouche en cœur, et ses gros yeux saillants forment un ensemble si comique, que je ne conçois jamais que cela puisse inspirer de l'amour ; je le concevrais bien plutôt d'une figure laide mais aimable ou spirituelle ; mais probablement que je ne m'y connais pas, car Bélan passe pour un homme à bonnes fortunes ; et, comme il vient de le dire lui-même, il est continuellement mêlé dans les intrigues d'amour. Il est vrai que Bélan est riche, et l'argent est un puissant auxiliaire : c'est à lui seul que beaucoup de soi-disant séducteurs doivent leurs succès.

Bélan s'aperçoit que je le regarde. Il grimpe de nouveau sur la pointe de ses souliers, et me dit d'un ton piqué, car le petit homme se pique et s'irrite très-facilement :
— Vous avez l'air surpris qu'il s'agisse d'une intrigue d'amour ? Est-ce que cela vous étonne, que je tourne des têtes ?

— Non, mon cher ami ; mais je m'étonne que vous soyez si agité, puisqu'il ne s'agit que d'une chose à laquelle vous devez être habitué.
— Ah ! c'est que ce n'est pas toujours aussi sérieux qu'aujourd'hui... Vous n'êtes pas sans savoir que je suis au mieux avec madame Montdidier ?...
— Ma foi non, je ne le savais pas...
— Comment ! vous ne saviez pas cela ?... vous, un roué !... un séducteur dans mon genre !
— Vous me faites trop d'honneur.
— A coup sûr je ne l'ai dit à personne... car je suis la discrétion même ! Mais ces choses-là ! ça se voit toujours ; ordinairement il n'y a que le mari qui ne s'en aperçoit pas.
— Est-ce qu'il s'en est aperçu cette fois ?
— Ecoutez : Montdidier est un homme emporté, brutal même, à ce que dit sa femme ; et de plus, horriblement jaloux !...
— Tout cela ne l'empêche pas d'être...
— Non, ça n'empêche jamais ; au contraire, ça en donne l'envie... Mais enfin vous sentez qu'il fallait redoubler de précaution, de prudence !... Ce n'était pas ici un de ces maris qui vont au-devant de vos désirs, qui vous supplient sans cesse d'accompagner leur femme, de lui donner le bras au spectacle, à la promenade... de ces maris enfin qui ont l'air de vous dire : Faites-moi cocu, ça me fera plaisir !...
— C'est qu'il n'y en a comme cela.
— Il s'agissait de tromper un Argus, un Othello ; il fallait sans cesse inventer quelque stratagème. Heureusement je ne suis jamais à court !...
— Vous êtes heureux.
— Aujourd'hui Montdidier dînait en ville ; un repas de cérémonie auquel il ne pouvait se dispenser d'aller. Là-dessus nous dressons nos batteries. Sa femme fera semblant de dîner de bonne heure, et dira ensuite qu'elle va voir sa tante ; elle ira en effet, mais viendra me retrouver chez un petit restaurateur du boulevard du Temple. Tout doit s'arranger comme nous en étions convenus ; nous dînons très-bien... *et cætera, et cætera !*
— Oui, beaucoup de *et cætera*.
— Je vous prie de croire qu'il y en a eu beaucoup. Le soir, il fallait qu'Hélène... c'est le nom de mon infante...
— Le nom lui va très bien.
— Tiens, c'est vrai, au fait !... je n'y avais pas encore pensé !... Il fallait donc qu'Hélène allât retrouver son *Ménélas*... Ah ! ah ! c'est très-drôle, *Ménélas*...
— Vous êtes *Pâris*, vous.
— C'est cela même... Je suis Pâris... Ah ! quel dommage que je ne puisse pas rire maintenant !... Hélène devait donc aller retrouver son mari chez Giraud, qui donne sa soirée... Vous connaissez Giraud... un bavard... un être qui croit qu'il a un cabinet d'affaires parce qu'il a trois cartons rangés sur son bureau... et qui a la manie de vouloir marier tout le monde... le tout pour que sa femme et lui aillent à la noce.
— Oui, je le connais.
— Moi, je devais aller aussi chez Giraud, mais plus tard ; nous ne voulions pas arriver ensemble... On jase déjà assez !... et j'ai une réputation si terrible !...
— Enfin ?
— Enfin tout à l'heure nous faisons venir un fiacre, je monte dedans avec Hélène... j'aurais dû la laisser aller seule... Mais que voulez-vous !... on a toujours tant de peine à se quitter !... Cette femme-là est extrêmement passionnée !... Me voilà dedans avec elle. Vous savez que Giraud demeure rue Poissonnière ; j'avais dit au cocher de me descendre au coin du boulevard. Nous roulions assez doucement, par parenthèse, lorsque tout à coup nous nous sentons entraînés sur le côté : Hélène tombe contre une portière, je tombe sur elle... et tout cela était la suite d'un accident arrivé à la voiture : une roue de derrière venait de casser... Nous poussions des cris de possédé... Hélène me repoussait avec force pour que je ne lui mettais pas l'œil au beurre noir, et moi je lui disais : Otez donc votre main ; vous allez m'éborgner. Voyez-vous ici le tableau ?
— Je vois que vous ne songiez plus à vous dire des douceurs !
— Ma foi non... bien au contraire... je crois bien que nous allions nous dire des injures... Voyez cependant comme une roue qui se casse change la disposition des sentiments. Heureusement nous avions eu plus de peur que de mal... La foule s'était portée autour de notre fiacre. Je parviens à ouvrir la portière, je saute dehors le premier... Mais jugez de ma stupéfaction en voyant devant moi le mari... oui, Montdidier lui-même, qui tendait le cou pour savoir ce qui était arrivé.
— Et vous a-t-il reconnu ?
— Je n'en sais rien : en l'apercevant je ne lui ai pas laissé le temps de me parler ; je me suis retourné si brusquement que j'ai manqué renverser un marchand de tisane qui était derrière moi... J'ai écarté, bousculé tout le monde, et j'ai couru jusque chez vous sans m'arrêter.
— Et votre pauvre dame, vous l'avez laissée là ?
— Ne vouliez-vous pas que je lui donnasse encore la main, que je fisse le galant avec elle devant son mari ?... J'ai pris le parti le plus sage... Mais cependant si Montdidier m'a reconnu... et je n'ai peur... si sa femme me *nomme*... ah ! il aura vu sa femme sortir du fiacre. Ah, mon Dieu ! un homme si colère, si jaloux !...
— Il est capable de faire un mauvais parti à sa femme...

— Oui, sans doute, à sa femme... et à moi... Elle ne cessait de me dire, quand nous étions ensemble : — Ah! si mon mari savait... il me tuerait!... il me tuerait!...

— Alors il pourrait fort bien vouloir vous tuer aussi...

— C'est terrible... c'est désolant... Ce n'est pas la crainte de me battre... on sait bien que ce n'est pas ça..., j'ai fait mes preuves... Mais le bruit, le scandale que causerait cette affaire... Et puis... au fond, je n'en veux pas à Montdidier, moi... Il me recevait très-bien, m'engageait à dîner... Je ne lui en veux pas du tout !...

— Vous n'en vouliez qu'à sa femme.

— Pas de plaisanteries, mon cher... la chose est trop sérieuse!... Maudite manie des intrigues!... C'est fini; je ne veux plus tromper de maris... C'est fort ridicule... c'est même immoral... je m'en veux beaucoup de l'avoir fait... Comment ! vous riez encore ?

— Oui, je ne puis m'empêcher de rire, parce que vous me faites l'effet de ces matelots qui prient Dieu pendant la tempête et s'en moquent quand il fait beau temps.

— Je ne sais pas si j'ai l'air d'un matelot, mais je sais que je me sens bien mal à mon aise... Cette aventure... tout de suite après le dîner... J'ai la charlotte russe sur l'estomac... Voyons, mon cher Blémont, ne rions pas... aidez-moi à sortir d'embarras... à charge de revanche; et ça peut arriver bientôt, car vous êtes aussi un terrible homme... la terreur des maris... Ah! Dieu ! en avez-vous fait de ces pauvres !...

— Si je puis vous être utile, je le veux bien, mais je ne vois pas trop comment... à moins de faire croire à Montdidier que c'est moi qui étais dans le fiacre avec sa femme; mais cela ne rétablirait pas la réputation de ces dames chez Hélène... et c'est à cela qu'il faut d'abord songer.

— C'est juste... c'est à cela... quoique, depuis qu'elle m'a mis sa main dans l'œil, je ne sois plus amoureux du tout... C'est étonnant comme je l'ai trouvée laide dans ce moment-là !...

— Elle ne vous a pas toujours paru laide... Elle a eu des bontés pour vous : il faut tâcher de les reconnaître en lui sauvant l'honneur.

— Oui... elle a eu des bontés... mais je n'en veux plus, de ses bontés... Oh! quand même tout cela s'arrangerait! c'est fini, je le répète... plus de femmes mariées, plus d'amours illicites... des demoiselles, des veuves... les femmes libres, à la bonne heure ! on n'a pas toujours besoin de se cacher... de prendre des détours et des voitures...

— Ce sont toutes ces craintes qui donnent du piquant à ces sortes de bonnes fortunes.

— Merci... il est gentil, le piquant... Ah! que je me tire de cette aventure, et je me range... je deviens incorruptible près des dames... Mais pour que j'aie le temps de devenir vertueux, il faut que Montdidier ne me brûle pas la cervelle... Voyons, mon ami, cherchons...

— Allez chez Giraud : vous verrez si Montdidier est avec sa femme; d'après la mine qu'il vous fera, il vous sera facile de juger s'il vous a rencontrée, et comment il a pris la chose.

— Que j'aille m'exposer à sa fureur... à sa colère, devant tout le monde!... Vous n'y pensez pas, mon ami !...

— Un homme qui doit savoir vivre ne met pas la tout le monde dans ces sortes de confidences.

— Je vous ai dit que Montdidier était un brutal.

— S'il se croit trompé, il ne sera pas allé avec sa femme en soirée.

— C'est vrai... mais pour nous en assurer, il y aurait un autre moyen... ce serait que vous allassiez chez Giraud, vous. Si nos époux y sont, vous les observerez. Vous verrez tout de suite comment ils sont ensemble, et vous pourriez même faire adroitement entendre à la dame que vous me quittez... Hein ?... Ah! mon cher Blémont, rendez-moi ce service-là ; allez chez Giraud.

— Il faut que ce soit pour vous obliger, car les soirées de l'homme d'affaires ne sont pas très-divertissantes; et ce soir je comptais aller voir des dames fort aimables...

— Vous verrez ces dames demain... vous les retrouverez toujours... D'ailleurs ce sont peut-être des dames mariées, et qui sait si je ne vous sauve pas aussi de quelque mauvaise affaire ?

— Il semblerait, à vous entendre, qu'on ne va chez les dames qu'avec des intentions de conquêtes!...

— Oh! c'est que vous connais... Allons, Blémont, sacrifiez-moi vos dames... songez que je suis entre la vie et la mort tant que je ne saurai pas à quoi m'en tenir.

— Puisque cela vous oblige, je vais aller chez Giraud.

— Vous êtes vraiment un ami... Il est près de neuf heures; c'est le moment où la réunion est dans son beau... Ce soir on doit chanter, faire de la musique... Agissez avec prudence... et si nos époux y sont, observez-les bien...

— J'ai l'air d'un confident de mélodrame.

— Moi, je vous attendrai... au café au coin du boulevard... je prendrai de l'eau sucrée... Si tout va bien, si je puis me montrer, vous aurez la bonté de me le dire.

— C'est entendu.

Nous doublons le pas; nous arrivons au coin de la rue Poissonnière; Bélan me prend la main et me la serre avec force en me disant :

— Mon ami, je vais vous attendre au café là-bas, en face... N'allez pas dire que je suis là... ne me nommez pas !...

— Soyez tranquille.

Je fais quelques pas dans la rue; je me sens arrêté par derrière : c'est encore Bélan, qui a couru après moi et qui me dit d'un ton pénétré :

— Mon cher Blémont, que cette aventure vous fasse faire des réflexions... qu'elle vous corrige, comme elle me corrigera... Il faut nous amender, mon ami. Quant à moi, je jure, foi de Ferdinand Bélan, que la plus belle femme de Paris, si elle n'est pas libre...

Je n'écoute pas la fin du sermon du petit homme ; je le quitte en souriant, et je monte la rue jusque chez M. Giraud.

Chapitre III. — La Maison Giraud.

C'est une maison bien drôle que celle de M. Giraud ; elle n'a cependant rien d'extraordinaire, car les ridicules que l'on y rencontre sont communs dans la société ; mais, pour que les choses soient comiques, elles n'ont jamais besoin d'être extraordinaires.

M. Giraud est un homme de quarante ans ; ancien commis dans un ministère, ancien clerc de notaire, ancien receveur de la loterie ; il a fait beaucoup de choses, je ne crois pas qu'il ait rien fait de bien ; mais il est curieux et tatillon comme une portière, et il a de la prétention à l'esprit et au bon ton ; il en a même à faire des conquêtes, quoiqu'il soit fort laid et que son haleine fasse deviner son approche à trois de distance... ce qui ne l'empêche pas de vous parler toujours sous le nez, manie ordinaire des gens qui ont cette infirmité.

Madame Giraud a presque l'âge de son mari. Elle n'est ni laide ni belle ; mais malheureusement elle a les mêmes prétentions, s'habille toujours comme une comédienne de province, et veut surtout paraître mince, au risque de ne pas respirer.

Il y a ensuite un fils de onze ans, qui est tout le portrait de son père, et joue encore avec des *petits ménages* ; un autre fils de quatre ans, auquel on laisse faire tout ce qu'il veut, et qui use tellement de la permission qu'il n'y a pas un meuble intact dans la maison ; puis enfin une petite fille de huit ans, qui veut faire la maîtresse et fouetter ses deux frères pour montrer qu'elle est déjà raisonnable. Joignez à cela un chien hargneux qui aboie pendant cinq minutes après toutes les personnes qui arrivent, et une grosse chatte qui a continuellement un collier de liège et un emplâtre sur la tête ; et vous connaîtrez toute la maison Giraud. Je ne parle pas de la domestique, parce qu'ils en changent tous les quinze jours.

Je ne sais pas si ces gens-là sont riches (je n'ai pas l'habitude de m'informer de ce qui ne me regarde pas) ; mais je ne les crois pas aussi à leur aise qu'ils le veulent le faire croire. J'ai dans l'idée que M. Giraud qui veut marier tous les célibataires qu'il rencontre, prélève un droit sur les mariages qu'il fait ; et ce n'est pas, à coup sûr, le droit du seigneur.

Je suis arrivé. Je monte au troisième étage. J'entends des enfants crier : je reconnais la voix de mademoiselle Joséphine Giraud et celle de son frère aîné. Il se mêle à cela des accords d'un piano et le son d'une flûte ; je juge en concluant que la soirée est à son apogée.

J'entre dans la salle à manger. Une bonne, que je ne connais pas, est en train de laver des verres d'eau sucrée ; je crois qu'elle les goûte pour s'assurer s'ils sont bons. Le frère et la sœur se disputent un morceau de baba. En ce moment, M. Giraud sort du salon en tenant à la main un quinquet à globe ; il vient au-devant de moi avec son quinquet.

— C'est vous, mon cher monsieur Blémont ?... enchanté de vous voir... Ah! pourquoi n'êtes-vous pas venu un peu plus tôt ?... Céran vient de chanter... il était en voix... c'était prodigieux ! Et on vient d'exécuter un morceau concertant flûte et piano... Deux amateurs ! ils ont joué cela d'une force extraordinaire... Ce maudit quinquet ne va pas... je ne sais pas ce qu'il a... Entrez, entrez... Nous avons beaucoup de monde... On chantera encore... Nous avons de fort jolies femmes... Il y en a plusieurs à marier... mon cher... et de bonnes dots. Si quelqu'un vous en prenait... Ecoutez donc : il faut toujours finir par là... Diable de quinquet ! c'est pourtant une mèche neuve.

J'entre dans le salon. Mais il est fort difficile d'y circuler : d'abord la pièce n'est pas grande, ensuite les dames sont toutes assises et forment un cercle dans lequel personne ne s'est encore permis de pénétrer ; en sorte qu'il faut se contenter de se faufiler derrière les chaises de ces dames, au risque d'en déranger quelques-unes, ou en marchant sur les pieds des hommes qui occupent ce défilé. Je ne connais rien de plus ennuyeux qu'une réunion où les dames sont ainsi rangées comme des bordures de jardin, ne causant point avec les hommes, et n'étant occupées qu'à se regarder entre elles depuis le haut de la tête jusqu'au bout du pied afin de chercher ce qu'elles peuvent critiquer. Pour ajouter à l'ennui qui règne toujours dans une telle assemblée, le salon était fort mal éclairé : un grand quinquet, le pendant de celui que j'avais vu entre les mains de M. Giraud, ne jetait qu'une lueur douteuse ; et quelques flambeaux, placés de loin en loin sur les meubles, ne suffisaient pas pour remplacer la lumière des quinquets. Tout cela, joint au silence que gardaient les dames et aux simples chuchotements que se permettaient les messieurs, donnait à la réunion quelque chose de lugubre, de mystérieux ; on se croyait au spectacle de Robertson pendant la fantasmagorie.

J'aperçois madame Giraud dans le défilé. Elle me voit aussi, et tâche d'arriver jusqu'à moi en écartant quelques messieurs et en souriant à ceux qui ne se rangent qu'à demi afin d'avoir le plaisir de frôler ses appas. Enfin nous nous abordons. Comme je ne comprends rien au ton de ces messieurs, qui parlent tout bas comme s'ils étaient à l'église, je me permets de m'informer de la santé de la maîtresse de la maison avec ma voix ordinaire : ce qui attire un moment tous les regards sur moi ; mais ce qui pourtant ne produit pas un mauvais effet : car plusieurs jeunes gens, qui sans doute n'osaient pas commencer, se mettent à causer plus librement, et cela remplace les chuchotements mystérieux.

— Si vous étiez venu plus tôt, me dit madame Giraud, vous auriez entendu un grand morceau... Ah ! c'était bien gentil tout à l'heure.

J'ai envie de répondre qu'en effet ce n'est plus du tout gentil en ce moment, mais je m'en garde bien : dans le monde il ne faut pas dire tout ce qu'on pense, on y serait fort mal venu. Madame Giraud s'écrie bientôt :

— Mais où est donc M. Giraud ? que fait-il avec son quinquet ?... Voilà celui-ci qui ne va plus à présent... Comme c'est désagréable !... Comment trouvez-vous cette demoiselle contre la cheminée ? Quarante-cinq mille francs comptant et des espérances. Ce n'est pas à dédaigner. Vous l'entendrez tout à l'heure : elle doit chanter de l'italien. Ah ! que M. Giraud me fait faire de mauvais sang !...

Enfin M. Giraud reparaît tenant d'un air fier le quinquet qui répand une vive lumière. Il le pose sur un meuble en disant :

— Il va aller maintenant... Ce n'était que peu de chose à arranger...

— Vous allez en faire autant à l'autre, dit madame Giraud, car vous voyez qu'il ne va plus...

— Ah ! c'est vrai... Eh bien ! je vais lui en faire autant...

Madame Giraud arrête son mari, qui va pour chercher l'autre quinquet, et lui dit tout bas, mais pas assez pour que je ne puisse l'entendre : Concevez-vous de Dufloc qui ne veut pas chanter ?...

— Bah ! vraiment ?...

— Il dit qu'il est enrhumé.

— C'est par méchanceté... C'est parce que nous ne l'avons pas invité à dîner.

— Il faut pourtant faire faire quelque chose.. Ça n'est pas animé.

— Il faut faire danser tout de suite...

— Non, monsieur, il est trop tôt...

— Alors tâche de faire chanter Montausol et sa femme... ou bien mademoiselle Dupuis... Arrange ça pendant que je vais arranger le quinquet.

Les époux se séparent ; et moi, profitant de la clarté qui est revenue, je songe à remplir le but de ma mission, et je passe en revue la société pour y chercher Montdidier et sa chaste épouse.

Il y a en effet de fort jolies femmes dans ce salon, et elles se raient encore plus si, au lieu de ces bâillements qu'elles s'efforcent de comprimer, leur physionomie était animée par le plaisir. En voilà une surtout contre le piano... ce doit être une demoiselle... Elle est charmante... Il y a de la douceur et de l'esprit dans sa figure : ce sont deux choses que l'on rencontre rarement sur la même physionomie. De beaux cheveux blonds... pas trop clairs... des yeux bleus pas trop ouverts... une jolie bouche... une peau très-blanche, des couleurs légères, et de la grâce dans la tenue, dans la coiffure... Elle n'a pas l'air de s'ennuyer... cela dénote beaucoup d'usage du monde.

Les beaux yeux de cette jeune personne me font oublier Bélan et sa commission. Ah ! j'aperçois là-bas madame Montdidier... Elle cause, elle rit avec sa voisine. Il me semble que c'est bon signe : si elle avait eu quelque scène avec son mari, je pense qu'elle ne serait pas aussi gaie maintenant. Il est vrai que les femmes du monde ont si bien se contrefaire !... Cherchons le mari : un homme est moins habile à cacher ce qu'il éprouve. Celui-même qui n'est pas amoureux de sa femme sent son amour-propre blessé quand il a la certitude d'être trompé. Cela doit se voir sur la figure quand le mariage est récent. Ces sont des dames, comme nous en rions tant que nous sommes garçons !... Après tout, j'espère bien à mon tour de même quand je serai marié... D'abord je me flatte que j'aurai une épouse sage : il faut toujours se flatter de cela ; et puis... si enfin... Eh, mon Dieu ! est-ce donc une chose si terrible ? Je me rappellerai les deux vers de La Fontaine :

Quand on le sait, c'est peu de chose ;
Quand on l'ignore, ce n'est rien.

Je n'aperçois pas Montdidier dans ce salon. Il est peut-être dans la chambre à coucher, où je pense qu'on fait l'écarté. Je voudrais y aller ; mais cela n'est pas facile... Est-ce que personne ne se décidera à rompre le cercle que forment ces dames ?... J'en saisirai la première occasion.

Le chien aboie : cela annonce de nouveaux venus. Ce chien-là remplit parfaitement les fonctions d'un laquais. Ce sont des dames. Tant mieux ; il faudra ouvrir le cercle pour l'agrandir. C'est ce qui arrive en effet, et dès que je vois une ouverture j'y passe. Un jeune homme, qui n'est pas fâché de se rapprocher de certaine dame, en fait autant que moi ; puis un autre, puis un autre... Toujours les moutons de Panurge ! Décidément le cercle est rompu. On se mêle, on se rapproche, on peut circuler... C'est pourtant à moi que l'on doit cela ! J'ai fait une révolution dans le salon de Giraud : celle-là du moins ne causera la mort de personne.

Je me suis involontairement rapproché de cette jolie personne que j'avais admirée de loin. Elle me semble encore mieux de près. J'oublie que Bélan attend devant un verre d'eau sucrée que je lui apporte la vie ou la mort. Il m'en coûte pourtant de quitter la place où je suis.

Mais le piano résonne, on va chanter. Il me semble que je puis bien rester pour entendre le morceau. C'est le couple Montausol qui va nous donner un duo. Ce doit être un ménage bien uni ! Ces gens-là ne chantent jamais l'un sans l'autre. Figurez-vous un homme de petite taille, mais d'un embonpoint énorme, dont les joues violettes semblent vouloir crever lorsqu'il respire, et qui par conséquent est effrayant lorsqu'il pousse une voix de stentor qui a la vibration d'une contrebasse. Sa femme est aussi fort petite et pour le moins aussi grosse que son époux ; elle a l'air de beaucoup souffrir pour tirer de sa poitrine des accents vinaigrés qui percent le tympan. Le couple a la fureur des grands morceaux : c'est du grand opéra qu'on va nous régaler. Une dame tient le piano. Le mari regarde sa femme en soufflant comme un bœuf pendant la ritournelle ; la femme regarde son mari en élevant une de ses mains pour marquer la mesure. Chacun d'eux a l'air de dire à l'autre :

— Allons, ferme ! enlevons ça ! étourdissons-les !

Le récitatif commence : à la troisième mesure, la société ne sait déjà plus où elle en est. Le mari et la femme se renvoient la réplique comme deux joueurs de paume qui lancent la balle de toute leur force. Quand l'un des deux se trompe ou retarde dans la mesure, l'autre lui lance des regards furibonds et fait aller tout son corps pour remettre le duo au pas.

N'ayant pas assez d'empire sur moi-même pour regarder tranquillement les chanteurs, je porte mes yeux sur cette demoiselle qui est près de moi : c'est le meilleur moyen d'oublier la musique. Elle ne rit pas ; mais je crois m'apercevoir qu'elle mord légèrement ses lèvres. Le fait est qu'on est quelquefois bien embarrassé dans un salon pour garder son sérieux. Elle a levé les yeux de mon côté ; elle semble plus embarrassée que tout à l'heure... elle détourne la tête. C'est peut-être moi dont l'attention à la regarder lui aura déplu ; peut-être était-il inconvenant de la regarder aussi fixement... Je n'y songeais pas. Je le faisais, non pas pour qu'elle me remarquât, mais parce que j'avais du plaisir à la voir. Je me hâte de porter mes yeux d'un autre côté, de m'occuper de la musique. Ce malheureux duo n'en finit pas. Le mari et la femme suent à grosses gouttes. On devrait leur crier comme à ces faiseurs de tours de force auxquels on crie d'arrêter lorsque leurs exercices deviennent trop effrayants.

Je m'amuse à considérer nos mélomanes lorsque tout à coup la lumière baisse ; Montausol se penche sur la musique, et dans ses moments de *tacet* crie avec impatience :

— Mouchez donc, mouchez donc ; nous n'y voyons plus.

Mais l'obscurité ne vient pas des chandelles. C'est le quinquet rarrangé par Giraud qui vient de perdre toute sa clarté. Madame Giraud se hâte d'appeler son mari, qui est encore occupé à l'autre quinquet. Giraud arrive avec de grands ciseaux à la main en s'écriant :

— Je n'y conçois rien... ça ne peut pas être l'huile... elle est nouvelle.

— Papa, dit la petite fille, j'ai vu mon frère Alexandre fourrer hier de petits bons hommes de plomb dans le quinquet.

— Ah ! parbleu... si ce petit drôle a joué avec les quinquets, je ne m'étonne plus qu'ils n'aillent pas. Ma femme le laisse toucher à tout !... Quelque jour il bouleversera mon bureau.

— Il m'est impossible de gronder mes enfants, dit madame Giraud aux personnes qui l'entourent. Dès qu'ils ont l'air d'avoir du chagrin, je suis prête à me trouver mal... Et puis ce petit Alexandre est si gentil !... si aimable !...

La maman est interrompue par un grand bruit qui part de l'antichambre ; le chien aboie, et la petite fille se présente à la porte du salon en criant :

— C'est mon petit frère qui vient de renverser le plateau avec les verres qui étaient dessus.

Cet accident met toute la maison en l'air : la maman court à ses verres cassés ; le papa quitte ses quinquets pour tâcher d'attraper son fils ; et le petit Alexandre court se mettre entre les jambes de chacun, et se fourre enfin sous un sofa en tirant la langue à son père.

Le duo a fini au milieu de ce brouhaha. Il n'y avait même cessé de s'occuper des chanteurs que ceux-ci chantaient encore. Aussi les Montausol quittent-ils le piano d'un air de mauvaise humeur ; ils viennent s'asseoir derrière moi en se disant :

— Ils ne m'y reprendront pas à chanter chez eux !...

— Je l'espère bien... Ces gens-là ne comprennent pas la bonne musique...

— Non... il leur faudrait des *Pont-Neuf* !... Nous nous en irons après le punch.

— Oui, si on en donne.

J'ai quitté le salon. J'entre dans la chambre à coucher. J'aperçois Montdidier causant avec quelques personnes. Je ne vois rien d'extraordinaire dans sa physionomie; cependant il parle avec feu. Je m'approche d'un air d'indifférence. D'ailleurs je puis bien écouter comme les autres; il n'y met pas de mystère.

— Oui, messieurs, dit Montdidier, je suis arrivé là au moment où la voiture versait... Ma femme revenait de chez sa tante et se faisait conduire ici... Mais celui qui a eu le plus peur, c'est ce pauvre Bélan... Il passait, à ce qu'il paraît, tout contre le fiacre lorsque la roue de derrière s'est détachée... En voyant la voiture passer de son côté, il s'est cru mort, pulvérisé; et, comme la glace de la portière était ouverte, il a sauté par là dans l'intérieur du fiacre pour ne pas être écrasé. Vous savez qu'il est fort petit... Ma femme m'a dit qu'il était entré là-dedans avec l'agilité d'un singe. Ensuite, voyant que la voiture ne bougeait plus, il a ouvert la portière et s'est sauvé. Ma femme est même persuadée que, dans son trouble, il ne l'a pas reconnue; et c'est bien probable, sans quoi il lui aurait au moins donné la main pour descendre du fiacre... Ah! ah! ah!... ce pauvre Bélan, je rirai bien quand je le verrai!

M. de Bélan passe pour un homme à bonnes fortunes; il est vrai qu'il est riche.

Et M. Montdidier se met à rire de nouveau, ses auditeurs en font autant; je les imite de bon cœur: dans le fait, c'était moi qui devais rire le plus. Aussi Montdidier, qui s'aperçoit que je m'en donne largement, vient-il me frapper sur l'épaule en me disant:
— Vous avez entendu l'aventure de ma femme?
— Oui.
— Et sa rencontre avec Bélan... n'est-ce pas que c'est fort drôle?
— C'est extrêmement drôle!...
— Je donnerais un napoléon pour que Bélan vînt ici ce soir, afin de m'amuser un peu à ses dépens.

Je ne réponds rien, mais je m'éclipse dans la foule afin de procurer à ce pauvre mari le plaisir qu'il souhaite. Il semble qu'il est bien juste qu'il en ait aussi un peu.

Je suis sorti sans être remarqué. Je cours au café où m'attend l'amant inquiet; je le trouve devant son troisième verre d'eau sucrée, la figure pâle, défaite, n'augurant rien de bon de ma longue absence. Je me hâte de le rassurer et lui conte en riant ce que je viens d'apprendre.

Pendant que je parle, les traits de Bélan reprennent toute leur sérénité. Je n'ai pas fini qu'il se penche sur la table et se tient le ventre en riant aux éclats.
— C'est charmant!... c'est délicieux!... Assez, Blémont, assez... Vous me faites mourir de rire... J'ai sauté par la portière... Oh! les femmes! ont-elles des idées... des inventions pour tous les événements!... J'étais un fou de m'inquiéter!
— C'est ce que je vous disais il y a une heure, mais alors vous n'étiez pas en état de m'entendre.
— Oui, j'en conviens, j'étais tourmenté... pas pour moi, mais pour elle... C'est arrangé; n'y pensons plus que pour en rire... Garçon, prenez trois verres d'eau. Il me tarde d'être chez Giraud... Est-ce brillant? y a-t-il beaucoup de monde?
— Ce n'est pas absolument brillant, mais il y a beaucoup de monde, et j'ai remarqué de fort jolies femmes...
— De jolies femmes!... Voyons que je rarrange ma cravate.
— Mais vous savez, Bélan, que cette aventure doit vous corriger; que vous avez juré de n'en plus conter aux dames.
— Je n'ai pas dit à toutes... Celles qui sont libres n'étaient pas comprises dans mon serment... Et puis... ma foi!... on dit cela dans le premier moment... Allons chez Giraud... je chanterai... Je sais une romance nouvelle... Vous les engagerez à me prier de chanter, n'est-ce pas?
— Il paraît que décidément vous voulez que je sois votre compère.

Bélan ne me répond qu'en faisant une pirouette; et il est d'une gaieté folle. Nous nous acheminons chez Giraud; je l'engage à n'entrer que quelques minutes après moi, je ne veux pas avoir l'air d'être allé le chercher, et je tâcherai de rentrer incognito comme je suis sorti.

Je trouve dans l'antichambre Giraud qui regarde d'un air consterné ses deux quinquets qui sont sur le point de s'éteindre. Il ne voit pas que je viens du dehors, il est tout entier à ses mèches, et il me dit en m'en présentant une:
— C'est incompréhensible... Vous êtes témoin que je vais mettre des mèches neuves... nous verrons si elles charbonnent encore.
— Oui, je vois que vous vous donnez beaucoup de mal pour nous amuser.
— Oh! quand une fois ils iront bien!... Théodore... monsieur Théodore, voulez-vous bien ne pas toucher aux gâteaux.... Un grand garçon de votre âge... il est plus gourmand que son petit frère...
— Papa, laisse-moi en prendre ici, c'est pour faire la dînette.
— Faire la dînette à onze ans!... et tu n'es pas honteux!... ne touche pas à la brioche au moins... Mais ça ne va pas là-dedans!... Ma femme ne sait pas animer sa réunion!... Nos chanteurs ont des rhumes!... il faudrait faire danser... monsieur Blémont, vous seriez bien aimable d'aller mettre cela en train.
— Vous savez bien que je ne touche pas du piano, moi.
— Non, mais vous direz à ma femme qu'elle prie quelqu'un de jouer une contredanse.... Nous ne manquons pas de musiciens.
— Avant de faire votre commission, dites-moi donc quelle est cette jolie personne en rose qui était assise contre le piano?
— En rose... devant le piano... avec des épis d'or dans les cheveux?
— Non, elle n'a pas d'or dans ses cheveux... une blonde, un peu pâle... fort jolie.
— Blonde... jolie... C'est que nous en avons plusieurs en rose... Écoutez... quand j'aurai fini mes quinquets, je vous la montrerai.

Je vois qu'il n'y a rien à tirer de M. Giraud en ce moment; je rentre au salon. Un monsieur s'est placé au piano, mais ce n'est pas pour faire danser... c'est pour chanter, pour préluder, pour jouer des passages, des morceaux qu'il se rappelle. Il a à côté de lui un ami qui, lorsqu'il a fini un fragment d'air ou de morceau, lui en demande sur-le-champ un autre, en lui disant:
— Et cet air de Tancrède... Et la romance d'Othello... Et ce joli endroit de l'ouverture de la Semiramide...
— Ah! oui...
— Tâche donc de te rappeler un peu cela.

Et le monsieur joue, commence, s'arrête, reprend autre chose; il fait enfin comme s'il était chez lui: on comprend comme c'est amusant pour la société. Il y a longtemps que cela dure, et ce monsieur n'a pas l'air de vouloir en finir: il semble que le piano ait été mis là pour lui, et que nous sommes trop heureux d'entendre les petits préludes, les traits, les roulades et tout ce que ses souvenirs lui rappellent. J'ai rencontré dans le monde beaucoup d'originaux comme ce monsieur-là.

Bélan est depuis longtemps dans le salon; il y était entré avant moi. Je le vois causer et rire avec Montdidier: je devine le sujet de leur conversation. Madame Montdidier regarde Bélan avec inquiétude, elle ne sait pas qu'il est prévenu de ce qu'il doit dire: mais elle se rassure en voyant que ces messieurs paraissent fort bien d'accord. Dans tout cela, ce pauvre Montdidier ne me fait pas l'effet d'être aussi méchant, aussi jaloux que sa femme le prétend. Ces dames aiment à dire que l'on est très-jaloux d'elles, cela flatte leur amour-propre; et puis il n'y aurait plus de malice à tromper les gens auxquels cela serait égal.

Madame Giraud se donne en vain du mouvement pour trouver un chanteur ou une chanteuse: chaque virtuose a quelque motif pour refuser: cela contrarie la maîtresse de la maison, qui tenait à pouvoir dire qu'elle avait eu concert avant le bal, et qui s'aperçoit que chacun fait son possible pour ne pas entendre les essais du monsieur qui est au piano; elle se décide pourtant à dire à celui-ci que l'on désire une contredanse, et le monsieur quitte nonchalamment le piano, en passant ses mains dans ses cheveux et en fredonnant encore un fragment de Rossini.

Je vais inviter cette demoiselle que je trouve si bien: non que j'aie l'intention de lui faire une déclaration pendant la contredanse: ces choses-là ne se font que dans un bal public, ou tout au plus à une noce chez un traiteur; mais je tâcherai de causer un peu, si toutefois elle se montre d'une humeur causeuse. Il y a beaucoup de demoiselles avec lesquelles il est impossible d'obtenir plus de trois mots de suite quand elles dansent.

Je suis arrivé presque à temps, on m'a accepté : nous dansons. J'essaie de dire autre chose que : Il fait bien chaud, ou cette contredanse est très-jolie. C'est vraiment difficile de trouver tout de suite quelque chose à dire à quelqu'un qu'on ne connaît pas, surtout quand on voudrait sortir des lieux communs.

Mais Giraud revient avec ses deux quinquets qui sont resplendissants de lumière. Voilà un sujet de conversation.

M. Giraud et son quinquet.

— Nous avions besoin de cela... il n'y a rien de triste comme un bal mal éclairé ; n'est-ce pas, mademoiselle ?
— C'est vrai, monsieur.
— Il y a cependant ici quelques dames qui pouvaient préférer le demi-jour. (Elle se contente de sourire.)
— Vous n'avez pas chanté, mademoiselle ?
— Pardonnez-moi, monsieur, j'ai chanté une romance.
— C'est donc avant que je sois venu... Cela me fait bien regretter d'être arrivé tard.
— Vous n'avez pas perdu beaucoup, monsieur.
— Ce n'est pas vous que je puis croire pour cela ; mais si... Ah ! c'est à vous.

La poule interrompt notre conversation : c'est contrariant, cela allait peut-être s'engager.

Après la figure, j'essaie de renouer l'entretien. — Est-ce que vous ne chanterez plus, mademoiselle ?
— J'espère bien que non : j'ai payé ma dette, cela suffit.
— Vous n'aimez pas à faire de la musique ?
— Si, je l'aime, mais avec des personnes de connaissance. Je ne vois aucune nécessité d'amuser des gens que l'on n'a jamais vus, et qui souvent ne vous écoutent que par complaisance.
— Vous jugez déjà le monde avec...

Allons ! il faut faire la trénis maintenant. Puis la dernière figure arrive, et la contredanse est finie. N'importe, j'ai pu juger que cette jeune personne n'est pas sotte. Elle n'en dira peut-être pas autant de moi.

Je saisis Giraud au moment où il va donner un coup de pouce à ses quinquets, qui baissent déjà.
— Vous m'avez vu danser avec cette demoiselle qui est en face de nous ?...
— Oui.
— Eh bien ! c'est sur ma danseuse que je vous questionnais tout à l'heure.
— Ah ! c'est mademoiselle Eugénie Dumeillan.
— Qu'est-ce que c'est que mademoiselle Dumeillan ?

— C'est la fille de madame Dumeillan, qui est assise contre elle.
— Mon cher monsieur Giraud, je pense bien que cette demoiselle est la fille de sa mère et de son père ; mais en vous demandant qui c'est, cela veut dire : quels sont ces gens-là ?... que font-ils ?... enfin c'est pour avoir d'autres informations. Comment ! vous, qui êtes l'homme aux renseignements, vous ne sentez pas cela ?
— Si fait, si fait... Mais c'est que celle-ci n'est pas sur ma liste pour se marier... Cependant elle est à marier aussi ; mais on n'y pense pas encore : tandis que cette grande brune là-bas... en turban... mon cher, on a cent mille francs comptant... Hein ?... c'est gentil ça ?... Ah ! si je n'étais pas marié, moi !... Ma femme, fais attention à ton fils Alexandre : il va renverser le cabaret, et toutes les tasses y passeront comme les verres à patte !
— Mon cher monsieur Giraud, je m'inquiète fort peu du montant de la dot de cette grande brune. Vous ne pouvez donc pas m'en dire plus sur ces dames en face ?
— Pardonnez-moi. La mère est veuve ; M. Dumeillan était sous-chef... je ne sais plus à quel ministère ; mais enfin il était sous-chef ; il a laissé, je crois, quatre ou cinq mille francs de rente à sa veuve... Mademoiselle Eugénie a reçu une très-bonne éducation ; elle est excellente musicienne ; elle aura aussi quelque chose que lui a laissé une tante... je ne sais pas au juste... mais je pourrai m'informer... Ce ne sera pas un mauvais parti : elle est fille unique... Voulez-vous que je parle en votre nom ?
— N'allez pas me jouer ce tour-là !... Qui diable vous dit que je veux me marier ?... est-ce qu'on ne peut pas causer d'une demoiselle sans songer à l'épouser ?
— Je ne dis pas... mais comme il faut toujours en venir là...
— Papa, voilà mon frère Théodore qui fourre des quartiers d'orange sucrés dans sa poche.

C'est mademoiselle Giraud qui est venue faire cette annonce : Giraud me quitte pour aller souffleter son fils aîné. Bélan s'approche alors de moi.
— Vous n'avez donc pas dit à Giraud de me prier de chanter, puisqu'il ne m'en parle pas ?

Eugénie.

— Eh ! mon Dieu ! Bélan, laissez-nous donc tranquilles avec votre chant ! on en a bien assez ! on aime mieux danser.
— C'est qu'on ne m'a pas entendu... je sais bien que j'aurais fait plaisir... j'avais appris un air exprès... Ah ! vous ne savez pas... Hélène qui me bat froid... mais très-froid !... elle trouve mauvais que je me sois sauvé si brusquement en voyant son mari. A-t-on idée de ça ?.. Est-ce que je pouvais deviner qu'elle trouverait tout de suite une histoire ?... Au reste, qu'elle soit fâchée si elle veut... ça m'est bien égal... je ne m'en soucie plus du tout... je la vois toujours me mettant son poing dans l'œil quand nous avons versé... Elle n'était pas jolie alors..

J'ai des vues sur cette petite femme en noir... là-bas... voyez-vous?... bonne grosse mère!... un regard brûlant... ça promet...

— Mais elle est mariée... son mari est à l'écarté... il est receveur de l'enregistrement.

— Eh ben! tant mieux!... nous lui en ferons voir de toutes les couleurs, au receveur.

On danse de nouveau : cette fois c'est mademoiselle Eugénie qui tient le piano. Elle joue avec beaucoup d'aplomb et de goût. J'éprouve des regrets en songeant que je ne suis pas musicien ; j'ai préféré la peinture... C'est un art charmant que la peinture, mais il ne procure pas les mêmes avantages dans le monde que la musique. Dans un salon on négligera le peintre pour fêter, pour choyer le musicien : à la vérité, on ne songe pas toujours à danser et à chanter.

Le quadrille n'est qu'à moitié lorsque les deux quinquets s'éteignent de nouveau. On fait les dernières figures dans un demi-jour ou plutôt dans une demi-nuit. Tout le monde rit, tandis que madame Giraud gronde son mari, et que celui-ci s'écrie :

— Ma foi!... j'y renonce!... j'y perds mon latin. Théodore, dites à la bonne d'apporter des flambeaux en plus grande quantité.

Théodore sort du salon, mais c'est pour aller visiter le buffet de la salle à manger. Une troisième contredanse s'organise sans qu'on voie plus clair ; elle commence accompagnée par les cris de madame Giraud, qui demande toujours un supplément de lumière ; les plaintes de Giraud, qui fait inutilement monter et descendre les mèches de ses quinquets ; les piaillements des trois enfants qui se disputent les gâteaux, et les aboiements du chien, qui reconduit en jappant toutes les personnes qui s'en vont.

Bélan, qui danse en face de la bonne grosse mère, s'inquiète peu du bruit et ne songe qu'à perler sa danse : mais le clair-obscur qui règne dans le salon ne lui permet pas de voir un quartier d'orange que M. Théodore a laissé tomber de sa poche ; en voulant faire des pas glissés, Bélan glisse réellement et tombe dans les jambes de son vis-à-vis. Les dames poussent des cris d'effroi. Bélan se relève tout en se tenant le côté et en jurant qu'il ne serait point tombé s'il n'avait pas marché sur quelque chose. La petite Giraud ramasse le quartier d'orange écrasé en s'écriant :

— C'est mon frère qui a jeté ça par terre. Et le papa sort du salon en jurant à Bélan que son fils sera châtié quand tout le monde sera parti.

Cette contredanse est la dernière : les chandelles menacent d'en faire autant que les quinquets, et les danseurs craignent de rencontrer des quartiers d'orange en balançant avec leurs dames.

On s'en va. Mademoiselle Dumeillan marche avec sa mère, je descends en même temps que ces dames. J'offre ma main à la maman, tout en ne regardant que la fille ; j'aide ces dames à monter dans un fiacre, et je les salue... Cela ne pouvait pas aller plus loin... pour une première rencontre.

J'entends rire et fredonner derrière moi. C'est Bélan qui suit la dame en noir et son mari, et il me dit à l'oreille en passant :

— Je la suis... Ça va bien... ça prend... Quant à la Montdidier, c'est fini, c'est rompu... nous sommes ennemis jurés. Adieu... je poursuis ma conquête.

L'instant d'après, je vois Montdidier et sa femme qui passent, accompagnés par un grand blondin qui, toute la soirée, est resté derrière la chaise de madame.

Je souris en pensant aux projets de sagesse de Bélan, et je ne puis m'empêcher de m'écrier :

— Oh! les hommes! oh! les femmes!

CHAPITRE IV. — Deux vrais Amants.

Je loge rue Meslay, dans une grande maison où il y a des logements pour toutes les fortunes, et même pour ceux qui n'ont pas de fortune, où par conséquent celui qui veille pour gagner sa vie monte le même escalier que celui qui veille pour se divertir : il monte seulement beaucoup plus haut. Mais sous les mansardes il y a des chambres d'amour et des minois fort séduisants. Celui qui sait les y rencontrer ne s'effraie pas de monter un peu haut.

Je sais qu'il y a dans le haut de ma maison (c'est-à-dire de la maison où je loge) de petites chambres lambrissées, mal closes, mal fermées, où il fume, où l'on gèle l'hiver, où les rats et les souris viennent chaque nuit vous rendre visite, et que cependant le propriétaire loue le plus cher qu'il peut ; encore n'y admet-il pas tout le monde et ne veut-il que des personnes tranquilles.

Je ne suis pas allé visiter ces petites chambres. Ce n'est pas faute d'envie cependant, car j'ai rencontré plusieurs fois sur mon escalier une jeune fille fort jolie, qui, je le sais, habite une des plus modestes chambres du cinquième. Elle n'a pas l'air commun d'une ouvrière, elle n'a pas non plus l'air éveillé d'une grisette ; et cependant elle travaille pour vivre. Elle fait du feston, à ce que m'ont dit les portiers, et raccommode du linge quand on veut bien lui en donner. Mais elle a l'air si jeune encore, que cela inspire peu de confiance aux personnes chez lesquelles elle va demander de l'ouvrage ; et pourtant on peut être tout aussi honnête à seize ans qu'à quarante. La probité est dans le sang ; quand il faut l'attendre du temps et de l'expérience, on n'en a jamais une bien solide.

Ce n'est pas sans peine que la petite Marguerite a pu obtenir une chambre dans la maison. Le propriétaire la trouvait trop jeune, il ne voulait pas lui louer : il s'étonnait qu'elle se mît de si bonne heure dans sa chambre. Mais la petite avait un certain air de candeur qui a désarmé la sévérité du propriétaire ; elle a juré qu'elle était bien tranquille, ne faisait pas de bruit, ne rentrait jamais tard, et on lui a loué une chambre de cent trente francs par an. Il faut encore faire beaucoup de feston pour gagner cela.

Malgré son petit air de candeur, mademoiselle Marguerite a un amant ; mais quand on n'en a qu'un, qu'on ne reçoit que lui, qu'on ne sort qu'avec lui, il est permis de se dire tranquille et même honnête. L'honnêteté ne consiste pas spécialement dans l'innocence. J'ai eu une bonne qui était vierge et qui me volait mes cravates.

J'ignorais tous ces détails, lorsque j'ai rencontré pour la première fois la jeune fille sur l'escalier. En voyant ces traits mignons qui annoncent à peine quinze ans, ces grands yeux bleu-clair, cette petite bouche, cette petite taille, ces petits (car, hors les yeux, mademoiselle Marguerite me semble avoir tout petit), j'ai fait le joli cœur, c'est-à-dire que j'ai beaucoup regardé la jeune fille, et que j'ai tâché de m'en faire regarder ; mais on n'a pas fait attention à mes œillades, et on a descendu lestement l'escalier. Une autre fois j'ai hasardé quelques mots, quelques compliments, on n'y a pas répondu : alors j'ai cessé de la lorgner et de lui parler, car je ne suis pas entêté, et je crois que pour plaire il faut plaire tout de suite.

Une fois, cependant, mademoiselle Marguerite est venue sonner chez moi ; en la voyant me rendre visite, je ne savais trop que penser : mais la jeune fille, qui avait les yeux gros de larmes et poussait de grands soupirs, ne pensait nullement à l'inconvenance de sa démarche. Elle venait me demander si j'avais vu son chat, qui était perdu depuis le matin ; et en apprenant que je ne l'avais pas aperçu son pauvre Moquette, elle partit comme un furet, sans écouter les consolations que je voulais lui prodiguer.

Alors je me dis : Cette jeune fille est sage ; car je trouve que c'est être sage que d'être fidèle à son amant. Je causai un peu de cette petite avec mes portiers, et j'appris ma chambre dans mes idées.

— Oui, c'est fort tranquille, me dit ma portière, excepté quand elle court après son chat, avec lequel elle joue comme si elle n'avait que cinq ans. . Mais au fait, elle est encore si jeune!... Ça vous a cependant un bon ami... qui est presque aussi jeune qu'elle... Ben gentil aussi... Par exemple, c'est pauvre comme Job!... Une chambre dans laquelle il n'y a qu'un lit... et quel lit!... Quatre morceaux de bois qui se démontent dès qu'on y touche! Une petit buffet qui vaut bien quinze sous, quatre chaises, un pot pour fontaine et un petit miroir de trois francs ; allez, marchez avec ça!... Voilà ce que mademoiselle Marguerite appelle son ménage!... Mais enfin ça paye son terme ; il n'y a rien à dire.

— Son amant est sans doute un ouvrier, un apprenti?

— Non pas vraiment! c'est un muscadin!... un jeune monsieur enfin : mais apparemment qu'il la trouve assez bien meublée comme ça ou qu'il ne peut pas faire mieux! et je vous réponds que la petite mange plus souvent des pommes de terre qu'autre chose. Mais pourvu qu'elle voie son Ernest et qu'elle joue avec son chat, elle se trouve heureuse comme une reine.

Depuis que je savais tout cela, je ne regardais plus la jeune fille qu'avec intérêt. Quelque temps après, cet intérêt augmenta encore. J'entendis, sans le chercher, une conversation entre mademoiselle Marguerite et un vieux comte qui demeure sur le même carré que moi. M. le comte est un vieux libertin ; il n'y a rien d'extraordinaire à cela ; nous le sommes tous plus ou moins. Il lorgnait aussi notre jeune voisine, et un certain jour que j'allais sortir et que ma porte était entre-bâillée, le dialogue suivant vint frapper mes oreilles :

— Écoutez donc!... écoutez donc, jolie espiègle! on a deux mots à vous dire.

— Qu'est-ce que c'est, monsieur?

— D'abord, que vous avez le petit cœur...

— Ah! si ce n'est que cela...

— Écoutez donc... ma chère amie, je veux faire votre bonheur...

— Mon bonheur?... mais je suis bien heureuse, monsieur.

— On n'est pas heureuse quand on demeure sur les toits, dans une mauvaise chambre mal meublée... Moi, je veux vous donner un joli appartement... et de l'argent pour vous acheter tout ce qui vous fera plaisir.

— Comment, monsieur! pour qui me prenez-vous?...

— Allons, mademoiselle Marguerite, ne faites pas la Lucrèce ; quand on a un amant, et qu'on vit avec un jeune homme, on ne doit pas se montrer si sévère.

— Parce que j'ai un amant, monsieur, est-ce une raison pour que j'écoute de pareilles choses?

— Votre petit freluquet d'amoureux ne vous donne rien, et vous plantera là au premier jour ; moi, je m'engage à vous faire une pension, et, si vous vous conduisez bien, je...

— Monsieur, je vous prie de vous taire, et surtout de ne plus me parler ; prenez garde que je ne dise à Ernest que vous l'avez appelé frelu-

quet, et que vous m'avez tenu de tels discours... Ah! c'est qu'il vous arrangerait bien, lui...
— Qu'est-ce que c'est?... petite insolente! petite impertinente!
— Hom! le vieux fou!...

Là-dessus la jeune fille monta lestement l'escalier; M. le comte rentra chez lui en grommelant; et moi, je me dis : Elle aime véritablement son Ernest, puisqu'elle préfère la misère avec lui à l'aisance avec un autre; et je fus presque honteux de lui avoir dit quelques douceurs, car, sans pratiquer la constance, on peut rendre hommage à la fidélité.

J'étais curieux de voir son amant; mais probablement il venait de très-bon matin et s'en allait fort tard, ou ne s'en allait pas du tout. Un jour, cependant, je le rencontrai; et je fus surpris de le connaître : je m'étais trouvé plusieurs fois avec lui en société. C'est un jeune homme de très-bonne famille; il n'a guère que vingt ans; il est joli garçon; mais il a la manie de travailler pour le théâtre, et n'a encore pu faire jouer que quelques petites pièces aux boulevards. Ses parents n'approuvent point son penchant dramatique, et veulent le faire entrer dans une administration; mais il trouve toujours moyen d'arriver quand la place est prise; et ses parents, qui ne sont pas contents de lui, ne lui donnent que très-peu d'argent pour ses menus plaisirs. Pauvre jeune homme!... je conçois que sa petite maîtresse mange plus souvent des pommes de terre que des cailles.

Je ne le connaissais que sous son nom de famille; j'ignorais qu'il se nommât Ernest. En me rencontrant dans l'escalier, il a souri, et nous nous sommes salués. Je ne cherche point à l'arrêter : il monte toujours si vite!... Je conçois qu'il est plus pressé d'être là-haut avec elle que de causer avec moi.

Il y avait longtemps que je n'avais aperçu la petite Marguerite et son jeune amant. En revenant de la soirée donnée par Giraud, je remarque beaucoup de mouvement chez mes portiers; le mari et la femme sont encore levés : cependant il est plus de minuit, et ordinairement un des deux est toujours couché à onze heures. Il y a aussi dans leur loge une vieille cuisinière de la maison; on cause avec action, et j'entends ces mots :
— Elle est fort mal... la sage-femme a secoué la tête... c'est mauvais signe.
— Qui est-ce donc qui est très-mal? dis-je en prenant mon flambeau.
— Eh! mais... monsieur, c'est la petite Marguerite qui a fait une fausse couche...
— Comment! elle était grosse, cette pauvre petite?
— Tiens, vous n'avez pas vu cela, monsieur! grosse de quatre mois et demi déjà!...
— Est-ce que monsieur Ernest n'est pas là?...
— Ah! il est venu un perdu!... Il vient d'aller chez lui... ce n'est qu'à deux pas. Il a emmené notre petit neveu... c'est pour rapporter quelque chose, sans doute : car ça manque de tout là-haut!...

En ce moment on frappe fortement à la porte. On ouvre, et Ernest entre dans la cour, portant sur la tête un matelas; le jeune homme n'a pas craint de compromettre sa jolie tournure en faisant un métier de commissionnaire; quand il s'agit de secourir celle qu'on aime, les bienséances ne sont pas consultées. D'ailleurs, à minuit les rues ne sont pas très-fréquentées.

Le petit neveu vient derrière, portant un fauteuil couvert en velours d'Utrecht; je vois qu'à l'insu de ses parents, le jeune Ernest a dépouillé sa chambre pour procurer quelques meubles à la petite amie.
— Il est temps que vous reveniez, monsieur, dit la vieille portière avec cet air alarmant qui augmente l'effet des mauvaises nouvelles. Mademoiselle Marguerite est très-mal... il y a eu des accidents compliqués... Bref, elle perd tout son sang, et vous sentez bien que cela ne peut pas aller loin comme ça!...

Le jeune homme pousse un cri de terreur, et, jetant son matelas à terre, monte l'escalier quatre à quatre sans en écouter davantage. Je suis resté devant la loge des portiers, qui sont l'un et l'autre trop vieux et trop paresseux pour offrir de monter le matelas; quant au petit neveu, c'est tout ce qu'il peut faire que de grimper avec le fauteuil, et la cuisinière n'est là que pour faire des commentaires. Je me suis bientôt décidé : je prends le matelas sur mes épaules et je monte avec cela jusqu'au cinquième.

J'arrive devant la porte de la chambre de la petite Marguerite. Cette porte n'est pas fermée, et cependant je n'ose pas entrer... Je sais que cette jeune fille est si pauvre!... et c'est surtout avec les gens peu fortunés que l'on doit user de discrétion. Peut-être elle et son amant trouveront-ils mauvais que je me permette de venir... Cependant, puisqu'elle est si malade!...

Pendant que j'hésite, et que je reste à la porte avec le matelas sur l'épaule, j'entends une voix aigre qui dit :
— Allez chercher un accoucheur, monsieur : moi, je ne réponds plus de rien... Il faut un accoucheur... c'est très-urgent...

Une voix bien faible, que je reconnais pour celle de la jeune fille, dit alors :
— Reste, Ernest, ne me quitte pas... J'ai moins mal quand tu es là.

J'ai poussé la porte, et je jette le matelas dans un coin de la chambre en disant :
— Je vais aller chercher un accoucheur... Restez près d'elle, puisque cela lui fait du bien...

— Oh! oui, oui... allez, me dit Ernest; oh! que je vous aurai d'obligation!...

Je n'entends pas le reste; je descends rapidement l'escalier; je manque de renverser le petit neveu du portier qui n'est encore qu'au troisième avec son fauteuil; je crois que le petit drôle s'assied dedans sur chaque palier; enfin je suis dehors. Me voilà dans la rue, courant au hasard, et cherchant où je pourrai encore trouver quelque boutique ouverte pour m'informer s'il y a un accoucheur dans les environs.

Où avoir des renseignements? tout le monde est couché; je vois bien des tableaux de sages-femmes, mais ce n'est point une sage-femme qu'il nous faut. Je me hasarde à frapper au hasard à plusieurs portes; je carillonne, je fais un bruit d'enfer.
— Qui est là? me demandent les portiers, hors d'eux :
— N'y a-t-il pas un accoucheur dans la maison? On me répond des injures, ou on ne me répond pas; le monde n'est pas obligeant quand il a envie de dormir.

Je connais bien deux médecins accoucheurs... mais ils demeurent si loin! La pauvre enfant aurait le temps de mourir avant leur arrivée. Que faire?... je ne veux cependant pas revenir seul... il me prend l'envie de crier au feu. Ce moyen, que l'on a employé dans plusieurs pièces de théâtre, peut aussi être bon à la ville, il faut effrayer ses concitoyens pour en obtenir quelque chose; quand tout le monde sera aux fenêtres, je demanderai un accoucheur.

Je vais répandre l'alarme dans le quartier, lorsque deux jeunes hommes passent près de moi en parlant avec chaleur... Je reconnais la voix d'Ernest; c'est lui-même; craignant que je ne revinsse pas assez vite, il est descendu sur ses pas; mais au moins il a demandé à la sage-femme l'adresse d'un accoucheur, et il en ramène un. Je cours à lui : il me remercie, quoique je lui aie été bon à rien. Nous revenons en doublant le pas, et nous ne parlons plus; le pauvre Ernest n'a qu'une pensée, celle de sauver Marguerite. Nous arrivons. Ernest se rend près de sa maîtresse avec l'accoucheur. Je reste sur l'escalier. Je le monte, je le descends avec agitation... Je n'ai dit à Ernest que ces mots :
— Si vous avez besoin de quelque chose, je serai là.

Que les moments me semblent longs! ces jeunes amants s'aiment si bien!... Cette pauvre petite est si gentille... Si elle mourait, quel chagrin! quels regrets pour son amant!... Perdre un si long avenir de bonheur... Ah! la mort se trompe quand elle ferme les yeux de seize ans.

Il me semble qu'une heure s'est écoulée depuis que cet accoucheur est là-haut... Mais j'entends venir... on descend... on m'appelle... c'est Ernest... Il me tend ses yeux, et il me crie :
— Mon ami... mon ami, elle est sauvée... il n'y a plus de danger!...
— Ah! que vous me faites plaisir!

Il m'a appelé son ami, et, quelques heures auparavant, nous nous connaissions à peine; mais il y a des circonstances qui nous lient plus étroitement que soixante soirées passées ensemble dans le monde. C'est ce qui vient de nous arriver.

L'accoucheur descend. Ernest court à lui : — Vous partez, monsieur... il n'y a donc plus de danger?...
— Non, non... rassurez-vous... Toutes les choses sont maintenant à leur place... et telles qu'elles doivent être... je vous réponds d'elle... il ne lui faut plus que du repos.
— Mais vous viendrez demain matin, n'est-ce pas, monsieur?
— Oui, je viendrai la voir demain.

L'accoucheur s'éloigne; Ernest le suit jusqu'à la porte de la rue, en le regardant, en l'écoutant comme un oracle. Ah! c'est un bel art que celui qui nous donne le moyen de sauver nos semblables. Il n'est plus un homme à nos yeux, celui qui a conservé l'existence à l'être que nous chérissons.

Je vais rentrer chez moi, mais Ernest me dit : — Montez donc un moment avec moi : cela lui fera plaisir. Je le suis.

La jeune fille est établie dans son lit, qui, en effet, ne me semble pas devoir être bien doux; cependant elle a, de plus que d'ordinaire, le matelas que son amant a apporté. La sage-femme est assise dans le fauteuil, qui, par son élégance, jure avec le peu de meubles qui garnissent la chambre; elle a les deux pieds sur une chaufferette, quoiqu'elle soit placée juste en face de la cheminée; il est vrai que le feu y est bien modeste. Cette femme a l'air d'une dévote dont la sensibilité; on voit qu'elle vient faire son état, et voilà tout; et, à sa mine peu aimable, aux regards qu'elle jette autour d'elle, je devine que la pauvreté de cette chambre lui fait craindre de n'être pas bien payée de ses services : cependant, elle a consenti à passer la nuit, et le jeune homme lui en sait beaucoup de gré.

Ernest s'approche bien doucement du lit; mais la jeune fille lui tend sur-le-champ la main en disant : — Je ne dors pas... je n'ai pas envie de dormir... mais je suis bien à présent... Seulement, je crains que cela ne te fatigue, de passer la nuit... tu relèves aussi de maladie, tu n'es pas fort encore... Retourne chez toi... Tu sais bien que je ne suis plus en danger... puisque l'accoucheur l'a dit... et puisque madame reste...
— Dame! oui, je reste, dit la sage-femme d'une voix aigre, quoique ça me dérange... mais enfin... Ah! Dieu! qu'il fait froid dans cette chambre! le vent souffle de partout... Joli feu... deux tisons... Est-ce qu'il n'y a pas seulement un soufflet ici?

Ernest court chercher un soufflet qu'il présente à la sage-femme, et revient près du lit en disant : — Tu dois bien penser, ma chère, que je ne te quitterai pas... Mais tiens, voilà M. Blémont, qui a eu la complaisance de courir aussi pour trouver un médecin, quand il est venu il y a une heure ; nous n'avons pas seulement pensé à le remercier...

— Ah! c'est vrai, mon ami. Pardon, monsieur, excusez-moi : mais alors j'étais si souffrante...

— Vous ne me devez aucun remerciment, car ce n'est pas moi qui ai trouvé votre docteur...

— N'importe, dit Ernest, vous nous avez montré un intérêt... que je n'oublierai jamais...

— Beau fichu soufflet ! qui n'a pas pour deux liards de vent !... Quand il gèle, ça doit être gentil ici !...

Je me retourne vers cette sage-femme ; je voudrais pouvoir la faire taire : il me semble que ses réflexions indiscrètes doivent être pénibles pour les deux amants. Mais je me trompe ; ils n'écoutent pas cette femme. Ernest tient la main de son amie, celle-ci le regarde tendrement ; après avoir craint une séparation éternelle, il leur semble qu'ils viennent de se retrouver. Ils sont tout à l'amour. Cependant Marguerite soupire, et, au bout d'un moment, je l'entends dire à demi-voix à Ernest : — Quel dommage, mon ami !... C'était un garçon !...

Pauvre petite ! pouvant à peine se faire exister elle-même, elle voudrait un enfant, parce qu'on est toujours fière d'être mère, et qu'un enfant est un lien de plus pour s'attacher son amant.

Je vais les quitter, lorsqu'un bruit violent se fait entendre : ce sont des vitres que l'on brise, et cela semble être sur le toit, près de la croisée de la chambre où nous sommes.

La sage-femme pousse un cri de terreur, et vient se mettre derrière moi en disant : — Ce sont des voleurs... Avez-vous entendu, messieurs ?... Ils entrent par une croisée... Il faut réveiller toute la maison...

J'avoue que je partage l'idée de la sage-femme, et je vais aller ouvrir la fenêtre pour voir ce que c'est, lorsque Marguerite, qui, au lieu d'avoir peur, laisse échapper un léger sourire, me fait signe d'arrêter, et nous dit : — Rassurez-vous... ce que c'est... Je suis maintenant habituée à ce bruit-là... c'est mon voisin M. Pettermann qui rentre chez lui.

— Qu'est-ce que c'est donc que M. Pettermann, et pourquoi fait-il ce vacarme pour rentrer ? dit la sage-femme.

— M. Pettermann est tailleur, et travaille dans sa chambre ; mais il se grise au moins trois fois par semaine : ces jours-là il perd toujours la clef de sa chambre ; alors il monte sur le plomb qui donne sur la fenêtre du carré, et, arrivé de ce côté de la fenêtre... croisée, donne un coup de poing dans un carreau afin de pouvoir lever l'espagnolette, et rentre chez lui par la fenêtre... Demandez à Ernest si nous ne l'avons pas déjà entendu plus de douze fois en faire autant ?

Je ne puis m'empêcher de rire des habitudes de M. Pettermann, tandis que la sage-femme s'écrie : — Oh! l'imbécile !... Il m'a fait une peur... Marcher sur un plomb... et quand on est gris !...

— S'il était de sang-froid, madame, il est probable qu'il ne s'y hasarderait pas...

— Mais quelque jour il se rompra le cou, votre voisin !...

— C'est ce que je lui ai dit souvent... Le lendemain, quand il fait mettre son carreau, il jure que cela ne lui arrivera plus. La portière l'a déjà menacé de lui faire donner congé s'il ne rentre pas par sa porte et ne revient pas moins tard.

Nous entendons en ce moment jurer et tempêter sur le carré. M. Pettermann, rentré chez lui, avait pu ouvrir sa porte, qu'il ne fermait qu'au pêne.

— Il veut peut-être de la lumière, dit Marguerite. Cependant il est bien rare qu'il m'en demande quelque chose : il aura vu qu'on n'était pas couché ici.

Nous entendons heurter à la porte, et une voix enrouée dire en bégayant : — La voisine... est-ce que vous n'êtes pas coucou... couchée, ma voisine : si c'était un effet de vot'part... de m'allumer mon petit bout.

Je suis curieux de voir le voisin Pettermann, et, avant qu'Ernest ait eu le temps de quitter la main de sa petite Marguerite, j'ai été ouvrir la porte.

Le tailleur est un homme jeune encore, d'une figure franche et ouverte : mais l'habitude de se griser a rendu son nez violet, bourgeonné ; sa toilette est pleine d'un désordre qui accuse aussi son intempérance.

En me voyant, il ouvre de grands yeux et s'écrie : — Tiens! prout !... je me suis donc trompé ?... C'est drôle. C'est donc pas la porte de la voisine... ou si c'est qu'elle est déménagée ?...

— Non, voisine, dit Ernest, mais ne criez pas si haut... elle est malade... Que désirez-vous ?

— Ah! elle est malade, la pauvre petite mère !...

Et M. Pettermann s'avance vers le lit en disant : — Vous êtes malade, ma petite mère !... qu'est-ce que vous avez donc ?...

Ernest arrête le tailleur qui empeste le vin ; et celui-ci, toujours très-poli, quoique gris, craint d'avoir fait une sottise, et recule jusqu'au fauteuil dans lequel est assise la sage-femme, sur les genoux de laquelle il se laisse aller en disant :

— Pardon... c'est juste... ça ne me regarde pas... Ah! prout !...

— Voulez-vous vous relever, ivrogne ? crie la sage-femme en repoussant le tailleur par le dos. Celui-ci se retourne en balbutiant :

— Tiens!... j'étais sur du sexe... sans m'en douter... Pardon, ma petite mère !... C'est sans ostentation.... je vous le jure.

— Donnez-moi votre chandelle, que je vous l'allume, dit Ernest ; car c'est sans doute cela que vous voulez ?

— Oui, mon voisin, si c'était un effet de votre part... Je n'ai pas pu battre mon briquet... vu que je me suis un peu égratigné la main droite en rentrant chez moi.

Nous remarquons seulement alors que ce malheureux a la main droite tout ensanglantée, deux de ses doigts sont grièvement coupés. La jeune fille montre à Ernest une armoire dans laquelle sont des chiffons, avec lesquels il s'empresse d'entortiller la main du tailleur. Celui-ci se laisse faire, tout en disant : — Oh! mon Dieu !... c'est rien du tout... prout! une misère !... Je ne sais pas comment j'ai fait ce soir, mais j'ai cassé deux carreaux au lieu d'un...

— Comment voulez-vous qu'il en fasse ? ... je perds ma clef... Ces clefs, ça vous glisse de la poche sans qu'on le sente... et puis je crois qu'aujourd'hui ma poche était trouée... Mais je vous prie à présent j'y ferai attention... d'autant plus que ça va me gêner pour coudre ça...

— Tenez ! voilà votre chandelle.

— En vous remerciant... Bien le bonsoir à la société... Meilleure santé, ma petite mère... Si quelquefois vous aviez besoin de mes services.. appelez-moi... ne vous gênez pas...

— Merci... merci, monsieur Pettermann.

— Non, mais ne vous gênez pas... appelez-moi... ça me fera plaisir.

— Le tailleur est rentré chez lui. Je pense que la jeune malade doit avoir besoin de repos, je lui souhaite aussi le bonsoir et quitte sa chambre. Cependant je voudrais dire quelque chose à Ernest ; mais à lui seul. Il me reconduit avec la lumière. Lorsque nous sommes tous deux devant ma porte, je m'arrête, je le regarde... et je me tais ; car je ne sais, en vérité, comment m'y prendre.

Ernest, qui ne pense pas que j'ai encore quelque chose à lui dire, me souhaite le bonsoir et va remonter. Je l'arrête par le bras, il faut que je me décide à parler.

— Monsieur Ernest... je suis charmé d'avoir fait plus ample connaissance avec vous... J'espère que notre liaison ne se bornera pas là...

— Monsieur, je vous remercie... C'est aussi mon désir... Je vous le répète, je n'oublierai pas l'intérêt que vous avez pris au chagrin que j'éprouvais cette nuit... Il y a tant de gens dans le monde qui auraient ri de ma douleur... que j'aurais blâmée même.

— Ces gens-là ne voient jamais dans les liaisons d'amour que des occasions de plaisir ; du moment qu'il s'y mêle de la peine, ils pensent qu'il faut les rompre !

— Ah! vous avez bien raison... Mais, bonsoir, je vais...

— Un moment encore... Je voulais vous dire..... Excusez-moi d'abord : j'espère que ce que je vais vous dire ne vous offensera pas... Tenez, entre jeunes gens on doit parler franchement... Quoique j'aie cinq à six ans de plus que vous, je me souviens fort bien qu'étant encore chez mes parents à dix-huit ans, j'étais quelquefois fort embarrassé pour faire un cadeau à ma maîtresse... Ecoutez : votre jeune amie vient d'éprouver un accident qui va nécessiter des dépenses que vous ne comptiez pas devoir être si prochaines... Un jeune homme qui vit avec ses parents est parfois gêné... Permettez-moi de vous offrir ma bourse... Vous me rendrez quand vous le pourrez...

Ernest me serre la main en me répondant : — Je vous remercie de cette offre, monsieur Blémont ; elle ne m'offense pas, car je ne pense pas que ce soit un crime d'être à court d'argent ; il n'affecterait pas ici une aisance qui ferait bien mal penser de mon cœur, quand on a vu la chambre de cette pauvre petite. Mes parents sont à leur aise, vous le savez ; mais ils me traitent fort sévèrement, parce que je ne fais pas absolument ce qu'ils veulent... Ils pensent aussi qu'à mon âge on ne doit pas avoir besoin de dépenser de l'argent pour une maîtresse. Peut-être n'ont-ils pas tort au fond !... Pourtant je vous assure que les privations que nous éprouvons, Marguerite et moi, bien loin de diminuer notre amour, ne font que l'augmenter encore. Ne doit-on pas s'attacher à quelqu'un en raison de tout ce qu'il a souffert pour nous ?.., Marguerite, si jeune, si jolie, trouverait, si elle le voulait, des amants, riches, avec lesquels elle aurait toutes les douceurs de la vie ; elle préfère être pauvre avec moi !... Mais nous ne sommes nullement à plaindre pour cela, car nous nous aimons mieux que de l'argent. Au reste, cette gêne n'est que momentanée, je l'espère ; j'ai deux pièces reçues... et si elles réussissent...

— Alors, vous acceptez mon offre ?

— Non... Oh! je n'emprunte jamais d'argent quand je n'ai pas la certitude de pouvoir le rendre. C'est un principe dont je ne m'écarterai point.

— Mais puisque deux pièces reçues quand on va jouer...

— Une pièce de théâtre n'est jamais une certitude ; c'est un coup de dés !... Je vous remercie mille fois. J'ai d'ailleurs de quoi faire face aux événements... Quant à l'avenir... nous espérerons... nous ferons des châteaux en Espagne.

— Je suis fâché que vous me refusiez.
— Et moi je suis bien aise que vous m'ayez offert : car vous êtes le premier de mes amis qui me fassiez une telle proposition, et pourtant vous n'êtes le mien que depuis quelques heures !...
— C'est que souvent on passe sa vie avec des gens auxquels on donne ce nom, mais qui n'en ont pas les sentiments.
— Bonsoir, monsieur Blémont. Si vous avez le temps de monter une minute demain, cela nous fera plaisir.
— Oui, j'irai savoir des nouvelles de ma voisine ; bonsoir.

Ernest remonte au cinquième, et je rentre chez moi.

CHAPITRE V. — Encore de l'amour.

J'ai été le lendemain rendre visite à ma voisine du cinquième, je la trouve seule avec son amant ; la sage-femme n'est plus là : c'est Ernest qui s'est établi garde-malade, autant par nécessité que par goût ; car les deux amants se trouvent plus heureux de n'avoir pas toute la journée un tiers avec eux, et ce qui serait une privation pour d'autres est une satisfaction pour des amoureux.

Ernest est assis près du lit de sa maîtresse ; je crains de les gêner ; je ne voulais rester qu'un moment, et une heure s'est écoulée depuis que je suis là. Restez donc encore, me disent-ils toutes les fois que je me lève pour partir. D'où vient que le temps passe si vite, que nous nous trouvons si bien ensemble ?... C'est que tous trois nous laissons librement paraître nos sentiments, que nous parlons avec franchise de ce qui nous intéresse, que nous épanchons nos cœurs en liberté. Marguerite parle de l'enfant qu'elle espérait, et ses yeux attachés sur ceux d'Ernest semblent lui dire : — Cela pourra se réparer, n'est-ce pas ? Ernest sourit, la console, puis parle de ses deux pièces reçues... ce sont des enfants aussi. Moi, je leur parle spectacle, bals, intrigues amoureuses... Je leur conte, sans nommer personne, l'aventure de Bélan et de son Hélène. Cela les fait beaucoup rire. Je ne sais si dans mes récits j'ai parlé avec plus d'intérêt de mademoiselle Dumeillan ; mais quand je prononce son nom, je remarque que mademoiselle Marguerite sourit et qu'Ernest en fait autant.

Enfin, Ernest me dit après un de mes récits : — Mon cher monsieur Blémont, il me semble que vous êtes amoureux ?
— Moi, amoureux !... et de qui donc ?
— Parbleu ! de la demoiselle blonde qui cause si bien, qui touche si agréablement du piano... qui a un regard si doux...
— Comment ! est-ce que je vous ai dit cela ?
— Non, mais nous l'avons deviné à la manière dont vous en avez parlé... N'est-ce pas, Marguerite ?
— Oui, oui, certainement vous êtes amoureux de la demoiselle en rose.
— Ah ! je vous jure bien que...
— Allons, ne jurez pas, monsieur, vous mentiriez.
— Mademoiselle Eugénie est fort jolie, c'est vrai.... mais je ne la connais pas...
— On fait connaissance.
— Je ne sais pas si ces dames voudraient me recevoir... Ma foi ! au fait, vous me donnez l'idée d'aller en causer avec M. Giraud... Aujourd'hui il ne sera peut-être plus occupé de ses quinquets... Je vais y aller... je n'aurai l'air de rien, mais j'amènerai la conversation sur ces dames.
— C'est ça ; allez ; vous viendrez ensuite nous dire où en seront vos affaires.

J'avoue que le tableau de l'amour si vrai de ces jeunes amants me fait désirer de goûter un bonheur semblable. Peut-être le souvenir de la charmante Eugénie influe-t-il beaucoup sur mes réflexions. J'ai vingt-six ans, je suis déjà las d'intrigues galantes... C'est pourtant bien amusant d'avoir trois ou quatre maîtresses que l'on trompe toutes à la fois ; qui nous font des scènes, nous suivent, nous menacent, nous guettent, et se passionnent davantage pour nous à chaque infidélité que nous leur faisons. Et ces pauvres maris que l'on fait... Ah ! c'est aussi fort amusant... Mais au milieu de tous ces plaisirs, il me semble que le cœur éprouve parfois un vide... Ernest et Marguerite ne goûtent-ils pas un bonheur plus réel que moi ?.... Je ne sais, mais je voudrais en essayer.

J'ai huit mille francs de rente. Ce n'est pas une fortune, mais c'est une existence assurée. D'ailleurs, j'ai fait mon stage, j'ai été reçu avocat ; c'est encore quelque chose : il est vrai que je n'ai pas plaidé souvent depuis que j'ai le droit de porter la robe. Les plaisirs m'ont trop distrait des affaires ; mais si je me mariais, je serais sage... il le faudrait bien.

Mon père est mort ; il était aussi dans le barreau. Il m'a laissé un nom honorable, que je me flatte de conserver sans tache : car on peut avoir trois ou quatre maîtresses à la fois, cela n'attaque nullement l'honneur !.. surtout lorsqu'on n'a à se reprocher ni rapt ni séduction, et Dieu merci ! nous vivons dans un temps où il est facile de faire l'amour sans en venir là... Je sais bien que ce n'est pas moral de tromper des maris... Mais l'exemple est contagieux, et puis il y a tant de ces messieurs qui délaissent leurs femmes... N'est-il pas alors naturel de consoler ces dames ?

Ma mère, qui passe l'été à la campagne, et l'hiver à Paris devant une table de whist, serait certainement fort aise que je fusse marié ; elle a mille écus de rente qui me reviendront un jour : mais je n'y songe jamais ; quoique j'aime ses parents, on doit toujours espérer qu'ils ne mourront pas.

Je fais ces réflexions, je ne sais pas trop pourquoi. Après tout, je ne songe nullement à me marier, ou du moins à faire un de ces mariages qui sont prévus, arrangés d'avance par des parents ou des amis. Si je me mariais, il faudrait que je fusse bien amoureux, il faudrait que j'eusse la certitude d'être tendrement aimé.

Tout en marchant et en pensant, je suis arrivé devant la porte de Giraud. Monterai-je ?... pourquoi pas ?... je ferai semblant d'avoir perdu la veille... une canne... une badine... Je n'en porte jamais... mais c'est égal. Il est deux heures ; je pense que Giraud doit être dans son cabinet ; je monte. Je trouve la porte du carré ouverte. Les trois enfants, habillés comme de petits voleurs, et sales comme des chiffonniers, se traînent dans l'antichambre en jouant avec le chien, auquel ils ont mis un bonnet de soie noire de leur père. Je m'aperçois que les appartements ne sont pas encore faits ; la bonne balaie le salon. On m'a dit que Giraud y était. Je pense qu'il est dans son cabinet ; mais la petite fille me crie que son papa habille sa maman, et je n'ose me permettre d'entrer dans la chambre de madame. On va appeler monsieur ; pendant ce temps, je reste dans la poussière et poursuivi par le balai.

Enfin Giraud arrive en secouant ses mains, et en faisant des grimaces.
— Bonjour, mon cher Blémont.
— Je suis désolé de vous avoir dérangé... j'étais monté en passant pour...
— Vous ne me dérangez aucunement ; au contraire, vous avez mis un terme à mes souffrances... J'étais en train de faire mes efforts pour agrafer la robe de ma femme... Aïe ! les pouces... Dieu ! que ça fait mal !... Je n'en suis pas venu à bout... elle prétend cependant que sa robe lui est trop large... je n'en crois rien. Françoise, allez donc agrafer la robe de ma femme.
— Mais, monsieur, vous savez bien que madame dit que je m'y prends mal, que je ne suis pas assez forte...
— Allez toujours... vous finirez le salon après...

Je crois que nous allons passer dans son cabinet et que nous y trouverons du feu, car il ne fait pas chaud ; mais Giraud m'invite à m'asseoir sur le canapé en me disant :
— Je ne vous conduis pas dans mon cabinet, parce qu'il n'est pas encore fait... Dieu ! que ça fait mal aux pouces !... Nous causerons aussi bien ici... on va allumer le feu quand le salon sera fait ; est-ce qu'il est tard ?... Je n'ai pas encore trouvé le moment de m'habiller...
— Mais il est deux heures passées...
— Ah ! mon Dieu... et j'ai trois rendez-vous pour ce matin... pour des entrevues de gens qui veulent se marier...
— Je ne veux pas vous retenir.
— Restez donc... on m'attendra. C'est qu'en vérité on ne finit rien ici... Mon ami, c'est une bien jolie chose que le mariage !... j'espère que bientôt vous vous rangerez dans la classe respectable des époux.
— Oh ! j'ai le temps.
— Vous devez être las de la vie de garçon ?
— Non vraiment !...
— Est-ce que c'est pas le motif qui m'amène ; mais j'ai cru avoir laissé chez vous hier... une badine assez gentille...
— Une badine !... Il faut demander aux enfants ; c'est eux qui trouvent tout ici. Ils ont de l'esprit comme des démons ! Théodore... Alexandre... Eugène...
— Oh ! ne les dérangez pas...
— Si, si ; je ne suis pas fâché que vous les voyiez... ils sont si espiègles dans leurs réponses !

Je n'ose pas dire que j'ai déjà vu les espiègles. Le papa appelle encore. Théodore arrive à quatre pattes, le savant Alexandre sur son dos ; celui-ci tient le chien dans ses bras. Pour mieux faire la monture, Théodore s'est mis de grandes oreilles en papier ; la petite fille le fouette par derrière avec un paquet de plumes.

Je ris de ce tableau, et Giraud le trouve d'abord très-plaisant. Mais bientôt il reconnaît son bonnet de soie noire sur la tête du chien, et il ne rit plus.
— Comment, polisson ! vous avez pris mon bonnet de soie pour mettre à Azor !...
— Papa, c'était pour en faire Croquemitaine...
— Je vous ai déjà défendu cent fois de toucher à mes affaires... Et vous, mademoiselle... avec quoi fouettez-vous votre frère ?
— Papa... c'est avec...
— C'est avec un paquet de plumes qui était sur mon bureau... des plumes fort chères ; des cochets... que je garde pour écrire mes circulaires... Qui vous a permis de prendre quelque chose sur mes bureaux ?... Mais approchez donc un peu... monsieur Théodore... Avec quoi vous êtes-vous fait des oreilles d'âne ?...
— Papa... c'est un papier qui traînait...
— Qui traînait !... Dieu me pardonne ! c'est la lettre de M. Mermillon, dans laquelle il me détaille tout ce que sa fille aura en dot !...

Petit drôle!... faire des oreilles d'âne avec ma correspondance... Quelque jour il prendra sur mon bureau des billets de mille francs pour faire des cornets... Je vais t'arranger, moi...

Giraud veut courir après son fils, je l'arrête : nous entendons madame crier d'une voix colère :

— Giraud!... Giraud!... Est-ce que vous n'allez pas venir achever de m'habiller?... Françoise ne sait pas m'agrafer... cette fille-là est d'une gaucherie détestable...

— Allons! c'est ça, dit Giraud : on va encore renvoyer celle-là parce qu'elle n'agrafe pas la robe assez vite... C'est toujours la même chanson!... Ma foi tant pis, qu'elle s'arrange!... Tenez! voyez mes pouces; je n'ai plus de chair sous les ongles.

On entr'ouvre la porte de la chambre à coucher ; madame Giraud paraît à l'entrée, à demi habillée! et derrière elle arrive la bonne qui vient reprendre son balai en murmurant :

— Ah! queu chien de métier!... Ah ben, est-ce que je suis entrée ici pour leur serrer le ventre!

En me voyant, madame Giraud fait un pas en arrière, puis trois en avant, et s'écrie :

— Ah! monsieur Blémont, veuillez excuser mon désordre... mais M. Giraud est un homme terrible!... il ne me finit jamais... Je ne puis parvenir pas rester habillée à moitié... Je vous jure, monsieur, que cette robe m'est trop large...

— Ma femme, je te jure, moi, que j'ai mal aux pouces...

— Ah! vous êtes un douillet... et j'ai trois visites à faire avant dîner... et vous savez que nous dînons chez madame Dumeillan, qui a une loge à la Porte-Saint-Martin.

— C'est vrai... nous dînons en ville... Figurez-vous, mon cher Blémont, que nous avons des invitations... nous ne savons plus auquel entendre!

— On dîne de bonne heure!... mon Dieu, que je suis malheureuse! je n'aurai jamais le temps.

Madame Giraud vient d'en dire assez pour moi. Enchanté de ce que je viens d'apprendre, je me lève et vais à elle :

— Si vous vouliez permettre, madame... Peut-être serai-je plus adroit que votre bonne.

Madame me fait un sourire très-gracieux et me présente sur-le-champ son dos, en me disant :

— Que vous êtes aimable, monsieur Blémont! Comment, vous seriez assez bon?...

— Avec un grand plaisir, madame.

Je ne suis pas neuf pour attacher des robes; je prends la ceinture de chaque côté, je me fais un peu de mal, mais la robe est agrafée; et je fais comme si cela ne m'avait coûté aucun effort.

— Ça y est! s'écrie madame Giraud d'un air triomphant. Ça y est... n'est-ce pas, monsieur Blémont?

— Oui, madame... Oh! ça y est bien!...

— Eh bien! monsieur Giraud, vous le voyez... Quand on sait s'y prendre... Et monsieur n'a pas l'air d'avoir fait aucun effort...

— Non, madame, aucun...

— Ma foi! mon cher, dit Giraud, si vous voulez venir ici tous les jours quand madame s'habille, vous me rendrez un grand service...

— Taisez-vous, monsieur Giraud; vous devriez être honteux. — Pardon, monsieur Blémont; je vais achever ma toilette... Mille remercîments.

Madame rentre, et Giraud veut faire asseoir dans un coin qui est balayé; mais je prends mon chapeau et lui dis adieu; il me reconduit jusque sur le carré en me répétant :

— Mon ami, mariez-vous... Croyez-moi... c'est l'état le plus doux. J'ai trois partis superbes de disponibles.

— C'est bien... nous verrons...

— Si on trouve votre badine, je la serrerai...

— Oh! je crois maintenant que ce n'est pas chez vous que je l'ai laissée. Adieu.

Mademoiselle Eugénie sera ce soir au théâtre de la Porte-Saint-Martin. J'irai et je la verrai. Les Giraud seront avec eux; ce sera une occasion pour aller saluer ces dames. Et cependant... ces Giraud sont si sots, si ridicules avec leur manie de marier tout le monde... Je suis fâché de les voir liés avec ces dames. Ce n'est peut-être qu'une de ces liaisons de société : on se voit pour passer le temps, on ne s'aime point.

J'attends le soir sans trop d'impatience, car je ne suis pas amoureux. Je veux revoir cette demoiselle, parce que je n'ai rien de mieux à faire, et que mes yeux fatigués de feindre longtemps de l'amour, auraient besoin de se reposer sur d'autres charmes pour retrouver un peu de ce feu qu'ils ont perdu.

Je vais au spectacle tard, car je désire que l'on soit arrivé. Mes regards parcourent les loges. J'aperçois ces dames dans une première découverte. La maman et madame Giraud sont sur le devant, mademoiselle Eugénie est sur le second banc. Je ne suis pas Giraud; je n'ai eu quelque mariage à faire ce soir. Il y a encore une place près de mademoiselle Eugénie... Si j'osais?... Mais la loge est à eux; je ne puis pas me permettre d'y entrer : il faudrait qu'on m'y invitât.

Je trouve cette jeune personne encore plus jolie qu'hier. Cette toilette, cette coiffure plus simple lui donnent des grâces nouvelles. On ne me voit pas, je puis la regarder tout à mon aise. Il y a de la place dans une loge auprès de la leur : si j'y allais?... Non; ce serait trop montrer mon désir de leur parler.

Une pièce se joue. On ne me voit pas. Je me suis pourtant rapproché... Cette madame Giraud n'est occupée que de sa taille... Je suis sûr qu'elle étouffe!... Elle n'a pas l'esprit de regarder de mon côté.

On ouvre la porte de leur loge... C'est Giraud, sans doute... Non, c'est un jeune homme... Il salue ces dames, mademoiselle Dumeillan lui sourit; elle cause, elle rit avec lui!... C'était bien la peine que je vinsse ici pour voir cela... Mon Dieu! comme on est bête!... Je suis jaloux. Et pour une personne que je connais à peine, à qui je n'ai pas dit un mot d'amour... Est-ce que cette demoiselle n'est pas libre d'avoir un amoureux... dix même, si cela lui plaît? Je rougis de ma sottise, et, pour me prouver à moi-même que cette jeune personne m'est fort indifférente, je cours me faire ouvrir la loge qui est près de la sienne : car je ne vois pas pourquoi la présence de ces dames, qui me sont presque étrangères, m'empêcherait d'aller causer avec madame Giraud, que j'ai agrafée ce matin.

J'entre dans la loge. Je ne regarde pas mademoiselle Eugénie ; je feins de ne point voir ces dames. Mais bientôt madame Giraud m'appelle.

— Bonsoir, monsieur Blémont. Ah! que vous êtes aimable d'être venu nous voir!... Vous vous êtes donc souvenu que j'avais dit que je viendrais ici ce soir avec ces dames...

Que le diable emporte madame Giraud avec ses souvenirs! Je réponds d'un air délibéré :

— Non, madame, je ne savais pas... j'ignorais... Mais j'ai donné rendez-vous ici à quelqu'un; c'est ce qui m'y a fait venir.

Je salue ensuite froidement madame Dumeillan et sa fille, puis je me retourne et je regarde dans la salle. Mais madame Giraud recommence bientôt à me parler; elle m'accable d'amitiés depuis que je suis parvenu à agrafer sa robe.

J'ai l'air d'écouter madame Giraud; je ne sais pas seulement ce qu'elle dit. J'écoute le jeune homme qui cause avec mademoiselle Eugénie. Sa conversation est vague. Il ne lui dit rien de particulier... je ne lui parle que du spectacle... Je sens ma mauvaise humeur se dissiper un peu. Je me retourne vers ces dames, je prends part à la conversation; mais je n'arrête pas mes regards sur mademoiselle Eugénie. Je serais désolé qu'elle pensât que je suis venu ici pour elle.

Bientôt le jeune homme prend congé de ces dames; il va rejoindre sa société. Il la quitte... Il n'est donc pas amoureux d'elle? Je regarde mademoiselle Dumeillan à la dérobée. Après le départ de ce jeune homme elle est aussi gaie, elle semble s'amuser autant que lorsqu'il était là. Je commence à penser que je me suis trompé, et que ce n'était pas un amoureux.

Je me mets alors tout contre la loge de ces dames, et pendant que l'on joue, j'échange quelques mots avec mademoiselle Eugénie. Une fois ma main se trouve tout contre la sienne, qui est appuyée sur la travée qui nous sépare : c'était le hasard qui les faisait se rencontrer là; nos deux mains se sont touchées. Elle retire vivement la sienne, et j'en fais autant en balbutiant quelques excuses... Mais cette main charmante en touchant la mienne m'a fait éprouver une émotion délicieuse... Un simple attouchement a produit cet effet! Je voudrais bien savoir si mademoiselle Eugénie... mais elle ne regarde pas de mon côté.

Dans l'entr'acte qui suit, madame Giraud, qui causait avec madame Dumeillan, se tourne tout à coup vers moi en disant :

— Tenez, madame! M. Blémont est avocat; il connaît à fond tout ce qui regarde les lois, les droits de chacun... Mon mari n'est pas très-versé là-dedans; il n'est fort que pour les mariages... Consultez M. Blémont sur votre affaire; il vous dira si vous avez tort ou raison.

— Je n'oserais pas importuner monsieur, répond la maman, ni me permettre de lui prendre son temps.

Je m'empresse d'offrir mes services et de demander de quoi il s'agit; mais on ne peut m'expliquer cela au spectacle. Il faut que je prenne connaissance d'actes, de titres. C'est bien ce que j'espérais. Madame Dumeillan me donne son adresse, et, en renouvelant ses excuses pour la peine que je prendrai, me remercie d'avance, et je veux passer un matin chez elle. On me remercie pour une chose que j'aurais demandée comme une faveur!... Suis-je assez heureux!... Mais je sais cacher ma joie! Je n'approche plus ma main de celle de mademoiselle Dumeillal. C'est surtout maintenant que je me garderais bien d'avoir l'air amoureux. Un novice se jette à la tête des gens!... mais un homme habile sait ménager ses avantages.

C'est par suite de ce principe qu'en voyant arriver Giraud je salue ces dames et quitte le spectacle. En restant, j'aurais eu l'air de guetter l'occasion de les reconduire.

CHAPITRE VI. — Je vais dans la maison.

Le lendemain est arrivé, et je balance pour aller chez ces dames. Ne serait-ce pas montrer trop d'empressement?... Non, ce ne sera que de la politesse. Puisqu'on veut bien avoir confiance dans mes lumières, je ne dois pas les faire attendre.

J'attends que deux heures sonnent ; alors je me rends chez madame Dumeillan. Là, ce n'est point comme chez Giraud : la bonne a fini de balayer les appartements. Celle qui m'ouvre m'introduit dans un salon décoré sans faste, mais avec goût ; il y a bon feu, et j'y trouve la demoiselle de la maison qui étudie son piano.

Mademoiselle Eugénie quitte sa musique pour aller prévenir sa mère de mon arrivée ; je n'ose lui dire que c'est pour elle seule que je viens... ce serait aller trop vite. Quel dommage de ne pouvoir toujours aller droit à son but !... que de temps on perd !

La maman revient. Après les premiers compliments, elle m'explique son affaire, me communique ses titres. Eugénie quitte le salon pendant que sa mère me parle. Elle fait bien, car j'écoutais mal, et je crois que je répondais de travers. Maintenant je suis tout à la maman. Il s'agit d'une petite ferme qui revenait d'une succession à son mari, et dont un beau-frère du défunt veut lui contester la possession. Ses droits me semblent clairs ; cependant je ne puis lire sur-le-champ tous les titres. On trouve fort juste que je les emporte pour en prendre connaissance chez moi.

Eugénie revient, nous causons de choses moins sérieuses. La maman est fort aimable ; Eugénie a de l'esprit, des connaissances, et quoique je ne sois pas encore tout à fait sans cérémonies avec ces dames, je m'y trouve déjà très-bien. Après une visite d'une heure, je prends congé. Je n'ai pas besoin de demander la permission de revenir ; j'ai maintenant pied dans la maison.

Je reste deux jours sans retourner chez madame Dumeillan. Je suis un drôle de corps, je veux cacher mes sentiments, et je serais désolé que mademoiselle Eugénie devinât l'impression que sa vue a produite sur moi. Enfin je fais ma seconde visite. J'ai pris une exacte connaissance du procès que l'on veut susciter à la veuve. Je suis persuadé qu'elle a le droit pour elle. Je le lui assure, et lui offre mes services pour poursuivre cette cause, que je regarde d'avance comme gagnée. Madame Dumeillan est enchantée ; elle me remercie ; elle accepte mes offres... Décidément je ne suis plus un étranger ; on semble maintenant me regarder comme un ami.

Ces dames reçoivent assez peu de monde ; mais elles ont spécialement un jour dans la semaine, qui est celui de leur réunion. Alors on joue, on fait de la musique, on danse quelquefois. Leur société est plus choisie que celle qui se rassemble chez Giraud ; c'est un tout autre genre. Cependant il y a encore des personnes que je ne voudrais pas y voir. Ce sont des jeunes gens, fort jolis garçons, qui sont galants, empressés avec Eugénie... Que je suis ridicule !... Je voudrais bien qu'il vint chez elle des femmes jeunes ; mais en fait d'hommes, je ne voudrais que des têtes à perruques. Ceux-là, je les trouve extrêmement aimables !

Quant à moi, je crois que je ne le suis pas souvent. On ne l'est plus dès qu'on devient véritablement amoureux. C'est en petit comité que j'aime à voir ces dames : alors je suis bien plus heureux. Si Eugénie fait de la musique, il n'y a point un jeune homme penché sur le piano et prêt à lui tourner les feuilles. Si je cause avec elle, nous ne sommes pas interrompus par quelque fashionable qui vient lui adresser un compliment, et cependant je conçois que l'on ne peut pas ne recevoir que moi.

Je ne néglige pas la cause que l'on m'a confiée ; il me sera doublement agréable de la gagner : j'obligerai ces dames, et je donnerai une opinion favorable de mon talent. Il ne me faut pas beaucoup d'éloquence pour réussir : madame Dumeillan triomphe d'un adversaire qui lui avait cherché chicane par manie pour faire le procès. Il n'y a pas deux mois que je suis reçu chez ces dames lorsque j'ai le plaisir de terminer heureusement cette affaire.

Quoiqu'il ne s'agisse pas d'une propriété importante, madame Dumeillan me remercie avec effusion ; les mamans tiennent à l'argent. Eugénie me remercie poliment, mais voilà tout. En général, nous sommes assez froidement ensemble. Pourquoi ne me traite-t-elle pas comme un autre ?... A-t-elle remarqué que j'ai de l'humeur lorsqu'on lui fait la cour, que je m'éloigne d'elle lorsque les autres s'en approchent ?... Mon caractère lui déplaît-il ?... Au fait elle doit me trouver peu aimable... Je le suis bien moins que tous ceux qui viennent chez sa mère. Jamais je ne lui dis rien de flatteur, jamais je ne me montre empressé ni galant auprès d'elle... Est-ce donc ainsi que je parviendrai à lui plaire ?... Oui, je voudrais bien qu'elle m'aimât comme je suis !... Je voudrais qu'elle me témoignât qu'elle a lu dans mon cœur... et je fais ce que je puis pour lui cacher ce qui s'y passe !... L'amour nous rend bien bizarres !

Quelquefois je me promets de changer de manière d'être avec Eugénie ; je tâche de faire comme les jeunes gens qui viennent chez elle : d'être aimable, galant, de rire, de plaisanter lorsque d'autres l'entourent ; mais je me remplis mal mon rôle, ma gaieté est forcée ; Eugénie semble s'en apercevoir, et cela me rend encore plus gauche.

Les jeunes gens que l'on reçoit chez madame Dumeillan sont tous fort bon ton ; leur galanterie près de mademoiselle Eugénie n'a rien qui puisse blesser les plus sévères bienséances. Pourquoi donc m'en formaliserais-je ? Parce que je ne sais pas être aimable avec elle, faut-il que les autres ne le soient point ?

Je sens que j'ai tort ; mais je voudrais étudier et bien connaître le caractère d'Eugénie. Je la crois un peu coquette... A son âge, et si jolie... c'est bien pardonnable ; et d'ailleurs, toutes les femmes ne le sont-elles pas ?... Oui, toutes... un peu plus, un peu moins ; mais c'est un défaut qui tient à leur nature. Et puis, est-ce un défaut ?... Une coquetterie innocente n'est que le désir de plaire... Ce désir fait qu'elles apportent plus de soin dans leur coiffure, dans leur toilette, dans toute leur personne. Que dirions-nous d'une femme qui négligerait tout cela ? nous la blâmerions, ou nous penserions qu'elle n'a pas de goût. Pourquoi donc appeler un défaut ce que l'on fait pour nous charmer, nous séduire ?... Par leur éducation, par leur situation dans le monde, les femmes sont éloignées des emplois, qu'elles rempliraient peut-être mieux que nous ; des affaires sérieuses, qu'elles débrouilleraient plus vite que beaucoup de diplomates ; et des débats politiques, où tant d'hommes ne savent ce qu'ils disent. Nous avons laissé aux femmes les occupations simples et douces de l'intérieur de leur maison ; mais ces occupations, si elles suffisent à l'emploi du temps, ne sauraient donner assez de travail à l'esprit, à l'imagination, pour qu'elles ne s'en cherchent pas d'autres. Quelques hommes croient qu'une aiguille, un métier à broder, un piano, doivent suffire pour occuper une femme. Je ne pense pas, comme Caton, que la sagesse et la raison soient incompatibles avec l'esprit de ces dames : je crois qu'il faut à leur esprit, à leur imagination, d'autres ressources qu'une aiguille et un piano. Elles ont dû devenir coquettes, parce que le désir de plaire est un soin qui occupe, qui fait rêver l'esprit ; elles le seraient beaucoup moins si elles étaient livrées aux mêmes travaux que nous. Ensuite il y a tant de nuance dans la coquetterie, celle dont je viens de parler est toute naturelle, et bien permise aux femmes. Eugénie n'en a point d'autre. Elle aime les plaisirs... c'est naturel ; cependant jamais elle ne témoigne de chagrin lorsque sa mère refuse quelque invitation de bal, elle doit avoir une âme aimante... Ses yeux ont quelquefois une expression si tendre... je l'ai vue répandre des larmes à la représentation d'une pièce touchante ; mais ce n'est pas encore cela qui prouverait qu'elle saura bien aimer.

Décidément je crois que cette jeune personne ne me porte aucun intérêt ; elle est avec moi d'une froideur, d'une réserve... elle s'aperçoit sans doute que je la suis des yeux, que je l'observe sans cesse ; je ne vois pas la nécessité d'aller dans une maison pour voir triste lorsque les autres sont gais, pour se faire moquer de soi peut-être... Ah ! cette idée me fait rougir de ma faiblesse... L'amour propre a tant d'empire sur notre cœur ! Je ne veux plus penser à Eugénie, et, pour l'oublier plus vite, je vais être quinze jours sans aller chez sa mère.

Il m'en coûte beaucoup pour tenir cette résolution, moi qui n'étais jamais deux jours sans faire une visite à ces dames. Huit jours s'écoulent cependant et je me suis tenu parole ; le neuvième je songe que madame Dumeillan, qui me témoigne beaucoup d'amitié et montre toujours le plus grand plaisir à me voir, trouvera singulier que je sois si longtemps sans aller chez elle. Après tout, si sa fille me voit avec froideur, ce n'est pas la faute de cette aimable enfant, et cela ne doit pas me rendre impoli avec elle. Le dixième jour je me décide, le soir, à y aller faire visite.

Ce n'est point le jour de réunion que j'ai choisi ; cependant je trouve quelques vieilles connaissances de madame Dumeillan qui sont venues faire son boston ; deux dames et un vieux monsieur jouent avec la maman, et Eugénie est seule, dans un coin du salon, occupée à faire de la tapisserie.

Madame Dumeillan s'informe avec bonté de ma santé ; elle craignait que je fusse malade, et voulait le lendemain envoyer chez moi. Je la remercie, la rassure, m'excuse sur de grandes occupations ; puis je laisse la maman à son jeu, et je vais m'asseoir près d'Eugénie.

Elle m'a salué froidement, elle ne lève plus les yeux, et ne m'adresse que des phrases indifférentes ; elle n'a pas même, comme sa mère, la politesse de me reprocher d'avoir été longtemps sans venir. Il me semble que cette jeune personne me déplaisait autant qu'elle m'avait charmé ; si j'osais, je reprendrais mon chapeau et je m'en irais sur-le-champ... mais ce serait malhonnête.

Ah ! si nous nous aimions ! que de choses nous pourrions nous dire, en ce moment où nous sommes comme seuls dans ce salon, car on ne s'occupe pas de nous !... et il faut se borner à échanger quelques phrases insignifiantes !... Quelquefois nous sommes plusieurs minutes sans nous rien dire... Elle ne lèvera pas les yeux de dessus son ouvrage, et ah ! que j'aurais de plaisir à déchirer cette tapisserie qui semble tant l'occuper !

Une demi-heure s'est écoulée de cette manière. Elle travaille toujours avec la même assiduité, et je suis encore auprès d'elle, parlant peu et soupirant involontairement. Tout à coup la porte du salon s'ouvre ; c'est M. Gerval, un de ces jeunes gens les plus assidus près d'Eugénie, et qui, dans les soirées, fait souvent de la musique avec elle.

Ce Gerval est fort joli garçon, et il est aimable ; aussi c'est un de ceux que je déteste le plus. En le voyant entrer, je suis sûr que j'ai changé de couleur ; je me sens sur-le-champ un poids énorme m'oppresser et se placer sur ma poitrine. Pendant que M. Gerval va saluer madame Dumeillan, je vais bien vite prendre dans le coin du salon où j'ai mis mon chapeau : car je ne veux pas rester une minute de plus ; je voudrais être à cent lieues ; je suis désolé d'être venu. Déjà je tiens mon chapeau et je vais m'éloigner sans rien dire à personne... lorsque ma main saisit la sienne, la presse doucement et m'arrête ; au même instant Eugénie... car c'est elle... me dit d'un ton qu'elle n'avait jamais eu avec moi : — Pourquoi vous en allez-vous?... Être quinze jours sans venir... et s'en aller ainsi !... En vérité, je ne vous conçois pas... Que vous a-t-on fait ici pour que vous ne veniez plus?...

Je suis resté immobile. Cette voix si douce, où règne à la fois un ton de reproche et de tendresse, cette main qui tient encore la mienne et ces yeux qui me regardent avec une expression charmante... tout cela me bouleverse... mais me fait éprouver un bonheur jusqu'alors inconnu pour moi. Il faut avoir aimé véritablement pour comprendre tout ce que je ressens alors. Je presse sa main avec ivresse... et sa main a aussi serré la mienne; puis elle la retire doucement en me regardant encore. Tout cela a été l'affaire d'un moment... mais ce moment a décidé du reste de ma vie. Eugénie m'aime... elle a lu dans mon cœur, et moi je sens que je ne puis plus vivre sans elle, qu'Eugénie sera désormais tout pour moi.

— Que vous êtes aimable, monsieur Blémont, dit madame Giraud; comment, vous seriez assez bon?...
— Avec grand plaisir, madame.

Je ne songe plus à m'éloigner. Eugénie est retournée à sa place : Gerval va lui parler; mais je ne suis plus jaloux, Gerval a cessé de me déplaire... il n'a fallu qu'un instant pour changer la disposition de mon esprit. Je me rapproche d'Eugénie. Tout en causant avec Gerval, elle trouve moyen de ne regarder que moi. Le jeune homme lui propose de faire de la musique. Elle me regarde encore, et semble me demander si cela ne me déplaira pas. Je joins mes instances à celles de Gerval. Elle consent à se mettre au piano; mais en s'y rendant elle passe tout près de moi, et nos deux mains se rencontrent; et chantant avec Gerval un duo où deux amants se parlent d'amour, c'est à moi que ses yeux adressent ce qu'elle chante. Ah! du moment que deux cœurs savent s'entendre, il est mille moyens de se le prouver.

Après ce duo, Gerval lui en propose un autre; elle refuse en prétextant un mal de gorge, et revient s'asseoir à côté de moi. Gerval reste quelque temps; il me semble qu'il est ce soir moins gai, moins sémillant qu'à l'ordinaire. Enfin il prend congé et s'éloigne.

Je me rapproche d'elle. Eugénie tient son ouvrage, mais elle ne travaille plus; nos yeux se rencontrent souvent, nous parlons à demi-voix; j'ai maintenant tant de choses à lui dire, et pourtant nous n'échangeons que quelques mots; mais nos regards sont plus éloquents que nos discours.

Combien le temps passe vite !... Je suis si heureux près d'elle! Les joueurs ont fini leur partie. Madame Dumeillan appelle sa fille pour avoir sa bourse. On va s'en aller. Il faut que j'en fasse autant.

— J'espère que vous ne serez pas si longtemps sans revenir? me dit avec bonté madame Dumeillan. Et, en passant près de moi, Eugénie me dit tout bas :
— A demain, n'est-ce pas?

Mes yeux seuls lui ont répondu, mais elle a dû les entendre : j'ai vu sur ses lèvres un tendre sourire. Je m'éloigne ivre d'amour, de félicité. Je reviens chez moi en effleurant à peine la terre... Il semble que mon bonheur m'enlève et me transporte déjà au troisième ciel... si toutefois il y en a un troisième.

En remontant mon escalier, je songe à mes jeunes amants du cinquième. Je les ai bien négligés depuis quelque temps !... Mais j'étais sans cesse triste, jaloux, de mauvaise humeur, et le tableau de leur amour n'aurait fait qu'aggraver ma peine... Aujourd'hui je puis aller les voir... je ne serai pas triste, maussade devant eux... et ils comprendront mon bonheur.

Il n'est que onze heures et quart; voyons si l'on n'est pas couché là-haut. Je monte, je frappe, et je me nomme.

Ernest vient m'ouvrir. — D'où sortez-vous donc? me dit-il en riant; il y a un mois qu'on ne vous a vu.

— Il vient de chez son Eugénie, dit la petite Marguerite. Oh! comme nous avons l'air content !... il paraît que les amours vont bien!

— Oh! oui, très-bien... Ah! je suis ce soir le plus heureux des hommes!... Elle m'aime, j'en suis sûr maintenant... c'est moi qu'elle préfère à tous ceux qui lui faisaient la cour... et pourtant j'étais bien moins galant, bien moins aimable que les autres...

— Qu'est-ce que cela fait? on est toujours aimable quand on est aimé.

Je leur conte tout ce qui s'est passé dans la soirée entre Eugénie et moi. Ils m'écoutent avec intérêt; ils me comprennent, eux, car ils s'aiment tendrement. En finissant mon récit, je saute et je fais des pirouettes dans la chambre : je ne puis pas tenir en place.

— Prenez donc garde! me dit Marguerite; il va tout casser, tout briser... Mais, monsieur, vous ne voyez donc pas comme c'est beau ici maintenant?

La petite Marguerite a loué une chambre de cent trente francs par an; il faut encore faire beaucoup de festons pour gagner cela.

Je n'avais pas seulement regardé dans la chambre. En effet il y a un peu de changement. Le mauvais lit a fait place à une petite couchette en bois peint, mais fort propre. Il y a des rideaux et une flèche au-dessus du lit. Les chaises, qui étaient presque toutes cassées, ont été remplacées par six chaises neuves; et une commode en noyer a fait place au petit buffet. Enfin; il y a presque un bon feu dans la cheminée.

— Voyez-vous comme c'est gentil? me dit Marguerite; c'est mon Ernest qui m'a donné tout cela... Sa pièce a réussi. Oh! elle est bien jolie, sa pièce !... Quand on a demandé l'auteur et qu'on est venu le nommer, j'étais si contente que j'avais envie de crier tout haut : C'est mon petit homme qui a fait ça!... Oh! il a bien de l'esprit, mon petit homme.

— Veux-tu te taire, Marguerite?

— Non, monsieur, je veux parler... Nous ne sommes plus si pauvres à présent... Tenez... venez voir ma cheminée... voilà deux tasses et un sucrier en porcelaine... Cette boîte-là, c'est pour mettre l'argent de la semaine... Quand il y a du *mégo*, je le mets dans une tirelire... Ah ! nous sommes bien heureux à présent !...

Pauvre petite ! qu'il faut peu de chose pour qu'elle se croie riche !... Tant d'autres trouveraient encore cette chambre misérable ! Je la félicite, j'admire tout ce qu'elle me montre. Je fais compliment à Ernest sur la réussite de sa pièce. Je partage sincèrement leur bonheur ; cela me rend plus heureux, de voir qu'ils le sont aussi. Il y a plus d'une heure que je suis avec eux. Je leur parle d'Eugénie, de notre amour. Ils me comptent leurs petits projets, leurs plans pour l'avenir, les désirs qu'ils forment... désirs bien modestes, et qui prouvent que, tout à l'amour, ils ne connaissent ni l'ambition ni la vanité.

Je ne songe pas encore à me retirer, et je crois que nous passerions la nuit entière à causer ainsi. Mais tout à coup nous entendons un bruit violent sur le toit, et des carreaux brisés tombent sur le plomb et dans la cour. J'éprouve d'abord un saisissement involontaire ; mais cela se passe bien vite, et je me mets à rire en regardant Ernest et Marguerite qui en font autant.

C'était M. Pettermann qui rentrait chez lui.

Chapitre VII. — Préliminaires de bonheur.

Maintenant je vais tous les jours chez Eugénie, car je ne vois pas pourquoi je cacherais encore mon amour. Elle m'aime, elle sait que je l'adore ; ne faut-il pas que sa mère connaisse aussi nos sentiments ? Je n'ai jamais pensé qu'Eugénie serait ma maîtresse : c'est un bonheur durable que je désire, que j'espère. Eugénie sera ma femme... Je suis sûr de son consentement, mais il faudra bien aussi avoir celui de sa mère.

Je crois que depuis longtemps la bonne-maman avait deviné mes sentiments : les parents ne sont pas toujours dupes de nos petites ruses, de notre air de froideur, de cérémonie ; mais quand ils ont l'air de ne pas voir, c'est qu'ils approuvent en secret nos penchants. Madame Dumeillan me voit venir tous les jours, et on ne va pas tous les jours dans une maison où il y a une jolie femme sans qu'il y ait de l'amour sous jeu. Eugénie me boude quand j'arrive tard, me gronde quand je parle de m'en aller : la maman entend tout cela et se contente de sourire. Je vois que notre amour n'est plus un secret pour personne.

Eugénie ne m'appelle plus monsieur Blémont ; elle me nomme *monsieur Henri*, et rien que Henri lorsque nous sommes seuls. Qu'il est doux d'entendre pour la première fois celle qu'on aime nous appeler par notre nom de baptême sans y joindre ce triste *monsieur !* Dès ce moment, un lien plus fort nous unit, une intimité plus tendre règne entre nous. Eugénie sait aimer autant que moi ; elle lit dans ses yeux toutes ses pensées, elle ne cherche plus à me cacher ce qu'elle éprouve. Ah ! j'ai trouvé enfin ce que je désirais : de la beauté, des grâces, de l'esprit et des vertus. Oui, des vertus ; car Eugénie est bonne, sensible, soumise et tendre avec sa mère ; je ne l'ai jamais entendu murmurer en obéissant à ses moindres volontés. Je la jugeais très-coquette, mais je me trompais ; elle aime les plaisirs de son âge ; elle s'y livre avec franchise, avec abandon : ce n'est pas là de la coquetterie. Elle riait avec ceux qui cherchaient à lui plaire, mais elle ne donnait à aucun de fausses espérances. Maintenant, lorsque des réunions du soir des jeunes gens viennent lui faire la cour, lui adresser des compliments, elle ne rit plus : leurs propos galants l'ennuient ; ses yeux me cherchent, me suivent sans cesse ; et lorsqu'elle peut se dérober à la foule, elle vient près de moi et me dit tout bas :

— Henri, cela m'amuse plus d'être dans le monde... j'aime bien mieux quand vous seul venez nous tenir compagnie.

Eugénie est peut-être un peu susceptible ; elle cède trop vite à une première impression. Je l'ai vue quelquefois pour un mot mal interprété, pour une action fort innocente, prendre de l'humeur et bouder pendant quelques jours ; mais ce léger défaut disparaîtra avec le temps et l'expérience. Je crois aussi qu'Eugénie sera jalouse, très-jalouse même ; elle change de couleur, elle se trouble lorsque par hasard je cause longtemps avec la même dame. Mais, loin de la blâmer d'éprouver ce sentiment, j'en ressens une secrète joie : cette jalousie est une nouvelle preuve d'amour que je lui inspire. Je serais fâché qu'elle me vît froidement causer avec une jolie femme ; car je penserais qu'elle ne m'aime que légèrement. Et puis, après tout, je n'ai pas espéré trouver un être parfait ; déjà nous avons commencé les leçons. Mais s'il existait une femme parfaite, je ne voudrais pas l'épouser ; je crois qu'on s'ennuierait avec elle.

Eugénie doit m'apprendre la musique ; elle trouve que j'ai une jolie voix, que je chante avec goût ; déjà nous avons commencé les leçons. Je ne ferai peut-être pas de progrès rapides ; mais comme ces leçons nous plaisent, comme elles me procurent l'occasion d'être près d'Eugénie, de lui répéter cent fois que je l'adore, elle m'en donnera souvent, et il faudra bien que je devienne musicien. De mon côté, je dois lui apprendre la peinture ; elle a eu quelque notion du dessin ; elle désire avec ardeur pouvoir se servir d'un pinceau, et je ne doute pas qu'en peu de temps elle ne fasse honneur à son maître.

Chaque jour augmente mon amour pour Eugénie, et chaque jour j'acquiers de nouvelles preuves de son attachement pour moi. Ces heures délicieuses que je passe près d'elle, mais toujours devant sa mère, me font désirer un bonheur plus grand encore. Pourquoi tarderais-je à fixer mon sort ? Eugénie acceptera avec joie le titre de mon épouse. Je ne lui ai encore parlé que d'amour et point de mariage. Mais qu'avais-je besoin de prononcer ce mot ? et Eugénie, de son côté, pourrait-elle m'en parler ? Une demoiselle bien élevée ne demande pas à l'homme qui lui fait la cour s'il a l'intention de l'épouser, car elle ne doit pas lui en supposer d'autre. Celle qui fait en pareille question se met toujours dans une position défavorable ; elle semble dire : — J'aurai de l'amour pour vous, quand je serai sûre que vous m'épouserez. Triste amour, que celui qu'on peut commander ou décommander à volonté !

On procède à la toilette de mariée de mademoiselle Armide de Beausire. La belle-mère pleure toujours : c'est un ruisseau que cette femme-là.

Je viens de me rendre chez madame Dumeillan. Il est midi. Eugénie est seule par extraordinaire : la maman est allée faire une visite ; Eugénie a trouvé moyen de se dispenser de l'accompagner ; elle espérait que je viendrais. Elle me le dit avec ce sourire charmant qui me transporte et qui me ravit ! elle me tend sa main, que je presse avec ivresse ; puis je m'assieds à côté d'elle, bien près, aussi près qu'il soit possible. Je lui parle de mon amour... je lui dis... ce que je lui ai déjà cent fois répété... que je ne suis heureux qu'auprès d'elle. Mais on ne se lasse pas d'entendre les assurances d'un sentiment que l'on partage : quand de tels discours nous fatiguent, c'est que notre cœur commence à changer.

En parlant à Eugénie, j'ai, pour la première fois, passé mon bras autour de sa taille, et je la presse tendrement contre moi ; mais elle se dégage doucement ; et se lève en me disant : — Allons, monsieur ! venez au piano ! vous devez prendre une leçon ce matin.

Je ne me sens pas capable de regarder tranquillement des notes. Je retiens Eugénie par la main. — De grâce, causons encore !... nous avons tout le temps d'être au piano...

— Nous causerons en étudiant.

— Il me serait impossible d'étudier ce matin...

— Et pourquoi cela, monsieur ? est-ce que cela vous ennuie déjà d'apprendre la musique ?

— Oh! non... Mais... j'ai tant de choses à vous dire! il est si rare que je vous trouve seule!...

— Est-ce que la présence de maman vous empêche de me parler?... Ne causons-nous pas tous les soirs des heures entières pendant que l'on joue?

— Oui... mais ce n'est plus la même chose... c'est bien plus doux d'être seuls!... Chère Eugénie! je voudrais passer ma vie rien qu'avec vous!...

— Oh!... cela vous ennuierait bien vite!...

— M'ennuyer avec vous!... c'est impossible!... C'est vous peut-être qui ne voudriez pas me sacrifier les hommages de cette foule de jeunes gens qui soupirent pour vous...

— Ah! que c'est vilain de dire cela! Moi qui m'ennuie partout où vous n'êtes pas!... est-ce que j'écoute les compliments, les galanteries d'une foule de jeunes gens? Allons, venez au piano, monsieur!...

— Encore un moment!...

Je l'adore, je suis certain d'être aimé d'elle, et pourtant je tremble pour prononcer le mot de mariage!... Quelle singulière chose! hésiter... être embarrassé avec ce qu'on aime pour parler d'un lien qu'on désire tous deux! Avec une jolie femme, je n'ai jamais hésité pour triompher de sa pudeur et abuser de sa faiblesse : il me paraît qu'il faut plus de courage pour bien se conduire que pour faire des folies.

Je tiens la main d'Eugénie, elle me l'a abandonnée ; je ne puis parler, mais je couvre sa main de baisers. Je ne sais si elle devine tout ce qui se passe dans mon cœur; mais une vive rougeur colore ses joues; et elle détourne ses yeux pour ne point rencontrer les miens. Enfin je balbutie à demi-voix et d'un air presque honteux :

— Eugénie... voulez-vous être ma femme?...

Elle ne me répond pas; mais sa main serre tendrement la mienne, son sein palpite avec force; je rencontre ses yeux qui veut détourner encore... ils sont mouillés de larmes... Qu'elles sont douces, ces larmes que le plaisir fait verser! Je tombe aux genoux d'Eugénie en répétant le serment de l'aimer toute ma vie.

J'étais encore à ses genoux... on est si bien ainsi devant la femme qu'on adore! On a dit, je crois, que rien n'était plus sot qu'un homme aux genoux d'une femme; cela peut être devant une femme qui nous résiste, mais des de celle qui nous aime, je ne vois rien de sot dans cette position-là.

On a ouvert la porte du salon : c'est madame Dumeillan. Elle me trouve aux genoux de sa fille.

Je ne me sens pas confus d'être surpris ainsi, je n'ai point d'intentions coupables, et Eugénie elle-même regarde sa mère sans effroi. Mais elle lui dit en rougissant :

— Maman... il me jure qu'il m'aimera toute la vie... il me demande si je veux être sa femme...

La maman sourit : nous ne lui apprenons rien de nouveau. Cependant je cours à elle, je prends ses mains que je serre dans les miennes, je la supplie de ne point s'opposer à mon bonheur et de me nommer son fils.

— Que vous a répondu Eugénie? me dit avec bonté madame Dumeillan. Vous savez que je la gâte un peu... si elle ne veut pas vous épouser, je ne l'y contraindrai pas, je vous en préviens.

En disant cela la bonne maman regarde sa fille avec malice; elle sait bien que mon amour est partagé. Eugénie vient se jeter dans les bras de sa mère; elle cache sa jolie figure sur son sein; elle ne peut plus parler. Moi-même j'en ai à peine la force. Madame Dumeillan prend la main de sa fille qu'elle met dans la mienne... Eugénie cache toujours sa figure, mais sa main répond à la mienne. Sa mère nous entoure de ses bras, et nous tient ainsi pressés contre son cœur... Heureux moment! goûterai-je jamais un bonheur plus pur!....

Ce premier instant d'effusion calmé, madame Dumeillan s'écrie :

— Mais, en vérité! pour une mère, j'agis bien en étourdie!... Je vous marie, et je ne sais pas seulement si vous avez le consentement de madame votre mère, si notre alliance lui plaira.

— Oh! oui, madame! je suis bien tranquille de ce côté!... Ma mère sera enchantée de me voir marié; le choix que j'ai fait ne pourra que lui plaire... Je ne lui en avais encore parlé, parce que, avant tout, je voulais savoir si Eugénie... si mademoiselle votre fille...

— Allons! dites Eugénie, monsieur, ou vous le permet à présent. N'est-ce pas, ma fille, que tu le lui permets?

— Oui, maman...

— Chère Eugénie... Ah! madame, que vous êtes bonne!... Mais je vais aller trouver ma mère... je veux que demain elle vienne elle-même...

— Eh! mon Dieu! donnez-lui donc le temps, au moins...

— Non, madame, il faut aller vite pour être heureux... Vous avez consenti... puis-je ne pas être empressé de vous nommer aussi ma mère?

— Dites de la nommer votre femme, fripon!

— Eh bien! oui, je brûle de la nommer ma femme!... Chère Eugénie!... je suis si content!... je cours chez ma mère...

— Si vite! Mais il est fou, en vérité!...

— Henri, vous reviendrez ce soir?...

— Pouvez-vous me le demander!...

Je baise la main d'Eugénie, celle de madame Dumeillan, et je sors précipitamment pour me rendre chez ma mère. Ah! je suis bien heureux! et cependant je voudrais être plus vieux de quelques semaines, afin de l'être davantage. Mais nous désirons toujours vieillir! et si nous avions notre vie entière à notre disposition, nous la dépenserions en bien peu de temps.

Ma mère n'est pas chez elle. Quel contre-temps!... Elle est allée faire des visites... Chez qui?... où la chercher?... Je m'éloigne en disant à la domestique que je vais revenir. Je sors, et je ne sais où aller. Ma mère demeure rue du Pas-de-la-Mule; je ne connais personne dans ce quartier. Retourner chez Eugénie, c'est trop loin ; je veux revenir bientôt chez Eugénie, c'est trop loin ; je veux revenir bientôt chez Eugénie; je ne connais personne dans ce quartier. Je pourrai y penser à mon Eugénie sans être distrait par le monde.

Je me suis promené un quart d'heure; je retourne chez ma mère; elle n'est pas rentrée. Il faut me promener encore!... quel ennui! J'aurais eu le temps d'aller voir Eugénie : loin d'elle, je ne vis plus!

Un petit homme passe près de moi, se retourne, puis s'arrête en me barrant le passage. Je n'avais point fait attention à cet original ; mais il me crie : — Ah çà! à quoi diable pense-t-il donc pour ne plus reconnaître ses amis?

C'est Bélan. Je lui tends la main. — Pardonnez-moi, mon cher Bélan; mais je ne vous voyais pas!

— Vous étiez terriblement préoccupé... Vous songiez à vos amours, je gage?

— Ma foi, oui; je ne m'en cache pas. Je pensais à celle que j'aime, que j'adore, que je vais épouser...

— Oh! comme nous avons la tête montée! Je me reconnais là!...

Je suis comme les enfants; je brûle d'apprendre, de dire à tout le monde ce qui me rend heureux. Je conte à Bélan mes amours et mon prochain hymen avec mademoiselle Dumeillan. Le petit séducteur fait une demi-pirouette et frappe des mains en s'écriant :

— Bah! vous allez vous marier? Eh bien! d'honneur, il y a sympathie entre nous : je veux me marier aussi!...

— Vraiment?

— Oui... Et j'y suis même très-décidé : je suis las des bonnes fortunes!... Et puis, toujours la vie en péril, ça finit par devenir fatigant. Depuis mon aventure avec Montdidier... vous vous rappelez?

— Oh! parfaitement... C'est ce jour-là que j'ai vu pour la première fois Eugénie chez Giraud.

— Ah! vous avez connu votre future chez les Giraud? Alors ce sont eux qui ont fait ce mariage-là?

— Non, certainement... Madame Dumeillan les voit rarement... Moi, je ne leur en ai jamais parlé. Il me semble que je n'ai pas besoin de Giraud pour me marier.

— C'est égal ; comme c'est chez lui que vous avez connu la demoiselle, il sera furieux s'il n'est pas de la noce, s'il n'y dirige pas tout, si sa femme n'est pas au haut bout de la table, et si ses trois enfants n'y mettent pas du dessert dans leur poche.

— Alors je crois qu'il pourra être bien furieux.

— Pour en revenir à moi, mon cher ami, je vous disais donc que, depuis mon aventure avec madame Montdidier, j'en ai eu d'infiniment désagréables. Obligé de sauter par la fenêtre d'un entresol ; une autre fois de passer la nuit sur un balcon, où j'ai gagné un rhume qui m'a coûté huit rouleaux de sirop; une autre fois d'être surpris par un mari, forcé de me cacher dans un coffre où j'étouffais!... J'y suis resté une heure. Quand on m'en a retiré, j'étais pourpre, je n'avais plus de vent!... Ma foi! cela m'a totalement dégoûté des intrigues galantes; et, ainsi que vous, je veux faire une fin. Je vais chez une demoiselle qui demeure rue de la Roquette. J'y vais en ce moment. Vous l'avez peut-être vue chez Giraud : c'est mademoiselle de Beausire.

— Je ne me souviens pas de l'avoir vue.

— Ah! c'est une bien belle personne!... Figure régulière... nez aquilin... J'aime beaucoup les nez aquilins... Des yeux extraordinaires... belle taille... belles formes... tout y est!...

— Vous êtes sûr que vous y êtes?

— Hum! mauvais plaisant!... Oui, j'en suis sûr... Ça se voit tout de suite! Je fais une cour assidue, et j'ai lieu de penser qu'on ne me voit pas avec indifférence. Dernièrement, en jouant aux jeux innocents, dans une réunion où m'a choisi pour nom : Je ne sais s'est approchée de moi en rougissant, et m'a dit à l'oreille: *Je ne sais que vous dire!...* J'étais dans l'enchantement!

— C'était bien fait pour cela.

— Oui; car, je ne sais que vous dire, signifiait : Je craindrais de vous en dire trop.

— Avec un peu de bonne volonté, cela peut signifier cela.

— Depuis ce temps je ne fais plus mystère de mes intentions. C'est, au reste, un fort bon parti. Mademoiselle de Beausire a quatre-vingt mille francs de dot, et des espérances brillantes!... Sa famille est noble. Ma foi! mon cher, je vous avoue, pour être mieux vu de la belle-mère, j'ai risqué un petit *de* devant mon nom : c'est Giraud qui m'a conseillé cela. On ne m'appelle plus que Ferdinand de Bélan!...

— Ah! vous vous êtes anobli de votre autorité privée?...

— Mon cher, je crois que j'en ai le droit, et en fouillant dans mes paperasses de famille, j'ai vu qu'un de mes aïeux a été officier de bouche de Louis XV, pour occuper cet emploi il fallait être noble. C'est sans doute pendant la révolution que mon père aura, par crainte, supprime son *de*.

— Mais je vous ai entendu souvent professer la plus profonde aversion pour les titres, vous moquer des vieux parchemins?

— Ah! vous savez... on dit souvent une chose... pour avoir l'air d'avoir une opinion!... Vous verrez ma future... vous verrez, je ne vous dis que ça!... et ma belle-mère!... femme superbe encore, et d'un ton!... Elle a été à la cour!... aussi on est un peu sévère sur l'étiquette. Mais elle adore sa fille, et elle a juré de ne jamais s'en séparer!...

— Alors vous épouserez deux femmes à la fois?...

— Oh! c'est une façon de parler!... Mais voici l'heure où ces dames sont visibles... Adieu, mon cher Blémont; je vous invite d'avance à ma noce, car je veux que nous fassions une noce brillante... chez *Lointier* : ses salons sont magnifiques... J'ai déjà dans la tête les deux toilettes que je ferai ce jour-là, et le pas que j'exécuterai pour ouvrir le bal... J'espère bien aussi que j'irai à votre noce, à vous?

— Ma foi, j'ignore si nous en ferons une. Ce sera comme Eugénie voudra; je vous assure que ce n'est pas cela qui m'occupe.

— Moi, je rêve toutes les nuits noces, festins, galopades; deux fois j'ai renversé mon *somno* en croyant ouvrir le bal!... Décidément c'est fort gentil de se marier : on m'assurerait douze mille livres de rente, que je ne voudrais pas rester garçon. Adieu, mon ami : je cours chez ces dames.

Moi, je cours chez ma mère, et je la trouve cette fois. Elle n'a pas encore fini de me demander des nouvelles de ma santé, que déjà je lui conte mes amours; je ne m'arrête qu'en la suppliant de venir tout de suite avec moi chez madame Dumeillan.

Mais ma mère ne partage pas ma vivacité, qui cependant la fait sourire. Elle est bien aise que je songe à m'établir; elle ne doute pas que je n'aie fait un bon choix. Mais la voilà qui commence ses cruelles phrases d'usage :

— Il faudra voir... s'assurer; il ne faut pas se presser!...

Ne pas se presser quand il s'agit du bonheur!... Ah! les parents ne veulent jamais se rappeler le temps où ils étaient amoureux! Je presse, je supplie ma mère de m'accompagner sur-le-champ chez ces dames. Elle me fait tranquillement observer qu'il est près de quatre heures, qu'elle dîne en ville, et qu'il est trop tard pour qu'elle se rende aujourd'hui chez madame Dumeillan. Tout ce que je puis obtenir, c'est la promesse qu'elle ira demain dans la journée. Elle me permet même d'annoncer sa visite à ces dames.

Allons! il faut bien prendre mon parti. Je quitte ma mère... Je gage que je ne suis pas au bas de l'escalier qu'elle a oublié ma visite, et pense au partner qu'elle aura ce soir pour faire son whist.

Je retourne le soir près d'Eugénie. Ce n'est que je puis prendre patience et trouver moyen de passer le temps jusqu'au jour où je serai son époux.

Malheureusement c'est le soir de réunion de madame Dumeillan; il vient beaucoup de monde : nous ne pourrons pas causer... Mes yeux expriment à Eugénie toute l'impatience que j'éprouve de ne pouvoir lui parler de mon amour; ses regards me disent qu'elle partage mon ennui. En ce moment, le monde nous déplaît beaucoup. Si tous ces gens-là savaient combien nous serions contents de les voir s'en aller!...

Cependant, les parties de jeu étant arrangées, j'espère me rapprocher enfin d'Eugénie ; mais voilà M. Giraud et sa femme qui arrivent. Après les saluts et les échanges de politesse, madame Giraud s'empare d'Eugénie et son mari vient se placer près de moi. Il me parle d'un ton où il met, je crois, de la malice. Il aura entendu dire que je faisais la cour à mademoiselle Dumeillan ; il pense peut-être que je vais le prier d'arranger mon mariage, de parler pour moi, de stipuler les clauses du contrat. Pauvre Giraud! je le vois venir!... Mais je feins de ne pas comprendre ses demi-mots, ses allusions. Lorsqu'il parle d'Eugénie, je change de conversation. Il est piqué. Il se lève et me laisse là ; c'est tout ce que je voulais. Je gage que sa femme fait auprès d'Eugénie ce qu'il a fait près de moi. Bélan avait raison, ces gens-là ne pardonneront pas de nous marier sans qu'ils s'en soient mêlés ; mais nous nous passerons de leur pardon.

Madame Giraud s'est éloignée d'Eugénie d'un air d'humeur ; Eugénie me regarde en souriant ; j'avais deviné les sujets de leur conversation. Le mari et la femme se rejoignent, chuchotent avec chaleur. Les voilà maintenant qui se dirigent vers madame Dumeillan, ils la cernent : l'un est à sa droite, l'autre à sa gauche ; elle ne pourra leur échapper. Ils vont tâcher de lui faire peur heureux près de ma future d'Eugénie. Mais ils perdront encore leur temps ; madame Dumeillan ne leur dira rien ; elle trouve un prétexte pour les quitter après quelques minutes d'entretien.

Giraud et sa femme sont fort en colère. Ils se rapprochent de moi ; je gage qu'on va me lancer des épigrammes, des coups de patte ; justement ; c'est madame Giraud qui commence en s'adressant à son mari de manière à ce que je l'entende.

— C'est très-drôle... n'est-ce pas, monsieur Giraud ?

— Oui, madame Giraud, c'est très-plaisant... on fait de la diplomatie ici.

— Oui, l'on fait un mystère de ce qui est le secret de Polichinelle, ah! ah! ah! On nous prend peut-être pour des imbéciles!

— Ça me fait cet effet-là.

— Ne dirait-on pas qu'il s'agit de l'union de deux puissances?...

— On a peut-être peur d'être obligé de nous inviter à la noce...

— Ah! mon Dieu! des noces!... nous n'en manquons pas!... C'est-à-dire que nous en avons tant que c'en est dégoûtant!...

— J'en ai encore refusé une pour demain. Et ce pauvre Bélan, qui nous a déjà retenus pour la sienne, qui se fera chez Lointier.

Ce jeune homme-là fera un très-bon mari... Ça s'arrange-t-il avec madame de Beausire?

— Oui, oh! depuis que j'ai été voir la belle-mère, toutes les difficultés s'aplanissent. Il y a des gens qui ne craignent pas que je me mêle de leurs intérêts, et qui s'en trouvent fort bien.

— Allons-nous-en, monsieur Giraud ; nous avons encore le temps d'aller chez nos bons amis qui ont un logement de cent louis rue de la Paix, et dont ils ont marié la fille il y a deux mois.

— Tu as raison... je suis sûr qu'ils nous attendent pour prendre le thé.

Le mari et la femme s'éclipsent sans rien dire à personne. Voilà pourtant des gens qui nous en veulent parce que nous trouvons naturel et commode de faire nos affaires nous-mêmes. Mais dans le monde il faut si peu de chose pour se faire des ennemis, surtout avec les petits esprits !

La société commence à se retirer ; je trouve un moment pour causer avec Eugénie. Je lui dis que ma mère viendra demain la voir. Elle rougit et soupire en me répondant :

— Si je n'allais pas lui plaire... Si elle ne voulait pas de moi pour sa fille !...

Ne pas lui plaire !... Et à qui pourrait-elle ne pas plaire? Oh! je suis bien tranquille. J'ai rassuré Eugénie, et enfin je la quitte lorsque l'heure l'ordonne, puisque je n'ai pas encore le droit de ne point la quitter.

En rentrant chez moi, je rencontre Ernest qui descend de chez sa maîtresse. Depuis que je ne sors plus de chez madame Dumeillan, j'ai bien négligé mes amis du cinquième. Ernest m'en fait d'aimables reproches, mais ils ne m'en veulent pas, ils savent que je suis amoureux, et trouvent tout naturel que je ne pense à celle que j'aime. Cependant Ernest me dit :

— J'espère que vous viendrez nous voir quelquefois, quoique Marguerite cesse bientôt d'être votre voisine.

— Elle va déménager?

— Dans huit jours. Grâce au ciel, elle ne logera plus dans une mansarde !... Pauvre petite ! elle a été assez malheureuse ! elle m'a fait assez de sacrifices pour que je me réjouisse de lui offrir enfin une situation plus douce. Grâce au ciel, mes affaires vont bien !... J'ai eu des succès, mon ami, et des succès lucratifs !... Je ne les ai point mangés dans les cafés ou au restaurant, parce que j'ai toujours pensé à Marguerite, pauvre et privée de tout dans sa mansarde. Vous voyez, on ne peut pas dire qu'ayant des parents, cela ne fait pas toujours du tort d'avoir une maîtresse pauvre, puisque de bonne heure on m'a donné l'ordre et de l'économie.

— Je vois que vous n'êtes point un égoïste, et que vous ne pensez point comme tant de jeunes gens de votre âge qui croient faire assez pour une femme en la menant au spectacle et chez le traiteur... plaisirs dont ils partagent la moitié... mais qui cessent de s'inquiéter d'elle dès qu'ils ont quitté sa demeure.

— J'ai loué un joli petit appartement rue du Temple ; c'est presque en face des nôtres. C'est là que nous demeurerons ; je dis *nous*, car bientôt j'espère ne plus quitter Marguerite. Peu m'importe ce qu'on dira... je veux être heureux, et je laisserai parler les médisants.

— Vous avez raison, mon cher Ernest ; le bonheur est une chose assez rare pour qu'on lui fasse quelques sacrifices. Moi je vais me marier... épouser mon Eugénie!... tous mes vœux sont comblés.

— Je pourrais bien aussi épouser Marguerite, mais je suis si heureux bien comme cela !... Pourquoi changer ?... D'ailleurs n'avons-nous pas tout le temps ?... Adieu, mon cher Blémont. Vous viendrez nous voir, n'est-ce pas ?

— Oui, je vous le promets.

CHAPITRE VIII. — Mariage. — Rencontre. — Bal.

Ma mère a été voir madame Dumeillan ; ces dames se sont convenu... C'est beaucoup quand deux femmes sur le retour se conviennent. Ma mère trouve Eugénie très-bien, elle m'a fait compliment de mon choix, et ma mère est difficile ! Je suis dans l'enchantement, dans le ravissement. Les dispositions du contrat ont été bien vite réglées entre ces dames, qui n'ont chacune qu'un enfant. Moi, je hâte tant que je peux le moment de mon mariage. Je suis cependant heureux maintenant. Je passe les trois quarts des matinées et toutes mes soirées avec Eugénie. Si ces dames vont en société, je les accompagne. Notre prochaine union n'est pas un mystère, et plusieurs jeunes gens m'ont déjà félicité de mon bonheur. Quelques-uns ont soupiré en regardant Eugénie... ils l'aiment peut-être! Pauvres jeunes gens, je les plains! mais, en vérité, je ne puis rien pour eux.

Il est décidé que je garderai le logement que j'occupe. Il est assez grand pour que j'y reçoive ma femme, et je le fais décorer avec soin pour qu'il soit de son goût. Il n'eût pas été assez grand si madame Dumeillan était venue loger avec nous, ce que je croyais d'abord, et Eugénie espérait aussi que sa mère ne la quitterait pas ; mais madame Dumeillan lui a répondu avec tendresse et fermeté :

— Non, mes enfants, je ne demeurerai point avec vous. Un homme, en se mariant, n'a le désir de prendre qu'une femme : pourquoi lui en donner deux? Je sais que Henri m'aime, qu'il me verrait avec plaisir demeurer chez lui ; mais je sais aussi, mes enfants, que deux jeunes époux ont souvent mille choses à se dire, et que le tiers le plus aimé gêne quelquefois. En amour, en jalousie, pour la querelle la plus légère, la présence d'une autre personne peut être nuisible et faire durer huit jours ce qui n'aurait été que l'affaire d'un moment ; elle arrête les épanchements de l'amour et double l'aigreur du reproche. Mais je me logerai près de vous ; je vous verrai souvent, bien souvent. Et vous me trouverez toutes les fois que vous me désirerez.

Eugénie est obligée de céder à sa mère, et moi... ma foi ! moi, je trouve que madame Dumeillan a raison.

Ferons-nous une noce ? telle est la question que je me suis souvent proposée et que plus d'une fois j'ai été tenté d'adresser à Eugénie. Mais un peu plus de réflexion m'a fait sentir que j'aurais tort de ne point fêter mon hymen. Pour me faire plaisir, Eugénie aura l'air de ne pas tenir au bal ; mais à vingt ans, parée de mille charmes, douée de toutes les grâces qui attirent, qui subjuguent, n'est-il pas naturel de désirer se montrer dans tout l'éclat de son bonheur ? Ne marque-t-il pas dans la vie, ce jour où l'on est pour la première fois appelée madame, quoique l'on n'ait pas entièrement cessé d'être demoiselle, où l'on n'a point encore l'assurance de l'une, où l'on sent au contraire s'augmenter toute la pudeur de l'autre ? Oui, dans l'âge des amours, des plaisirs, il faut faire une noce ; il le faut doublement lorsqu'on épouse l'objet que l'on chérit : le bonheur embellit. Mon Eugénie n'a pas besoin de cela ; mais pourquoi n'aurais-je pas un peu de vanité ? pourquoi ne serais-je pas fier de mon triomphe ?

Nous ferons une noce, c'est décidé : c'est-à-dire un grand déjeuner après la cérémonie, puis le soir le bal et le souper chez Lointier. Je m'arrangerai pour que mon Eugénie ait pour ce grand jour de superbes toilettes ; non qu'elle puisse me plaire davantage, mais je veux qu'elle goûte tous ces triomphes de femme qui font époque dans la vie. Je lui permets d'être coquette ce jour-là.

Le moment de mon bonheur approche. Nous nous occupons des listes d'invitation. Pour le déjeuner peu de monde, mais assez cependant pour que les convives ne s'ennuient pas et que cela n'ait pas l'air d'une assemblée de famille. Pour le soir beaucoup de monde ; les salons sont grands, il faut les remplir. Nous tâcherons seulement qu'au milieu de la foule il ne s'introduise pas de ces beaux messieurs qui ne sont connus ni du marié, ni de sa femme, ni de leurs parents, mais qui se présentent effrontément dans un grand bal où, à la faveur de leur toilette, ils viennent manger des glaces, souper et souvent tirer à l'écarté.

Nous avons déjà écrit une foule de noms ; je n'ai pas oublié celui de Bélan ; et, comme ces dames connaissent un peu madame de Beausire et sa fille, nous leur envoyons aussi une invitation, ce qui rendra heureux ce pauvre Ferdinand. Tout à coup je m'arrête, je regarde en souriant Eugénie et sa mère, et je leur dis :

— Faut-il mettre aussi leur nom ?
— Je gage que je devine! s'écrie Eugénie. Henri pense à la famille Giraud ?
— Justement.
— Pourquoi les inviter? dit madame Dumeillan ; ces gens-là sont ennuyeux et d'une curiosité qui va jusqu'à l'espionnage.
— Je pense comme vous, et la dernière fois qu'ils sont venus à votre soirée ils m'ont paru bien ridicules ! Mais je ne puis oublier que c'est chez eux que j'ai vu Eugénie pour la première fois... Notre invitation leur fera tant de plaisir... Et quand je suis si content, j'aime que les autres le soient aussi !
— Maman, Henri a raison... invitons-les...

Décidément le nom de Giraud est inscrit sur la liste. Enfin le jour solennel est arrivé. Je suis levé dès six heures du matin, je n'ai presque pas dormi. Je ne puis tenir en place... Que ferai-je jusqu'à onze heures où je dois aller chercher ma mère, puis mon Eugénie ? Lire, c'est impossible ; dessiner, peindre, c'est impossible aussi... penser à elle... je n'en fais que cela... mais cela me fatigue et ne me distrait pas. Après m'être habillé, je parcours mon logement, où je suis seul encore ; j'examine si rien ne manque. J'espère qu'elle s'y trouvera bien. Ce logement, que j'occupe depuis quatre ans, me rappelle involontairement mille épisodes de ma vie de garçon... Cette chambre... ce petit salon où j'ai vu plus d'une femme... j'ai reçu bien des visites... Lorsqu'on m'avait promis de venir déjeuner ou de passer la journée avec moi, avec quelle impatience je comptais les minutes ; jusqu'à l'heure du rendez-vous, combien je craignais qu'un importun ne vînt sonner à la place de celle que j'attendais !... Sur ce canapé, que de serments, de baisers, de promesses !... et comme tout cela s'oubliait vite !... ah ! j'étais aussi bien heureux dans ce temps-là.

Eh ! mais... j'y songe... toutes ces lettres que je recevais alors, je ne les ai pas brûlées, elles sont dans une cassette sous mon bureau.

J'ai eu souvent du plaisir à les relire : mais si Eugénie trouvait cela... Ah ! brûlons ! brûlons tout... A quoi bon les garder maintenant ?

Je tire la cassette qui renferme les billets doux ; je l'ouvre... elle est bourrée de lettres ! Il y a des dames qui aiment tant à écrire !... les unes parce qu'elles écrivent bien, les autres parce qu'elles le croient, quelques-unes troisième parce qu'elles nous aiment. Je prends toutes ces lettres, je les porte dans une cheminée... je les entasse... Mais, avant d'y mettre le feu, j'en ouvre une... puis une seconde... j'en prends ensuite une autre... chacune d'elles me rappelle une époque... un jour de ma vie. C'est singulier comme le temps passe au milieu de ces vieux souvenirs... neuf heures sonnent : je lisais encore... Je n'ai plus d'amour pour ces dames ! Mais ce sont mes derniers adieux à ma vie de garçon.

J'ai mis le feu à tout cela, non sans laisser échapper un léger soupir. Enfin les amours du garçon ont brûlé, il n'en reste qu'un peu de cendre !... il n'en restera pas plus de tous les biens, de toutes les merveilles de la terre !

Voilà des pensées bien sérieuses pour un jour de mariage... mais elles m'ont servi à passer le temps, et d'ailleurs les extrêmes se touchent : plus on est à le comble du bonheur, plus l'âme est disposée aux impressions de la mélancolie. Un épicier qui pèse du sucre, ou un facteur qui porte des lettres, n'a pas de ces émotions-là.

Ah ! j'allais encore oublier quelque chose ; car depuis quelque temps, ne m'occupant que d'Eugénie depuis le matin jusqu'au soir, il n'est pas étonnant que je n'aie point mis en ordre toutes mes affaires. Je me suis amusé à peindre en miniature quelques-unes de ces dames dont je viens de brûler les lettres. Ces portraits sont enfermés dans le pupitre sur lequel je peins... Il y en a huit... Dois-je aussi en faire le sacrifice ?... Ce serait dommage ; non pas à cause des modèles, mais ces miniatures ne sont vraiment pas mal faites. Pourquoi les détruire? D'abord Eugénie ne les verra pas ; et quand même elle les verrait... ce sont des portraits de fantaisie... Quand on peint la figure, il faut bien faire des portraits. Je fais donc grâce à ces dames, et je remets leurs jolies figures dans le fond du pupitre, d'où je ne pense pas qu'elles sortent jamais.

Cette fois tout est bien vu, bien examiné... il ne reste plus rien en ces lieux qui puisse offenser les regards d'Eugénie... Non... elle peut y venir, y régner en maîtresse ; désormais, en fait de femmes, il n'entrera plus ici que celles qu'elle voudra bien recevoir.

Il est temps de m'occuper de ma toilette. Je ne ferai pas mal d'ailleurs d'être chez ma mère un peu avant l'heure. Pourvu que les voitures ne se fassent pas attendre !... Mais quelqu'un entre chez moi... Ah ! c'est mon portier et sa femme... Ils tiennent un gros bouquet. Est-ce qu'ils croient que je vais le mettre à ma boutonnière ?

Le mari s'avance d'un air gracieux et va parler ; sa femme ne lui en laisse pas le temps.

— Monsieur, à l'occasion de votre mariage ; nous sommes bien flattés de pouvoir vous féliciter dans un si beau jour en vous offrant ce bouquet et nos compliments... dont ces immortelles sont le gage de votre bonheur qui durera éternellement.

Pendant que sa femme a débité cela, le portier a essayé de glisser quelques mots ; mais il n'a pas pu. Je prends le bouquet, je donne de l'argent et je les renvoie. Un jour de noces n'aurait rien d'agréable s'il fallait subir beaucoup de félicitations semblables. Enfin une voiture est en bas. Je descends, je passe rapidement devant une rangée de cuisinières et quelques commères de la maison qui sont dans la cour pour me voir, comme si un homme qui se marie avait ce jour-là le nez placé différemment qu'à l'ordinaire.

Je me fais conduire chez ma mère. Elle ne fait que de commencer sa toilette.

— Il n'est pas encore onze heures, me dit-elle ; nous avons le temps... Va lire le journal.

Que j'aille lire le journal !... au moment de me marier !... moi qui n'en peux pas lire un tout entier quand je n'ai rien à faire ! Non : j'aime mieux rester, et toutes les cinq minutes je viens frapper à la porte de son cabinet de toilette pour m'informer si elle est prête.

A onze heures et un quart j'arrive chez ma mère, je l'emmène presque de force, quoiqu'elle trouve son chapeau mal posé et qu'elle veuille faire changer les rubans de place. Mais je n'écoute rien ; nous sommes en voiture ; je jure à ma mère qu'elle est parfaitement coiffée ; elle se calme et vient bientôt redevenir aimable.

Nous arrivons chez ces dames. Eugénie est prête... J'étais sûr qu'elle ne se ferait pas attendre, qu'elle aurait pitié de mon impatience. Sa toilette est charmante, à ce que disent toutes les personnes qui sont là ; moi, je ne remarque pas sa robe, je ne vois qu'elle, je la trouverais encore cent fois plus jolie si je le pouvais.

Un de nos témoins se fait attendre. Il y a des gens qui, pour être agréables aux autres, ne se hâteront pas d'une minute, et pour lesquels il n'y a jamais dans le monde sujet de se presser. Je ne pourrais pas vivre avec ces gens comme ça.

Enfin le témoin est venu ; on part pour la mairie. Ce n'est pas moi qui donne la main à Eugénie. Aujourd'hui tout est pour les cérémonies ; on doit être plus heureux le lendemain de ses noces que le jour même.

Les cérémonies ne m'ont jamais amusé ; celles de mon mariage me semblent extrêmement longues. Pour prendre courage, je regarde ma femme... elle est plus que moi pénétrée de la dignité de ce moment ; elle est vivement émue, elle pleure... Chère Eugénie !... Moi, je ne pense qu'à l'aimer toujours, et certainement il n'était pas nécessaire qu'on me l'ordonnât.

Tout est fini. Nous regagnons les voitures, toujours en ordre de cortège et au milieu d'une foule de curieux qui nous dévorent des yeux. Je me sens plus léger, plus heureux... Je suis si content que cela soit fini !

J'ai aperçu à l'église Giraud et sa femme en grande tenue ; ils nous ont fait des compliments que je n'ai pas écoutés ; mais je leur ai dit :
— A ce soir ; et ils ont répondu en s'inclinant profondément.

Nous nous rendons chez Lointier, où un beau déjeuner nous attend. Mais c'est généralement une chose assez triste qu'un déjeuner de noce. La mariée ne peut guère rire, et, lors même qu'elle est le plus contente, elle est pensive et parle peu : les grands-parents veulent toujours conserver leur dignité ; moi, je suis préoccupé, ou plutôt ennuyé d'être encore à un matin. Il y a bien dans la réunion quelques plaisants ou gens qui veulent l'être : un gros monsieur, allié de ma mère, nous lance quelques-unes de ces plaisanteries surannées sur la circonstance, sur le bonheur qui nous attend ; mais les quolibets de ce monsieur n'ont aucun succès ; on ne rit pas, et il est forcé de garder les bons mots dont je crois qu'il avait fait une ample provision. J'en suis enchanté : je trouve de telles plaisanteries de fort mauvais ton ; il faut laisser cela aux noces de laquais ou de portiers ; il faut respecter la pudeur de celle qui n'a plus qu'un jour d'innocence ; il faut en supposer à celles qui n'en ont pas.

Eugénie et moi, nous sommes loin l'un de l'autre ; nous ne pouvons causer, mais nous nous regardons à la dérobée et nos yeux se disent mutuellement de prendre patience.

Cinq heures ont sonné. Les dames partent pour changer de toilette. Je reconduis ma femme à la voiture qui va l'emmener avec sa mère. Je voudrais bien m'en aller avec elle. Madame Dumeillan et ma mère ne peuvent sentir que je me dois à la société qui est encore à table. Eugénie se penche vers moi et me dit à l'oreille :
— Oh ! mon ami, nous serons plus heureux demain !... On ne nous séparera pas, j'espère !...

Chère Eugénie, tu as bien raison... Il faut que je retourne me mettre à table, parce qu'il plaît à quelques-uns de nos convives de boire et de manger pendant quatre heures de suite... Encore si j'avais faim, moi !

A six heures on quitte enfin la table. Plusieurs de ces messieurs se mettent à jouer. Comme la politesse n'exige pas que je les regarde perdre leur argent, je pars et me fais conduire chez ma femme.

Le coiffeur ne fait que d'arriver, et elle vient de lui livrer ses beaux cheveux. Ces coiffeurs sont vraiment trop heureux ! Tourner ces belles tresses dans leurs doigts, regarder à chaque instant la jolie tête qu'on leur confie !... Celui-ci met au moins trois quarts d'heure à coiffer Eugénie, comme s'il était difficile de la rendre charmante !... Mais les femmes ont une grande patience pour tout ce qui tient à leur toilette.

Elle est coiffée. On me l'emmène ; elle n'est point habillée. Ma femme n'est point encore à moi... elle est aux convenances de ce jour. Patience ! une fois que j'en aurai pris possession !... Ce soir, je verrouille toutes les portes, et on ne nous verra demain que quand je le voudrai.

Je vois bien qu'Eugénie ne sera pas habillée avant une heure au moins ; je sors pour tâcher de tuer le temps. Je me fais mettre dans une des remises qui sont en bas, et me fais conduire aux Tuileries.

Je descends de voiture rue de Rivoli, et j'entre dans le jardin. Le jour commence à finir ; le temps est sombre et incertain. Il y a fort peu de monde sous ces beaux marronniers vers lesquels je me dirige. J'en suis charmé ; je n'aime pas les promenades où il y a du monde : ces gens qui vous regardent ou vous coudoient à chaque instant vous empêchent de rêver, de penser à votre aise.

Je vais rarement aux Tuileries ; je trouve ce grand jardin triste et monotone ; mais aujourd'hui il me semble plus agréable... C'est que je puis librement et penser à ma femme... Ma femme !... ce mot sonne encore singulièrement à mes oreilles... Je suis marié, moi, qui me suis si souvent moqué des maris !... avais-je tort de m'en moquer, ou ferai-je exception à la règle ?

Je marche au hasard. Je me trouve devant l'enceinte où figurent Hippomène et Atalante. Cela me rappelle certain rendez-vous... Il y a trois ans... c'était dans le cœur de l'hiver ; il était tombé beaucoup de neige... Ce jardin... ces bancs en étaient couverts, et il faisait un froid bien vif. Mais il s'agissait d'un rendez-vous d'amour, et alors on ne consulte pas le baromètre. C'était avec une nommée Lucile qui, par décence, se faisait appeler madame Lejeune, et faisait des reprises perdues dans les cachemires. Elle était fort jolie, cette Lucile... Vingt-trois ans alors, une jolie taille, bien faite, une figure presque distinguée, et qui ne trahissait pas la grisette !... Je crois que son portrait est au nombre de ceux que j'ai conservés. Elle aimait avec fureur pendant quinze jours, la troisième semaine cela se calmait, et ordinairement elle était infidèle au bout du mois. Comme on m'avait prévenu, je jugeai plus drôle de la devancer, et d'en prendre une autre avant que les quinze jours fussent expirés. Elle ne me le pardonna pas ; son amour-propre fut blessé, car je ne pense pas qu'elle aurait été plus constante avec moi qu'avec un autre ; mais elle voulut me le faire croire, et, depuis ce temps, lorsque je l'ai rencontrée, j'ai toujours remarqué de l'amertume dans ses paroles et du dépit dans ses regards.

C'était devant cette enceinte... près de ces statues que nous nous étions donné rendez-vous. Malgré la rigueur du froid, je me rappelle que Lucile y était avant moi. Il n'y avait que quatre jours que nous nous connaissions... et nous nous adorions... Elle me gronda plus de ce que je l'avais fait attendre, et cependant son nez, son menton étaient rouges de froid, ses doigts avaient de l'onglée, mais ses yeux étaient brûlants. Je la fis monter dans une voiture, et l'emmenai dîner chez Pelletan, au Pavillon-Français. Ce fut une des jolies journées de ma vie de garçon.

Oui, mais tout cela ne vaut pas un sourire d'Eugénie... Je vais m'éloigner d'*Atalante*, lorsqu'en me retournant je vois à deux pas de moi une dame mise avec assez d'élégance, qui me regarde en souriant et dit : — Avouez qu'il n'y manque que la neige pour que le rapprochement soit complet.

C'est Lucile !... quel singulier hasard ! Je m'approche d'elle.
— Vous ici, madame ?
— Oui, monsieur, et je vous prie de croire que ce ne sont pas des souvenirs que j'y viens chercher.
— Moi, madame, je m'y trouvais par hasard... Mais, en passant près de ces statues, je me suis rappelé notre rendez-vous d'hiver, et je vous avoue que je pensais à vous...
— Vraiment !... Ah ! que c'est beau de votre part !... Il faut venir aux Tuileries pour cela... n'est-ce pas, monsieur ?...
— Madame... quand cela serait, convenez qu'assez d'autres s'occupent de vous... Un de plus ou de moins dans le nombre de vos soupirants !... je ne vous devez pas vous en apercevoir !...
— Ah ! c'est extrêmement poli ce que vous me dites là !... Mais cela m'étonne pas ! vous n'avez jamais eu que des choses aimables pour moi... Vous êtes toujours le même.
— Il me semble que je ne vous ai rien dit qui...
— Oh, mon Dieu ! laissons cela... Vous croyez que j'attache du prix à vos souvenirs, et vous auriez grand tort. Mais comme vous êtes en tenue !... Est-ce que vous allez à la noce ?
— Précisément, je suis à la noce depuis ce matin... et je me promène en attendant que la mariée achève sa toilette de bal.
— Ah ! vous êtes de noce... La mariée est-elle jolie ?...
— Charmante.
— Est-ce une veuve ou une demoiselle ?
— C'est une demoiselle.
— Quel âge ?
— Vingt ans.
— A-t-elle... ce que vous savez bien ?
— Je vous dirais cela demain bien mieux, si je vous voyais.
— Est-ce ce beau garçon d'honneur ?
— Mieux que cela.
— Mieux que cela !... Comment !... est-ce que... Oh ! non, ce n'est pas possible... Vous ne vous mariez pas, vous ?...
— Pourquoi n'est-ce pas possible ?
— Parce que vous ne faites pas de ces bêtises-là !...
— Je ne sais pas si le mariage est toujours une bêtise ; mais je puis vous assurer que je suis marié de ce matin, et que loin d'en être fâché, je m'en félicite.
— Ah ! si c'est de ce matin, cela se conçoit... Quoi ! vraiment, Henri, vous êtes marié ? Ah, ah, ah ! que c'est drôle !...
— Qu'y a-t-il donc de si drôle à cela ?...
— Ah, ah, ah !... ce pauvre Henri !... Vous êtes marié !... D'honneur, je n'en reviens pas !... mais je vous jure que cela me fait le plus grand plaisir !... Ah, ah, ah !...

Les ricanements de Lucile ont quelque chose d'ironique qui commence à m'impatienter. Je la salue et vais m'éloigner, elle me retient.
— Ah !... encore un moment, monsieur, il n'est probable que je n'aurai pas de longtemps le plaisir de causer avec vous... un homme marié ne sort pas sans sa femme... La vôtre est donc bien jolie ?
— Oui.
— Vous en êtes bien amoureux ?
— Plus que je ne l'ai jamais été.
— Ah ! que c'est honnête !...
— Pourquoi ne diriez-vous pas ce que je pense ?
— C'est juste. Dites donc, il faut tâcher qu'elle vous aime aussi plus que vous ne l'avez jamais été... Ah, ah, ah, ah.
— Mais je crois que ce ne sera pas difficile.
— Vous croyez ?... vous pourriez vous tromper.
— Pardon, madame, si je vous quitte ; mais ma femme doit avoir fini sa toilette, et je vais la chercher.
— Du moment que *votre femme* vous attend !... allez, monsieur, et tâchez qu'elle n'attende jamais que vous... Ah, ah, ah !

Je vois que Lucile ne m'a pas encore pardonné. Je la quitte. Je n'ai pas été maître d'un mouvement d'humeur que cette femme m'a fait éprouver. Je me jette dans la voiture qui me ramène près d'Eugénie. Elle m'attendait; sa vue, une seule de ses paroles dissipent bien vite ce léger nuage. Eugénie est éblouissante; ses charmes, ses grâces, sa brillante toilette, tout se réunit pour que son aspect enchante. Je lui prends la main... — Il est l'heure de se rendre au bal. Allons, partons! me répètent madame Dumeillan et ma mère; moi, je tenais la main d'Eugénie, je regardais ma femme, et j'avais oublié tout le reste.

Notre entrée dans les salons est accompagnée d'un murmure flatteur. Les éloges retentissent à mes oreilles, et j'avoue qu'ils flattent aussi mon cœur : c'est ma femme que l'on admire. Eugénie rougit et baisse les yeux; mais il lui serait difficile de ne point entendre les compliments qui pleuvent sur son passage.

Il y a déjà beaucoup de monde; mes connaissances viennent me saluer. Giraud m'a pris et serré la main. Je me sens disposé à être l'ami de tout le monde : je suis si content!... On se presse autour de ma femme pour obtenir la faveur de danser avec elle. Les jeunes gens prennent leur numéro. Je viens d'entendre l'un d'eux dire qu'il était le vingt-sixième. D'après cela il ne faut pas que je me flatte de danser avec ma femme cette nuit. Mais j'ai pris mon parti, et je les laisse danser les autres.

J'aperçois un petit monsieur qui pousse et bouscule tout le monde pour se faire faire de la place; c'est Bélan, donnant la main à une demoiselle qui a au moins la tête de plus que lui, et avec laquelle il va danser. En passant près de moi il s'arrête et me dit :

— Mon ami, voilà mademoiselle Armide de Beausire, dont je t'ai parlé si souvent.

Je m'incline devant mademoiselle Armide, qui n'est ni belle ni laide, mais qui a en effet presque aussi grands que la bouche; mais il y a dans sa physionomie et dans toute sa personne quelque chose de roide, de pincé, qui sent la province d'une lieue.

On fait foule pour voir danser Bélan et mademoiselle Armide. Le petit-maître danse fort bien; et, comme il est très-bien fait, il s'est fait faire un pantalon collant, un habit collant, et un gilet collant; il n'y a pas un pli sur toute sa personne : si sa figure était noire, on croirait que c'est un petit nègre *in naturalibus*.

Entre les contredanses je tâche de me rapprocher de ma femme; je lui présente une foule de gens que je connais à peine, mais qui me disent : — Voulez-vous bien me présenter à madame?

Sur le minuit la foule est devenue si considérable que l'on peut à peine circuler; est-ce que je connais tout ce monde-là?... Non... mais j'ai dit à plusieurs de mes connaissances de m'amener des leurs, et cela va si loin quelquefois. Du reste, la réunion est brillante. Il y a de belles toilettes, de fort jolies femmes; les hommes ont de la tournure, et je ne vois pas au milieu de tout cela de ces figures ignobles et plates, de ces vieux bonnets plissés que l'on rencontre avec surprise dans une réunion élégante, où pourtant ils ont souvent plus que tout autre le droit de figurer : car, dans une noce, ces vilaines têtes communes que l'on aperçoit dans les coins sont ordinairement celles de quelque oncle ou de quelque cousine que l'on n'a pu se dispenser d'inviter.

J'ai rencontré trois fois Giraud mangeant des glaces ou en portant à sa femme. Il n'a amené que deux de ses enfants, les aînés; c'est bien généreux de sa part. Je suis tellement heureux aujourd'hui que j'invite madame Giraud à danser. Elle paraît très-flattée de cette politesse. Eh! que m'importe à moi avec qui je danse quand ce n'est pas avec Eugénie! Je ne songe plus à faire la cour aux dames! Autre temps, autres soins!

— Votre bal est délicieux! me dit Bélan en m'entraînant dans un salon où l'on joue, mais où l'on peut circuler. Vous avez au moins quatre cents personnes!...

— Ma foi! je serais bien embarrassé de vous en dire le nombre... Si l'on s'amuse, c'est tout ce qu'il faut.

— Ce sera comme cela à mon mariage... Comment trouvez-vous Armide?

— Elle est fort bien.

— Et ses yeux?

— Ils sont superbes.

— N'est-il pas vrai qu'ils sont extraordinaires?... Eh bien! mon ami, elle a tout comme cela... l'esprit, les talents... et un ton si distingué!... M'avez-vous vu danser avec elle?...

— Oui.

— N'est-ce pas que nous nous entendons bien?...

— C'est dommage que vous soyez un peu petit à côté d'elle.

— Petit?... Vous plaisantez! c'est elle qui est un peu grande!... Au reste, quand on est moulé comme je le suis, cela vaut trois pouces de plus... Je ne me changerais pas à coup sûr contre ce grand débauché qui est devant nous... Ces hommes grands ont toujours mauvaise tournure... Avez-vous vu danser madame de Beausire?

— Je ne crois pas.

— Venez donc, que je vous présente à elle... Vous allez voir une femme qui n'a pas un mouvement roturier... c'est le type du bon ton.

Je me laisse conduire; je fais tout ce qu'on veut ce soir. Je vois une grande femme jaune qui me fait l'effet d'un morceau de vieille tapisserie, et qui a l'air de ne pas avoir ri depuis qu'elle est au monde. Je me hâte de saluer et de m'éclipser. Il me semble qu'on doit attraper le *spleen* dans la compagnie de madame de Beausire.

L'heure du souper arrive... Enfin ce bal finira; et, quoique je ne m'ennuie pas précisément, je voudrais pourtant bien être chez moi avec ma femme.

On fait placer les dames. Je m'occupe de tout le monde; je fais soigner les grandes et les petites tables. — Reposez-vous donc! prenez donc quelque chose! me dit-on. Eh! vraiment, je songe bien à manger! j'aime mieux presser le souper de tout ce monde-là!

Je trouve Giraud avec ses deux enfants assis à une petite table avec trois jeunes gens. Giraud tient un *baba* sur ses genoux, et il a glissé une gelée au rhum sous la table, ne voulant pas faire circuler cela de peur que cela ne lui revienne pas. Je lui fais apporter du poisson, du pâté, des volailles, je couvre de gâteaux les assiettes de ses enfants. Giraud est dans le ravissement; il me serre la main en murmurant :

— C'est une des plus jolies noces que j'aie vues de ma vie..., et, Dieu merci, j'en ai terriblement vu!

Madame Giraud, qui a été obligée de quitter la grande table lorsque les autres dames se sont levées, vient alors tourner derrière son mari et ses enfants; elle a une énorme ridicule passé au bras. Tout en ayant l'air de faire passer à ces messieurs ce qu'ils désirent, je la vois qui ouvre à chaque instant le sac et y entasse babas, biscuits et même croûtes de pâtés. Giraud, qui s'est aperçu que je remarquais le manége de sa femme, lui dit d'un ton d'humeur, au moment où madame Giraud essayait de pousser encore des macarons dans son sac :

— Qu'est-ce que tu fais donc, madame Giraud? qu'est-ce que ces manières-là?... tu mets un macaron dans ton sac!

— Mon ami, c'est seulement pour Azor... cette pauvre bête... Tu sais bien qu'il aime les macarons... Ça serait perdu... quel mal cela fait-il?... Il faut bien qu'il se sente un peu de la fête, ce pauvre Azor.

— Madame Giraud, vous savez bien que je n'aime pas cela.

J'apaise Giraud qui fait semblant d'être en colère, et je m'éloigne pour laisser toute liberté à sa femme qui finit par faire un ballon de son sac.

Cependant les tables sont abandonnées; beaucoup de personnes retournent à la danse; mais beaucoup d'autres remontent en voiture, et je trouve que celles-là font très-bien.

Le bal est peut-être plus agréable maintenant, parce qu'on danse plus à l'aise. Eugénie est toujours invitée; il lui faut se contenter de me placer en face d'elle; mais il y a des figures où nous nous donnons la main... Alors combien nous nous disons de choses par une douce étreinte!... Il semble que le cœur, que l'âme passent dans cette main chérie qui serre tendrement la nôtre.

Les rangs s'éclaircissent. Ma mère est partie. Madame Dumeillan n'attend que notre départ pour en faire autant. Il est cinq heures. Le jour se montre à travers les carreaux et commence à faire pâlir l'éclat des lustres. A chaque instant, le nombre des dames diminue. Je me suis approché d'Eugénie.

— Je suis fatiguée de danser, me dit-elle, et pourtant je n'ose refuser.

— Mais il me semble que nous pourrions bien partir maintenant.

— Elle baisse les yeux et ne répond pas. Ma foi! j'ai bien assez fait pour les autres, pensons plus à moi! Je prends la main de ma femme, je l'entraîne; madame Dumeillan nous suit; nous montons en voiture, et nous voilà partis. Il faut que nous remettions madame Dumeillan chez elle; nous irons chez nous après. Le trajet est court, il me semble long. Plus on touche au moment d'être heureux, plus l'impatience de l'être redouble.

Nous avons peu parlé devant la maman. Enfin voilà sa demeure. Je descends. Madame Dumeillan embrasse sa fille. Cet embrassement me semblait bien long!... Égoïstes que nous sommes!... je ne songe pas que c'est le dernier où une mère tient encore sa fille vierge dans ses bras... et que j'aurai tout le reste de ma vie pour jouir de mes droits d'époux.

Madame Dumeillan est rentrée chez elle... Je remonte dans la voiture qui repart. Je suis enfin seul avec Eugénie, avec ma femme... Je crois que ce moment est le plus doux que j'aie encore goûté; il me semblait qu'il n'arriverait jamais. J'entoure Eugénie de mes bras... elle a pleuré en embrassant sa mère, je l'embrasse à mon tour, et elle ne pleure plus, car je l'étourdis de caresses, et de nouvelles sensations font palpiter son cœur.

Nous sommes chez moi, chez nous. La domestique qui doit nous servir, et qui était chez sa mère, nous attendait de la portier avec de la lumière; mais il fait jour; nous n'avons besoin de personne. Ma femme entre chez moi; je la conduis; je sens qu'elle tremble... je crois que je tremble aussi... Singulier effet du bonheur... cela étouffe... cela fait presque du mal.

J'ai fermé les portes, mis les verrous... Je suis seul avec ma femme... Enfin! il n'y a donc plus personne... Nous pouvons nous aimer, nous le dire, nous le prouver!...

CHAPITRE IX. — La Lune de miel. — Noce de Bélan.

Comme le bonheur use la vie!.. Voilà quinze jours d'écoulés depuis que je suis l'époux d'Eugénie, et il nous semble à tous deux que nous sommes mariés d'hier!... Ces quinze jours ont passé si vite!... Ah! il me serait bien difficile de dire comment nous les avons employés...

nous n'avons le temps de rien faire. D'abord nous nous levons tard, nous déjeunons en tête-à-tête, puis nous causons ; souvent je tiens Eugénie assise sur mes genoux, on s'entend mieux quand on est tout près. Nous faisons des plans, des projets, nos conversations sont souvent interrompues par des baisers que je vole ou que l'on me donne. Nous sommes tout surpris, en jetant les yeux sur la pendule, de voir qu'il est près de midi, et qu'il y a deux heures que nous causons. Il faut alors songer à s'habiller pour aller voir madame Dumeillan, et quelquefois faire un tour de promenade. On s'habille en causant encore. Je prie Eugénie de me chanter une romance, de me toucher quelque chose sur le piano. S'il me vient par hasard une visite, une consultation qui me retienne un quart d'heure dans mon cabinet, lorsque j'en sors je trouve ma femme qui s'impatiente déjà de ma longue absence, et nous causons encore quelques moments pour nous dédommager de l'ennui qu'a nous a occasionné la visite. Enfin nous sortons; mais nous faisons comme les écoliers ; nous prenons le chemin le plus long ; et il est presque l'heure du dîner quand nous arrivons chez ma belle-mère. Depuis que nous sommes mariés, nous avons été deux fois au spectacle : nous aimons mieux cela que d'aller en soirée. Au spectacle on est encore en tête-à-tête, on peut y causer lorsque la pièce ennuie, et dans le monde on n'est pas maître de faire tout ce qui plaît. Enfin, nous rentrons de bonne heure, et nous sommes toujours contents de rentrer chez nous. Mais, je le répète, tout cela passe comme l'éclair.

Ma femme a trouvé mon logement fort à son goût ; elle me dit que cela lui fait plaisir d'être où j'habitais étant garçon. Souvent elle me questionne sur cette époque de ma vie ; elle m'écoute avec intérêt, avec curiosité ; mais je me suis aperçu qu'Eugénie est jalouse. Son front se rembrunit lorsqu'il y a des femmes dans mes aventures, et souvent alors elle m'interrompt en me disant avec humeur :

— Assez... tais-toi... je ne veux pas en savoir davantage !

Je l'embrasse en lui disant :

— Ma chère amie, je ne te connaissais pas alors.

Mais, malgré mes caresses, l'humeur est toujours quelques minutes à se dissiper.

Il faut pourtant que nous passions autre chose que causer et nous embrasser; Eugénie doit apprendre le piano ; moi, je dois lui donner des leçons de peinture. Mais avant tout je commence ses portraits. Voilà une occupation qui nous prend encore un temps infini, car nous sommes souvent distraits, et devant un modèle qui fixe sur moi ses beaux yeux, qui me sourit avec tendresse, comment résister toujours au désir de l'embrasser? On me fait une petite moue si gentille quand je suis longtemps sans quitter mes pinceaux !... Alors je me lève et je cours serrer mon modèle dans mes bras. Cela me fait penser qu'il faut que les peintres aient bien de la vertu pour résister aux tentations qu'ils doivent éprouver lorsqu'ils font le portrait d'une jeune et jolie femme. Une femme que nous sommes en train de peindre nous regarde comme nous le désirons, nous demandons un regard, un sourire bien doux, et on s'applique à nous la faire aussi gracieux, aussi tendre que possible, parce que l'on veut être bien séduisante en peinture. Moi, je n'ai jamais eu la peine de résister à mes désirs, puisque je n'ai peint que mes maîtresses ; mais quand il faut examiner, détailler mille charmes et rester tranquille près de son pupitre... ah! je le répète, il faut beaucoup de sagesse, et pourtant ce n'est pas la vertu favorite des peintres.

Malgré nos distractions, je travaille avec ardeur au portrait de ma femme; en dix séances il est achevé, et je suis enchanté de mon ouvrage ; Eugénie est frappante. Elle-même fait un cri de surprise en se voyant ; elle craint pourtant que je ne l'aie flattée. Non ; je l'ai peinte, à la vérité, non pas telle qu'elle est dans le monde lorsqu'elle regarde chacun avec indifférence, mais telle qu'elle me regardait pendant que je faisais son portrait, avec des yeux remplis d'amour. Il me semble que j'ai tout aussi bien fait de choisir cette expression ; car c'est pour moi, et non pour les autres, que j'ai fait son portrait.

Maintenant il faut que je fasse le mien ; Eugénie l'exige. Ce sera beaucoup moins amusant. Je crains que ce ne soit long ; je me suis déjà donné plusieurs séances, et il me semble que cela ne me vient pas bien. Eugénie n'est pas contente, elle me dit :

— Tu te fais un air boudeur, un air sérieux... Ce n'est pas ainsi que tu me regardes.

— Ma chère amie, c'est que cela m'ennuie de me regarder.

— Ah!... attends, je conçois un moyen... Pour que tes traits aient l'expression qui me plaît, je vais m'asseoir à côté de toi ; alors, en regardant dans la glace, tu me verras aussi... et j'espère, monsieur, que vous ne me ferez pas la mine.

Je trouve l'idée d'Eugénie charmante. Grâce à son invention, je ne m'ennuie plus en prenant séance ; car elle est là, à côté de moi, et en regardant dans la glace, c'est toujours elle que je vois d'abord : mon portrait y gagne étonnamment. Je puis me peindre tel qu'elle le désire, et elle en est aussi contente que je l'ai été du sien.

J'ai fait mettre son portrait dans un souvenir que j'ai toujours sur moi ; j'ai fait mettre le mien sur un bracelet qu'elle veut avoir sans cesse à son bras. Nous ne nous contentons pas de nous avoir en réalité, il nous faut encore nos images ; si nous pouvions nous posséder d'une autre façon, nous le voudrions aussi. Mais est-ce un mal de trop s'aimer ?... Sa mère et la mienne prétendent que nous ne sommes pas raisonnables, que nous sommes pis que des amants ; Eugénie et moi nous voulons toujours rester de même : nous nous trouvons très-bien ainsi.

Ma femme me fait commencer le piano ; moi, je lui montre à se servir d'un pinceau. Ces leçons nous semblent délicieuses, elles nous prennent une grande partie de la journée. Je sens bien cependant que le piano et la peinture ne feront pas remarquer au barreau. Depuis mon mariage je néglige le Palais, je ne m'occupe presque pas d'affaires. Mais lorsque je veux étudier, m'enfermer dans mon cabinet, Eugénie me retient en me disant :

— A quoi bon te donner de la peine... te casser la tête sur ton Code... tes Pandectes ?... ne sommes-nous pas assez riches ? ne sommes-nous pas heureux ?... Qu'est-il besoin que tu plaides... que tu te tourmentes pour les autres ? reste avec moi... donne-moi une leçon de peinture... et ne va pas au Palais.

Je ne sais pas résister à ma femme. Ma mère me gronde quelquefois sur ce qu'elle appelle ma paresse. L'amour n'est point de la paresse ; mais l'amour heureux ne nous rend plus bons qu'à faire l'amour.

Trois mois se sont écoulés presque aussi vite que les premiers quinze jours de notre hymen. Mais je sais jouer On dit qu'à quinze ans sur le piano, et Eugénie fait des progrès rapides dans la peinture. Un nouveau sujet de joie augmente notre bonheur : ma femme est enceinte. Nous sautons, nous dansons dans notre chambre en pensant que nous aurons un enfant. Nous ne parlons plus que de cela, nous ne faisons plus un projet pour l'avenir sans y mêler notre fils ou notre fille. La bonne madame Dumeillan partage notre joie ; ma mère me fait son compliment, mais sans enthousiasme, et comme s'il s'agissait d'une chose toute simple ; il me semble que cela devrait faire événement dans le monde.

Nous allons assez rarement en société, et nous n'avons été qu'à deux bals depuis que nous sommes mariés. Mais un matin nous recevons la lettre de faire part et d'invitation pour la noce de M. Ferdinand de Bélan avec mademoiselle Armide de Beausire. Eugénie n'est point encore assez avancée dans sa grossesse pour craindre que la danse lui fasse du mal, d'ailleurs elle me promet de n'en prendre que modérément : nous irons donc à la noce de M. de Bélan, où j'ai dans l'idée qu'il y aura de quoi s'amuser. Bélan est venu nous voir deux fois depuis que nous sommes mariés, et Eugénie trouve que c'est un petit être fort risible par son babil et ses prétentions. Quant à la famille de Beausire, le peu que j'en ai vu m'a paru curieux.

La lettre d'invitation porte, par un supplément olographe, que l'on compte aussi sur nous pour le déjeuner. C'est un plaisir dont nous voulons nous priver. Nous nous défions des déjeuners de noces, c'est amusant comme un concert d'amateurs ou une lecture en famille ; nous sommes résolus à n'aller qu'au bal, lorsque Bélan lui-même se présente chez nous.

Le petit-maître salue ma femme jusqu'à terre, ce qui ne lui est pas difficile ; puis il vient me serrer la main en nous disant d'un air triomphant :

— Vous avez reçu nos invitations ?

— Oui, mon cher ami. Nous vous faisons d'abord notre compliment.

— Je le reçois avec plaisir... Je vous suis puis être flatté de la préférence que l'on m'accorde. J'avais dix-sept rivaux, dont trois millionnaires qui ont des forges, des usines, des mines de houilles, et deux marquis, dont l'un a six croix : mais j'ai passé par-dessus tout cela ; et comme César : Veni, vidi, vici. Ah çà ! nous comptons sur vous ?

— Oui ; oh ! nous serons à votre bal.

— Et au déjeuner ?

— Ah ! pour le déjeuner, nous ne pouvons pas trop promettre...

— Oh ! pardonnez-moi... J'exige votre promesse... Ce serait affreux de nous manquer... Nous n'avons pour le matin qu'un certain nombre de personnes... mais d'un choix exquis. Deux oncles de ma femme... trois cousins, cinq tantes... toutes femmes dans le genre de ma belle-mère... Oh Dieu ! ma belle-mère... elle ne fait que pleurer depuis que l'époque de l'hymen est arrêtée... elle trempe au moins quatre mouchoirs par jour... elle ne perd plus sa fille de vue... Ça me gêne un peu pour mes expansions de sentiment, mais j'aurai mon temps. Enfin, il faut que vous soyez de toute ma fête. Madame, c'est vous que je supplie ; Henri ne me résistera pas.

Eugénie n'ose pas refuser ; elle me regarde et nous promettons. Bélan baise la main de ma femme en la remerciant ; puis il me demande deux minutes dans mon cabinet.

— Est-ce que vous avez quelques procès ? dis-je à Bélan quand nous sommes seuls.

— Non... cependant je veux vous consulter. Vous qui venez de vous marier avec une femme que vous adoriez, vous pourrez me dire...

— Quoi ?

— Je ne sais comment vous expliquer cela... Vous savez que j'étais, ainsi que vous, un séducteur, un homme à conquête, jamais embarrassé dans un tête-à-tête... Je m'y conduisais comme la poudre.

— Eh bien ?

— Eh bien !... c'est singulier... près de mademoiselle de Beausire...

que j'adore cependant... ça me produit un effet tout différent... Il me semble que je n'oserais pas lui pincer le bout du doigt... Enfin je ne me sens pas la plus petite disposition à être entreprenant... Je vous avoue que cela me tourmente... cela m'inquiète... je n'en dors pas de la nuit; et plus le jour de ma noce approche, plus je sens mes craintes redoubler...

— Ah! ah! ce pauvre Bélan... Allons! calmez-vous : l'amour véritable, l'amour trop vif produit quelquefois l'effet que vous ressentez... mais cela ne dure pas... Et d'ailleurs, avec votre femme, qu'avez-vous à craindre? vous êtes bien sûr qu'elle ne vous échappera pas. Ce n'est plus comme une maîtresse, qui souvent n'accorde pas un second rendez-vous lorsqu'elle est mécontente du premier. Avec sa femme, ce qui n'arrive pas la première nuit arrivera la seconde.

— C'est juste... Ça pourrait même n'arriver que la huitième... Vous me calmez un peu l'esprit... C'est que mademoiselle de Beausire... une demoiselle si bien élevée... cela n'est plus comme une grisette... Ah! ça va tout seul avec une grisette... Et puis la belle-mère qui est toujours là...

— Je pense qu'elle ne sera pas là pendant la nuit de vos noces.

Le grand cousin de madame Armide de Bélan.

— Ma foi! je n'en répondrais pas... Elle ne fait que dire qu'elle ne se séparera pas de sa fille... qu'elle ne peut pas dormir loin d'elle... Je crois qu'elle veut coucher dans un cabinet qui touche à notre alcôve.

— Ce sera bien amusant pour vous!

— C'est tout cela qui me trotte dans la tête et qui m'ôte de mon brûlant naturel... C'est égal : d'ici à mon mariage je mangerai tout à la vanille... j'en ferai mettre jusque dans mes bouillons. Adieu, mon cher Blémont. Nous comptons sur vous. Votre noce était fort belle, mais vous verrez la mienne... Je ne vous dis que cela...

Bélan est parti. Nous voilà forcés d'être du déjeuner : nous avons promis; mais cela sera peut-être plus amusant que nous ne le croyons. D'ailleurs il y a des réunions qui sont comiques à force d'être ennuyeuses. Il ne s'agit que de prendre les choses du bon côté : on assure qu'il y en a un dans tout.

Eugénie s'occupe de ses toilettes; car il lui en faudra deux pour ce jour-là. Moi je lui recommande de ne point trop se serrer dans ses robes, dans son corset; on devine pourquoi. Il faut penser à être mère avant de chercher à être mince ; c'est ce que les dames oublient trop souvent.

Le grand jour est venu pour Bélan. Un remise vient nous chercher; le cocher et le jockey qui est derrière la voiture ont une livrée abricot. J'avoue que voilà qui passe déjà ma noce : attendons-nous à voir des choses superbes. Le rendez-vous est chez madame de Beausire, où je n'ai jamais été : c'est une vieille maison de la rue de la Roquette. Nous passons devant un vieux portier; nous montons un vieil escalier sur lequel on a jeté des feuilles de rose avec profusion. Je gage que c'est une invention de Bélan; je ne la trouve pas très-heureuse, car cela a manqué faire tomber ma femme, que j'ai retenue à temps, et qui me dit en riant :

— Mon ami, nous nous sommes mariés sans feuilles de roses...

— Oui, ma chère amie; c'était moins romantique, mais on ne glissait pas.

Nous entrons au premier, dans un appartement d'une hauteur effrayante. C'est tout au plus si je puis distinguer les moulures du plafond. Nous sommes annoncés par un vieux laquais, qui a aussi l'air d'avoir peut-être l'habitude de la maison. Nous pénétrons dans un immense salon, où Bélan, qui fait les honneurs, a l'air d'un nain au milieu de Patagons. Nous voyons une série de vieilles figures : c'est une continuation de la tapisserie dont madame de Beausire m'a donné un échantillon. Les hommes sont sérieux, prétentieux, sentencieux; les femmes pincées, guindées et fardées. Il y a bien quelques personnes de notre genre, mais elles sont en petit nombre. Je présume que Bélan n'aura pas eu la permission d'inviter beaucoup de ses connaissances. Ce pauvre garçon ne me semble pas à son aise au milieu de la famille des Beausire; il n'ose pas être gai; il craint d'être triste; il tourne autour de ses nouveaux parents, qui ne causent point, de crainte de compromettre leur dignité.

C'est avec joie que le marié nous voit arriver. Il se trouve plus à l'aise avec nous.

— Vous allez voir ma femme, nous dit-il; elle est dans ce moment avec sa mère... qui achève, en pleurant, sa toilette...

— Comment! votre belle-mère pleure toujours?

— Oui, mon ami : c'est un véritable ruisseau que cette femme-là.

— Et quel motif?

— Le chagrin de se séparer de sa fille. Et pourtant elle ne s'en sépare pas, puisqu'elle veut coucher dans la même chambre que nous.

— Dans la même chambre? Ah! ah! c'est un peu fort.

— Je vous jure que c'est comme cela. Je crois même qu'elle espérait que je ne coucherais pas avec ma femme; mais, ma foi! malgré tout mon respect pour madame de Beausire, je n'ai pas cédé là-dessus, et je crois qu'Armide m'en a su gré... Mais voici ces dames.

La mariée entre, conduite d'un côté par une vieille tante qui a un nez en limace, et de l'autre par sa mère, qui, avec sa grande taille maigre, ses yeux rouges et son teint blême, a vraiment l'air d'un spectre.

Aux soupirs que poussent ces dames, il semblerait que c'est *Iphigénie* que l'on va sacrifier. Les parents s'avancent et font des compliments dans le goût de leur tournure. Au milieu de tout cela, le marié est celui dont on s'occupe le moins. Quand il s'adresse à sa femme, elle ne lui répond pas; quand il va vers sa belle-mère, elle prend son mouchoir et lui tourne le dos; et s'il se faufile parmi les parents, ceux-ci n'ont pas l'air de faire attention à lui.

On part pour l'église. Chacun prend la main d'une dame; moi, je prends celle de ma femme; je ne vois pas pourquoi je m'en priverais pour ces gens-là. On descend l'escalier en ordre de cérémonie. Bélan à la tête, donnant la main à sa belle-mère. Les feuilles de roses font un effet merveilleux.

— C'est charmant! dit une vieille tante; c'est comme à une procession!

— C'est de moi! crie Bélan; c'est une idée qui m'est venue cette nuit en pensant à mon hymen. Et je suis charmé que...

Bélan est là de son discours lorsqu'un grand cousin, qui donnait la main à la mariée, glisse deux marches et tombe sur son postérieur en entraînant la belle Armide sur lui.

Des cris partent de tous côtés. Grâce au ciel, Armide est tombée décemment, et n'a rien montré à la société; ce qui eût été fort désagréable pour le marié, qui espère être le premier à voir cela, et ce qui sans doute aurait fait pousser des sanglots à Bélan.

On a vivement relevé la mariée. Le grand cousin se relève tout seul en poussant un juron assez roturier et en disant :

— Que la peste étouffe les feuilles de roses! il faut être bien bête pour jeter cela sur un escalier!... J'ai le *scrotum* affecté...

Bélan est resté tout interdit, il est confus de l'accident produit par son invention.

— Monsieur de Bélan, il faudra faire balayer tout cela, dit la belle-mère; et le marié répond en s'inclinant : — Oui, ma belle-mère de Beausire,... J'y veillerai.

C'est dans une petite église du Marais que l'on unit nos époux. Il ne s'y passe rien d'extraordinaire, si ce n'est que la belle-mère y trempe deux mouchoirs, et que Bélan fait des grimaces horribles pour tâcher de pleurer aussi, sans pouvoir y parvenir.

J'espérais que le déjeuner se ferait chez le traiteur; mais c'est chez la belle-mère qu'on nous fait retourner. Pour le coup il faut du courage. Nous nous regardons, Eugénie et moi, en jurant, mais un peu tard, qu'on ne nous y prendra plus.

Le marié a pris les devants, sans doute pour faire balayer ses roses. Je suis sûr qu'il les balaierait lui-même plutôt que de s'exposer à la colère de sa belle-mère.

Un grand couvert est dressé dans l'immense salle à manger. On se place. Je suis entre la vieille tante qui a le nez en limace et le grand cousin qui a fait une si belle glissade sur l'escalier; ma femme est à une lieue de moi, entre deux vieux oncles à manchettes et à perruques à boudins. Comme nous allons nous amuser!

Je m'attendais à voir Giraud et sa femme au déjeuner, car Giraud dit partout que c'est lui qui a fait le mariage de Bélan. Mais probablement la belle-mère ne les aura pas trouvés dignes de cet honneur, et nous ne les verrons que ce soir.

La mariée a les yeux baissés et ne mange pas. La belle-mère regarde sa fille, s'essuie les yeux, et ne semble pas s'apercevoir qu'il y a du monde là. On est deux minutes assis à table sans toucher à rien, personne n'ayant reçu la mission de servir; Bélan, ne sachant pas s'il doit faire les honneurs, regarde tour à tour sa femme et sa belle-mère, et dit en balbutiant :

Ernest et Marguerite.

— Qui est-ce qui sert?... Madame de Beausire désire-t-elle que je serve?

Et madame de Beausire ne répond qu'en se mouchant et en soupirant.

Je regarde ma femme. Il me prend une envie de rire si forte, que je jette à terre mon couteau et ma fourchette, afin de pouvoir la satisfaire un peu en cherchant sous la table. Il vaut mieux passer pour gauche que pour impoli.

Enfin un vieil oncle, qui n'est pas venu à la noce pour se contenter de regarder les plats, ce qui serait cependant plus noble que de les manger, attire à lui un immense pâté et donne le signal de l'attaque. On se décide à déjeuner, nonobstant les soupirs de madame de Beausire; mais on le fait avec ce décorum, cette gravité qui ne sont troublés que par le bruit des assiettes et des fourchettes.

Lorsque le premier appétit est calmé, quelques-uns des oncles et des cousins veulent bien nous débiter des phrases à prétention en s'arrêtant sur chaque mot qu'ils prononcent, comme s'ils jugeaient cela nécessaire pour que nous les comprenions. Bélan dit par-ci par-là quelque chose, mais cela n'est pas remarqué. Je m'aperçois qu'il cherche à amener la conversation sur les vers de circonstance. Je gagerais qu'il en a fait ou fait faire, et qu'il ne sait comment les débiter. Quand il arrive à son sujet, un oncle ou une tante lui coupe la parole en parlant d'autre chose. J'ai pitié de lui et je lui dis :

— Mon cher Bélan, est-ce que l'on a fait des vers pour votre mariage?

— Oui... c'est justement cela... c'est moi qui ai ébauché quelque chose en l'honneur de cette journée; et si vous le permettez, je vais...

— Comment! monsieur de Bélan, est-ce que vous allez chanter? s'écrie madame de Beausire en jetant sur son gendre des regards presque menaçants. Fi donc, monsieur! dans quel monde avez-vous été où l'on chante à table?

— Ma belle-mère, je n'ai jamais eu l'intention de chanter, je n'en ai même pas l'envie... Ce sont des vers que je voulais vous réciter... et des vers qui ne ressemblent nullement à une chanson...

— Des vers pour un mariage!... Il faut laisser cela à l'Almanach des Muses, dit le grand cousin assis près de moi, et qui a conservé de la rancune contre le marié depuis sa chute sur l'escalier. Au même moment madame de Beausire pousse un cri en disant :

— Tu as pâli, Armide?... Tu te trouves mal, ma fille?...

Je ne m'étais pas aperçu que la mariée ait changé de couleur; mais comme sa mère lui dit cela, peut-être Armide juge-t-elle convenable de ne pas se trouver bien. Elle passe sa main sur ses yeux en balbutiant :

— Oui... j'ai là... quelque chose...

Sa mère ne la laisse pas achever... Elle se lève en s'écriant :

— Ah! mon Dieu!... ah! mon Dieu! Armide se meurt!... Transportons-la sur son lit.

Aussitôt il s'opère un mouvement général. La tante qui est à mon côté me donne un coup de coude dans le nez pour se lever plus vite et aller soutenir sa nièce, qui pense alors qu'elle doit se trouver mal tout à fait. Pendant qu'on transporte Armide chez elle, et que Bélan tourne et court autour de tout le monde comme un petit fou, je m'approche de ma femme, je lui prends la main et l'emmène vers la porte de sortie en lui disant :

— En voilà bien assez pour ce matin.

Bélan nous rattrape sur l'escalier et nous crie :

— Comment! vous partez déjà? Mais ma femme va revenir à elle tout de suite... Je ne suis pas inquiet de sa santé... C'est ma belle-mère qui lui persuade toujours qu'elle va mourir quand elle n'y songe pas.

— Nous avons affaire.

— A ce soir toujours.

— Le bal n'est pas chez votre belle-mère?

— Non; chez Lointier... Ce sera magnifique.

— Nous y serons.

Rencontre de Blémont et de Lucile aux Tuileries.

Avec quel plaisir nous nous retrouvons seuls, Eugénie et moi! Nous avons de quoi rire en passant en revue les originaux que nous venons de voir; et quoique ma femme ne soit pas méchante, elle saisit fort bien les ridicules de la société.

Nous avons promis d'être au bal, il faut nous y rendre. D'ailleurs, il est impossible que cela soit aussi triste que le déjeuner; et puis le bal a lieu dans les mêmes salons où le nôtre s'est donné, et nous ne serons pas fâchés de les revoir.

Nous allons tôt, parce que nous voulons trouver la danse bien établie, mais nous voyons avec surprise des salons presque déserts, et deux quadrilles bien maigres où l'on danse fort à l'aise. Il est pourtant onze heures sonnées.

Bélan vient à nous. Il a la mine longue d'une aune; il me dit en nous abordant : — C'est très contrariant : ma belle-mère ne m'a pas permis d'inviter plus de trente personnes, en me disant que ce serait bien assez de monde avec sa famille et ses connaissances... et vous voyez... il y a des vides... Je sais bien que la réunion est choisie... mais un peu plus de monde ne ferait pas de mal.

— Cela fait, mon cher Bélan, que l'on dansera plus à l'aise.

— C'est vrai au fait... les danseurs y gagneront.

— Et madame n'est plus indisposée?

— Non... cela n'a pas eu de suite.. Mais maintenant c'est ma belle-mère qui a des suffocations... Regardez donc ses yeux... c'est un vrai lapin... elle me fait de la peine... elle pleure parce que ma femme ne manque pas une contredanse; elle prétend qu'on lui tuera sa fille... Dieu! quelle sensibilité!

— Mais je n'aperçois pas la famille Giraud à votre bal, cela me surprend; car certainement vous l'avez invitée?

— Mon Dieu! mon cher Blémont... ne m'en parlez pas de cela... J'ai été désolé... Mais ma belle-mère a prétendu que les Giraud avaient des manières qui ne cadraient pas avec sa famille... elle n'a pas voulu que je les invitasse.

— Madame de Beausire allait chez eux, il me semble?

— Oui; mais depuis que la petite Giraud lui a tiré la langue, elle a juré qu'elle n'y remettrait plus les pieds.

— Je croyais que Giraud s'était occupé de votre mariage?

— Oui, il a mis la chose en train...

— Et vous ne l'avez pas invité? Il ne vous le pardonnera de sa vie.

— Que voulez-vous?... Ma belle-mère... Mais pardon, je crois qu'elle me fait un signe.

Nous laissons là Bélan, et je fais danser mon Eugénie. Nous sommes heureux de danser ensemble, de nous retrouver dans ces lieux qui ont vu notre hymen. Nos regards expriment le contentement et l'amour. A coup sûr, c'est nous, bien plus que tous les autres, qui avons l'air d'être à la noce.

Danser est ce qu'on peut faire de mieux dans un bal où l'on ne connaît personne. Tous ces Beausire qui se promènent gravement autour des quadrilles, et ces vieilles tantes qui font tapisserie, semblent presque mécontents de voir des personnes qui ont l'air de s'amuser. Je suis sûr qu'ils nous trouvent mauvais air.

Eugénie me propose de partir avant le souper; mais je veux rester, parce que je m'attends à quelque chose d'amusant pour le dénoûment de la fête. Le souper ne se passe comme le mien. Les dames seules sont assises, et il faut que les hommes restent debout derrière. Madame de Beausire l'a voulu ainsi, parce que c'est beaucoup moins gai que lorsque l'on forme de petites tables.

Le repas dure fort peu de temps. Madame de Beausire donne le signal en se levant; il faut bien que les autres dames en fassent autant. J'entends une vieille parente murmurer en se levant : « C'est ridicule, je n'ai pas eu le temps de finir mon aile de volaille. » Plus le moment fatal approche, plus les yeux de madame de Beausire s'emplissent de larmes. Enfin, lorsque, la danse tirant à sa fin, Bélan s'approche de son Armide et lui propose de partir, madame de Beausire vient se précipiter entre elle et lui en sanglotant, et elle enlace sa fille de ses bras en s'écriant : — Vous ne m'en séparerez pas, monsieur!

Bélan reste comme pétrifié devant sa belle-mère. Les parents viennent les entourer, et j'entends les oncles et les cousins dire entre eux : « Ce petit marié se conduit d'une façon bien indécente... Ça me fait mal de le voir entrer dans notre famille. »

Cependant les tantes, les vieilles filles ont entraîné madame de Beausire, qui part avec sa fille, tandis que Bélan reste là. Il nous aperçoit et vient nous dire adieu en balbutiant : — J'ai laissé aller devant ma femme et sa mère... parce que... vous savez?... on couche la mariée; et au fait je ne dois pas être là.

— Mon cher Bélan, je crains que madame de Beausire ne vous fasse encore quelque scène cette nuit.

— Oh!... non... D'ailleurs... s'il le faut... je me montrerai.

Nous partons, et nous nous disons en revenant, Eugénie et moi, qu'un homme est toujours bien sot d'entrer dans une famille qui croit lui faire beaucoup d'honneur en s'alliant avec lui. Si le hasard l'a fait naître dans une classe inférieure, il faut que par son esprit ou son caractère il se montre supérieur à ceux qui voudraient l'humilier.

CHAPITRE X. — Une Querelle. — Première Contrariété.

Peu de jours après la noce de Bélan, nous recevons la visite de M. et madame Giraud. Je devine ce qui les amène, et en effet ils ne sont pas encore assis que déjà Giraud s'écrie : — Vous avez dû être bien étonnés de ne pas nous voir à la noce du petit Bélan?...

— C'est-à-dire, reprend madame Giraud, que c'est une chose qui a frappé tout le monde!... C'est une grossièreté si forte! si extraordinaire!... Comment! c'est chez nous qu'ils se sont connus, c'est Giraud qui a fait les premières démarches, qui a sondé madame de Beausire, qui a fait l'énumération des biens et des qualités du jeune homme ; et on ne nous engage ni au déjeuner ni même au bal! c'est une indignité!

— C'est-à-dire, que c'est indécent, s'écrie Giraud ; et si ma femme ne m'avait pas retenu, j'en aurais demandé raison à ce petit impertinent de Bélan!...

— Non, non : on aurait cru que nous tenions à une noce... et, Dieu merci! nous en avons plus que nous n'en voulons. Au reste, on dit que celle-là était bien triste, bien ennuyeuse!

— Mais cela n'était pas bien gai, dit Eugénie.

— Ah! c'est la vôtre qui était jolie, ma chère madame Blémont, et ordonnée avec un goût, une profusion... J'avoue que j'y ai mangé treize glaces... Il passait à chaque minute des plateaux devant moi, et je me laissais aller.

— Oui, c'était une noce délicieuse, dit Giraud ; mais à celle de Bélan, on m'a dit qu'il n'y avait pas de quoi faire deux quadrilles à douze, et que c'était presque toutes figures hétéroclites du siècle dernier... Et la vieille Beausire, qui n'a fait que pleurer... Et la nuit... vous savez ce qui est arrivé?

— Non, nous ne savons pas.

— Eh bien, je sais tout, parce que j'ai une bonne qui a servi dans la maison où logent les Beausire, et qui y a conservé des relations. Eh bien! la nuit, la belle-mère n'a voulu pas quitter sa fille. Quand le mari est arrivé, madame de Beausire a poussé des sanglots qui ont réveillé les voisins. Bélan s'est fâché ; on lui a fait une scène ; bref : de colère, il a été coucher dans un petit cabinet où l'on met le charbon, et le matin il en est sorti comme un fumeron. Pauvre garçon! s'il n'y prend pas garde, ces deux femmes-là l'enfermeront dans une chaufferette, et lui donneront à manger par les trous, quand il sera bien sage. — Ah! ah! ah! c'est trop drôle! dit madame Giraud. Au reste, je ne lui donne pas un an pour être... suffit... et à coup sûr il l'aura bien mérité...

Monsieur et madame Giraud prennent congé de nous en nous renouvelant l'assurance de leur amitié, et ils vont probablement faire une tournée pour le même motif chez toutes leurs connaissances.

En avançant dans sa grossesse, ma femme s'occupe de mille petits soins qui lui font nécessairement négliger la musique et la peinture. Et puis, sa santé est souvent altérée; elle a besoin de repos : il s'ensuit que j'ai beaucoup plus de temps pour travailler dans mon cabinet. D'ailleurs, le titre de père, que je vais avoir bientôt, me fait penser plus raisonnablement qu'il y a quelques mois. Si notre fortune était suffisante pour Eugénie et pour moi, elle ne le sera plus, s'il nous vient plusieurs enfants, et pour eux je dois songer à les augmenter.

Bélan nous a fait sa visite de noce avec sa femme, qui n'est ni moins roide ni moins guindée depuis qu'elle est mariée. Je trouve que le nouveau mari a maintenant les yeux aussi rouges que sa belle-mère. Peut-être que, pour plaire à madame de Beausire, il pleure aussi quelquefois. Dit c'est tellement aux petits soins, tellement prévenant près de son Armide, et il fait tout cela avec une telle humilité, qu'il a l'air d'être le domestique de sa femme.

Nous leur avons rendu la visite d'usage, et nous n'y sommes pas retournés : nous nous souvenons de leur déjeuner.

Depuis que je me suis remis aux affaires, que je m'occupe de mon état, ma mère dit que nous nous devenons raisonnables, et que j'ai maintenant l'air d'un homme marié. Je ne sais pas quel air j'ai ; mais je trouve que nous devenons beaucoup trop sages, Eugénie et moi : nous ne jouons plus, nous ne faisons plus de folies, comme dans les commencements de notre mariage : c'est son état qui en est cause; aussi il me tarde que cela soit fini.

Ce moment désiré arrive. Eugénie me rend père d'une fille, que je trouve fort gentille. Ma femme a un moment de chagrin ; elle désirait un garçon, elle était persuadée qu'elle aurait un garçon. Moi, j'aime autant une fille ; d'ailleurs, nous n'en resterons pas là. Je console Eugénie. Elle voulait nourrir, mais le médecin a déclaré qu'elle n'était pas assez forte pour cela. Ma fille, que sa marraine, madame Dumeilian, a nommée Henriette, est remise à une bonne grosse nourrice, qui ne demeure qu'à trois lieues de Paris; et nous irons la voir souvent. La santé de ma femme se rétablit assez vite, cependant il lui reste des inégalités d'humeur, des caprices : ce qu'elle avait décidé de faire le matin n'a plus d'attrait pour elle quand vient le soir. Je suis extrêmement complaisant, mais j'aime assez que l'on fasse ce qu'on a projeté, et non pas que l'on soit comme une girouette. Ma femme veut aller promener; et, lorsque je vais la chercher pour cela, elle change d'avis parce qu'il faudrait s'habiller ; alors je retourne en riant dans mon cabinet.

— Si tu te décides, lui dis-je, c'est toi maintenant qui viendras me chercher.

En passant un jour dans la rue du Temple, je m'entends appeler. C'est Ernest qui est derrière moi. Je le revois avec grand plaisir, et nous nous serrons la main de bon cœur.

— C'est vous, mon cher Ernest?... Eh! mon Dieu! qu'il y a longtemps que nous ne nous sommes vus!

— Oui, il y a plus d'un an... Je pense que vous êtes marié maintenant; car vous étiez au moment d'épouser votre chère Eugénie, la dernière fois que je vous ai vu.

— Oui, je suis marié et je suis père; vous voyez que je ne perds pas de temps.

— C'est très-bien. Demeurez-vous toujours dans votre même logement?

— Toujours. Ma femme s'y plaît beaucoup. Et vous?

— Nous, nous demeurons dans cette rue... à deux pas d'ici... Je vous avais donné notre adresse ; vous aviez promis de venir nous voir... mais vous avez oublié vos voisins de la mansarde.

— Je m'avoue coupable !... le changement qui s'est opéré dans ma situation me rend excusable.

— Pour qu'on vous excuse tout à fait, vous allez monter dire bonjour à ma femme. Je dis ma femme... quoique nous ne soyons pas mariés : mais pour des portiers, pour des étrangers, il faut bien dire ma femme : c'est un sacrifice aux convenances. Après tout, quelle différence y a-t-il entre nous et des gens mariés ?.. Rien qu'une signature sur un gros registre !... et ce n'est point cette signature, le serment, et tous les engagements pris devant les hommes qui font que l'on se conduit mieux.

— Je suis tout à fait de votre avis.

— Du reste, nous sommes bien heureux; nous sommes toujours amants, et nous nous moquons des mauvaises langues.

— Vous avez bien raison, mon cher Ernest : il faut vivre pour soi, et non pour les autres.

— Maintenant je fais bien mes affaires, j'envoie mes parents promener, je ne dois rien à personne, et je suis content comme un roi... c'est-à-dire plus qu'un roi. Mais venez donc ! Marguerite sera bien aise de vous voir : nous parlions souvent de vous.

Je suis Ernest. Il me fait entrer dans une assez jolie maison ; nous montons trois étages ; il sonne, et mon ancienne voisine vient nous ouvrir. Elle pousse un cri de surprise en me voyant.

— Ah ! c'est monsieur Blémont ! quel miracle !...

— Parbleu ! s'il vient, ma chère amie, c'est parce que je l'ai rencontré et amené de force, sans quoi tu ne le verrais pas encore.

— Ah ! que c'est vilain d'oublier ses amis, ses voisins !...

— Madame... mon Dieu !... c'est vrai que...

— Ah ! ah ! il s'embrouille... il est honteux de ses torts, dit Ernest en riant,.. il faut être généreux, et ne plus lui en parler.

On me fait entrer dans une chambre à coucher qui fait salon : cela n'est pas élégant, mais il y a tout ce qu'il faut, et il règne en ces lieux un air d'ordre, une propreté qui font honneur à la maîtresse de la maison.

Madame Ernest (car je ne dois plus l'appeler autrement) a pris un peu d'embonpoint; elle est charmante, et ses yeux, tous ses traits expriment un contentement, un bonheur qui l'embellissent encore. On me fait asseoir ; nous causons de nos anciennes soirées passées ensemble dans la mansarde. Vous êtes marié avec votre Eugénie ? me dit madame Ernest.

— Oui, madame... depuis treize mois.

— Vous devez être bien heureux ! car vous en étiez très-amoureux, et elle vous aimait bien aussi.

— Oui, madame.

— Avez-vous des enfants ?...

— Que tu es folle ! dit Ernest, ne voudrais-tu pas qu'ils en eussent déjà six en treize mois ?

— Je veux dire un enfant.

— Depuis deux mois et demi j'ai une petite fille.

— Ah ! vous êtes plus heureux que nous... Je serais si contente d'être mère... et depuis ma fausse couche... mais cependant cette fois-ci j'espère...

Et la petite femme regarde Ernest en souriant, et celui-ci sourit aussi en disant :

— Est-ce que l'on parle de cela devant le monde ?...

— Ah bien, tant pis !... Quel mal donc à espérer d'être mère ?... D'ailleurs, monsieur Blémont n'est pas du monde, il est notre ami ; il nous l'a prouvé cette nuit où j'étais si malade... Ah ! venez donc voir notre logement comme il est gentil.

La petite femme me fait parcourir son appartement, qui se compose de trois pièces avec un petit cabinet ; elle s'arrête devant la cheminée de sa chambre en me disant : — Voyez-vous ?... nous avons une pendule !..

— Mais, Marguerite, tais-toi donc ! dit Ernest.

— Non, non... je veux parler... Est-ce que je dois faire la fière avec monsieur Henri, qui m'a vue si pauvre, si malheureuse ! Je suis sûre que cela lui fait plaisir de nous voir tout cela...

— Ah ! vous avez bien raison, madame, et vous me jugez bien en pensant que je suis heureux de votre bonheur.

— Tu vois que j'ai raison... J'ai aussi une femme de ménage qui vient le matin faire les gros ouvrages... C'est Ernest qui l'a voulu, parce qu'il prétend que je ne suis pas assez forte...

— Comme c'est intéressant à savoir pour monsieur !...

— Oui, oui, c'est intéressant... Il me gronde toujours, parce qu'il dit que je ne sais pas les convenances... Dame !... ce n'est pas ma faute... moi ; il me semble qu'on peut bien conter ses affaires à ses amis ; je suis si heureuse !...

Et Marguerite se met à sauter dans la chambre, puis elle court prendre Ernest par le cou et elle l'embrasse... Elle est toujours aussi enfant ; mais elle n'a pas encore dix-huit ans. Puisse-t-elle conserver longtemps cet heureux caractère !

Le temps passe vite quand on se plaît avec les gens. Je m'aperçois que cinq heures sont sonnées depuis longtemps ; et ma femme qui m'attend pour dîner, et que je dois mener ce soir voir une pièce nouvelle ! Je dis adieu à mes jeunes amis. Je promets de venir les voir, et j'engage Ernest à monter quand il passera devant chez moi.

Il est rare que je ne sois pas rentré bien avant l'instant de se mettre à table, et nous devions aujourd'hui dîner avant cinq heures, pour avoir le temps d'aller au spectacle. Je trouve Eugénie à la fenêtre : elle s'inquiétait, elle s'impatientait.

— D'où viens-tu donc ?... il est près de cinq heures et demie... tu ne rentres jamais si tard...

— Ma chère amie, c'est que j'ai fait une rencontre... d'anciens amis.

— Est-ce que des amis doivent faire oublier sa femme ?

— Je n'avais pas regardé l'heure...

— Et tu ne pensais pas à moi, qui t'attendais... qui ne savais que penser ?....

— Allons ! viens dîner.

— Mais enfin, d'où viens-tu ?

— Je te le dirai en dînant.

Nous nous mettons à table. Je fais à ma femme le récit de ma liaison avec Ernest et Marguerite. Je suis obligé de prendre mon récit d'un peu haut pour faire connaître comment je suis monté à la mansarde. Eugénie, qui m'écoutait d'abord avec intérêt, devient soucieuse, son front se rembrunit. J'ai fini mon récit, et pendant longtemps elle garde le silence. Je dîne ; mais elle ne mange pas. Elle se tait toujours : cela m'impatiente.

— Pourquoi ne manges-tu pas ?

— Parce que je n'ai pas faim.

— Et pourquoi me fais-tu la mine ?

— Moi ! je ne fais pas la mine.

— Tu ne me dis pas un mot... est-ce que nous sommes comme cela ensemble ordinairement ?

— C'est que je pense... à votre ancienne voisine... à la maîtresse de votre ami... que vous alliez voir dans sa mansarde.

— J'allais la voir quand Ernest y était.

— Ah !... vous étiez sûr de le trouver toujours ?

— Oui ; car je n'y allais ordinairement que le soir, et Ernest y couchait presque toujours.

— Presque !...

— Eugénie, je t'ai dit la vérité : tu aurais bien tort de penser autre chose !

— C'est que vous avez l'air tellement engoué de cette petite Marguerite... Vous la trouvez si jolie !...

— D'abord je n'ai pas dit qu'elle était très-jolie... Quand même elle le serait, ce n'est pas cela que j'admirais en elle ; c'était son amour, sa tendresse pour son amant !...

— Oh, oui, c'est cela qui vous faisait monter sur les toits ?

— Oui, c'est cela... Pourquoi penses-tu mal de quelqu'un que tu ne connais pas ?,..

— Ah ! vous avez fait tant de choses étant garçon !... Vous avez eu tant de maîtresses !

— C'est pour cela que je n'avais pas besoin de m'adresser à celle d'un ami, qui d'ailleurs ne m'aurait pas écouté.

— Vous auriez pu connaître mademoiselle Marguerite avant qu'elle ne connût son M. Ernest, puisqu'elle était votre voisine,..

— Si j'avais su que vous pensiez tout cela, certainement je ne vous aurais parlé ni d'Ernest ni de sa femme...

— Sa femme !... ce n'est pas sa femme !

— C'est à peu près la même chose, puisqu'ils demeurent ensemble.

— Cela fait toujours du drôle de monde... et on ne recevra pas cette femme-là dans une société honnête !...

— Du drôle de monde !... voilà bien les sots préjugés... On ne recevra pas dans ce qu'on appelle la bonne société une femme qui vit depuis longtemps avec le seul homme qu'elle ait jamais aimé ; qui met tous ses soins, toute sa gloire à le rendre heureux ; qui ne sort qu'avec lui, ne se pare que pour lui, ne prend aucun plaisir sans lui : mais on y accueillera, on y fêtera celle qui ruine son mari par de folles dépenses, celle qui ne se donne même pas la peine de cacher ses galanteries, celle à qui cela parce que ces dames sont mariées !... Cela fait vraiment honneur au bon sens du monde.

— Mon Dieu ! monsieur, comme vous prenez feu !

— C'est que je ne puis souffrir les injustices, et que celle-là se renouvelle souvent dans la société. Quant à moi, je vous déclare que je me mettrai toujours au-dessus des préjugés, et que je recevrai très-volontiers Ernest et sa femme chez moi.

— Je vous remercie, monsieur ; j'espère cependant que cela ne sera pas.

— S tu les connaissais, je gage que tu ne parlerais pas ainsi.

— Je n'ai pas envie de faire leur connaissance ; c'est bien assez que vous soyez l'ami intime de mademoiselle Marguerite.

— Mon Dieu ! Eugénie, c'est ridicule ce que tu dis là !...

— Et c'est dans cette maison qu'elle demeurait ?

— Sans doute.

— Je ne m'étonne plus si vous tenez tant à votre logement.

Je jette avec humeur mon couteau et ma fourchette, et je me lève

de table en disant : — Ne parlons plus de cela, car vous me feriez aussi prendre de l'humeur... Etes-vous prête? voilà l'heure d'aller au spectacle.
— Je ne veux pas y aller.
Et ce matin vous vous en faisiez une fête... Quel est ce nouveau caprice?
— Ce n'est point un caprice; je ne me soucie pas d'aller au spectacle : je ne veux pas sortir.
— Comme vous voudrez. J'irai sans vous alors.
Je prends mon chapeau, et je sors en fermant la porte avec un peu de violence. Il faut bien passer sa mauvaise humeur sur quelque chose.
J'ai vraiment du chagrin. Voilà la première querelle que j'ai avec ma femme. Celle-ci me peine d'autant plus que, certainement, je n'avais aucun tort; et quand on sent qu'on ne mérite ni reproche ni blâme, on en veut doublement à ceux qui nous les ont adressés.
M'entendre dire des injures par Eugénie!... Il y a quelques mois encore, je n'aurais pas cru que cela pût jamais arriver. Avoir du chagrin, être affligé par elle!... Mais c'est la jalousie qui l'égare, qui lui monte la tête... Je cherche moi-même à l'excuser... On tâche de trouver moyen d'excuser ceux qu'on aime; on serait si malheureux si on ne les excusait pas!
Le spectacle m'amuse peu. Il y a pourtant des moments où, tout à la pièce, qui est jolie, je me laisse aller au plaisir qu'elle me donne; mais bientôt le souvenir de ma querelle avec ma femme se présente à ma pensée : c'est comme un poids qui vient se replacer sur ma poitrine, on m'arrache déjà une de mes illusions.
Ma femme est couchée lorsque je rentre. Le lendemain nous ne parlons pas de notre discussion de la veille. Nous ne sommes pas mal ensemble, cependant nous ne sommes pas bien. Eugénie est plus froide, moins causeuse : ce n'est pas ce doux abandon d'autrefois. Je ne puis pourtant pas lui demander pardon de ne lui avoir rien fait. Que madame boude, si cela l'amuse ; je n'aurai pas l'air d'y faire attention.
Quinze jours s'écoulent ainsi, pendant lesquels j'ai été une fois chez Ernest; mais je me suis bien gardé de le dire à ma femme : il faut bien faire des mystères aux gens qui voient du mal dans tout.
Un matin Eugénie me dit :
— Il faut pourtant nous occuper de chercher un logement.
— Un logement! pourquoi donc cela?
— Mais pour déménager, je pense.
— Vous voulez quitter cet appartement qui vous plaisait tant?
— Oh! maintenant je ne puis plus le souffrir! et si j'avais su tout ce que je sais... certainement, nous en aurions pris un autre en nous mariant.
— Su ce que vous savez... Est-ce que vous allez recommencer?...
— Vous ne pouvez pas nier que c'est ici que vous avez connu mademoiselle Marguerite... tout le monde le sait dans la maison, et certainement il n'est pas agréable pour moi d'y demeurer...
— Tout le monde sait dans la maison que je parlais à ma voisine... mais tout le monde sait aussi que je n'étais pas son amant.
— Ah! ce n'est pas ce qu'on dit... les portiers eux-mêmes...
— Comment, Eugénie! est-ce que vous causez avec les portiers?
— Non, pas moi... mais notre bonne leur parle quelquefois... c'est assez naturel... Et je sais, monsieur, que mademoiselle Marguerite ne se contentait pas de recevoir vos visites... elle venait chez vous.
— C'est faux, madame.
— Vous n'en conviendrez pas... c'est tout simple... Vous ne pourriez pas dire que cette fille venait avec son amant.
— Ah! si... Je me rappelle qu'en effet elle est venue une fois, une seule fois chez moi, un matin, pour me demander si j'avais vu son chat qu'elle avait perdu.
— Son chat!... Ah! ah! le prétexte est charmant!... Cette demoiselle si sage qui vient chez un garçon pour chercher son chat!...
— Je vous jure que c'est la vérité.
— Et une autre fois elle est venue vous demander son chien, n'est-ce pas?
Je ne réponds pas, car je sens que je me mettrais en colère, et alors il est bien plus sage de se taire... Eugénie s'aperçoit peut-être qu'elle a été trop loin : au bout d'un moment elle me dit avec douceur :
— Il faudrait toujours déménager quand notre fille reviendra de nourrice; ce logement sera trop petit... Pourquoi attendrions-nous ce moment?
— Madame, ce logement me convient, et je veux y rester.
Je ne suis point habitué à résister à ma femme; mais ses soupçons sur ma liaison avec madame Ernest me donnent de l'humeur, et cela me contrarierait de quitter mon logement.
Eugénie n'insiste pas. Pendant plusieurs jours, nous sommes froidement ensemble, et je vois bien que ma femme a envie de m'en reparler, mais elle n'ose pas. Après tout, je réfléchis que les voisins, les portiers, les commères ont bien pu faire des propos... Ces gens-là n'aiment qu'à médire. Ils me voyaient monter chez la jeune fille, ils pouvaient croire qu'Ernest n'y était pas. Pourquoi forcer ma femme à entendre sans cesse les sots propos de ces gens-là?... Ce logement lui déplait... D'ailleurs il faut bien faire quelque chose pour avoir la paix. La paix!... Ah! oui ; je commence à sentir que c'est un bien précieux qui n'habite pas toujours dans l'intérieur des ménages.
Et je dis un matin à Eugénie :
— Si tu veux t'habiller tantôt, nous irons ensemble chercher des logements.
Alors elle vient se jeter dans mes bras, elle m'embrasse tendrement; elle a repris toute sa bonne humeur d'autrefois. Pour rendre ces dames aimables, il ne s'agit que de faire toutes leurs volontés.

CHAPITRE XI. — Une Scène.

Nous avons loué un appartement sur le boulevard Montmartre. Il est un peu cher, mais il est fort joli.
Nous ne pourrons l'habiter que dans trois mois. En attendant, ma femme est d'une humeur charmante, sauf ces petites discussions qui arrivent entre les gens les mieux unis; car enfin nous ne sommes pas parfaits : mon Eugénie est comme dans les premiers jours de notre mariage; elle ne me parle plus d'Ernest ni de Marguerite, et moi je ne lui dis pas que je vais les voir quelquefois.
Par une belle matinée d'hiver, nous formons le projet d'aller voir notre fille. Il serait trop long d'attendre au printemps pour embrasser notre petite Henriette. A peine formé ce projet que je cours louer un cabriolet pour toute la journée. Je fais mettre dedans un pâté, une volaille froide, du vin de Bordeaux ; toutes choses que l'on se procure difficilement chez les nourrices, et qui pourtant ne sont déplacées nulle part. Eugénie a un grand chapeau qui la garantit du vent, un manteau bien ample ; je m'entortille dans le mien, ne laissant que mes mains libres pour conduire, et nous voilà partis pour Livry.
Nous avons une belle route, un froid piquant, mais un beau soleil. Nous avons, ce qui est mieux, de l'amour et de la bonne humeur pour compagnons de voyage : aussi faisons-nous la route gaiement. Lorsque j'ai trop froid aux mains, Eugénie prend les rênes et conduit à ma place. Nous chantons, nous rions, nous mangeons même dans notre cabriolet; nous y sommes nos maîtres ; nous n'y sommes que nous deux : point d'ennuyeux cocher derrière qui murmure si nous allons trop vite ou si nous fouettons son cheval, qui puisse rire en comptant les baisers que nous nous donnons. Lorsqu'on s'aime, on se trouve si bien de n'être que deux.
Nous passons contre la lisière de la fameuse forêt de Bondy, qui est beaucoup moins fameuse aujourd'hui, parce qu'il y a moins de voleurs dans les forêts et plus dans les salons. Nous arrivons à Livry, village où il n'y a presque pas de chaumières, bourg où il y a peu de maisons. Nous trouvons celle de notre nourrice. Nous faisons une entrée triomphale dans une cour pleine de fumier, de crottes et de mares d'eau : les paysans appellent cela du *piqueux*. Ma femme est déjà descendue de voiture, et elle a aperçu la nourrice tenant un marmot dans ses bras, et elle court lui prendre le poupon en disant :
— C'est ma fille! je la reconnais!
Moi, j'avoue que je ne l'aurais pas reconnue. Quand ma fille nous a quittés, elle avait trois jours; et à cet âge, je trouve que tous les enfants se ressemblent. Aujourd'hui elle a quatre mois; on commence à distinguer quelque chose ; mais je n'aurais pu deviner si c'était là ma fille ou celle de la nourrice, qui n'a que trois mois de plus : les mères ne se trompent point.
Eugénie soutient ma fille, et veut déjà qu'elle me ressemble. Avec la meilleure volonté du monde, je ne trouve aucun rapprochement ; et, quoique je sente que j'aimerai beaucoup ma fille, franchement je ne lui vois encore rien d'admirable.
Ce que j'admire, c'est la santé, la corpulence de notre nourrice. Cette femme-là serait de force à allaiter quatre enfants à la fois ; et, en considérant ses grosses joues, sa large poitrine, je dis, comme Diderot : — On pourrait l'embrasser pendant six semaines de suite sans la baiser à la même place.
J'ai bien fait d'apporter des provisions. On ne trouve ici que des œufs, du lait et du lard : c'est champêtre, mais ce n'est pas succulent. Je mange avec les paysans pendant que ma femme porte et berce sa fille. Eugénie dit que je suis un gourmand, que j'aime mieux le pâté que ma fille. J'aime beaucoup l'un et l'autre. J'avoue que je ne puis pas encore m'enthousiasmer pour un petit être qui ne me parle pas et ne fait que des grimaces; mais mon cœur me dit que je n'en serai pas moins bon père pour cela. L'exagération s'éloigne de la vérité, et l'enthousiasme ne prouve pas le sentiment.
Nous allons visiter les environs. Nous n'admirons pas la verdure, parce qu'il gèle ; mais nous voyons de beaux sites, des points de vue qui doivent être délicieux en été, et des prairies où il doit être fort agréable de se rouler quand la luzerne est poussée.
Nous revenons nous chauffer devant un feu pétillant, et on se chauffe à l'aise devant les énormes cheminées de campagne, et c'est la seule chose que je regrette de nos bons aïeux.

Nous mangeons de nouveau, car c'est toujours à cela qu'on revient, et on y revient toujours avec plaisir; puis nous embrassons l'enfant, la nourrice, tout le monde, et nous remontons en cabriolet. Il est près de cinq heures, et en hiver la nuit vient vite.

Le soir, le froid semble plus piquant. Eugénie et moi nous nous serrons l'un contre l'autre. Mon manteau, qui est très-grand, nous entortille tous deux : nous cherchons tous les moyens de nous réchauffer. Eugénie se place sur mes genoux; elle conduit; je la laisse faire : il ne fait presque plus jour. Tout à coup le cheval s'arrête : Eugénie et moi ne pensions plus être sur la route. Je ne sais pas trop où nous en étions; mais enfin, le cheval, qui ne se sentant plus guidé, avait pris sur le côté, il était en travers du chemin, et justement arrêté devant un fossé.

Nous rions de notre situation, de nos distractions, qui pouvaient nous faire rouler dans un fossé... Mais heureusement notre cheval n'était pas amoureux. Je reprends les guides; je remets notre voiture dans le bon chemin, et nous revenons à Paris en trouvant que cette journée a été bien courte, en nous promettant d'aller voir encore la nourrice.

Quelques jours après cette visite à Livry, en rentrant chez moi, je trouve Ernest dans le salon, causant avec ma femme. J'avais engagé quelquefois Ernest à venir me voir, et il ne l'avait pas encore fait. Ce qui me surprend, c'est qu'Eugénie a l'air fort aimable : je craignais qu'elle ne lui fit au moins froide mine. Mais je comprends bientôt pourquoi elle a conservé son air gracieux : Ernest s'est fait annoncer sous son nom de famille, que je n'ai jamais dit à ma femme.

— Voilà un de tes amis, M. Firmin, qui t'attend depuis longtemps, me dit Eugénie lorsque j'arrive. Je n'avais pas encore eu le plaisir de voir monsieur...

— C'est vrai, dis-je en prenant la main d'Ernest. J'avoue que... je l'avais oublié. Ce jour-là, il est permis d'avoir de la mémoire.

Je suis un peu embarrassé. Je n'ose demander à Ernest des nouvelles de sa femme; je vois qu'Eugénie ne sait pas que c'est l'amant de mon ancienne voisine qui est devant elle. Je me hâte de causer théâtre, littérature; je mets Ernest sur son terrain, et en effet il m'apprend les nouvelles de coulisses. Mais tout à coup il s'écrie :

— J'ai été bien fâché, avant-hier, de ne pas m'être trouvé à la maison quand vous êtes venu... Ma femme m'a dit que vous m'aviez attendu longtemps.

— Monsieur est marié ? dit aussitôt Eugénie. Ernest, pour toute réponse, se contente de s'incliner. Puis il reprend :

— J'ai été d'autant plus contrarié que j'avais une loge du Vaudeville à vous offrir; ce qui peut-être aurait amusé madame.

Eugénie remercie; moi je tâche de ramener la conversation sur les théâtres; mais Ernest, qui ne se doute pas de ma crainte, me dit bientôt :

— Marguerite, qui aimait tant le spectacle, commence pourtant à s'en lasser : je l'y mène si souvent !...

Au nom de Marguerite, ma femme a pâli, puis elle me dit avec un sourire forcé :

— Est-ce que monsieur serait M. Ernest ?...

— Oui... c'est M. Ernest Firmin, dont je t'ai parlé plusieurs fois.

— Ah! je sais... Et dont l'épouse a demeuré dans cette maison.

Ernest s'incline encore. Je me tais, mais je me sens rougir; et c'est Eugénie, car Eugénie a prononcé ce mot épouse avec une expression d'ironie qui m'a blessé. Il y avait de la méchanceté là-dedans, et je ne conçois pas que l'on adresse des méchancetés à quelqu'un qui ne nous en a jamais fait.

Heureusement Ernest n'a pas, je crois, remarqué l'intention de ma femme. Il me parle encore littérature, spectacles. Eugénie ne dit plus un mot, et son air est aussi froid qu'il était aimable quand je suis arrivé. Je soutiens avec Ernest la conversation. Enfin il se lève, me dit adieu; et, en saluant ma femme, lui offre de lui envoyer quelquefois des billets, si cela peut lui être agréable. Eugénie répond qu'elle n'aime pas le spectacle : mais cette réponse est faite d'un ton si dédaigneux, si peu poli, que cette fois Ernest a dû en être choqué. Il se contente de me regarder, sourit à demi, me serre la main avec expression et s'éloigne.

Je m'attends à une querelle, à quelque chose enfin; car je commence à m'apercevoir que, lorsqu'on est marié, il faut toujours s'attendre à quelque chose. Eugénie ne me dit rien, elle se retire dans sa chambre; je la laisse aller, et je rentre dans mon cabinet. J'y passe le reste de la journée sans la voir.

Mais, à l'heure du dîner, ennuyé de ce qu'elle ne quitte pas sa chambre, je me décide à aller l'y chercher. Je la trouve assise et pleurant amèrement.

Je cours à elle, je veux l'embrasser. Elle me repousse.

— Que veut dire tout ceci, Eugénie, pourquoi pleures-tu ?... Qui est-ce qui te fait du chagrin ?

— C'est vous, monsieur.

— Moi!...

— Ah! vous me rendez bien malheureuse !...

— Je te rends malheureuse !... J'avoue que je ne m'attendais pas à un tel reproche !... Quand je cherche à satisfaire tous vos désirs, tous vos goûts; quand je n'ai pas d'autres volontés que les vôtres, je vous rends malheureuse !... D'honneur! les femmes sont bien injustes... Que diriez-vous donc, Eugénie, si vous aviez un mari grondeur, fantasque ou dissipé, coureur, joueur ?...

— Mon Dieu ! monsieur, je sais bien qu'un mari croit avoir tout fait quand il donne à sa femme le chapeau et le châle qu'elle désire !... Mais moi, j'aimerais mieux que vous eussiez tous les défauts que vous citiez tout à l'heure, et que vous me fussiez fidèle.

— Et vous me reprochez de ne pas être fidèle !... A moi ce reproche !...

— Osez-vous nier que vous allez chez votre ancienne voisine... chez cette madame Ernest ?...

— Non, madame, je ne l'ai jamais nié; pourquoi nier quand on ne fait pas de mal ?

— Cependant vous ne me le disiez pas, et, sans la visite de ce monsieur, je ne l'aurais pas su.

— Je ne vous en ai pas parlé, parce que vos ridicules soupçons m'ont forcé à en faire un mystère... J'ai bien pensé que vous trouveriez du mal là-dedans. Il était donc inutile de vous dire une chose qui ne vous intéressait guère !

— Ah! cela ne m'intéresse pas que vous alliez faire la cour à d'autres femmes !... Quelle horreur !...

— Eugénie, vous n'avez pas le sens commun... Vous me faites pitié !...

— On n'a pas le sens commun quand on découvre les intrigues de ces messieurs... Direz-vous encore que son amant est toujours là quand vous y allez ?... C'est dommage que lui-même ait dit que vous l'aviez attendu longtemps... L'imbécile ! qui ne voit pas ce que vous allez faire chez lui quand il n'y est pas...

— Ah ! quelle patience il faut avoir pour écouter de pareilles sottises !...

— Je suis sûre que vous allez tous les jours voir votre ancienne voisine... cette Marguerite. Je ne la connais pas, mais je la déteste, je l'ai en horreur... Que son M. Ernest ne s'avise pas de me l'amener ici ! car je le mets à la porte... Mon Dieu ! après quinze mois de ménage... avoir une maîtresse !...

Elle cache sa tête dans ses mains, et se remet à sangloter. Ses larmes me font pardonner son injustice. Je vais m'approcher d'elle et essayer de lui faire entendre raison, lorsque tout à coup elle se lève en disant :

— Eh bien ! monsieur, si vous avez une maîtresse, je vous préviens que j'aurai un amant.

J'avoue que ces mots produisent sur moi un effet fort désagréable : je sais bien qu'ils sont dits par colère; mais je n'aurais pas cru qu'Eugénie pût même avoir une semblable pensée.

— Madame ! dis-je d'un ton qui n'a plus rien de doux, ne me faites point sortir de mon caractère, et ne lassez pas ma patience. Je veux bien vous répéter encore que je n'ai aucune maîtresse, que jamais madame Ernest n'a été ni ne sera la mienne, que je vais rarement les voir, et que c'est un hasard quand Ernest n'est pas là à l'heure où je vais chez lui. D'ailleurs, comme il n'est employé dans aucun bureau, on ne peut pas calculer les heures de son absence. Mais maintenant, madame, songez-y bien ! alors même que j'aurais une ou plusieurs maîtresses, que je négligerais ou abandonnerais mon ménage, cela ne vous donne nullement le droit d'avoir un amant. La position d'un homme et celle de la femme sont toutes différentes. Un homme des intrigues, perdre ma fortune, ma santé; cela ne vous déshonorera pas, madame, et n'amènera point d'enfants étrangers dans le sein de votre famille; il n'en est pas de même de la conduite d'une femme : une seule faute la perd aux yeux de la société, et peut forcer les fils de son époux à partager leur pain avec les enfants du séducteur.

— Tout cela est très-commode, monsieur; cela prouve que vous pouvez faire aux femmes ce que les femmes n'ont qu'à passer leur vie à pleurer !... Est-ce que cela est juste, monsieur ?

— Si vous trouvez ces mots trop difficile... trop cruel... pourquoi vous mariez-vous, mesdames ?... En vous mariant vous devez savoir à quoi cela vous engage.

— C'est vrai, au fait, ce serait plus commode de ne pas se marier... de faire comme mademoiselle Marguerite : on est libre de suivre ses penchants, on quitte les gens, on les reprend quand cela fait plaisir.

Je ne réponds plus. Je me promène de long en large dans la chambre. Cependant Eugénie ne pleure plus, elle a essuyé ses yeux; au bout d'un moment elle se rapproche de moi, me prend doucement le bras et me dit :

— Henri, j'ai peut-être un peu tort... Mais enfin... si cette femme n'a pas été... ou n'est pas ta maîtresse... si tu ne l'aimes pas, jure-moi que tu ne l'aimes pas.

— Oui, je te jure que je n'ai pas d'amour pour elle, je n'ai jamais été son amant.

— Eh bien! alors, mon ami, pur me prouver cela, tu vas me promettre que jamais de la vie tu ne remettras les pieds chez eux.

— Non... je n'en suis bien fâché, je ne vous promettrai pas cela.

— Pourquoi donc, si vous n'aimez pas cette femme ?

— C'est justement parce que je n'ai aucune intrigue avec madame Ernest que je veux continuer de la voir, elle et son mari, quand cela me conviendra. D'ailleurs, écoutez, ma chère amie : aujourd'hui vous êtes jalouse de cette dame, et vous ne voulez plus que j'aille là; dans quelques jours vous serez jalouse d'une autre, et vous me défendrez d'aller ailleurs. Cela ne peut pas s'arranger ainsi. Je vous aime... je vous chéris comme aux premiers jours de notre mariage; mais je ne veux pas être votre esclave. Il n'y a rien de plus sot qu'un mari qui n'ose point faire un pas sans la permission de sa femme; il n'y a rien de plus impertinent qu'une femme qui dit à son mari : Vous n'irez pas là, parce que je ne le veux pas.

— Mais, Henri, je ne vous le défends pas; je vous en prie.
— Non, ma chère Eugénie, je suis désolé de vous refuser, mais j'irai où cela me plaira.
— Et vous osez dire que vous n'aimez pas cette femme-là!
— Si j'étais son amant, vous n'auriez jamais su que j'y allais, vous n'en auriez jamais entendu parler.
— Ainsi vous préférez l'amitié de ces gens-là à mon repos, à mon bonheur; vous leur sacrifiez ma tranquillité!
— Votre repos ne doit pas être troublé des visites que je rends à Ernest. Je vous le répète, je ne céderai point à des soupçons ridicules, et je ferai mes volontés.
— Cela suffit, monsieur : j'apprécie maintenant votre amour à sa juste valeur.

Et madame retourne dans sa chambre; moi, je me mets à table et je dîne. Eugénie ne revient pas. Je dîne seul. C'est la première fois depuis notre mariage; hélas! je n'aurais jamais pensé que cela dût arriver.

Mon dîner est bientôt fini : rien n'ôte l'appétit comme les disputes. Et se disputer avec quelqu'un que l'on aime, cela donne en même temps de la colère et du chagrin.

Je sors aussitôt après mon dîner. Je marche sans but, mais je marche, et rien n'est bon comme le grand air pour calmer la mauvaise humeur. Cependant on ne peut pas toujours marcher ; d'ailleurs il fait froid. J'entre aux Variétés. C'est un théâtre où l'on rit ordinairement, et c'est si bon de rire !

Je vais me placer à l'orchestre. J'y aperçois Bélan, non plus frisé et pincé dans son habit comme on le voyait toujours étant garçon, mais enveloppé dans une ample redingote à la propriétaire qui est croisée et boutonnée jusqu'au menton, et ayant une figure sérieuse qui ne ressemble plus à celle de l'homme qui cherche des conquêtes.

Est-ce donc là l'effet du mariage?... Est-ce que moi-même, sans m'en apercevoir, j'aurais subi la même métamorphose?

La rencontre de Bélan me fait plaisir ; j'espère qu'elle me distraira de mes chagrins. Je vais m'asseoir à côté de lui. Le ci-devant séducteur est tellement enfoncé dans ses réflexions qu'il ne m'a pas reconnu.

— Eh bien! Bélan, le spectacle vous amuse-t-il ?
— Tiens! c'est l'ami Blémont!... Heureuse rencontre!... Depuis que nous sommes mariés, on ne se voit presque plus... Ah! nous avons bien fait des folies ensemble autrefois!... nous étions garçons : c'était le bon temps!
— Comment! est-ce que vous vous repentez déjà d'être marié?
— Non, certainement ; je dis cela pour plaisanter... Oh! je suis très-heureux!... Je veux dire qu'un homme marié se doit à lui-même de ne plus faire d'étourderies comme un garçon. Du reste, je suis extrêmement heureux.
— Je vous en félicite. Par quel hasard n'êtes-vous pas avec madame ici ?
— Ah!... elle a dîné en ville avec sa mère dans une maison... où on ne pouvait pas m'inviter... parce qu'on aurait été treize à table... J'irai la chercher. Mais, comme c'est une maison où l'on dîne fort tard, Armide m'a engagé à ne pas me presser... à n'y aller qu'entre dix et onze... C'est pourquoi je suis venu ici en attendant. Mais, vous-même, mon cher Blémont, je croyais que vous ne quittiez jamais votre épouse adorée; où vous cite comme des tourtereaux!...
— Ah! les tourtereaux ne sont pas toujours d'accord... Nous avons eu une petite querelle... et je viens me distraire au spectacle.
— Bah! vraiment!... vous avez eu une querelle?... Eh bien! c'est comme moi : j'ai assez souvent des querelles avec Armide... Mais ça n'empêche pas d'être heureux!... ce sont de petits nuages qui ne font que passer.
— Et votre belle-mère pleure-t-elle toujours?...
— Ah! ne me parlez pas de ma belle-mère... Je vous avoue que c'est mon cauchemar!... C'est elle qui monte la tête à sa fille... ce n'est bien que ce n'est pas par mauvaise intention... elle est trop noble pour cela... Mais, quand on manque un salut, la cérémonie, quand on ne lui offre pas la main assez vite, ce sont des reproches, des plaintes!... Du reste, je suis fort heureux; et, quoique ces polissons de Giraud aient déjà voulu faire croire que j'étais cocu...
— Quoi! les Giraud ont dit?...
— Que j'étais cocu... Oui, mon ami, ils l'ont dit!... Tandis que j'ai une femme d'une sévérité de principes!... et puis de ces femmes d'ailleurs si froides... marbrées... Quand on les embrasse, c'est absolument comme si on les embrassait pas; ça leur fait le même effet.
— Ah! diable!... c'est très-rassurant!
— Par exemple, quand je serai cocu, moi, je permets qu'on l'affiche!... Mais on sait pourquoi les Giraud ont dit cela : le dépit de n'avoir pas été de ma noce.

— Je le pense aussi. Malgré cela, je ne puis croire qu'ils se soient permis de...
— Si fait. Ah! mais je vais vous dire ; ils ont trouvé un prétexte pour faire des propos. Je vous ai dit que, pour obtenir la main d'Armide, j'avais écarté bien des rivaux, entre autres un marquis qui avait six croix.
— Oui.
— Eh bien! au lieu de se fâcher, comme les autres, de ce que je l'emportais sur lui, le marquis est venu franchement me faire compliment, et avec une amabilité charmante il m'a dit : Vous l'emportez sur moi, on a raison : vous valez mieux que moi ; je vous rends justice, je vous apprécie. Epousez mademoiselle de Beausire, mais permettez-moi d'être toujours de vos amis... Hein! comment trouvez-vous cela?
— C'est fort aimable!
— Vous sentez bien que j'ai été sensible à cette manière d'agir. J'ai engagé le marquis à venir nous voir ; il est venu, il est même venu très-souvent. C'est sur cela que les Giraud ont lancé des quolibets. Quand ma femme a su cela, elle, qui est très-sévère, voulait sur-le-champ que je priasse le marquis de cesser ses visites ; mais moi j'ai montré du caractère. J'ai dit au marquis : Vous venez tous les jours, tâchez de venir deux fois par jour, et ça me fera plus de plaisir. Il le fait... Et cette fois du moins ma belle-mère a trouvé que j'avais bien agi.

Je ne dis plus rien, mais je ris en moi-même. Egoïstes que nous sommes : nous rions du mal des autres, et nous voulons qu'on s'apitoie sur nos peines!

A dix heures et quart, quoiqu'il y ait encore une pièce à voir, Bélan s'en va pour chercher sa femme. Il craindrait, en restant, d'arriver trop tard et d'être grondé par sa belle-mère. Ce qui ne l'empêche pas, en me disant adieu, de me répéter qu'il est très-heureux.

CHAPITRE XII. — Des Apparences.

Pendant plusieurs jours nous nous parlons à peine, Eugénie et moi ; presque toute la journée elle reste dans sa chambre et moi dans mon cabinet. De cette façon on ne se dispute pas ; oui ; mais cette façon d'exister est triste, ce n'est pas pour vivre comme cela que je me suis marié ; et, si cela devait durer, à coup sûr je regretterais mon existence de garçon.

J'ai été chez Ernest. Ah! quelle différence!... Qu'ils sont heureux là!... Ils sont toujours amants! De l'amour, du plaisir, du bonheur, voilà ce qu'ils se donnent l'un à l'autre, et ils sont encore aussi gais, aussi enfants que lorsqu'ils habitaient la mansarde. Ernest me demande par politesse des nouvelles de ma femme ; mais je crois qu'il n'est pas pressé de la revoir : moi-même je n'ose l'engager à venir, quoique je me garde bien de leur parler de ma querelle avec Eugénie.

Quand on est jeune, quand on s'aime surtout, on ne peut pas se bouder bien longtemps. Eugénie et moi nous tournons autour l'un de l'autre, et ce maudit amour-propre nous arrête encore. C'est à qui ne parlera le premier, parce qu'on ne croit pas avoir dû avoir tort, et que moi je sais bien que j'avais raison... Mais un jour qu'Eugénie est assise près de moi et qu'elle ne garde le silence, je mets tout amour-propre de côté ; j'embrasse tendrement ma femme et nous nous raccommodons. Ah! c'est bien doux un raccommodement!... Malgré cela, comme ils ne sont que la suite des querelles, je crois que ce sont de ces plaisirs dont il faut être sobre. L'époque de notre déménagement approche, je dois la quitter avec regret cette maison où j'ai passé de si heureux instants. Mais je garde mes regrets pour moi, car ma femme leur croirait d'autres motifs. Pour Eugénie, ce déménagement est un bonheur. Je n'ai l'air de le partager. Je crois qu'elle est doublement contente, d'abord de quitter cette maison, ensuite de s'éloigner du quartier où elle sait que nous sommes près d'Ernest et de sa femme.

La veille du jour où nous devons déménager, comme tout est sens dessus dessous chez nous, nous ne voulons pas y dîner ; nous ne pouvons pas aller demander à dîner à madame Dumeillan, qui depuis quelque temps n'est pas bien portante ; aller chez ma mère, cela pourrait lui faire manquer son wisk du soir : nous avons bien vite pris notre parti ; nous dînerons chez le traiteur, en partie fine. Ma femme en fait une fête. Comme mes affaires doivent me retenir tard dans le quartier des Tuileries, je donne rendez-vous à Eugénie sur la terrasse des Feuillants ; elle doit aller visiter notre nouveau logement, et de là venir à cinq heures au rendez-vous que je lui indique.

Je me suis hâté de terminer mes affaires. Je ne voudrais pas qu'Eugénie m'attendit et fût au rendez-vous avant moi. Je me suis tellement pressé qu'il n'est pas encore quatre heures et demie lorsque j'entre aux Tuileries. N'importe, je me promènerai.

Il n'y a pas trois minutes que je suis arrivé, quand j'entends dire par une voix que je ne connais pas étrangère : — Il paraît que toujours ici que nous devons nous revoir!... C'est vraiment singulier.

C'est encore Lucile... Je ne l'avais pas rencontrée depuis le jour de mon mariage. Elle est mise avec beaucoup d'élégance, et elle est seule aussi.

— C'est vous, madame !...
— Oui, monsieur... Il faut que je vienne dans ce jardin pour vous rencontrer.
— Il est certain qu'à Paris, quand on ne se cherche pas...
— Et même quand on se cherche, ce n'est pas une raison pour qu'on se trouve. Est-ce que vous venez encore de vous marier, monsieur ?
— Non, madame. C'est bon quand on est garçon... on peut prendre une femme nouvelle toutes les semaines !...
— Mais maintenant vous êtes sage ?
— Oui, madame, très-sage.
— Je vous en fais mon compliment... Pour un homme sage, vous me faites cependant l'effet d'être à un rendez-vous ici.
— C'est vrai, madame; mais tous les rendez-vous ne prouvent pas des intrigues galantes.
— Je ne sais pas ce que cela prouve; mais vous attendez quelqu'un, et je gagerais que c'est une femme !
— Vous ne vous trompez pas; et une femme que je vais mener dîner chez le traiteur en cabinet particulier.
— Voyez-vous, cette sagesse !... Mais j'aurais été plus étonnée du contraire... C'était bien la peine de se marier !...
— Madame, je ne veux pas prolonger votre erreur : c'est ma femme que j'attends ici et à qui j'ai donné rendez-vous.
— Votre femme !... Ah ! pardon, monsieur, recevez mes excuses... Je ne me doutais pas que vous fussiez devenu un *Philémon* !... Comment ! sans plaisanterie, c'est votre femme que vous attendez ?...
— Oui, certainement. Qu'y a-t-il donc là d'extraordinaire ?...
— Est-ce que vous êtes encore amoureux de votre femme, Henri ?
— Encore !... Mais il me semble que je suis marié d'hier !
— Ah, Dieu ! que c'est beau !

Lucile se mord les lèvres en faisant un sourire de dépit. Je ne désire pas prolonger ma conversation avec elle, quoique je sache bien que ma femme ne va pas encore venir. Je fais un mouvement pour la saluer; elle me retient par le bras.

— Comment ! vous me quittez si vite !... Mon Dieu ! ne tremblez pas... votre femme ne va pas encore arriver...
— Je l'espère; car, franchement, je ne voudrais pas qu'elle me vit causer avec vous...
— Elle vous donnerait le fouet ?
— Non, elle ne me donnerait rien; mais elle est jalouse, et cela lui ferait de la peine.
— Elle aurait bien tort d'être jalouse de moi.
— C'est vrai... mais vous savez que les gens jaloux ont souvent tort.
— Henri, je vais vous proposer quelque chose...
— Qu'est-ce que c'est ?
— Emmenez-moi dîner à la place de votre femme... Vous lui direz ce soir que vous n'avez pas été maître de votre temps.
— Non, Dieu merci ! je le suis encore là.
— Ah ! c'est une plaisanterie, monsieur; je vous connais trop vertueux pour faire un trait semblable... Est-ce que vous avez des fourmis dans les jambes ?
— Non, mais je ne veux pas rester là.
— Eh bien ! promenons-nous.
— Je ne veux pas me promener avec vous.
— Et si je ne veux pas vous quitter, moi !
— Lucile ! je vous en prie, laissez-moi m'en aller.
— Ah ! Dieu... monsieur prend son air sentimental... Écoutez donc : après tout, le jardin est libre... Si je veux marcher à côté de vous, vous n'avez pas le droit de m'en empêcher... D'ailleurs, je suis très-curieuse de voir votre femme... Est-ce qu'elle me mangera si elle me trouve avec vous !... Hein ?... Ah ! monsieur ne veut plus répondre... Monsieur est en colère.
— Oui, madame. J'avoue que je ne comprends pas quel est votre motif en agissant comme vous le faites... C'est pure méchanceté... et il me semble que je ne vous ai pas donné sujet de m'en faire...
— Ah ! il vous semble... Vous avez bien peu de mémoire... Il me semble à moi que j'aurais bien des vengeances à exercer contre vous...
— Madame, vous devez avoir à vous occuper de personnes qui vous intéressent beaucoup plus, et depuis quatre ans que nos relations ont cessé, ce qui m'étonne c'est que vous soyez souvenue de moi.
— Il est certain que vous ne le méritez guère... Mais que voulez-vous !... c'est peut-être pour cela...
— Lucile, un autre jour nous causerons tant que vous voudrez; mais aujourd'hui, je vous en prie, laissez-moi... ne restez pas avec moi.
— Ah ! ah ! il me fait rire.

Je me mets à marcher très-vite. Lucile marche de même en continuant de me parler, quoique je ne lui réponde plus. Je m'aperçois qu'on nous regarde, parce que j'ai l'air de fuir une femme qui me poursuit. Je suis au supplice. Je m'arrête.

— Lucile, c'est affreux ce que vous me faites...
— Allons, calmez-vous, je vais vous laisser... car vous me faites de la peine... Vous avez des mouvements convulsifs à chaque femme que vous apercevez !... Mais dites-moi auparavant... avez-vous toujours mon portrait ?
— Votre portrait... Mais je ne sais pas... je chercherai...
— Je veux que vous me le rendiez... Vous ne devez pas y tenir... Je veux l'avoir, car il était très-ressemblant.
— Je vous le donnerai.
— Je demeure toujours dans la même rue... seulement deux maisons au-dessus.
— C'est bien; j'irai le mettre chez vous.
— Vous me le promettez ?
— Oui.
— Ah ! vous serez bien aimable. Adieu, mon cher Henri. Allons, ne soyez plus fâché... et n'oubliez pas ce que vous venez de me promettre...
— Oui, je...

La parole expire sur mes lèvres : je viens de voir ma femme à deux pas de nous, ma femme qui est pâle, tremblante, qui nous examine. Et, dans ce moment, Lucile me tient la main en me disant adieu : et moi, enchanté de ce qu'elle me quittait, je lui secouais amicalement la main ! Eugénie a vu tout cela; et Lucile, qui s'aperçoit du changement qui vient de s'opérer dans mes traits, se retourne, regarde ma femme, laisse échapper un sourire moqueur, et s'éloigne en me disant encore adieu d'un air très-sans façon. Ah ! je ne sais pas ce que je lui ferais !

Je m'approche de ma femme. Je suis sûr que j'ai l'air aussi embarrassé que si j'étais coupable.

— Te voilà.... Je causais avec une dame... que je venais de rencontrer...
— Je l'ai vue, cette dame, je l'ai entendue même... Il est inutile, monsieur, de me donner rendez-vous... de me faire venir pour être témoin de choses pareilles.
— Allons ! tu vas encore voir du mal là-dedans... mais je te jure...
— Oh ! cela ne vous coûte rien de jurer !... Quelle est cette femme !... Est-ce votre ancienne voisine, madame Ernest ?
— Oh ! pas du tout.... C'est une femme que.... j'ai connue avant d'être marié.
— Ah ! c'est une de vos anciennes maîtresses ?
— Eh bien ! quand cela serait ?... Comme depuis bien longtemps je ne la vois plus...
— Vous ne la voyez plus, et elle se permet de vous parler aussi librement !... en vous tenant la main... en vous regardant dans le blanc des yeux... et elle me rit au nez en s'éloignant... Ah ! elle a l'air bien effronté !... Mais je la reconnaîtrai, celle-là ! J'ai eu le temps de la considérer, vous m'apercevrez pas, vous étiez si occupé de cette femme !... vous lui avez promis quelque chose, car elle vous disait : N'oubliez pas ce que vous venez de me promettre. Est-ce vrai, monsieur ?
— Mon Dieu ! c'est possible, madame !... Je ne sais pas trop ce qu'elle me disait, mais je ne désirais qu'une chose : c'était de m'en débarrasser... car je me doutais qu'en la voyant me parler vous vous mettriez encore mille chimères en tête...
— Des chimères !... Il faudrait vous voir dans les bras d'une femme, et ne pas trouver cela mal !... Ah ! j'étouffe... Je veux retourner chez moi.

Elle met son mouchoir sur ses yeux. Je lui prends le bras et l'entraîne : je n'ai pas envie de me donner encore en spectacle sur la terrasse des Feuillants. Nous marchons quelque temps, sans rien dire, dans les Champs-Élysées. Je m'arrête devant un restaurateur. Je veux l'y faire entrer.

— Quel est cet endroit ?
— Un traiteur... où nous devons dîner.
— C'est inutile, je n'ai pas faim; je veux retourner chez moi.
— Vous savez bien que toutes les affaires sont emballées, empaquetées chez nous, et que nous ne pouvons pas y dîner. En vérité, Eugénie, vous me faites du mal sans raison. Comment pouvez-vous penser, si j'avais des relations avec cette femme, que je resterais avec elle là où je sais que vous allez venir ?
— Que lui avez-vous promis ?
— Eh mon Dieu ! je n'en sais rien : elle m'ennuyait, elle m'impatientait depuis dix minutes ; je lui aurais promis tous les trésors de l'Inde pour m'en débarrasser.
— Mais pourquoi vous tenait-elle la main ?
— Parce que c'est l'habitude de toutes ces femmes-là : elles ne peuvent pas vous parler sans vous prendre ou le bras ou la main.
— C'est donc une fille ?
— Non... Mais c'est une femme... entretenue.
— Elle a l'air bien hardi, toujours !

Enfin j'ai fait entrer Eugénie ; on nous conduit dans un cabinet. Je fais ma carte, car après tout je sens, moi, que je n'ai pas dîné. Le garçon s'éloigne en me disant à demi-voix à l'oreille : — Monsieur sonnera quand il voudra qu'on monte le dîner. Il me croit en bonne fortune !... Les maris et femmes n'ont pas l'habitude de venir en cabinet particulier.

Madame s'est assise dans un coin, bien loin de la table. Sa tête est appuyée sur une de ses mains. Elle ne pleure plus, mais elle me regarde pas. Comme cela va être amusant ici, pendant tout le temps que nous dinerons ou que je dînerai, elle fait cette mine-là ! Voilà donc cette partie fine où je me promettais tant de plaisir ! L'homme propose, et la femme dispose !

Je donne Lucile au diable de bon cœur. C'est sa méchanceté, son entêtement, qui sont cause de tout ceci. Ne pas vouloir me quitter!... Ah! c'est bien parce que cela me contrariait.

Si nous devons rester comme cela, il me semble que je ferai bien de sonner tout de suite pour avoir le dîner.

Notre cabinet donne sur les Champs-Elysées. Le temps est beau : nous ne sommes qu'au milieu d'avril, et il fait chaud comme en été. J'ouvre la fenêtre, je regarde quelque temps les promeneurs. Eugénie ne bouge pas. Je me rapproche d'elle.

— Eugénie, est-ce que vous allez rester ainsi à une lieue de la table?

LA NOURRICE.

En la considérant, je dis comme Diderot : On pourrait l'embrasser pendant six semaines de suite sans la baiser à la même place.

— Je vous ai dit que je n'avais pas faim... Dînez, monsieur, je ne vous en empêche pas.
— Quelle jolie partie de plaisir!
— Oui, je m'en souviendrai.
— Et moi aussi, madame. Il faut que vous ayez une bien mauvaise tête pour ne pas vouloir entendre raison!... Supposer que je cherchais cette femme lorsque je vous attendais!...
— Je ne dis pas que vous la cherchiez, monsieur, je ne suis pas assez bête pour cela; mais je pense que c'est elle qui vous cherchait, ce dont sans doute vous lui évitez souvent la peine... D'ailleurs, vous m'avez avoué qu'elle était votre maîtresse.
— Que je l'avais connue avant d'être marié... c'est vrai, madame... J'ai peut-être eu tort aussi de vous avouer cela; mais ne faisant point de mal, je n'ai pas cru devoir mentir.
— Quand on a connu une femme... et qu'on la revoit... on doit être toujours aussi bien avec elle.
— Vous vous trompez beaucoup! s'il en était ainsi, les hommes auraient fort à faire.
— Tout le monde n'a pas connu tout Paris comme vous!
— Madame, je n'en ai pas fait plus qu'un autre... Mais je vois seulement que j'aurais dû être moins franc avec vous.
— Vous auriez dû l'être davantage avant de m'épouser.
— Comme c'eût été joli d'aller conter à une demoiselle bonnête mes aventures avec garçon!... En vérité, vous n'avez pas le sens commun.

Je prends le cordon de la sonnette et je le tire avec violence, car je sens l'impatience qui me prend.

Le garçon vient. Il entr'ouvre à peine la porte et passe le bout de son nez en disant :
— Que désire monsieur?
— Qu'on nous serve.
— À l'instant, monsieur.

Et il s'éloigne après avoir cependant jeté un petit regard sur Eugénie.

— Madame, vous ne mangerez pas, si cela est votre idée; mais au moins, pour ne pas se singulariser devant ce garçon, vous devriez vous mettre à table.

Eugénie ne répond rien; mais elle vient s'asseoir à table en face de moi.

On nous apporte le potage. J'en sers à madame.
— Mais, monsieur, je vous ai dit que je n'en prendrais rien.
— Mais, madame, je ne vous dis pas d'en prendre; j'en mets dans votre assiette, pour que vous ayez l'air d'avoir dîné.

Madame ne répond plus; elle ne touche pas à son assiette. Je mange mon potage en chantant entre mes dents. C'est mon habitude quand j'ai de l'humeur.

Le garçon arrive. Il a toujours la précaution de tourner la clef trois ou quatre fois dans la serrure avant d'entrer. Ce garçon est un imbécile; il devrait bien voir que nous ne pensons pas à faire l'amour.

Il nous apporte un bifteck. Chez nous, c'est toujours Eugénie qui sert; je n'aime ni servir ni découper. Mais madame ne veut pas même le regarder. Je me coupe du bifteck avec un mouvement de colère, puis je pousse le plat devant Eugénie. Mais elle n'y touchera pas : elle pense bien que cela me contrarie de voir qu'elle ne mange pas, aussi elle se gardera bien de prendre la moindre des choses.

Je sens que la contrariété, l'impatience m'ôtent aussi l'appétit : c'est égal! je mets les morceaux doubles. Pour augmenter mon ennui, un petit joueur de vielle s'est arrêté sous notre fenêtre; depuis que nous sommes là, il joue le même air, et pourtant je lui ai déjà crié qu'il n'aurait rien. Je ne suis pas d'humeur à être sensible.

Allons! voilà que l'on tourne et retourne encore la clef... Que ce garçon est bête! j'aurais du plaisir à le souffleter. Il entre, et, toujours d'un air mystérieux, place des ris de veau sur la table.

AU RESTAURANT DES CHAMPS-ÉLYSÉES.

Le garçon se retire brusquement, en murmurant : — Pardon, vous n'y étiez pas encore... Je crois d'ailleurs que le gratin n'est pas assez pris.

En vérité, ces querelles de ménage sont fort ennuyeuses; car il n'y a pas moyen de s'y soustraire, il faut les subir tout du long. Que vous ayez de l'ennui chez les autres, vous pouvez vous en aller et n'y pas retourner : mais chez vous... il faut toujours y revenir. Je sais bien qu'il y a des maris qui sortent le matin et ne reviennent que pour se coucher; mais être obligé de fuir sa maison pour vivre tranquille! ne vaudrait-il pas cent fois mieux être garçon? Du moins on s'amuse, on rit quelquefois chez soi.

Il y a sans doute longtemps que je fais ces réflexions, et beaucoup d'autres qui ne sont pas couleur de rose. La vielle va toujours son train, mais je n'y fais plus attention; j'ai aussi oublié les ris de veau qui sont devant nous : je ne pensais plus être chez le traiteur. Je suis rappelé à moi par le bruit qui se fait dans la serrure. Le garçon entre apportant un poulet rôti.

Il place son poulet et regarde le plat précédent qui est resté intact. Il ne sait s'il doit l'emporter ; il nous regarde l'un après l'autre. Je suis certain qu'il voit peu de couples aussi taciturnes. Comme on ne lui dit rien, il se décide à parler.

— Monsieur et madame n'ont pas encore touché aux ris... J'ai apporté le poulet trop tôt... Je vais le remporter...

— Non, non, laissez-le, et emportez vos ris ; nous n'en voulons pas...

— Ah ! monsieur, je vous assure pourtant qu'ils sont bien accommodés... et d'une fraîcheur...

— Je vous dis de les remporter.

Je ne sais pas si le ton dont j'ai dit cela était effrayant, mais le garçon a pris ses ris, et il disparaît comme un éclair en tirant toutes les portes sur lui.

Le poulet est là. Est-ce que madame n'aura pas au moins la complaisance de le découper ? Je le passe devant elle en la priant de vouloir bien le servir. Elle le repousse au milieu de la table en disant :

— Je ne découperai pas.

Je prends de nouveau le plat et le lui présente :

— Madame, vous savez bien que je n'ai pas l'habitude de découper.

— Vous ferez comme vous voudrez, monsieur.

— Vous ne voulez pas découper, madame ?

— Non, monsieur.

— Une fois, deux fois ?

— Non, monsieur.

— Alors, comme il est inutile d'en faire cadeau au traiteur...

J'enlève le plat, et je jette le poulet par la fenêtre. Ma femme a fait un petit cri involontaire. Moi, je m'approche de la croisée, car j'ai remarqué que la vieille s'était subitement arrêtée. Je vois le petit Savoyard qui vient de ramasser le poulet, et qui, craignant sans doute qu'on ne descende le rechercher, repousse vivement sa vieille derrière son dos, cache la volaille sous sa veste, et se sauve à travers les Champs-Élysées, comme si le diable était sur ses talons.

A cette vue, je ne puis plus garder mon sérieux : je pars d'un éclat de rire qui s'augmente encore en voyant que le petit joueur de vielle court plus fort en m'apercevant à la croisée. Madame n'a pu résister au désir de regarder ce qu'était devenu le poulet. Elle a vu l'action du petit garçon, elle se mord les lèvres pour ne pas rire ; mais quand je me retourne de son côté, elle n'y tient plus, elle en fait autant que moi.

Rien ne ramène l'accord comme le rire : avec les gens gais on a rarement des disputes. Nous nous sommes rapprochés, puisque tous deux nous avons quitté la table pour nous mettre à la croisée. Je ne sais pas comment cela se fait, mais bientôt je me trouve tenir Eugénie dans mes bras, puis nous nous embrassons, puis nous avons quitté la croisée et nous sommes au fond de la chambre ; puis...

On ouvre la porte, cette fois sans avoir remué longtemps la clef. Il est dit que ce garçon-là ne fera que des gaucheries ! il ne devine jamais juste. Eugénie, rouge comme une cerise, s'est vivement éloignée de moi, mais pas assez vite pour que le garçon, qui nous a vus tout près, ne se retire brusquement avec le macaroni qu'il apportait en murmurant :

— Pardon !... vous n'y étiez pas encore... Je crois d'ailleurs que le gratin n'est pas assez pris.

Il a refermé la porte. Je rattrape Eugénie, qui murmure :

— Mon Dieu ! que pensera ce garçon ?

J'avoue que cela m'inquiète fort peu, et au bout de quelques minutes, je crois qu'Eugénie l'oublie aussi.

M. Leberger, artiste fort aimable, a voulu absolument, quoique garçon, donner un bal aux dames chez lesquelles il va danser souvent.

Il faut que je sonne pour avoir le macaroni. Le garçon vient enfin ; mais il chante, il parle tout seul sur le carré avant de toucher à la clef, puis il farfouille cinq minutes dans la serrure. Cette fois il a bien pris ses précautions pour ne pas entrer mal à propos. Pendant tout le temps qu'il est là, ma femme tient ses yeux baissés et n'ose pas remuer ni parler. Elle n'a pas l'habitude des parties fines.

J'ai fait venir du dessert, du champagne. Nous finissons notre dîner beaucoup plus gaiement que le commencement ne l'aurait fait présumer. J'ai juré au moins vingt fois à Eugénie que, même longtemps avant de l'épouser, je n'avais plus de relations avec Lucile. Elle est redevenue aimable ; elle n'a pris que des biscuits et du vin de Champagne, mais elle trouve que c'est fort amusant de dîner en cabinet particulier, et je lui promets que nous y reviendrons.

Le lendemain de cette partie est le jour de notre déménagement. Eugénie va de bonne heure avec sa bonne s'établir dans notre nouvel appartement, où elle veut sur-le-champ faire placer les meubles suivant son goût. Je reste à notre ancien logement pour surveiller les départs, les emballages ; et d'ailleurs je ne suis pas fâché de rester le plus longtemps possible dans mon ci-devant appartement de garçon.

Les gens chargés de nous déménager avaient promis que tout serait terminé à quatre heures : il en est sept et je suis encore là. Enfin les derniers meubles viennent de partir, je puis en faire autant. Je me promène encore dans ces pièces nues, mais qui pour moi sont pleines de souvenirs. C'est ici que j'ai reçu de si jolis minois... C'est ici que j'ai aimé Eugénie... qu'elle m'a rendu père... Quel dommage de quitter un séjour où l'on a été si heureux !... Ailleurs le serai-je autant ?

Mais c'est assez céder à des enfantillages. On doit être bien partout où l'on est avec les objets de ses affections ; ma femme doit s'impatienter de ne pas me voir, partons.

J'arrive à notre nouvelle demeure du boulevard Montmartre. La bonne m'ouvre. Les derniers meubles ont été apportés, mais rien n'est encore en place. Je m'attendais à trouver un appartement tout prêt, tout rangé.

— Qu'est-ce qu'on a donc fait ici depuis ce matin ?

Je le demande à la bonne, qui semble triste, et me répond :

— Dame, monsieur, je ne savais pas, moi, où je devais faire placer tout ça.

— Comment ! est-ce que ma femme n'était pas ici avec vous toute la journée ?

— Si, monsieur ; madame est ici... D'abord elle s'est bien occupée à faire ranger... puis, peu après, en plaçant un meuble...

— Elle se serait blessée !...

— Oh ! non, monsieur, non ; madame n'est pas blessée. Mais je ne sais pas ce qu'elle a trouvé qui lui a donné du chagrin... elle a pleuré, et puis elle s'est retirée dans sa chambre... et elle n'a plus voulu se mêler de rien..

Allons ! il y a encore du nouveau !... Est-ce que je ne jouirai plus de deux jours de tranquillité ? Hier, cependant, nous nous sommes raccommodés... Ce matin encore elle ne me faisait pas la mine. Qui peut donc lui avoir causé de nouveau chagrin ?

Tout en me disant cela, je me dirige vers la chambre à coucher. Je trouve Eugénie assise sur un des fauteuils au milieu de la chambre ; elle est pâle, mais elle a les yeux secs et semble réfléchir profondément. A mon arrivée, elle ne bouge pas.

— Que fais-tu donc là ? ma chère amie ? On ne sait encore où se reconnaître ici, et la bonne dit que tu ne veux plus rien ordonner ; qu'est-ce que cela signifie ?

— Cela signifie, monsieur, que vous ferez tout placer à votre idée... Moi... je ne veux plus me mêler de rien...

— Monsieur... Allons!... tu as encore quelque chose... En vérité cela revient trop souvent.... Voyons, qu'est-ce que tu as aujourd'hui ?...

— Oh! je ne devrais rien avoir; je devrais avec vous m'attendre à tout... Mais il est des choses que je ne prendrai jamais de sang-froid... et quand on se voit trompée aussi indignement !...

— Trompée... Ah çà! madame, expliquez-vous; je vous en prie... Quel conte vous a-t-on fait aujourd'hui?

— On ne me fait pas de conte, monsieur. Cette fois j'ai des preuves... des preuves irrécusables... A coup sûr, je ne les cherchais pas... le hasard les a fait tomber entre mes mains... J'ai voulu ranger votre pupitre, quelque chose s'est cassé... le tiroir s'est ouvert... et j'ai vu... Tenez, monsieur, voilà ce que j'ai trouvé.

Eugénie ouvre un tiroir et jette sur une table devant moi les huit portraits de femme que j'avais conservés au fond de mon pupitre.

J'avoue qu'à cette vue je reste quelques moments interdit; mais je me remets enfin.

— Pourquoi la découverte de ces portraits vous donne-t-elle de l'humeur ?... Vous savez bien que je m'amuse à peindre. Etant garçon, j'ai fait ces miniatures... Ce sont des figures de fantaisie... je n'ai vu aucun mal à les conserver.

— Ah! ce sont des portraits de fantaisie! s'écrie Eugénie, qui devient alors tremblante de colère et dont les yeux sont étincelants. Monstre que vous êtes !... je m'attendais à cette réponse... Vous ne pensiez plus qu'hier j'avais vu un de ces modèles !... Tenez, monsieur, celui-ci est-il de fantaisie?... Oh! il est trop ressemblant pour qu'on puisse s'y tromper... C'est celui de cette femme qui était hier avec vous.

Elle me présente le portrait de Lucile. J'avais oublié qu'il était parmi ceux que j'avais conservés, et c'est justement un des plus ressemblants. Je ne sais plus que dire; je suis si ennuyé d'avoir l'air d'un coupable lorsque je n'ai fait aucun mal; je suis surtout tellement impatienté des reproches de ma femme, que je me jette sur une chaise et ne dis plus rien.

Eugénie me poursuit avec le portrait de Lucile à la main.

— Vous vous confondez, monsieur! vous ne trouvez plus de mensonges à faire... c'est dommage, vous les faites si bien !... Voilà donc cette femme avec qui, depuis longtemps, on n'a plus de relation, que l'on ne voit plus, que l'on n'a jamais aimée !... et on a son portrait... on le conserve, on le garde précieusement, ainsi que celui de sept autres femmes que probablement vous rencontrez aussi par hasard, comme cette fille d'hier... Huit maîtresses à la fois !... Je vous fais mon compliment, monsieur! vous faites un époux bien sage, bien rangé !... Et voilà l'homme qui, en m'épousant, me jurait qu'il n'aimerait jamais que moi; que, seule, je suffirais à son bonheur !... Eh bien! monsieur, ayez huit maîtresses, ayez-en trente, si cela vous plaît... Mais je ne resterai pas avec un homme qui se conduit ainsi... Je n'ai plus d'amour pour vous... Je sens que je vous hais... que je ne puis plus vous voir !... Je vais me retirer chez ma mère. Comme cela, monsieur, vous serez libre de recevoir chez vous vos voisines et toutes celles dont vous faites le portrait.

— Ma foi, madame, vous ferez comme cela vous fera plaisir. De mon côté, je vous avoue que je commence à me lasser de votre caractère jaloux, de vos emportements, de vos scènes... Ce n'est pas là l'existence que je m'étais promise en me mariant... Ce n'est plus celle si douce, si heureuse, que nous avons passée ensemble; et cependant, moi, je vous aime toujours autant; je n'ai pas cessé un moment de vous aimer... Ce n'est pas ma faute si vous vous forgez des chimères, si vous voyez des intrigues dans les choses les plus innocentes... Je n'ai rien à me reprocher... Si j'étais coupable, il est probable que j'aurais pris mes précautions et que j'aurais su le cacher; mais je n'ai vu aucun mal à conserver des portraits faits avant de vous connaître, et qui me rappelaient mes études de garçon... Il y a celui de la personne que j'ai rencontrée hier, c'est vrai... C'est même cela qu'elle me demandait et que je lui promettais de lui faire remettre quand vous êtes arrivée...

— Non pas de lui faire remettre, mais de lui porter vous-même. Je m'en souviens très-bien maintenant... Ah! vous ne me ferez pas accroire, monsieur, qu'il y a longtemps que ce portrait-là est fait ?... C'est bien cette femme telle que je l'ai vue hier pendant qu'elle vous serrait tendrement la main... Et osez se dire innocent, quand chaque jour je découvre de nouvelles preuves de votre inconstance !... Mais vous ne lui porterez pas son portrait... ni le sien, ni aucun autre... Tenez ! voilà ce que j'en fais !... Ah! je voudrais briser de même les liens qui m'unissent à vous !

Eugénie a jeté les miniatures à terre; elle marche dessus, elle les broie sous ses pieds; jamais je ne l'ai vue livrée à de tels transports de fureur. Je ne dis rien, je reste assis, il semble que ma tranquillité augmente encore sa colère. Enfin, lorsqu'elle a réduit les ivoires en poudre, elle relève la manche de sa robe, arrache le bracelet qui est à son bras, et après avoir détaché mon portrait, puis elle le jette et le brise à ses pieds en s'écriant:

— Je ne conserverai pas non plus celui d'un homme que je ne puis plus aimer.

La vue des portraits de femmes détruits ne m'avait causé aucune émotion; mais en voyant Eugénie briser à ses pieds mon image, qu'elle avait juré de conserver toute sa vie, j'éprouve un profond chagrin. C'est une douleur vive, cuisante, qui vient tout à coup me saisir... Il me semble que tout mon bonheur vient d'être détruit comme ce portrait.... J'ai fait un mouvement involontaire pour arrêter Eugénie, mais le sentiment d'une juste fierté m'a retenu, et je l'ai laissée consommer le sacrifice.

Après avoir brisé mon portrait, Eugénie s'est laissée aller dans un fauteuil, comme épuisée par les transports auxquels elle vient de se livrer. Il me semble même apercevoir dans ses yeux quelque honte de l'action qu'elle vient de commettre. Moi je me lève à mon tour, je considère tristement ces morceaux brisés de mon portrait, puis je jette un regard sur ma femme, et je quitte la chambre sans lui dire un seul mot. Je sors. Je ne sais où je vais. Je n'ai pas dîné, mais c'est à mon tour de n'avoir pas faim. Je vois encore Eugénie brisant à ses pieds mon portrait, et il me semble qu'elle ne doit plus m'aimer; que son amour, sa fidélité étaient attachés à cette image dont elle n'a plus voulu.

Je sens qu'il faut être homme plutôt qu'amant, car l'amour ne dure pas éternellement, et le courage nous soutient dans tout le cours de notre vie. Tout en disant cela, je pousse de gros soupirs, car j'adore toujours Eugénie; après tout, la jalousie est, dit-on, une preuve d'amour; ma femme reviendra à la raison, et je lui pardonnerai. Mais avoir brisé mon portrait !... mon ouvrage !... qui devait lui rappeler les séances charmantes où elle me tenait compagnie; ah ! c'est bien mal ! et j'aurai de la peine à lui pardonner cela.

J'ai marché longtemps. Je me trouve dans mon ancienne rue; je crois que nos jambes ont aussi un instinct, elles nous ramènent vers les lieux qu'elles ont souvent parcourus.

Si j'allais voir Ernest et sa femme pour me distraire de mes ennuis ? Ceux-là seuls, je crois, sont mes amis, et partageraient volontiers mes chagrins. Je leur conterai pas mes peines, mais je les oublierai près d'eux; je me dirige vers la rue du Temple.

Le portier me dit qu'il y a du monde. Je monte. Madame Ernest vient m'ouvrir et me fait entrer dans sa chambre en me disant:

— Ah! par quel miracle venez-vous le soir, monsieur? c'est même assez rare de vous voir le matin. Ernest est au spectacle, mais il m'a promis de rentrer de bonne heure.

La petite femme me fait asseoir, et elle reprend son ouvrage. Nous causons, ou plutôt elle cause : elle me parle d'Ernest, de ses ouvrages, de ses succès, de leur manière de vivre. J'ai du plaisir à l'écouter. Pendant qu'elle parle, je la regarde, il me semble encore être à ces soirées que je passais dans sa mansarde... Marguerite est toujours la même, et dans ma pensée il n'y a donné encore ce nom.

Tout à coup elle s'arrête et me dit:

— Je parle toujours... Je dois vous ennuyer ?

— Oh! non...

— Vous ne dites rien?

— Je vous écoute.

— C'est égal, vous n'êtes pas silencieux comme cela à l'ordinaire. Est-ce que vous auriez du chagrin?

— Peut-être...

— Une petite brouille avec votre femme !... Je parie que j'ai deviné?

— C'est vrai... nous nous sommes un peu querellés.

— Et cela vous fait du chagrin... Ah! vous êtes comme moi: quand j'ai une querelle avec Ernest, cela me fait un mal !... Heureusement c'est rare, et cela ne dure pas longtemps... J'étoufferais, si cela durait!

Et la petite femme me fait le récit de quelques petites brouilleries survenues entre elle et Ernest, véritables enfantillages qui n'ont pu altérer un instant leur amour. Depuis une heure j'écoute ma petite voisine, sans m'être ennuyé un instant; cependant je voudrais savoir ce qui se passe chez moi; je me lève.

— Je ne veux pas vous retenir, ni vous dit madame Ernest; votre femme vous attend sans doute, et il ne faut pas la laisser s'ennuyer. Ernest sera bien fâché de ne pas vous avoir vu.

Je prends congé de mon ancienne voisine et je pars. Au moment où je sors de sa maison, une femme, qui était appuyée contre une borne, près de la porte cochère, me prend le bras avec un mouvement convulsif en me disant:

— Vous avez été une heure et demie seul avec elle; son Ernest n'y était pas, je le sais, le portier me l'a dit.

C'est Eugénie !... Eugénie qui, sans doute, m'a suivi, qui m'a vu entrer dans cette maison, et qui est restée à la porte pendant tout le temps que j'étais auprès de Marguerite.

Je suis tellement surpris, tellement saisi, que je ne puis répondre. Après m'avoir dit ce peu de mots, ma femme m'a quitté, elle a fui rapidement devant moi. Je l'appelle, j'essaie de l'atteindre, j'y parviens enfin. Mais elle ne me répond pas, elle s'obstine à ne pas me donner le bras.

C'est ainsi que nous revenons chez nous. Je veux m'expliquer avec ma femme. Elle s'est enfermée dans sa chambre à coucher; elle refuse de m'ouvrir. On m'a fait un lit dans mon cabinet.

Il faut donc coucher chacun de son côté... et après les scènes de la soirée, se séparer ainsi. Ah! c'est bien tristement inaugurer notre nouvel appartement.

CHAPITRE XIII. — Eugénie et Marguerite.

Après plusieurs semaines passées sans que nous nous soyons adressé la parole ma femme et moi, nous nous sommes cependant rapprochés et raccommodés, mais il me semble que cette réconciliation n'est pas bien franche, et que ce n'est que du replâtrage. Ces fréquentes scènes auraient-elles altéré notre amour?... Non : j'aime toujours ma femme; mais répétées souvent, les querelles aigrissent l'humeur, changent le caractère. Les mots que l'on s'est dit dans la colère, quoique oubliés ensuite, portent une atteinte fatale à nos illusions, et celles-là ne renaissent plus.

Nous sommes retournés à Livry, chez la nourrice de notre fille, et cette fois par une superbe journée du mois de juin. Combien cette partie ressemble peu à l'autre!... Nous n'avons aucune querelle ma femme et moi, mais ce calme qui règne entre nous ressemble à celui qui serait la suite de vingt ans de ménage ; et nous revenons sans que notre cheval nous conduise au bord d'un fossé.

Un événement bien cruel marque les premiers mois de notre séjour dans notre nouveau local : Eugénie perd sa mère. La bonne madame Dumeillan nous est enlevée à la suite d'une courte maladie, et lorsque nous devions espérer jouir encore longtemps de sa présence et de sa tendresse. Je sens cette perte presque aussi vivement que ma femme; car madame Dumeillan était notre meilleure amie. Évitant de se mêler de nos discussions, feignant de ne point s'apercevoir de nos querelles, madame Dumeillan, sans donner tort à l'un de nous, savait adroitement nous ramener l'un vers l'autre, et ranimer dans notre cœur les plus doux sentiments. Toutes les fois qu'Eugénie revenait de chez sa mère, je m'en apercevais, parce qu'elle était plus aimable avec moi. Ah! combien ils sont rares les parents qui veulent nous voir heureux sans prétendre diriger notre conduite, nos actions, et nous fatiguer de leurs conseils !... La perte que nous venions de faire était irréparable : on ne rencontre pas deux fois dans la vie des personnes qui ne nous aiment que pour nous, et qui ne nous imposent que mille sujétions pour prix de leur amitié.

La douleur d'Eugénie est bien vive, bien profonde. Pour la distraire, je la mène dans le monde. Nous allons en soirée, au spectacle, au concert ; nous recevons plus souvent chez nous. Le bruit du monde ne fait pas entièrement oublier une perte cruelle, mais il occupe, il étourdit. Il est des peines avec lesquelles on aime à rentrer en soi-même ; il en est d'autres qui nous forcent à nous fuir, et pour lesquelles la réflexion est mortelle.

Nous reprenons notre fille avec nous. Sa présence contribue à distraire ma femme de sa douleur. La vue de sa petite Henriette, ses caresses, ses premiers mots inintelligibles font enfin supporter à Eugénie la perte qu'elle a faite. On est fille avant d'être mère, mais on est mère bien plus longtemps que l'on n'a été fille ; et, dans notre cœur, la tendresse n'est point ascendante, elle incline au contraire vers les nouvelles générations.

La mort de madame Dumeillan a rendu ma femme plus riche que moi de quatre mille francs de rente. Je ne lui envie pas sa fortune, mais je voudrais que mes enfants ne dussent pas plus à leur mère qu'à moi. Cette idée me fait livrer au travail avec plus de zèle ; je passe une partie de mon temps dans mon cabinet et au palais. Nous nous voyons moins, Eugénie et moi ; est-ce pour cela que nous sommes plus d'accord? J'espère que cela ne tient pas à cette circonstance. Je retrouve toujours avec plaisir auprès d'Eugénie, et je suis bien heureux quand je tiens ma fille dans mes bras. Ah! ma petite Henriette est si gentille! je la trouve déjà spirituelle, je me sens disposé à la gâter, à faire toutes ses volontés : mais ma femme est plus sévère que moi.

Nous voyons ma mère, mais rarement; elle trouve que l'on joue mal le whist chez nous. Les Giraud viennent quelquefois, ils s'occupent toujours à faire des mariages ; je me suis donné le plaisir de les réunir chez moi avec sa femme. C'était une chaîne d'épigrammes de la part de Giraud. La superbe Armide n'a point eu l'air d'y faire attention; quant à Bélan, il s'est retranché derrière sa femme, à qui il a l'air d'être le domestique, et à laquelle il ne parle qu'après l'avoir saluée.

Dans ces réunions nombreuses, dans ces cercles bruyants où nous nous trouvons assez souvent, il y a de jolies femmes et de très-jolies demoiselles. Je l'avouerai franchement : je me suis surpris plusieurs fois, oubliant que j'étais marié, à faire les yeux doux aux dames, à faire la cour aux jeunes personnes : les dernières n'ont pas répondu à mes œillades, le titre d'homme marié les empêche de me remarquer : il n'en est pas toujours de même à l'égard des autres. Mais ces moments d'oubli ne durent qu'un instant; je suis tout étonné alors de m'être encore conduit comme un garçon. Il n'y a pas grand mal à regarder tendrement une autre femme que la sienne : cependant si Eugénie en faisait autant, si elle regardait tendrement un homme, je trouverais cela fort mauvais... A coup sûr, je ne suis pas fâché d'être marié : pourquoi donc quelquefois dans le monde me conduire comme si je ne l'étais pas? Mais cette légèreté apparente tient à mon humeur, et non à mon cœur. Parce que l'on est époux, je ne pense pas qu'il faille avoir l'air d'un hibou et ne plus oser rire et plaisanter qu'avec sa femme : c'est alors que l'hymen serait une chaîne trop lourde.

Je vais quelquefois chez Ernest ; il est père aussi : sa petite Marguerite lui a donné un garçon. Ils sont au comble de leurs vœux : la fortune leur sourit. Ernest gagne de l'argent, et, s'il le voulait, il ne manquerait pas de gens qui viendraient à sa table le complimenter sur ses succès, et encenser sa femme en fermant les yeux sur ce qui manque à leur union. Mais Marguerite ne veut pas aller en société ; elle prétend que quelques amis véritables valent mieux que des réunions où les femmes se déchirent, où les hommes se trompent entre eux. Elle parle du monde comme si elle le connaissait. — Ce monde où tu veux que j'aille, dit-elle à Ernest, croirait me faire beaucoup d'honneur en recevant ; bien des femmes même rougiraient de me parler. Elle n'est pas mariée, se diraient-elles en me toisant d'un air dédaigneux. Et moi, mon ami, je ne me sens pas disposée à me contenter d'un tel accueil. Dans le fond de mon âme, je me crois tout aussi estimable que ces dames-là ; car je donnerais mon sang, ma vie pour toi !... et il en est plus d'une parmi elles qui n'en ferait pas autant pour son mari.

Je trouve que mon ancienne voisine n'a pas tort. Ernest lui-même n'a rien à lui répondre ; et pourtant il voudrait qu'elle allât quelquefois dans le monde pour se former aux manières de la société et ne pas être empruntée si elle devait en recevoir. Il veut faire de sa petite Marguerite une dame. Il me semble qu'elle est très-bien comme elle est.

Depuis quelque temps ma femme est moins jalouse ; elle aura senti qu'elle avait toujours eu tort de l'être ; elle aura travaillé à se corriger. Mais si ce n'était pas ce dont elle m'aimait moins.... Mon Dieu ! que nous sommes ingénieux à nous tourmenter ! j'étais malheureux par la jalousie de ma femme, et voilà que je m'inquiète parce qu'elle me laisse en repos !

Quelquefois cependant je vois encore ses yeux me suivre lorsque je cause avec une jolie femme ; mais, après avoir fait le galant, si je me rapproche d'Eugénie comme pour rassurer son cœur, elle détourne ses regards avec indifférence et semble n'être pas occupée de moi. Est-ce donc là sa nouvelle manière de m'aimer, et n'y a-t-il pas un milieu entre cet air de froideur et des transports jaloux?

Parmi les personnes qui viennent chez moi il me beaucoup d'hommes de lettres et d'artistes. Leur société m'agréable ; dans leur méchanceté ils mettent de l'esprit et nulle cérémonie dans leur manière. Un peintre fort aimable, qui est de beaucoup de réunions où nous nous trouvons, veut absolument, quoique garçon, donner un bal aux dames chez lesquelles il va danser souvent. M. Leberger a fait ses invitations et tout le monde a accepté ; on se promet de rire et de s'amuser à une soirée donnée par un peintre qui est garçon. Pour mon compte, j'ai eu soin de lui faire inviter les Bélan et les Giraud ; j'aime à retrouver les ennemis en présence. Leberger invite toutes les personnes qu'on lui désigne, son plus grand désir est d'avoir beaucoup de monde ; d'ailleurs on doit danser dans son atelier, et il y aura de la place.

Ma femme a fait quelques façons pour aller à ce bal : elle croit qu'on ne s'amusera pas ; elle prétend qu'elle n'aime plus danser. Ne plus aimer danser!... et elle n'a que vingt ans!... Je veux qu'elle y vienne ; elle se rend enfin. Mais nous ne partirons que lorsque notre petite Henriette sera endormie ; je voudrais qu'elle fût déjà en âge de venir danser avec nous.

Deux lampions, placés à la porte de chez Leberger, nous indiquent de loin sa demeure. Notre artiste veut que rien ne manque à son bal ; l'escalier est éclairé par des chandeliers placés à de courtes distances ; on n'a pas jeté des fleurs sur les marches, mais il y a des tapis. Le son des instruments nous guide, le bal est déjà en train. Nous montons. Un voisin obligeant, qui demeure sur le même carré que l'artiste, lui a prêté son logement, qui sert à la fois de vestiaire et de laboratoire ; car c'est chez le voisin qu'on fait le punch et qu'on prépare les rafraîchissements.

L'atelier, transformé en salle de bal, offre un coup d'œil piquant. Il est grand, mais très-bien éclairé. Des tableaux achevés, des ébauches, des études ornent les murs. Des bustes, des bosses, des torses supportent les bougies et servent de candélabres ; les musiciens sont montés sur un grand mâchepied autour duquel des costumes romains forment draperies. Ce sont des amateurs qui font l'orchestre ; mais ces amateurs-là ont l'aplomb et presque le talent de Tolbecque. Derrière eux est placé un mannequin qui porte à la main des mouchettes, et a l'air de jouer ; enfin on a mis une petite flûte dans la bouche d'un Ajax et un trombonne à la main de Bélisaire.

Il y a foule : Leberger a invité beaucoup de ses confrères et des poètes, des musiciens, des statuaires. Le bal est déjà animé. J'aperçois Giraud dansant avec sa fille, tandis que sa femme s'est fait inviter par son fils aîné, qui commence à donner fort gentiment des coups de pied à ses voisins. Je vois madame Bélan qui a daigné figurer avec un poète, tandis que son mari tient compagnie à sa belle-mère, madame de Beausire, qui est assise dans un coin de l'atelier, où elle semble poser pour la mère des Machabées.

Ma femme s'est placée près de dames de sa connaissance. Je vais re-

garder un quadrille; mes yeux s'arrêtent sur une jeune dame qui danse timidement, mais qui cependant n'est point dépourvue de grâces. Je connais cette figure-là... certainement je la connais... mais d'où?...
Ah! se pourrait-il!... C'est Marguerite, c'est madame Ernest. Cette toilette, si différente de celle toute simple que je lui ai toujours vue, m'empêchait de la reconnaître. J'étais si loin de la croire à ce bal!...
Par quel hasard?... Son mari l'aura voulu. Mais il doit être ici... oui, le voilà ; il regarde danser sa femme, il la regarde avec plaisir. Il a raison : c'est une des mieux du bal.
Je ne vois rien d'étonnant à ce qu'Ernest ait amené sa femme ici : je ne verrais aucun mal à ce qu'il la menât partout avec lui; mais il y a dans cette réunion des personnes ridicules qui ne pensent pas comme moi. Heureusement la position des gens n'est pas écrite sur leur front. Mais ma femme!... depuis ce certain soir où elle m'a suivi, elle est persuadée que je suis ou que j'ai été l'amant de madame Firmin!... Je n'irai pas lui dire que mon ancienne voisine est là ; mais, si elle voit Ernest, elle l'apprendra sans doute. Je suis inquiet comme si j'étais coupable; si je l'étais, peut-être ne serais-je pas aussi embarrassé. Cependant je ne puis pas me dispenser de dire bonsoir à monsieur Firmin; parce que ma femme est injuste, je ne serai pas malhonnête ; mais je tâcherai de le faire sans qu'elle s'en aperçoive.
Je m'approche d'Ernest, il me voit et vient aussi à moi.
— Vous voilà, mon cher Blémont... Ah! je suis charmé que vous soyez ici ; je m'attendais bien au plaisir de vous y rencontrer... Vous connaissez donc Leberger?
— Oui, il vient quelquefois à la maison.
— Son bal est fort bien... J'ai amené ma femme!... Tenez... elle est là, elle danse.
— Je l'ai aperçue.
— Marguerite ne voulait pas venir; mais je me suis fâché, elle a cédé enfin. D'abord Leberger m'avait dit : C'est un petit bal sans façon. Chez un garçon on devait le présumer : après tout, ma femme vaut bien celles qui sont ici. Du moment que je la nomme ma femme, personne ne doit se permettre de la nommer autrement ; et, s'il fallait savoir ce qu'on fait tous les gens qui garnissent un salon, je crois qu'on en apprendrait de belles.
— Vous savez ce que je pense à cet égard, mon cher Ernest ; je ne suis pas de ceux qui ne croient à la vertu que par-devant notaire. Mais on ne sait pas ici que vous n'êtes pas mariés; et ce n'est pas de ces choses que l'on a besoin de tambouriner.
— Sans doute... Regardez donc Marguerite : comme elle est bien!... Je craignais qu'elle ne fût gauche, embarrassée devant le monde ; elle s'en tire mieux que je ne le croyais. Je lui ai dit avant d'entrer dans le bal : Ma chère amie, persuade-toi bien que tu vaux mieux que tous les gens que tu vas voir, et leurs regards ne t'intimideront pas.
— C'est toujours ce qu'on devrait se dire, quand même on irait à la cour.
— Madame votre épouse n'est pas ici?
— Pardonnez-moi...
— Ah! j'irai lui souhaiter le bonsoir.
— Je crois qu'elle danse maintenant... Il y a de bien drôles de figures ici, n'est-ce pas ?
— Oh! oui... il y a de quoi trouver un sujet de vaudeville...
Je voudrais bien qu'Ernest oubliât d'aller dire bonsoir à ma femme; mais comment l'en empêcher?... La contredanse finit. Je profite du moment où l'on reconduit les danseuses, et je m'approche de madame Ernest, qui est heureusement placée très-loin de la mienne.
Mon ancienne voisine paraît enchantée de me voir.
— Asseyez-vous donc un moment près de moi, me dit-elle ; je suis si contente de trouver quelqu'un de connaissance!... Je suis perdue au milieu de tout ce monde-là... Et ce pauvre Ernest n'ose pas me quitter.... J'ai peur ce ne l'ennuie.... Me trouvez-vous bien coiffée?
— Très-bien, madame.
— Il me semble que je suis très-mal!... je m'aime bien mieux avec mon petit bonnet que j'ai toujours à la maison. Mais Ernest a voulu m'emmener... il a bien fallu faire de la toilette...
— Pardon, madame, je voudrais bien vous tenir compagnie... mais... c'est que je suis avec ma femme ici...
— Madame Blémont est ici... Oh! mon Dieu! et moi qui vous retenais. Ah! montrez-moi donc votre Eugénie ; je serais bien aise de la voir...
— En ce moment, il y a trop de monde qui vous sépare d'elle... Mais Ernest la connaît, il vous la montrera... Pardon... j'aurai le plaisir de vous revoir.
Je m'éloigne de madame Ernest; elle me trouvera peu poli peut-être. Mon Dieu ! que c'est cruel d'avoir une femme soupçonneuse; on ne sait comment se conduire dans le monde.
Bélan vient s'accrocher à mon bras en me disant :
— Bonsoir, mon ami, vous savez que je ne suis pas cocu...
— Eh! mon Dieu! mon cher Bélan, vous ai-je jamais dit que vous l'étiez?
— Mon ami, si je vous dis cela, j'ai mes raisons... Ces polissons de Giraud ont fait des propos indignes... Ma belle-mère voulait que je me battisse avec eux.

— Avec Giraud et sa femme?
— Avec le mari, cela s'entend; moi, je le voulais aussi... Ma femme Armide a prétendu que cela n'en valait pas la peine... Mais ils sont ici... Et quand je vois ces gens-là je ne sais comment me contenir...
— Eh! mon Dieu, est-ce qu'il faut croire tout ce qu'on nous rapporte? Les Giraud n'ont peut-être jamais parlé de vous.
— Oh! si fait; ils ont même... Pardon, ma belle-mère me fait un signe.
Bélan me quitte. Je ris encore de ce qu'il vient de me dire lorsque j'aperçois Ernest qui parle à ma femme. Allons! il n'y a pas eu moyen d'empêcher cela... Après tout, je suis bien bon de me tourmenter lorsque je n'ai rien à me reprocher.
Ernest s'éloigne d'Eugénie ; alors je m'approche d'elle. A la mine qu'elle me fait je vois qu'elle sait que madame Firmin est ici...
— J'avais le désir de ne point venir à ce bal, me dit Eugénie ; c'était sans doute un pressentiment. J'aurais dû suivre mon idée, je ne me serais pas trouvée avec des personnes que je ne désirais pas voir... Vous venez sans doute de causer avec votre ci-devant voisine, monsieur?
— Ma voisine?... Ah! pardon; c'est madame Firmin qu'il faut dire...
— Je sais qu'elle est ici : son monsieur a eu la bonté de me l'apprendre.
— En effet, madame Firmin est ici, et je viens de lui dire bonsoir.
— Comme c'est agréable pour moi de me trouver en soirée avec cette femme !...
— Je vous réponds que, si j'avais su qu'elle fût ici, je ne vous aurais pas engagée à y venir.
— Oh! je le crois! mais il ne faut pas que cela vous gêne, monsieur!... Ah!... la voilà sans doute qui passe avec son monsieur Ernest... Quelle figure commune!... on voit bien ce que c'est... Mais allez donc, monsieur; elle veut peut-être vous parler. Elle me regarde, je crois... l'impertinente!... Au moins, monsieur, je vous prie de lui défendre de me regarder ainsi.
Je suis au supplice! Ernest et Marguerite ont passé tout près de nous. Je tremble qu'ils n'aient entendu Eugénie. Je m'éloigne et vais me placer à une table d'écarté, où je reste plus d'une heure.
Quand je retourne à la danse, je passe devant madame Ernest. Elle me regarde en souriant, car elle n'a pas entendu ma femme. Je m'approche d'elle, car j'ai pris mon parti et ne m'inquiète plus de ce qu'on pensera.
— Vous ne dansez donc pas, monsieur Blémont?
— Mais non souvent.
— J'ai vu votre femme, elle est bien jolie, mais elle a l'air un peu sérieux. Est-elle toujours comme cela?
— Non... c'est qu'elle a mal à la tête.
— Est-ce que vous ne la faites pas danser?
— Elle ne manque pas de cavaliers!
— C'est égal ; on m'invite toujours ; mais j'ai voulu danser avec Ernest aussi, et j'ai encore manqué une contredanse.
— Vous amusez-vous ici?
— Comme ça... Ah! j'aime mieux être chez nous au coin de notre feu!...
Un cavalier vient prendre la main de madame Ernest. Je me promène dans le bal. Ma femme danse avec un petit-maître fort joli garçon. Bélan figure en face de sa femme, qu'il regarde avec admiration, tandis que la grande Armide semble de mauvaise humeur d'avoir son mari pour vis-à-vis. Giraud vient près de moi et me dit d'un air goguenard :
— Il me semble que Bélan est rapetissé depuis qu'il est marié : sa femme l'écrase.
— Vous êtes un méchant, Giraud.
— Regardez donc la belle-mère... là-bas... Ou elle a pleuré, ou elle pleurera.
— C'est peut-être de plaisir.
— En effet, elle a l'air gai!... Comme Bélan doit s'amuser avec ces deux femmes-là!... Ça ne lui a pas porté bonheur de ne point nous avoir invités à la noce. Tiens!... le marquis n'est pas avec eux... Par quel hasard?
— Quel marquis?
— Ah! ah! vous avez l'air de ne pas savoir!... C'est le secret de polichinelle!... Mais je crois que ma fille veut se rafraîchir.
Marguerite a raison : le monde est bien méchant! La contredanse est terminée. Je suis debout près de ma femme, quoique je ne lui parle pas. Bélan s'arrête près de nous, et, tout en faisant sa revue, nous montre Marguerite en disant :
— Voilà une des plus jolies femmes du bal!
— Vous avez bien mauvais goût, monsieur! s'écrie Eugénie. Comment peut-on trouver cette femme-là jolie!... Et d'ailleurs quelle tournure!... On voit bien ce que c'est...
— Comment!... Qu'est-ce que c'est donc?... Est-ce que vous la connaissez? demande aussitôt Bélan avec curiosité.
— Non... je ne la connais pas! mais je sais ce qu'elle est, et...
— Madame! dis-je à mon tour, quelle nécessité trouvez-vous donc de médire de quelqu'un qui ne vous a jamais fait de mal?

— Jamais fait de mal!... Ah! cela vous plaît à dire, monsieur! mais je puis au moins trouver mauvais que M. Leberger invite à un bal qu'il nous donne les maîtresses de ses amis.
— Bah!... comment! cette petite femme?...
— C'est la maîtresse de M. Firmin.
— On m'avait dit que c'était sa femme.
— C'est sa femme aussi, dis-je en lançant à Eugénie un regard courroucé. Mais elle continue d'un ton ironique :
— Non, monsieur Bélan, cette petite femme, que vous avez la bonté de trouver jolie, n'est pas la femme de M. Firmin; et monsieur sait tout cela mieux que personne, quoiqu'il vous dise le contraire.
— Bah! comment?... est-ce que?...
Je n'entends pas ce que dit Bélan ; je m'éloigne d'Eugénie. Je ne la croyais pas méchante, mais ce qu'elle vient de faire me révolte. En ce moment, je crois que je la déteste.

On danse, mais il y a déjà beaucoup de monde de parti. Je me promène dans l'atelier. Il me semble voir plusieurs dames chuchoter, se parler bas et en même temps se montrer madame Ernest. Bélan est capable d'avoir été conter à toutes ses connaissances ce que ma femme lui a dit. Pauvre Marguerite ! elle est jolie, on est enchanté de pouvoir médire d'elle. Ces dames seraient plus indulgentes si Marguerite était laide.

On ne fait plus qu'un quadrille. L'orchestre donne le signal. Madame Ernest est invitée : son cavalier la place vis-à-vis de ma femme. Je vois aussitôt Eugénie entraîner son cavalier et se mettre ailleurs. Le danseur de madame Ernest la conduit alors vis-à-vis de madame Bélan. La grande Armide en fait autant que ma femme ; elle s'éloigne et va se rasseoir en s'écriant assez haut :
— J'aime mieux ne pas danser.
Je suis indigné. Je cours prendre la main de la première dame que j'aperçois, même me montrer le temps de l'inviter. Je l'entraîne, et nous nous plaçons vis-à-vis de madame Ernest et de son cavalier. Ma femme fait alors contre madame Ernest ; elle quitte le quadrille en me lançant des regards dont je me soucie fort peu maintenant. Pendant que nous dansons, Ernest s'approche de moi. Il est rouge, ses yeux sont animés.
— Mon ami, me dit-il tout bas, je vous remercie de ce que vous venez de faire... je ne l'oublierai pas...
— Comment?...
— Oh! vous avez fort bien vu l'affectation avec laquelle on s'est éloigné de devant ma femme... J'ai même entendu quelques mots de la grande femme de ce petit monsieur... J'ai eu peine à me contenir...
— Vous vous êtes trompé, Ernest...
— Oh! non... On craint de se compromettre en dansant vis-à-vis d'une femme qui n'est pas mariée!... Cela fait pitié!... Si je voulais, moi, fouiller dans la conduite de beaucoup de ces dames mariées, je crois que j'en apprendrais de belles!...

Ernest parle beaucoup en regardant avec ironie autour de lui. Je crains qu'on ne l'entende ; je crains une scène. Heureusement la contredanse s'achève. La petite Marguerite s'est aperçue aussi que plusieurs dames affectaient de sourire en la regardant. Elle n'est pas à son aise. Elle dit à Ernest aussitôt après la contredanse :
— Nous allons partir, n'est-ce pas, mon ami ? Il est tard ; je suis fatiguée.
— Non, nous ne partirons pas encore, répond brusquement Ernest. Je serais bien fâché de m'en aller à présent ; nous resterons les derniers.
Sa femme n'a pas l'habitude de lui répliquer, et d'ailleurs elle voit bien qu'il a quelque chose. Firmin me prend le bras et m'entraîne. Nous nous promenons dans l'atelier. Je tâche de le distraire de ce qui l'occupe, lorsque Giraud vient à moi en se frottant les mains.
— On fait des cancans ici, me dit-il ; ces Bélans sont mauvais... ah !...
— Mon cher Giraud, je me soucie peu des cancans, et...
— Voyez-vous, là-bas, cette jeune femme en bleu ?... des bluets dans les cheveux ?...
Giraud me désigne madame Ernest. Je ne lui réponds pas, et veux entraîner Firmin d'un autre côté : mais il me quitte le bras et s'approche de Giraud en lui disant :
— Que vous a-t-on conté sur cette dame ?... J'aime beaucoup les cancans, moi.
— On prétend qu'elle n'est pas mariée ; que c'est la maîtresse d'un jeune homme qui est ici, et qui la présente partout comme sa femme...
Je fais en vain les yeux, des signes à Giraud ; il ne me regarde plus, et continue de parler à Firmin.
— On trouve très-mauvais que Leberger l'ait invitée à son bal, parce qu'on prétend que ce n'est pas grand'chose : on dit qu'elle a été brodeuse ou ouvrière en dentelles... Quelqu'un a même prétendu qu'elle avait été figurante sur un théâtre des boulevards.
— Monsieur, dit Ernest en prenant le bras de Giraud et le lui serrant avec force, allez dire de ma part à tous ceux qui vous ont tenu ces propos que ce sont des jean-fesses; que si cette jeune femme n'est pas mariée, elle n'en est pas moins estimable; qu'elle l'est cent fois plus que beaucoup d'épouses légitimes : et si je disais aux dames qui

sont ici ce passage de l'Ecriture : *Que celle d'entre vous qui n'a point péché lui jette la première pierre*, je crois, monsieur, que votre épouse elle-même n'oserait pas lapider ma pauvre Marguerite.
Giraud est très-embarrassé ; il s'aperçoit de la sottise qu'il a commise : il se confond en excuses. Mais Ernest veut absolument qu'il lui désigne les personnes qui ont tenu les propos, et l'homme d'affaires s'empresse de lui montrer Bélan. Ernest se dirige vers le petit homme : je veux en vain le retenir, il ne m'écoute pas. Je le suis pour tâcher d'arranger l'affaire.

Bélan est en train de présenter un verre d'orgeat à sa femme. Ernest passe brusquement contre lui, et le coudoie de manière que le verre et l'orgeat tombent sur la robe de la superbe Armide. Elle pousse un cri ; sa belle-mère en pousse deux. Bélan se retourne vers Ernest en murmurant : — Que diable... faites donc attention !
Ernest se contente de sourire en disant : — C'est bien malheureux !
La grande Armide a vu ce sourire, elle dit à son mari : — Ce monsieur l'a fait exprès ; il ne daigne pas même s'en cacher.
La belle-mère ajoute : — J'espère, monsieur de Bélan, que cela ne va pas se passer ainsi, et que l'on n'aura pas gâté la robe de ma fille impunément. Il faut que ce monsieur fasse des excuses, il le faut.
Bélan est devenu moins bouillant depuis qu'il est marié ; cependant il passe devant sa femme, et vient à Ernest qui s'est arrêté à quelques pas.
— Monsieur, vous avez gâté la robe de ma femme, et je suis étonné que, en homme qui sait vivre, vous ne lui en demandiez pas au moins pardon.
— Monsieur, vous avez essayé, vous et votre femme, de ternir la réputation de la mienne ; une robe se lave, mais les propos de la médisance ne s'effacent pas de longtemps : c'est donc à vous, monsieur, de me faire des excuses.
Bélan demeure interdit. Je m'empresse de me mettre entre eux. — Mon cher Ernest, dis-je, Bélan n'est coupable que d'inconséquence ; il n'a fait que rapporter ce qu'il a entendu.
— Certainement, dit Bélan ; je n'ai fait que répéter ce que madame Blémont m'avait dit. Je n'ai rien inventé. Malgré cela, monsieur, si vous voulez une satisfaction?...
— Non, non, Bélan ; Ernest voit bien que c'est à moi seul qu'il doit avoir affaire, et que vous feriez beaucoup de peine en vous mêlant d'une chose qui ne regarde que moi.
Bélan s'est éloigné ; il va rejoindre ses dames. Je ne sais ce qu'il leur dit, mais bientôt il part avec elles. En sortant, sa belle-mère lance des regards furibonds à Ernest.

Je suis resté près de celui-ci : il est pensif et ne me dit rien. Je romps le premier le silence : — Ernest, ma femme est cause de tout ce que vous avez éprouvé de désagréable ce soir ici. Je ne puis vous expliquer les motifs qui l'ont fait agir ainsi. Je n'ai pas besoin de vous dire que j'ai blâmé sa conduite ; mais cela ne doit pas vous suffire, et je suis prêt à vous rendre raison.
— Non, mon cher Blémont ; non, nous ne nous battrons pas parce que votre femme a dit quelques méchancetés ; je n'ai pas besoin que vous m'expliquiez ses motifs ; je les connais parfaitement...
— Vous les connaissez ?...
— Je les devine du moins. Votre femme est jalouse de Marguerite...
— Qui a pu vous dire ?...
— Ecoutez, mon cher : on n'est pas auteur sans étudier un peu le cœur humain, et surtout le cœur féminin !...
— Il n'est que trop vrai, Ernest : ma femme est horriblement jalouse de toutes les personnes que j'ai connues avant d'être marié ; sans cela, ne vous aurais-je pas déjà invités, vous et votre femme, à venir nous voir?...
— J'avais deviné tout cela !... Je vous plains, mon ami, mais je ne vous en veux pas !
— Je vais inviter votre femme pour la contredanse ?
— Non, cela affligera la vôtre.
— Elle n'a pas craint de me faire de la peine ; et je tiens à prouver, moi, que je ne suis pas de moitié dans ses méchants propos.
Je cours inviter madame Ernest pour la contredanse ; elle accepte en me disant en riant : — C'est bien heureux que vous m'invitiez, monsieur ; j'ai cru que vous trouviez que je ne dansais pas assez bien pour vous.
— Je vais danser en face de vous, Ernest ; comme ça je suis certain que vous aurez un vis-à-vis.
Les violons partent. Je prends la main de ma danseuse. Il n'y a plus que de quoi former un quadrille. Nos connaissances sont parties. Je cherche des yeux ma femme. Elle est d'une pâleur effrayante : cela me fait de la peine ; je sens toute ma colère s'évanouir. Je suis presque fâché de danser maintenant ; mais il ne fallait pas me pousser à bout !
Tout à coup Eugénie se lève et vient à moi. Que va-t-elle faire ?
— Monsieur, je suis indisposée, je veux m'en aller.
— Nous nous en irons après la contredanse, madame.
— Non, monsieur, je veux m'en aller sur-le-champ.
Marguerite a entendu ma femme : elle s'empresse de me dire : — Monsieur Blémont, si madame votre épouse est souffrante, partez, je vous en prie, ne vous gênez pas pour moi !...
— Non, madame ; j'aurai le plaisir de vous faire danser. Nous partirons ensuite.

— Comment, monsieur ! dit Eugénie avec ironie, vous ne venez pas quand madame vous le permet !...
— Madame, en voilà assez ; pas un mot de plus, je vous prie.
— Eh bien ! monsieur, il suffit. Je vous laisse... Dansez avec cette femme... faites-en encore votre maîtresse, comme lorsqu'elle demeurait sous les toits, dans les mansardes de votre maison ; moi je pars.

Elle est partie en effet ; mais madame Ernest a tout entendu : on a parlé de manière à se faire entendre. Marguerite est devenue rouge et pâle tour à tour. Elle baisse les yeux. Je crois voir des larmes mouiller ses paupières. Mais elle se retourne vivement, essuie ses yeux avec son mouchoir, et s'efforce de reprendre un air riant en regardant son mari.

Je suis atterré et indigné en même temps. Je ne sais plus où j'en suis ; et, au milieu de tout cela, il faut danser !
— Eh bien ! c'est à vous, nous crie Ernest. En avant !... A quoi pensez-vous donc ?... Heureusement, il n'a rien entendu, lui !

Je profite d'un moment où nous ne figurons pas pour parler bas à ma danseuse.
— Madame, vous avez entendu ce qu'a dit ma femme, je le vois. Je ne vous demande pas de lui pardonner : elle est inexcusable, la jalousie trouble sa raison ; mais veuillez croire que je suis plus blessé que vous de ce qu'elle vient de dire.
— J'avoue, monsieur Blémont, que j'ai été si surprise... si saisie... M'appeler votre maîtresse !... Grand Dieu ! qui donc a pu dire que j'avais été votre maîtresse ?
— J'espère que vous ne croyez pas que ce soit moi, madame ?
— Oh ! non, monsieur !... non !... Mais qui a pu dire cela ?
— Personne ne l'a dit, madame. Je vous le répète ; la jalousie peut seule inspirer de telles calomnies.
— Ma mansarde !... Elle a cru me faire honte en me rappelant que j'y ai demeuré... Ah ! je n'en rougis pas ! Il y a souvent plus de vertus, plus de délicatesse dans les mansardes que dans les boudoirs ! Mais quoi !... votre femme est jalouse de moi ?...
— Oui, madame, depuis que j'ai eu le malheur de lui parler des soirées que j'allais passer près de vous et d'Ernest... Si vous saviez combien sa jalousie me rend malheureux ! Hélas ! les beaux jours de notre mariage ont passé bien rapidement !...
— Ah ! monsieur Blémont, je vous plains... Je plains aussi votre femme, et je lui pardonne... car Ernest n'a pas entendu ce qu'elle a dit... Mais, je vous en prie, qu'il ne sache jamais ce que votre femme a dit !
— A coup sûr, ce n'est pas moi qui le lui dirai.
— Ah ! je ne voulais pas venir à ce bal !... J'aurais bien mieux fait de rester chez moi !

Cette fatale contredanse est terminée enfin. Tout le monde part. Ernest et sa femme me disent adieu. Je lis dans les yeux de celle-ci combien elle est contente de s'en aller.

Ma femme a-t-elle... Qui donc l'a accompagnée ?... Serait-elle partie seule ?... Ce qu'il y a de certain, c'est qu'elle n'est plus ici.

Leberger vient à moi et me dit : — Vous cherchez votre femme peut-être ?... Elle s'est trouvée indisposée pendant que vous dansiez ; Dulac l'a accompagnée... Vous savez ? le grand Dulac, un de nos amateurs de l'orchestre.
— Je ne connais pas ce monsieur... mais je le remercierai quand je le rencontrerai.
— C'est un bon enfant... qui joue joliment du violon. Je le mènerai à une de vos soirées, si vous le voulez...
— Volontiers. Adieu, il est tard.
— C'était gentil, et on s'est amusé, n'est-ce pas ?
— Oui... Oh ! je me suis beaucoup amusé, moi !

Je rentre chez moi. Je m'attends à une scène : c'est toujours quelque chose que d'y être préparé. Si ma femme pouvait être couchée et endormie !... Non ; je l'entends qui va et vient dans le salon. Ah ! je rencontre la bonne qui porte des matelas, etc. Madame se fait faire un lit dans son boudoir. Quel ennui de ne pas trouver la paix chez soi !... d'avoir des scènes, des querelles !... Et il n'y a que trois ans et demi que nous sommes mariés !...

Allons ! il faut affronter l'orage. J'entre dans le salon. Madame est échevelée : elle me fait presque peur. Elle tient sous son nez un flacon de sels.

J'ai la bonté de m'approcher d'elle et de lui demander si elle est malade. On ne me répond pas. Je vais prendre une lumière et m'éloigner, quand madame se lève vivement et vient se placer devant moi.
— Vous avez donc enfin quitté cette femme, monsieur !
— Je ne sais pas ce que c'est que cette femme, madame. J'ai dansé avec une personne que j'estime, et qui a eu encore la bonté de vous pardonner les propos indignes que vous avez tenus devant elle.
— Elle a eu la bonté de me pardonner !... En vérité, c'est bien beau de sa part !... Mais moi, monsieur, je ne pardonne pas à cette dame, que vous estimez, de m'avoir donné danser avec vous devant moi. Que son benêt d'amant trouve ça bien, c'est digne de lui ; mais vous, monsieur, n'avez-vous pas de honte ?...
— Oui, madame, j'ai éprouvé de la honte ce soir, et c'est d'être le mari d'une femme qui se conduit comme vous l'avez fait !
— Quelle horreur !... C'est à moi que monsieur fait des reproches !

— Oui, à vous, qui calomniez publiquement une femme honnête...
— Dites une fille, monsieur...
— Qui rendez le public témoin de votre sotte jalousie !...
— En effet, je suis bien sotte d'être jalouse de vous, vous n'en valez pas la peine !...
— Mais n'espérez pas, madame, que je souffrirai une telle conduite !... que vous insulterez mes amis, que je garderai le silence !...
— Vous auriez dû me faire une scène devant votre maîtresse, ça lui aurait fait plaisir.
— Vous n'avez pas craint, vous, de m'humilier devant le monde ; car c'est humilier un homme que de le mettre dans la position où j'étais à ce bal.
— Je n'irai plus avec vous, monsieur. Vous ne direz plus alors que je vous fais honte, ou que je vous humilie.
— Vous ferez bien, madame. Il vaut mieux ne pas aller avec son mari que de se conduire comme vous l'avez fait ce soir.
— Au ton avec lequel vous me parlez, monsieur, je vois quelles sont les personnes que vous quittez ! Vous profitez de leurs conseils !...

Ces paroles achèvent de m'exaspérer. Je me hâte de sortir du salon, et vais m'enfermer dans la chambre à coucher.

CHAPITRE XIV. — M. Dulac.

Des querelles fréquentes, des raccommodements rares, voilà donc quelle doit être maintenant notre existence. Après le bal chez Leberger nous avons été un mois entier sans nous parler. Ce mois m'a semblé bien long ; j'ai regretté ma vie de garçon, mais plus encore les premiers mois de notre hymen.

Nous nous reparlons enfin ; mais ce n'est plus avec la même expansion de sentiment. Pour la chose la plus légère, ma femme s'emporte, se fâche. Lorsque je lui tiens tête, elle a des attaques de nerfs, elle pousse des cris affreux !... Dans les premiers temps de notre mariage, lorsque nous avions une petite querelle, elle pleurait, mais elle ne criait pas et n'avait pas d'attaque de nerfs !

Ma fille a trois ans, maintenant ; elle est charmante : ses traits ont la beauté de ceux de sa mère, mais au moins elle ne boude jamais ; elle cause, elle raisonne déjà avec moi ; je suis fou de ma petite Henriette. Lorsque je suis en brouille avec sa mère, je prends ma fille dans mes bras, je la couvre de baisers, je me dédommage sur elle des caresses que je ne fais pas à Eugénie : — Tu m'aimeras toujours, toi ? dis-je à mon Henriette ; et lorsque sa douce voix me répond : — Oui, papa, toujours... mon cœur éprouve un bien-aise que me fait souvent oublier mes querelles avec ma femme.

Lorsque l'hiver ramène l'époque des soirées et des bals, Leberger nous amène M. Dulac : c'est un grand jeune homme brun, assez joli garçon, l'air un peu fat ; mais il ne faut pas toujours s'en rapporter aux manières que l'on a en société : pour connaître les gens, il faut les voir dans leur intérieur. Du reste, M. Dulac a bon ton, il est assez aimable ; on le dit excellent musicien ; il a une fortune indépendante : voilà des titres suffisants pour être recherché dans le monde.

M. Dulac paraît flatté de venir chez nous. Il est très-assidu à nos réunions ; il vient aussi quelquefois me voir le matin. Il a un léger différend pour une métairie qu'il possède en partage avec un de ses cousins ; il me prie d'arranger cette affaire, ce dont je me charge volontiers. Ce jeune homme me témoigne beaucoup d'amitié, et, quoique je sache qu'il ne faut pas compter sur les amis de société, je laisse toujours prendre à l'amitié qu'on a l'air d'avoir pour moi, car je n'en ai jamais rien dit aux gens que je n'aimais pas.

Grâce à M. Dulac, on fait plus souvent de la musique chez nous. Ma femme avait presque abandonné son piano ; je n'ai pas besoin de dire qu'elle a cessé de me donner des leçons ; il faut être bien d'accord avec les gens pour avoir la patience de leur apprendre un instrument. Nous ne sommes pas toujours d'accord, et Eugénie n'est pas patiente ; elle a prétendu que je ne l'écoutais pas ; moi j'en ai dit autant pour la peinture, et les leçons ont été négligées comme le piano.

Mais M. Dulac, qui joue très-bien du violon, engage ma femme à se remettre à la musique ; moi-même je serais bien aise qu'Eugénie n'oubliât pas un talent qu'elle possédait si bien. Elle cède, parce que les compliments d'un étranger sont bien plus flatteurs que ceux d'un mari ; le piano résonne de nouveau sous ses doigts, et je l'écoute avec plaisir. Elle en jouait si souvent lorsque je lui faisais la cour !

Avec le goût de la musique, Eugénie prend aussi celui des bals, des soirées, des spectacles, du monde enfin. Nous en voyons beaucoup maintenant ; presque tous les jours nous avons des invitations, des dîners ; il faut rendre ensuite les politesses que l'on a reçues ; nous n'avons pas un jour à nous. Ce n'est pas là l'existence paisible dont nous nous tracions le plan dans les premiers temps de notre mariage. Quant à moi, j'avoue que ce tourbillon continuel m'étourdit ; mais cela plaît à ma femme : et si c'est un moyen d'avoir la paix !...

Je gagne assez d'argent pour subvenir au train de vie que nous menons. Eugénie dépense maintenant à sa toilette une grande partie de son revenu. Depuis quelque temps elle est devenue bien coquette ;

cependant elle n'a pas encore vingt-cinq ans, et elle est toujours aussi jolie.

Ce qui m'afflige, c'est qu'au milieu de ses plaisirs ma femme s'occupe peu de sa fille. Il ne manque jamais rien à notre Henriette, on a bien soin d'elle... mais il me semble que sa mère ne l'embrasse pas assez.

Eugénie aime tendrement sa fille, je n'en saurais douter ; peut-être est-ce parce que je la gâte un peu qu'elle montre plus de sévérité avec elle. Je n'ose le lui reprocher ; en ce moment d'ailleurs j'évite avec soin tout ce qui pourrait lui donner de l'humeur ; elle est de nouveau enceinte, et j'ai reçu cette nouvelle avec la plus vive joie ; je serais si heureux d'avoir un garçon ! Je ne l'aimerais pas plus que ma fille, mais je l'aimerais autant, et par les jouissances qu'un enfant me procure, je sens qu'avec deux je doublerais mon bonheur. Aussi je suis aux petits soins près de ma femme ; je ne m'aperçois pas cependant qu'elle soit plus aimable pour moi.

Je ne vais que rarement chez Ernest, mais je les sais heureux. Ils ont maintenant deux enfants qu'ils adorent, et Marguerite aime mieux rester près de leurs berceaux que d'aller au bal ou en soirée. Ah ! je l'avoue, je voudrais qu'Eugénie eût les goûts aussi paisibles. Marguerite a toujours la bonté de me demander des nouvelles de ma femme ; quant à Ernest, il n'a pas remis les pieds chez nous, et je l'approuve.

Depuis longtemps je n'avais pas rencontré Bélan, lorsqu'un matin je le vois entrer dans mon cabinet, rouge, haletant et en nage. Il s'assied près de moi et ne me donne pas le temps de l'interroger.

— Je le suis, mon ami, décidément je le suis... J'en suis convaincu maintenant... C'est une chose bien épouvantable !... bien abominable !...

— Qu'est-ce que vous êtes donc ? dis-je en regardant Bélan s'essuyer le front.

— Eh parbleu ! est-ce que ça se demande !... je suis cocu !...

Bélan me dit cela si drôlement que je ne puis résister à mon envie de rire. Pendant que j'y cède, Bélan se lève en murmurant d'un ton pénétré : — Je ne croyais pas qu'un ancien ami... qu'un homme marié aussi rirait de mon malheur.

— Pardon, mon cher Bélan, dis-je en le forçant à se rasseoir, pardon... Vous ne devez pas me supposer l'intention de vous blesser... Mais c'est que... vous êtes venu me dire cela si brusquement !... J'ai cru que c'était une plaisanterie...

— Non, je vous jure qu'il n'y a rien de plaisant là-dedans... Ah ! Dieu ! scélérate d'Armide !... Une femme si bien élevée... une femme noble !... Une femme qui ne voulait pas que j'ôtasse ma chemise devant elle !... Je n'en peux plus, et je suis venu pour vous consulter sur ce que je dois faire... Vous êtes avocat, vous me guiderez... Femme indigne !...

— Allons ! calmez-vous d'abord, Bélan, et ensuite, puisque vous voulez mes conseils, dites-moi ce qui vous fait présumer que votre femme vous trompe.

— Je vous ai parlé, mon ami, d'un certain marquis qui avait fait jadis la cour à ma femme, qui s'est ensuite présenté fort honnêtement chez moi... Oh ! pour ça, je dois convenir qu'il m'accablait d'honnêtetés... Il venait souvent...

— C'est vous qui l'y engagiez, m'avez-vous dit ?

— Oui, c'est vrai, parce que les Giraud s'étaient permis des propos... D'ailleurs même lorsque je pouvais présumer... Perfide Armide !... Une femme qui m'a pincé, mordu, égratigné la nuit de mes noces, lorsque j'ai voulu... Vous entendez ?...

— Enfin, mon cher Bélan ?...

— Enfin le marquis ne sortait plus de chez nous. Il donnait le bras à ma femme, la conduisait au spectacle, la ramenait du bal, faisait des duo avec elle ; il a une très-belle voix, j'en conviens. Tout cela me convenait, c'est fort bien. D'ailleurs, je me disais : Ma belle-mère est là. Cependant, avant-hier, étant rentré dans la journée sans être attendu, je voulus aller voir ma femme ; elle était enfermée dans son boudoir avec le marquis... Pourquoi faire ?... Il n'y a pas de piano dans son boudoir. Mon ami, cela m'a rappelé mes aventures de garçon, tous les maris que j'ai trompés ; cela m'a donné comme un coup de marteau !... J'ai couru la sonnette, j'ai frappé comme un sourd ; ma femme m'a ouvert et m'a fait une scène... le marquis a paru choqué de mon air soupçonneux, je me suis cru dans mon tort. Cependant... il paraît que quand une fois ces maudites idées vous viennent à l'esprit, elles ne s'en vont pas si vite... J'ai rêvé toute la nuit aux pièces de Molière, à Georges Dandin, au Cocu imaginaire, j'ai rapproché certaines circonstances... Ah ! mon cher Blémont, c'est une chose cruelle que la jalousie !... vous ne connaissez pas ça, vous êtes bien heureux !... Et dire que ça m'a pris comme un coup de pistolet !...

— Ma femme, mon cher Bélan, m'a appris tout ce que ce sentiment peut faire souffrir. Mais achevez.

— Eh bien ! hier, je devais dîner en ville, ma femme devait dîner chez une de ses tantes. Je partis. Je me rappelai en route mon aventure avec madame Montdidier... vous savez... avant nos mariages ?...

— Oui, je m'en souviens.

— Elle avait dit aussi qu'elle dînait avec une de ses tantes, et c'était moi qui étais la tante. J'ai pensé, mon cher ami, que ce serait un bien grand malheur d'en avoir tant fait porter aux autres ; bref, j'eus l'idée de rentrer chez moi, et d'épier ma femme. Je revins, je me postai dans une allée, en face de notre porte... Cela me rappela encore ma vie de garçon !...

Au bout de cinq minutes, je vis Armide monter en fiacre, dans un négligé fort galant. La belle-mère n'était pas avec elle, quoique l'on m'eût dit qu'elles iraient ensemble. Je suivis le fiacre, au risque de me donner une fluxion de poitrine... Il mena ma femme sur les boulevards neufs ; ce n'était pas du tout le chemin de chez sa tante. On s'arrêta devant un traiteur renommé pour ses fritures et ses goujons. Armide entre ; au bout de quelques instants, j'en fais autant ; je mets cent sous dans la main du garçon, et lui ordonne de me dire avec qui dîne cette dame. Il me fait si bien le portrait du monsieur qui l'attendait, que je ne puis méconnaître le marquis. Il m'indique le cabinet où ils sont, au bout du corridor ; je cours comme un fou... Je vois la clef sur la porte, j'entre comme un furieux, et je me trouve devant un artilleur de la garde qui folichonnait avec une grisette du douzième arrondissement.

L'artilleur trouve très-mauvais que je le dérange ; je me confonds en excuses. Il me dit des sottises ; et, pendant que la donzelle remet son fichu, il vient à moi, me prend par les épaules, et me pousse dehors en me disant qu'il me reverra au dessert. Vous sentez que je ne me souciais pas d'attendre l'artilleur. Me retrouvant dans le corridor, où il n'y avait plus de clef sur les portes, je me mis à crier d'une voix de stentor : Armide, ouvrez-moi ! Personne n'ouvrit, et le garçon m'apprit que, pendant que je m'expliquais avec le militaire, la dame était repartie bien vite avec son monsieur. Mais où était-elle ?... c'est ce qu'on ne pouvait me dire. Je rentrai chez moi ; je n'y trouvai que ma belle-mère, qui m'appela visionnaire, j'en fais autant, aux premiers mots que je dis à ma femme, elle s'enferma dans sa chambre et ne voulut plus m'ouvrir. Voilà ma situation, mon ami ; j'ai encore rêvé de Georges Dandin, et je suis venu bien vite ce matin vous conter tout cela.

Bélan a fini de parler. J'ai encore envie de rire, mais je me contiens. — Dans tout ce que vous venez de me conter, lui dis-je, il y a des présomptions, mais il n'y a pas de preuves.

— Ah ! mon cher Blémont, pour nous autres, qui avons eu tant d'aventures !... qui connaissons tout cela... cela vaut des preuves...

— Ce garçon a pu se tromper : ce n'était peut-être pas le marquis ; vous ne l'avez pas vu ?

— Non, puisqu'ils étaient partis, et que je n'avais pas envie d'attendre l'artilleur.

— Vous n'avez pas agi en homme adroit...

— C'est vrai... j'ai été en ustuberlu !... la tête n'y était plus...

— Il faut se défier des apparences, mon pauvre Bélan. Je puis vous dire cela mieux que tout autre.

— Bah ! est-ce que vous avez eu aussi des soupçons sur madame ?...

— Moi ?... oh ! jamais ; mais c'est elle qui en a eu sur moi, et très-mal fondés, je vous le jure.

— Diable... si j'avais tort... Que me conseillez-vous de faire ?

— Attendez... voyez, examinez... mais avec prudence ; ou bien demandez franchement à votre femme l'explication de sa conduite d'hier : tout cela se peut peut-être fort simple, fort innocent.

— Dans le fait... il serait possible... Ce qu'il y a de certain, c'est que j'ai agi comme un enfant. Ce cher Blémont... il me calme les sens. Dans le fait, parce qu'un jeune homme vient souvent chez nous, et qu'il est galant près de notre femme, ça ne prouve pas... Car enfin, vous, vous n'êtes pas jaloux de M. Dulac, qu'on voit toujours chez vous, et qui donne souvent le bras à madame votre épouse... C'est ma belle-mère qui en parlait l'autre jour avec ma femme !...

— Ah ! ces dames parlaient de moi ?

— Non ; elles parlaient seulement de M. Dulac. Armide le trouve très-beau garçon. Moi, je ne lui vois rien d'extraordinaire. On vous citait ensuite ; on disait : Voilà un mari qui n'est pas jaloux ; à la bonne heure ! M. Dulac est le cavalier de sa femme ; il n'a pas l'air d'y faire attention : c'est un mari qui sait vivre. Et puis ces dames riaient, parce que vous savez, quand les femmes nous passent en revue, ça n'en finit plus... Eh bien ! mon cher, à quoi pensez-vous donc ?... vous ne m'écoutez plus...

— Pardonnez-moi... je pensais... que le monde remarque des choses... auxquelles souvent nous ne faisons pas attention, mais que cela intéresse...

— Vous me conseillez d'attendre, de surveiller et d'être prudent : c'est ce que je vais faire... Si j'acquérais des preuves... oh ! par exemple, alors... j'éclaterais... je serais terrible... je serais inflexible... Adieu, mon cher ; je vous laisse, car je vois que vous êtes préoccupé. Au revoir.

Bélan est parti ; je lui ai dit adieu sans avoir envie de rire cette fois. C'est singulier l'effet qu'a produit sur moi ce qu'il vient de me rapporter des propos de sa femme et de sa belle-mère. On remarque que M. Dulac est très-assidu chez moi, très-galant près de ma femme, et moi, je ne l'avais pas remarqué. C'est que je n'y ai vu aucun mal, tandis que le monde est si méchant !... Et la calomnie est une arme si perfide !... Figaro a bien raison : — La calomnie !... toujours la calomnie !

Quoique je sache que ce sont des méchancetés, je passe involontairement en revue la conduite de M. Dulac. Je me rappelle un vif désir de s'introduire chez moi depuis ce bal où il a reconduit ma femme.

Je deviens triste, rêveur; j'éprouve un malaise, une inquiétude que je ne connaissais pas encore. Est-ce donc ainsi que nous prend la jalousie?... Ah! quelle folie! à quoi vais-je m'occuper?... c'est ce Bélan qui est venu me troubler avec son malheur conjugal. Que sa femme le trompe, c'est possible, c'est même probable; elle ne l'a jamais aimé; mais mon Eugénie, qui m'aimait tant, qui m'aime toujours, je l'espère... quoique la jalousie ait un peu aigri son caractère! Mais cette jalousie était une preuve d'amour. Elle n'en a plus maintenant... Pourquoi?... Ah! Bélan avait bien besoin de me rapporter ces propos!... Il l'a fait par méchanceté.

Pour me distraire de ces pensées, je quitte mon cabinet. J'entends résonner le piano. Ma femme est au salon et me fera oublier toutes les folies qui m'ont passé par la tête. J'entre brusquement... M. Dulac est là... assis près de ma femme... bien près même, à ce qu'il me semble. En ce moment, j'avoue que sa présence me fait éprouver une sensation fort désagréable.

Dulac se lève vivement et vient à moi. — Bonjour, monsieur Blémont. J'ai apporté à madame une fantaisie délicieuse sur un air favori de Rossini. Madame joue cela à livre ouvert avec un aplomb... un goût!...

— Ah! vous me flattez toujours, monsieur Dulac.

— Je le suis, mon ami, décidément je le suis.

— Non, madame; d'honneur vous êtes d'une force remarquable.

Je fais quelques tours dans le salon; puis je dis à Eugénie : — Pourquoi donc Henriette n'est-elle pas ici?

— Parce qu'elle joue dans ma chambre sans doute. Est-ce que vous croyez, monsieur, que je puis toujours m'occuper d'elle?... Une fille qui aura bientôt quatre ans peut jouer seule.

Je m'assieds pour écouter la musique, mais, au bout de cinq minutes, ma femme se trouve fatiguée, et quitte le piano. M. Dulac cause quelques moments, puis prend congé. Ma femme retourne dans sa chambre, et moi je rentre dans mon cabinet tout en me disant que j'ai dû avoir l'air bien bête devant ce monsieur.

Lorsque je suis seul, je rougis des soupçons qui m'ont passé par la tête. Malgré cela je deviens plus assidu près de ma femme. Je ne laisse pas à d'autres le soin de lui donner la main pour aller en soirée; je l'y conduis moi-même. Mais comme le terme de sa grossesse approche, Eugénie devient plus sédentaire. Les bals sont abandonnés, les réunions moins fréquentées, la musique même est un peu négligée. Enfin le moment de sa délivrance arrive, et je suis père d'un garçon.

Rien ne peut rendre ma joie, mon ivresse; j'ai un garçon! Je cours moi-même l'annoncer partout; et dans mes visites, je n'oublie pas Ernest et sa femme, car je sais qu'ils prendront part à ma félicité. Ils m'embrassent, me complimentent : ils chérissent leurs enfants, ils comprennent ce que j'éprouve.

Ma mère est marraine de mon fils avec un parent éloigné de ma femme. Je fais nommer mon fils Eugène, et nous le mettons en nourrice à Livry, chez la même paysanne qui a eu notre fille, et qui, par état, a toujours du lait.

Eugénie a paru contente d'avoir un fils, quoique sa joie soit moins expressive que la mienne. Nos connaissances sont venues nous voir : M. Dulac n'a pas été un des derniers. Ce jeune homme a semblé prendre tant de part à ma joie que j'en suis touché. J'ai totalement oublié les idées qui m'étaient passées par la tête il y a quelques mois; je ne conçois pas même comment j'ai pu un instant douter de la fidélité de mon Eugénie.

Bélan est revenu aussi me voir. Il est maintenant rassuré sur la vertu de son Armide. Sa femme lui a prouvé que c'était pour faire une quête au profit des pauvres qu'elle avait donné rendez-vous au marquis sur les boulevards neufs : et si elle mettait du mystère dans cette action, c'est parce que sa modestie aurait trop souffert si l'on avait été instruit de tout ce qu'elle faisait pour soulager l'humanité. Bélan s'est humilié devant sa charitable moitié; il va maintenant prôner partout les belles actions de sa femme; il n'a plus peur d'être cocu. Tant mieux pour lui. Je l'en félicite et le congédie au moment où il me semble vouloir me parler encore de M. Dulac. Je fais entendre à Bélan que je n'aime pas les mauvaises langues et que je saurais très-mauvais gré aux personnes qui chercheraient à troubler la paix de mon ménage.

Non, certainement, je ne serai plus jaloux. Je rougis de l'avoir été un seul instant. Si Eugénie n'est plus comme elle était dans les premiers mois de notre hymen, c'est qu'il ne nous est pas permis sans doute de goûter toujours un bonheur aussi vif. La jouissance, si elle n'éteint pas entièrement l'amour, lui donne assurément moins de piquant : quand on peut satisfaire ses désirs aussitôt qu'on les forme, on en a moins. Cependant Ernest et Marguerite sont encore ensemble comme deux amants!... Il est vrai qu'ils ne sont pas mariés... Cette idée, que l'un pourrait sur-le-champ quitter l'autre, est-elle donc ce qui empêche leur amour de vieillir?

Rétablie de sa grossesse, Eugénie reprend le goût du monde; elle s'occupe bien peu de la petite : cela me fait de la peine. Notre Henriette est pourtant charmante! Je passe des heures à causer avec elle, et ces heures-là passent plus vite que celles où il me faut être en soirée.

Je désire aller voir mon fils à Livry. Ma femme prétend qu'il est encore trop petit, qu'il faut attendre que ses traits soient plus formés : moi je ne veux plus attendre. J'ai hâte d'embrasser mon petit Eugène, je loue un cheval, et un matin je me rends chez la nourrice.

Mon fils me semble charmant, je retrouve dans ses traits ceux de sa mère. Je l'embrasse... mais je soupire; quelque chose manque à mon bonheur. Je sens que c'est mal à Eugénie de n'avoir pas désiré embrasser aussi son fils!

La nourrice me demande si ma femme est malade. Ces bonnes gens pensent qu'il faut qu'elle soit malade pour ne m'avoir pas accompagné.

— Oui, elle est indisposée, dis-je à la nourrice.

— Oh, ben! dré qu'alle se portera ben, j'sommes ben sûre que madame voudra v'nir aussi!...

— Oui, nous reviendrons ensemble.

Je passe plusieurs heures près du berceau de mon fils. En revenant à Paris, je fais des réflexions qui ne sont pas gaies. J'ai beau vouloir excuser Eugénie, je sens que sa conduite n'est pas ce qu'elle devrait être; et cela m'afflige de lui trouver des torts.

J'arrive chez moi à six heures. Madame n'y est pas; elle est allée dîner en ville chez madame Dorcelles. C'est une de ses amies de pension qu'elle a retrouvée dans le monde; une de ces femmes dissipées, coquettes, qui trouvent tout naturel de ne voir leur mari que par hasard, quand on dîne avec lui. Je n'aime pas cette femme-là; je l'ai dit à Eugénie, je l'ai priée de ne point trop la fréquenter : et elle va dîner chez elle!

Elle n'a pas emmené sa fille. Ma petite Henriette accourt m'embrasser, me tendre les bras!... Comment Eugénie peut-elle trouver du plaisir loin de sa fille!.... Je ne conçois pas cela.

— Ta maman n'a donc pas voulu t'emmener? dis-je à ma fille en la prenant sur mes genoux.

— Non, papa.

— As-tu pleuré quand elle est sortie?

— Oui, papa; j'ai pleuré.

— Pauvre petite! tu as pleuré!.... et ta mère t'a laissée!

— Mais maman m'a dit que, si j'étais bien sage, elle me rapporterait un gâteau : alors je n'ai plus pleuré.

— Est-il venu du monde voir ta maman aujourd'hui?

— Ah! oui, il est venu...tu sais bien ce monsieur qui joue de la musique avec maman et qui me donne des bonbons?...

— M. Dulac?

— Oui.

— Et... tu es restée près de ta maman pendant qu'elle faisait de la musique?

— Non, parce que maman trouve que je fais trop de bruit; on m'a envoyée jouer dans la salle avec ma poupée.

J'ai le cœur serré; je garde pendant longtemps le silence. Il semble que ma petite Henriette devine que j'ai du chagrin : elle me regarde timidement et ne dit plus rien. Je l'embrasse tendrement; alors elle me sourit de nouveau.

Où sera Eugénie ce soir ?... Cette madame Dorcelles ne reçoit point ; du moins, je crois que ce n'est pas son jour. D'ailleurs, je ne veux pas aller chez elle. Je soupçonne cette femme de donner de très-mauvais conseils à Eugénie... Je pourrais laisser paraître mon humeur... Il vaut mieux ne pas aller chez elle.
Mais pourquoi toujours se contraindre ?... pourquoi ne pas dire franchement à sa femme ce que l'on éprouve ?... C'est pour avoir la paix... pour éviter les querelles... Mais, pour avoir la paix, doit-on laisser sa femme faire des sottises, commettre au moins des inconséquences ? Non ; je dirai à Eugénie tout ce que j'ai sur le cœur.

Comment Eugénie peut-elle trouver du plaisir loin de sa fille ? Je ne comprends pas cela.

Ces dames sont peut-être au spectacle. Je sors après avoir embrassé mon Henriette, que je recommande à sa bonne. Où irai-je ?... à quel théâtre les chercher ? J'entre aux Variétés, au Gymnase, puis à la Porte Saint-Martin. Là, je me rappelle que j'ai rencontré Eugénie le lendemain du bal de chez Giraud, où je l'avais vue pour la première fois. Mes yeux se portent sur la loge où elle était ce soir-là... Ah ! je voudrais être encore à ce temps !... Combien j'en étais amoureux !... Je l'aime toujours autant ! mais elle !...
Avec des souvenirs le temps passe bien vite ! Le spectacle a fini sans que je m'en sois aperçu. Je suis distrait de mes pensées parce que je vois tout le monde s'en aller ; alors je comprends qu'il faut que j'en fasse autant.
Je retourne chez moi. Au moment d'être devant ma demeure, j'aperçois un monsieur et une dame arrêtés contre la porte : il me semble que c'est ma femme... Je vais me mettre derrière un des arbres du boulevard, d'où je les vois mieux. Oui, c'est ma femme avec M. Dulac... Il a reconduit Eugénie. Mais ils causent bien longtemps ensemble !... Il lui prend la main... il ne la lâche pas... Pourquoi lui tenir la main ainsi ?... Quand on tient si longtemps la main à une femme, c'est qu'on veut lui faire la cour. Je me rappelle fort bien que c'est ainsi que je faisais ; et cette main, que je retenais dans la mienne, je la serrais tendrement. Il presse celle de ma femme sans doute, et elle ne la retire pas !... Cette idée m'exaspère, je ne puis plus me contenir ; je m'avance brusquement... On a vite quitté la main ; on se salue d'un air cérémonieux, puis on s'écrie : — Ah ! est monsieur Blémont ! Je vous ramenais madame, qui a bien voulu accepter mon bras. Bien le bonsoir, madame ; je vous présente mon hommage.
Il a salué, il s'est éloigné ; je ne sais pas si je lui ai même répondu. Je pousse ma femme dans la maison ; nous montons sans nous dire un mot. Arrivés chez nous, madame entre dans sa chambre à coucher ; je l'y suis. Je me promène longtemps sans rien dire. Je veux voir si elle me demandera des nouvelles de son fils, car elle doit bien deviner que c'est à Livry que j'ai été. Mais elle ne dit pas un mot ; elle se contente de mettre ses papillotes.
Je n'y tiens plus. Je m'approche d'elle :

— Où donc avez-vous été aujourd'hui, madame ?
— Mais où cela m'a fait plaisir, monsieur. Il me semble que je n'ai pas l'habitude de vous demander où vous allez, vous !
— Ce ne serait pas une raison, madame, et j'ai le droit de vous demander compte de vos actions.
— Oh ! le droit !... Moi aussi j'avais ce droit-là... Lorsque j'ai voulu en faire usage, cela ne m'a pas réussi !...
— Madame, je ne sais ce que vous voulez dire... D'ailleurs, vous ne répondez plus à ce que je vous demande...
— J'ai été dîner chez madame Dorcelles, ce n'est pas un mystère : je l'avais dit à la bonne, et je pensais que vous viendriez m'y chercher...
— Vous ne pouviez penser que j'irais chez une femme que je n'aime pas... et vous deviez savoir aussi que vous ne me feriez pas plaisir en dînant chez cette madame Dorcelles, qui a la réputation d'une coquette et non d'une bonne mère de famille.
— La réputation !... Est-ce madame Ernest qui vous a dit que Laure est une coquette ?
— Madame Ernest ne parle mal de personne.
— Elle a ses raisons pour cela.
— Pour Dieu ! laissons là madame Ernest, que je ne vois presque jamais...
— Oh ! cela m'est bien égal à présent.
— Je le crois, vous avez d'autres choses qui vous occupent.
— Qu'entendez-vous par là, monsieur ?
— Si vous me trouviez reconduisant une femme comme je viens de vous trouver avec M. Dulac, je voudrais bien savoir ce que vous diriez ?
— Ah ! mon Dieu ! est-ce que vous seriez jaloux par hasard... vous, monsieur, qui trouviez si ridicule que je le fusse ?
— Sans être jaloux, madame, je puis veiller à ce que vous ne vous exposiez pas aux propos de la médisance.

— Parbleu ! dit Lucile, ne vous êtes-vous pas cru privilégié ? Non, monsieur, on vous en fait porter, et très-joliment encore.

— Oh ! je vous remercie, monsieur ; je suis d'âge à savoir me conduire.
— Eugénie, vous devenez bien singulière ; je ne sais de qui vous suivez les conseils, car je ne puis supposer que ce soit de vous-même que vous agissiez ainsi ; mais je doute que cette nouvelle manière d'être avec moi nous rende heureux l'un et l'autre... En vérité, je ne vous reconnais plus.
— Il y a déjà longtemps, monsieur, que j'en ai dit autant de vous !
— Que vous ne soyez plus la même pour moi... je le conçois trop bien... mais avec vos enfants !... Vous ne me demandez pas des nouvelles de votre fils !
— Est-ce que je puis deviner que vous avez été le voir ?
— Vous laissez ici votre petite Henriette... vous l'abandonnez aux soins d'une bonne !..

— Lorsqu'on va en société, est-ce qu'on peut toujours traîner un enfant avec soi ?
— Traîner !... Ah ! madame, j'aime à croire que ce mot ne vient pas de vous : c'est probablement madame Dorcelles qui vous l'a appris en parlant de ses enfants !
— C'est sans doute parce que Laure est une de mes amies de pension que vous ne l'aimez pas et que vous en dites du mal ; mais je vous préviens, monsieur, que cela ne m'empêchera pas de la voir et d'aller chez elle quand cela me fera plaisir.
— Si je vous le défendais, cependant ?
— Ce serait une raison de plus pour que je le fisse.
— A merveille, madame ! Allez de votre côté, j'irai du mien.
— Allez où vous voudrez, cela m'est bien égal !... Je fais encore un tour dans la chambre, puis je laisse madame, qui continue de mettre ses papillotes.

CHAPITRE XV. — Un Service de femme.

Six mois se sont écoulés pendant lesquels j'ai cherché le plaisir loin de ma femme. D'abord cette conduite fut le résultat de notre scène du soir où je revenais de Livry ; ensuite le dépit, l'amour-propre s'en sont mêlés !... On ne veut pas revenir le premier, surtout lorsqu'on n'a pas de tort à se reprocher. Et pourtant ce genre de vie est bien loin de me plaire ; il n'est nullement dans mes goûts. Etre obligé de chercher le bonheur loin de sa maison, de son ménage, moi qui aime encore ma femme et qui chéris mes enfants ! Mais Eugénie !... se conduire ainsi !... Cela lui plaît donc, de ne plus aller avec moi ?... Chaque jour j'espère qu'elle viendra me trouver dans mon cabinet et se jeter dans mes bras... mais j'espère en vain. Alors j'éprouve des accès de colère, de dépit : je me jure de ne plus penser à elle ; je sors pour l'oublier, et je rentre en y songeant encore.

Elle ne dira pas que je la gêne en rien, que je l'empêche de faire ses volontés. Je veux lui ôter tout sujet de se plaindre. J'ignore bien souvent où elle va. Mais je ne puis penser qu'Eugénie oublie jamais ce qu'elle se doit, et manque à ses devoirs ; si cela était, elle mériterait mon mépris et non mon amour. On a donc toujours tort d'être jaloux, car ou on l'est sans raison, ou les gens ne méritent pas qu'on s'occupe d'eux.

Malgré ces raisonnements, que l'on se fait quand on est calme, j'avoue que parfois je songe à M. Dulac. Ce certain soir où il tenait la main d'Eugénie dans les siennes n'est pas effacé de ma pensée. Mais il y a tant de jeunes gens qui, par habitude, font la cour à toutes les dames, sans que cela tire à conséquence !... Je crois que celui-ci est du nombre. Il me semble que, lorsque j'étais garçon, je ne pouvais pas non plus voir une jolie femme sans chercher à lui faire la cour. Au reste, M. Dulac vient moins souvent chez moi. J'ignore s'il reconduit encore Eugénie ; je ne la suis point.

Ernest et sa petite Marguerite sont allés passer la belle saison à la campagne, dans un pays désert où ils ne verront qu'eux et leurs enfants ; mais ils ne s'ennuieront pas ensemble ! Combien j'envie leur bonheur !

Je fuis Bélan ; il m'impatiente : un jour, il se croit cocu, le lendemain, il est certain de la fidélité de sa femme. Je ne conçois pas qu'un homme reste ainsi ; si j'avais eu la centième partie de ses raisons pour être jaloux, il y a longtemps que je saurais à quoi m'en tenir.

Je n'en vais guère plus à ma trouver avec les Giraud : leur vue me rappelle trop d'époques de ma vie ! Giraud ne me voit pas sans trouver moyen de me glisser un compliment sur ma noce et la somptuosité du souper qui a coupé le bal. Cela m'impatiente d'entendre parler de ce jour-là ; il me semble d'ailleurs qu'il y a de la malignité, de la moquerie dans cette manière de me complimenter sur mon bonheur. Peut-être vois-je mal.

En général, le monde m'amuse peu. J'y vais pour m'étourdir, mais je me plais mieux au spectacle ; là on fait ce qu'on veut : on écoute, ou l'on pense ; j'y ai amené quelquefois ma petite Henriette ; elle semble déjà comprendre les pièces ; et je suis si heureux quand j'ai ma fille près de moi ! Je suis aussi retourné à Livry voir mon fils ; mais il n'est pas encore en âge de m'entendre et de me répondre comme sa sœur.

Je vais quelquefois chez ma mère. Je ne lui ai jamais parlé de mes chagrins domestiques : à quoi bon ? ce sont des choses qu'il faut garder pour soi le plus qu'on peut. Ma mère me dirait que je suis d'âge à savoir diriger ma femme et ma maison. Je ne voudrais pas qu'elle fît la moindre remontrance à sa bru... Je sais que les conseils d'une belle-mère sont rarement écoutés. Il vaut donc beaucoup mieux se taire : c'est ce que je fais.

L'hiver est revenu, et avec lui les soirées et les bals. Eugénie veut prendre un jour dans la semaine pour recevoir nos nombreuses connaissances. Je la laisse maîtresse d'inviter qui elle veut. Il y a des moments où je la crois touchée de ma complaisance à satisfaire tous ses désirs ; je la vois quelquefois rêveuse, triste, préoccupée ; mais je ne la vois pas se rapprocher de moi, quoiqu'elle me montre plus de douceur et d'amitié ; au contraire, elle semble me fuir davantage et craindre que je ne lui témoigne de l'amour. Que se passe-t-il donc en elle ?...

Dulac revient bien souvent chez nous. Décidément ce jeune homme m'ennuie. Il me semble qu'il est toujours là entre Eugénie et moi. Mais comment l'éconduire ? il est avec moi d'une extrême politesse, avec ma femme d'une grande complaisance... Tout le monde le trouve aimable : il n'y a que moi qui ne suis pas de l'avis de tout le monde.

Madame Dorcelles vient quelquefois chez nous, mais je ne m'aperçois pas que ma femme aille plus souvent chez elle ; au contraire, je crois qu'elle la voit moins, et je lui en sais bon gré. Madame Dorcelles a voulu faire la coquette avec moi ; elle m'appelle le sauvage, le misanthrope : je la laisse m'appeler comme elle veut, et je ne fais aucune attention à ses mines et à ses œillades. Il faut avouer que ma femme a là une bien singulière amie.

Je veux essayer de retourner en société avec ma femme. Cela me contrarie que Dulac soit presque toujours son cavalier.

Eugénie paraît surprise de ma nouvelle manière d'agir ; elle ne me dit rien. Je ne puis savoir si cela lui plaît, mais entre elle et M. Dulac j'ai cru remarquer un échange de regards... de coups d'œil... Ah ! si j'en étais sûr !... Il me prend des mouvements de fureur ; je reviens bien vite à moi-même, et je me dis que je suis un fou.

On a parlé d'une lanterne magique chez une dame de nos amies qui en possède une fort belle ; on pense que cela amusera les enfants et peut-être les grandes personnes ; la soirée est prise pour voir la lanterne magique.

Je conduis ma femme ; elle est triste ou plutôt maussade ; nous emmenons Henriette, qui se fait une grande joie du spectacle qu'elle va voir, et moi je m'en réjouis pour elle.

Nous trouvons à la réunion les Bélan, les Giraud, et l'inévitable M. Dulac... Cet homme-là me poursuivra donc partout !... Il faut toujours que, par sa présence, il trouble le plaisir que je me promets... Je commence à le détester.

Après être restés quelque temps dans le salon, on nous invite à passer dans la salle à manger, où la lanterne magique est préparée. La société se rend dans cette salle, où il fait à peine clair, parce qu'il faut que cela soit ainsi pour que la lanterne brille mieux.

Les dames s'asseyent, d'autres restent debout. On rit d'avance de ce qu'on va voir. Quelques-uns de ces messieurs imitent polichinelle ou le diable ; on fait des scènes avant le spectacle. L'obscurité qui règne dans cette salle semble augmenter la gaieté de beaucoup de personnes.

Giraud, qui est près de moi, me dit à l'oreille : — Les scènes les plus drôles ne seront pas celles de la lanterne... Tenez, dans ce coin là-bas... madame Bélan avec M. le marquis... C'est fort drôle... Pauvre Bélan !... Mais il a bien une figure à ça...

Ces plaisanteries ne me font plus rire. Je cherche des yeux ma femme ; il m'a semblé que M. Dulac n'avait pas quitté le salon où il jouait à l'écarté, et je suis plus tranquille.

Le spectacle commence. Il est encore arrivé du monde ; et nous sommes tellement pressés qu'on ne peut bouger.

On nous montre le soleil et la lune, Pierrot et le diable, l'amour et le sauvage. Le monsieur qui explique fait des discours qui n'en finissent pas. Les enfants poussent des cris de joie ; les dames rient beaucoup. Je trouve tout cela bien long ; je ne puis bouger de ma place pour me rapprocher de ma femme, et il fait de plus en plus nuit.

Tout à coup, au beau milieu de son explication, le monsieur pousse trop sa lanterne, elle tombe de dessus la table à terre, les lumières sont alors démasquées, et le jour revient subitement.

Mes yeux se portent sur-le-champ vers ma femme. M. Dulac est assis derrière elle ; mais elle a un bras qui pend par-dessus sa chaise, et sa main est dans celle de son voisin.

Je fais un mouvement si brusque pour me rapprocher d'Eugénie que je marche sur les pieds de Giraud, qui était contre moi. Il pousse un cri perçant en disant que je l'ai blessé. Je ne songe pas à m'excuser. Je me fais jour jusqu'à ma femme ; déjà son bras ne pend plus en arrière, et M. Dulac est moins près d'elle.

Je ne sais comment je la regarde. Eugénie semble troublée, et M. Dulac assez embarrassé de sa physionomie.

— Prenez votre châle, dis-je brusquement à ma femme, appelez votre fille et partons.

— Pourquoi donc partir déjà ? répond Eugénie en me regardant avec surprise.

— Parce que je le veux, madame. Allons ! point d'observations, et dépêchez-vous.

Le ton dont j'ai dit ces mots est si nouveau pour Eugénie, qu'elle se lève sur-le-champ pour obéir ; d'ailleurs, on pourrait m'entendre lui parler ainsi, et je crois qu'elle n'en a pas envie.

Madame est prête, je tiens la main de ma fille ; nous nous disposons à partir : — Vous vous en allez déjà ? nous dit la maîtresse de la maison. Mais ce n'est pas fini, on va raccommoder la lanterne.

— Nous ne pouvons rester davantage, dis-je assez sèchement.

— Je me sens indisposée, reprend madame. Nous partons.

Je ne dis pas un mot à ma femme pendant la route : notre fille est avec nous. La pauvre enfant ! je la prive d'une partie du plaisir qu'elle croyait goûter, et elle n'ose se plaindre.

Lorsque nous sommes rentrés et que je suis couchée, Eugénie me dit d'un ton assez aigre : — Pourrai-je savoir pourquoi vous m'avez emmenée si brusquement de la réunion où nous étions ?

— Pourrais-je savoir, madame, pourquoi votre main était dans celle de M. Dulac pendant que l'obscurité régnait dans la salle?...

— Ma main dans celle de M. Dulac!... Vous avez rêvé cela!

— Non, madame, je n'ai pas rêvé cela : je l'ai vu et très-bien vu.

— Je ne sais pas si par hasard en plaisantant M. Dulac m'a pris la main... Je ne m'en suis pas seulement aperçue!... Et c'est pour cela que vous arrivez comme un furieux... que vous me parlez d'un ton menaçant comme si vous alliez me battre... que vous me faites regarder par toute la société?... On n'a jamais vu quelqu'un qui a l'usage du monde se conduire comme vous l'avez fait!

— Madame, lorsque je me crois offensé, le monde m'occupe fort peu. Il fut un temps où vous pensiez et agissiez de même. Je ne sais quel genre de plaisanterie M. Dulac se permet avec vous, mais je vous préviens que cela me déplaît. Je vous engage à ne plus le souffrir, et à dire à ce monsieur de ne point les recommencer.

— Que je parle à ce jeune homme de vos sottes idées!... je m'en garderai bien!... Cela n'a pas le sens commun.

— Au reste, lorsque cela me conviendra, je ne me gênerai pas pour mettre ce monsieur à la porte.

— Je vous le conseille, mettez ce jeune homme à la porte parce qu'il est honnête, aimable, obligeant avec moi. Il ne manquerait plus que cela pour vous faire une belle réputation dans le monde!

— Prenez garde, madame, de m'en faire une qui me plairait encore moins.

— Il me semble que ce n'est pas la peine de venir avec moi pour me faire de telles scènes. Autrefois vous alliez de votre côté, monsieur, et moi du mien.

— Je vous accompagnerai quand cela me conviendra, madame. Je sais bien que ce sera fort ennuyeux pour vous, mais j'en suis fâché; et vous n'irez nulle part sans moi si je ne le veux pas.

— Oh! par exemple, c'est ce que nous verrons!

Je rentre dans ma chambre. Je ne dors point de la nuit : je vois sans cesse ce jeune homme avec ma femme. Cependant ce qu'Eugénie m'a dit est assez probable, cela peut être vrai... Mais mille autres circonstances, que je me rappelle maintenant, raniment mes soupçons lorsque je voudrais les éloigner. Si elle me trompait!... A cette pensée, un frisson parcourt tout mon être, et, depuis hier au soir, j'ai toujours un poids énorme qui m'oppresse, qui m'étouffe. Quel supplice!... Je veux savoir, je veux m'assurer si je suis trompé. M'en assurer!... ce n'est pas facile!... Nous ne nous mettons jamais à la place de ceux dont nous rions. Il est vrai qu'il y a qui prennent cela avec tant d'indifférence... d'autres qui en plaisantent... Ces maris-là n'aiment plus leur femme. Mais les plus sages, les plus raisonnables ne cherchent point à s'assurer de ce qu'ils sont... Bien au contraire, ils évitent avec soin tout ce qui pourrait, en les éclairant, détruire leur tranquillité. Ah! ils ont bien raison, ceux qui agissent ainsi!... Pourquoi donc ne pas faire comme eux?

Après cette nuit si longue, si pénible, je me suis retiré dans mon cabinet, et je cherche dans mes occupations une distraction à mes pensées. Il n'est pas encore dix heures, lorsque je vois arriver Bélan, rien en ce moment ne pouvait m'être plus désagréable que sa présence. Il se jette dans un fauteuil en disant :

— Cette fois, mon cher, je n'en saurais encore douter..... je suis cocu!

A ce début, je me lève vivement de mon siège et me promène dans la chambre en m'écriant avec humeur :

— Eh morbleu! monsieur, depuis le temps que vous le dites, ce serait bien étonnant si vous ne l'étiez pas.

Bélan ouvre de grands yeux en murmurant :

— Si ce sont là les conseils que vous me donnez!... Ah! c'est là votre avis.

— Je n'ai ni avis ni conseil à vous donner... Il y a des circonstances où l'on n'en doit point prendre que de soi-même. Ce que je ne conçois pas, c'est que l'on aille tambouriner sa honte comme vous le faites!

— Tambouriner!... Qu'est-ce à dire, s'il vous plaît?... Parce que je viens me confier à un ami... vous appelez cela tambouriner!... Ecoutez donc! je ne me soucie pas d'être cocu, moi; chacun à sa manière de voir. Je sais fort bien qu'il y a des maris auxquels cela est égal... qui laissent leur femme aller avec leur galant, et n'ont pas l'air d'y faire attention...

J'écoutais Bélan avec impatience, en ce moment je ne puis plus me contenir; je saute sur lui, je le prends au collet, et le secoue avec violence en m'écriant :

— Est-ce pour moi que vous venez de dire cela, monsieur? Prétendez-vous m'insulter et me mettre au rang de ces maris complaisants dont vous parlez?... Morbleu! monsieur Bélan, je ne suis point d'humeur à endurer rien sur ce chapitre.

Le pauvre petit homme s'est laissé secouer sans pouvoir se défendre, tant il est étourdi de mon action. Enfin il s'écrie en me regardant avec effroi :

— Blémont... mon ami! qu'est-ce que vous avez?... Certainement vous êtes malade... vous n'êtes pas dans votre état naturel!

Je lâche son collet, et, honteux de ma colère, je vais me jeter su un siège en balbutiant :

— Ah! oui... je ne suis pas bien... Il m'avait semblé que vous aviez voulu m'insulter... mais...

— Moi, vouloir insulter un ancien ami... quand je viens lui confier mes malheurs domestiques... vous me faites de la peine, Blémont, vous m'affectez... Au reste, si vous pensez vraiment que j'ai voulu plaisanter sur vous... D'abord je ne savais pas s'il y avait à plaisanter sur vous... Enfin, si vous vouliez une réparation... vous savez que je ne suis pas un gaillard à reculer, j'ai fait mes preuves... J'ai évité l'artilleur, c'est vrai, mais on ne se bat pas avec un inconnu; avec un ami, c'est bien différent.

Je tends la main à Bélan en lui disant :

— Je vous le répète, je ne sais ce que j'avais... Nous battre tous deux!... non, non mon cher Bélan, oublions cela.

Bélan me serre fortement la main en me répondant :

— Oublions cela, c'est aussi mon avis... et donnons-nous la main... Ah! mon cher ami... je crois que nous pouvons nous donner la main... cordialement. Je vous laisse, puisque vous êtes préoccupé et que vous avez des pensées... désagréables... Perfide Armide! trompeuse Armide! Pope a bien raison!... Avez-vous lu Pope, mon ami?

— Je ne sais... Je crois que oui.

— C'est que si je l'avais lu plus tôt, moi, j'y aurais regardé à deux fois avant de me marier. Vous rappelez-vous ce qu'il dit des femmes?

— Non.

— Eh bien! il dit que : *Toute femme a le cœur libertin*. Que pensez-vous de cela?

— Je pense que ce n'est pas honnête.

— Mais, moi, je crains que cela ne soit vrai... Ainsi Armide a le cœur libertin, votre épouse a aussi le cœur...

— Pour Dieu, Bélan, laissons ce sujet.

— Oui, je vous conterai mes nouvelles découvertes une autre fois... Oh! ces femmes! sont-elles subtiles!... mais vous savez cela comme moi... Au revoir, mon cher ami.

Il a bien fait de s'en aller; j'ai failli encore lui sauter au collet. Est-ce que je ne pourrai plus entendre parler de maris trompés, de femmes infidèles sans me mettre en fureur? Ah! il faut absolument que je prenne sur moi, que j'aie du sang-froid, de la raison ; mais il faut aussi que je sache à quoi m'en tenir sur la liaison qui existe entre Eugénie et M. Dulac.

Nous ne nous parlons plus, Eugénie et moi, que pour nous dire des choses amères, les plus piquantes; le plus souvent nous ne nous disons rien. Malgré cela, j'accompagne ma femme partout, je ne veux plus qu'elle sorte sans moi. Mais dans le monde je porte cet air triste, pensif, qui empêche d'être aimable ; car nous rencontrons M. Dulac dans presque toutes les réunions où nous allons. Si je joue, je ne suis point à mon jeu, je cherche des yeux ma femme, je veux voir si on lui parle, si on est près d'elle. Si c'est elle qui joue, je m'assieds à son côté, de crainte qu'un autre ne vienne s'y mettre. Si elle danse, et que ce soit avec M. Dulac, je la force à quitter brusquement le bal, et elle n'ose me résister, car elle sait dans quelle scène je lui ferais une scène devant toute la société. Je suis sûr que le monde me trouve maussade, grondeur, jaloux, et que l'on dit en parlant d'Eugénie : — Pauvre petite femme! son mari la rend bien malheureuse! C'est un tyran! c'est un vilain homme. Oui, le monde doit dire cela de moi maintenant; car c'est presque toujours sur les apparences que le monde juge!

Ce n'est qu'en embrassant ma fille que j'éprouve un instant de bonheur. Chère enfant! s'il me fallait être privé de tes caresses, que me resterait-il sur la terre?... Ton frère est encore trop jeune pour me comprendre; mais toi, il semble que tu lises ma tristesse dans mes yeux, et que tu veuilles alors, par tes douces paroles, me distraire de mes chagrins.

Un matin, fatigué d'une nuit sans sommeil, fatigué surtout de mes pensées, je m'habille, et, contre mon ordinaire, qui est de rester dans mon cabinet jusqu'à dix heures, je sors avant que huit heures aient sonné.

Le hasard, ma destinée peut-être me font porter mes pas du côté du boulevard du Temple. Il me prend d'abord envie d'aller voir ma mère... mais je réfléchis qu'il est beaucoup trop tôt... elle ne sort guère avant dix heures. Je pense que je ferai mieux d'aller chez mes amis de la rue du Temple; il y a plus de six mois que je ne les ai vus. Je me rends à la demeure d'Ernest; on m'apprend qu'il a déménagé, et qu'il demeure à présent boulevard Saint-Martin.

Je vais m'y rendre, lorsqu'une femme en bonnet, en camisole du matin, et tenant à sa main une boîte au lait, me fait un petit salut en passant près de moi.

Je me retourne... c'est Lucile. Je ne l'avais pas rencontrée depuis le jour où elle nous a surpris sur la terrasse des Feuillants. Elle s'est retournée et arrêtée; elle me sourit. Comme je ne crains plus que ma femme me guette, je vais dire bonjour à Lucile.

— Cette fois, ce n'est pas aux Tuileries que nous nous trouvons!...

— Non... il s'est passé du temps depuis!... Me trouvez-vous changée?...
— Mais non... vous êtes toujours jolie...
— Ah! que monsieur est galant aujourd'hui!... Moi, j'avoue que je vous trouve pâli, maigri... Le mariage ne vous a pas trop bien réussi, à ce qu'il me semble.
— Peut-être... Vous demeurez donc par ici maintenant?
— Oui... là... dans la rue Basse-du-Temple, et je viens de chercher mon lait... Que voulez-vous! je deviens économe, je n'ai plus de femme de chambre!... Voulez-vous venir déjeuner avec moi? je vous donnerai du café...
— Non... je ne puis, il faut que je rentre.
— Est-ce que vous avez encore peur d'être grondé, suivi par votre femme?
— Oh! non, je vous assure.
— Je le crois!... elle a autre chose à faire qu'à vous suivre!... Ah! ah! ah! ce pauvre Henri!...
Lucile rit, je sens déjà le feu qui me monte au visage; cependant je me promets de me contenir.
— Qu'avez-vous à rire? Lucile, il me semble que si ma femme a beaucoup de choses à faire, ce n'est pas vous qui pouvez le savoir.
— Je le sais peut-être mieux que vous... Je suis plus instruite que vous ne le pensez.
— D'abord, vous ne connaissez pas ma femme.
— Je ne la connais pas!... Je l'avais vue une fois sur la terrasse des Feuillants, et une fois me suffit, à moi, pour connaître les personnes : je vous réponds que je l'ai fort bien reconnue depuis... et que je ne me suis pas trompée.
— Qu'est-ce que cela veut dire?
— Cela veut dire que votre femme fait ses farces tout comme les autres!... Parbleu! ne vous êtes-vous pas cru privilégié? Non, monsieur, on vous en fait porter, et très-joliment encore!
Je m'efforce de dissimuler les tourments que j'éprouve en répondant à Lucile :
— Vous êtes bien aise de me dire des méchancetés... c'est votre habitude, mais vous seriez bien embarrassée pour me prouver les calomnies que vous débitez sur ma femme.
— Les calomnies!... Non, monsieur, je ne fais point de calomnies... Votre femme m'a fait l'effet d'une chipie la première fois que je l'ai vue; mais je n'aurais rien dit sur son compte si je n'avais été sûre de mon fait. Je ne vous pas dire que je suis fâchée que votre femme ait des amants!... je mentirais si je disais cela... mais enfin ce n'est pas moi qui lui ai dit de vous faire cornard : elle n'a pas eu besoin de mes avis pour cela.
— Lucile, c'en est trop!... Vous me prouverez ce que vous venez de me dire, et sur-le-champ.
— Oh! comme monsieur est pressé! je ne me presse jamais, moi... Si vous voulez que je vous réponde, vous allez d'abord venir chez moi; il faut que je prenne mon café... j'ai faim.
Lucile se dirige vers sa demeure; je la suis en me disant à chaque instant :
— Contenons-nous... soyons homme; et, si elle m'a dit vrai, tâchons encore d'agir avec ma raison.
Lucile est entrée dans une maison à allée qui est près de la rue de Crussol. Elle monte au troisième, ouvre sa porte; j'entre dans un appartement meublé modestement, mais bien tenu. Lucile s'approche de sa cheminée, met du feu, et se dispose à faire son café. Je lui prends le bras et l'arrête :
— Lucile, me laisserez-vous souffrir plus longtemps?... Je vous en supplie, dites-moi tout ce que vous savez sur ma femme.
Lucile me regarde; elle paraît chagrine.
— Mon Dieu! Henri, dans quel état vous voilà!... Si j'avais su que cela vous fit tant d'effet, je ne vous l'aurais pas dit... Que c'est bête de se chagriner pour si peu de chose! Votre femme va de son côté, vous du vôtre... n'est-ce pas l'usage? Vous avez bien peu de philosophie!
— J'en aurai quand je serai certain de mon sort. Encore une fois, parlez!
— Eh bien! tenez... venez à la fenêtre... Voyez-vous là-bas cette petite porte basse?
— Oui.
— C'est l'entrée de derrière d'une maison de traiteur... café... où il y a des cabinets... vous savez, de ces maisons à rendez-vous?
— Je vous comprends.
— En entrant par là, on n'est pas vu, on ne va pas dans le café. On monte sur-le-champ un escalier; une sonnette avertit un garçon qui vient vous ouvrir un cabinet... Oh! c'est très-commode. J'y allais souvent autrefois.
— Enfin?
— Eh bien! votre femme va là retrouver son amant.
— Ma femme!... C'est faux!
— Oh! je l'ai fort bien reconnue, quoique, le plus souvent, elle vienne en fiacre et se fasse descendre à deux pas. Elle était cachée par un grand chapeau, enveloppée dans son châle; mais d'abord j'avais remarqué sa tournure : je l'ai guettée... Ça m'amuse de guetter les amants qui vont là. Je n'ai rien à faire, ça m'occupe!... Oui, je suis sûre que c'est elle. Elle n'y est pas venue une fois, mais dix au moins.
— Et à quelle heure va-t-elle là?
— Il n'est ordinairement que sept heures et quart... sept heures et demie quand elle arrive; elle y reste une heure environ.
— Quel mensonge! ma femme ne se lève jamais avant neuf heures.
— Vous le croyez, mon cher ami!... Vous vous figurez qu'on dort!... Et si je vous disais qu'elle est en face maintenant?
— Maintenant!...
— Oui... Une demi-heure avant de vous rencontrer, je l'avais vue entrer. Restez contre la fenêtre : vous verrez arriver un fiacre qu'on enverra chercher, puis madame monter dedans, et le monsieur s'en va cinq minutes plus tard... Je connais l'ordre et la marche.
— Cet homme... comment est-il?
— Il est jeune, grand, brun... Oh! il est bien! c'est une justice à rendre à votre femme.
J'ai pris mon chapeau; je cours vers la porte. Lucile court se mettre devant moi.
— Où allez-vous?
— M'assurer que ce sont eux.
— Vous allez faire du bruit... une scène.... Y pensez-vous!
— Non... vous ne me connaissez pas! Certain de mon malheur, je serai calme... mais je veux les voir... Lucile, laissez-moi sortir! je le veux.
— Eh bien! à condition que j'irai avec vous... Je connais cette maison, je vous guiderai... vous conduirai... Mais vous, vous me promettez...
— Allons! venez.
Lucile met un chapeau, elle jette un châle sur ses épaules; nous descendons... Nous sommes bientôt en face. Nous ouvrons une petite barrière de bois, qui fait résonner une sonnette... Nous montons un petit escalier. Lucile me tient la main; elle marche devant moi. Mon cœur bat avec une telle violence que je suis forcé de m'arrêter pour retrouver ma respiration.
Nous arrivons dans une cour. Un garçon nous attend sous un vestibule, et monte un escalier devant nous. Arrivés en haut, je l'arrête :
— Vous avez ici un homme et une dame?
Le garçon me regarde, et ne sait s'il doit répondre. Je lui mets vingt francs dans la main, et je lui renouvelle ma question en faisant le portrait des deux personnes.
— Oh! monsieur, je sais qui vous voulez dire!... D'ailleurs, à cette heure-ci, nous n'avons que cette compagnie ordinairement. Ils sont là... sur le devant.
— Ouvrez-nous à côté d'eux...
Le garçon nous ouvre une grande chambre. Comment les voir?... Si ce n'était qu'une cloison!... mais ce sont des murs... N'importe! je verrai au moins sortir. Le garçon a l'ordre de me prévenir quand on enverra chercher le fiacre.
Quelle situation!... être là... près de sa femme, tandis qu'elle est dans les bras de son amant! J'ai envie d'enfoncer la porte... Non... non... je veux être maître de moi... Oh! je veux pour mes enfants... Mais si ce n'était pas elle!... J'écoute près du mur... J'entends quelque bruit et ne puis distinguer. Lucile a doucement ouvrir notre porte, et me montre celle de là-côté en me disant :
— Tu pourras mieux entendre là.
Je vais, en marchant avec précaution, me coller contre leur porte. Oui... j'entends fort bien... ils s'embrassent!... et je distingue ces mots :
— A présent, il faut que je parte... Je veux être dans ma chambre avant que monsieur ne sorte de son cabinet.
— Est-ce elle!... c'est bien elle qui est là!... cette voix à pénétré jusqu'à mon cœur : elle a bouleversé tout mon être.
Je suis retourné près de Lucile. Je ne sais ce qui s'est passé en moi et quelle est l'expression de ma physionomie; mais Lucile se jette à mes genoux en pleurant et en balbutiant :
— Pardonnez-moi!... ah! pardonnez-moi!... Mon Dieu! si j'avais su! Oh! que je suis donc fâchée de ce que j'ai fait!
Je ne lui réponds pas. Je ne puis plus parler. On sonne à côté; j'écoute.
Le garçon monte, on lui demande un fiacre. J'ai reconnu cette fois la voix de Dulac. Je m'arrache la poitrine, mais je me contiens. Le garçon revient m'avertir lorsque le fiacre est en bas. Alors je sors du cabinet et j'attends au bas de l'escalier.
Elle descend enfin... J'entends le froissement de sa robe. Elle touche la dernière marche, lorsque je me présente tout à coup devant elle et l'arrête par le bras. Eugénie a levé les yeux, et, saisie d'épouvante, elle tombe sans pousser un cri sur les marches de l'escalier.
Je la relève, l'emporte, la monte ou plutôt la jette dans la voiture, je donne l'adresse au cocher, puis je m'éloigne à grands pas comme si je ne pouvais fuir assez vite cette maison où je viens d'acquérir la preuve de ma honte.

CHAPITRE XVI. — Suite inévitable.

J'ai marché longtemps; épuisé de fatigue, je m'arrête enfin. Je suis dans les champs, dans un lieu bordé de haies : je ne vois point de maisons. Je ne sais où je suis ; mais que m'importe ? Je vais m'asseoir sur la terre, au pied d'un arbre dépouillé de ses feuilles ; car la nature est morte encore, et il n'y a point de verdure autour de moi.

Je suis seul ; j'appuie mon front dans mes mains, et je m'abandonne à ma douleur... à mon désespoir... pourquoi ne pas l'avouer ? je verse des larmes, oui, je pleure : car personne ne peut me voir, et il me semble que j'éprouve quelque soulagement à pleurer.

Ce n'est pas son amour seul que je regrette, c'est tout mon bonheur, tout mon avenir détruit. Mon bonheur !... depuis quelque temps il avait cessé ; je me flattais toujours qu'il renaîtrait : j'espérais encore ces jours si doux de confiance et d'amour qui avaient suivi notre hymen. Tout est perdu !... et il est impossible que ce bonheur renaisse jamais pour moi : impossible !.. ah ! ce mot est cruel, je ne puis concevoir qu'Eugénie ait pu me condamner à d'éternelles douleurs.

Et cependant, il est des maris qui ferment ou qui ouvrent les yeux sur les infidélités de leur femme. Ils les trompent eux-mêmes, et trouvent naturel qu'elles en fassent autant. Ah ! lors même que j'aurais mille fois trompé Eugénie, je n'aurais pu supporter la pensée de l'être. Encore, si, en cédant à leur faiblesse, elles ne cessaient pas de nous aimer !... mais un sentiment nouveau tue un ancien... A mesure qu'elles en aiment un autre, nous devenons moins aimables à leurs yeux, et bientôt leur cœur est tout entier à leur nouvelle passion.

Je ne la verrai plus... nous nous séparerons... mais sans bruit, sans éclat.... J'ai des enfants, c'est pour eux que je saurai dissimuler ma honte : c'est pour eux que ce matin j'ai été maître de moi. J'aurais pu aller frapper Dulac, un duel s'en serait suivi ; mais, d'après les propos que l'on tenait déjà, tout le monde aurait deviné les causes, les motifs de ce duel. Je trouverai un autre moyen de satisfaire ma vengeance sans que mon déshonneur soit avéré aux yeux de la société.

Je me lève. Il y a des moments où l'entraînement de mes idées m'a distrait de mon malheur même et redonné du courage ; mais l'instant d'après les raisonnements s'évanouissent : je songe à tout ce que j'ai perdu. Je me revois seul sur la terre, lorsque j'y croyais y être aimé de celle que j'adorais ; je vois tous mes projets détruits, tous mes rêves dissipés. Alors mon cœur se brise, mes yeux se remplissent encore de larmes. Je suis comme quelqu'un qui essaie de sortir d'un précipice, mais qui, après quelques efforts, retombe sans cesse au fond.

Je me remets en marche. Je vois devant moi des maisons. Un paysan m'apprend que je suis à Montreuil. Je regarde à ma montre... il n'est que midi... Mon Dieu ! comme le temps va me sembler long maintenant !

J'entre chez une espèce de traiteur. Je n'ai pas faim, mais je voudrais trouver moyen d'abréger cette journée ; je ne voudrais pas encore rentrer à Paris. Il me semble que tout le monde va lire mon malheur sur mon visage ; c'est surtout chez moi que je crains de retourner. J'espère bien cependant que je ne l'y trouverai plus. Sa fortune lui suffira pour vivre dans l'aisance ; qu'elle parte, mais qu'elle me laisse mes enfants ; je les veux ; j'ai bien, je crois, le droit de les séparer de leur mère. D'ailleurs ce ne sera pas une grande privation pour elle ; elle ne savait pas aimer ses enfants, en vérité, elle ne mérite pas que je la regrette.

Je voudrais essayer de manger : il m'est impossible d'avaler. Je paye et sors. Je marche encore, puis je consulte ma montre... Le temps ne va pas... il faut cependant retourner à Paris. J'y arrive à trois heures. Si elle était encore chez moi.... je sens que je ne saurais supporter sa présence : je m'en assurerai avant de rentrer.

Cela me fait mal de revoir ces boulevards, plus mal encore lorsque je revois ma demeure. Je regarde mes fenêtres... Elle se mettait là quelquefois... elle me regardait, me souriait... Pourquoi n'y est-elle pas encore ?... Ah ! si tout cela pouvait n'être qu'un rêve, que je serais heureux !... que je serais soulagé !.. Mais non, ce n'est que trop vrai... je n'ai plus de femme !... il n'y a plus d'Eugénie pour moi !... Que lui avais-je fait pour me rendre si malheureux !

Insensé que je suis ! je verse encore des larmes, et je suis à Paris au milieu de ce monde qui rirait de moi s'il connaissait la cause de ma douleur. Encore une fois, soyons homme, du moins devant les autres.

J'entre et vais à mon portier.
— Madame est-elle à la maison ?
— Non, monsieur ; madame est partie sur les dix heures, en voiture, avec des cartons, des paquets et puis mademoiselle sa fille.
— Ma fille !... Elle a emmené ma fille ?
— Oui, monsieur. Ça m'a fait l'effet que madame partait pour la campagne. Est-ce que monsieur ne le savait pas ?...

Je n'écoute plus le portier. Je monte, je sonne avec violence. La bonne vient m'ouvrir. Cette pauvre fille devient tremblante en me voyant.
— Votre maîtresse est partie ?
— Oui, monsieur ;... madame a dit qu'elle allait à la campagne... D'abord, quand madame est revenue du bain, elle avait l'air bien malade...
— Du bain ?...
— Oui, monsieur ; madame était sortie ce matin de très-bonne heure pour aller au bain.
— Elle y allait souvent, au bain ?
— Mais, monsieur, oui... assez souvent depuis quelque temps.

— Pourquoi ne me l'aviez-vous jamais dit ?
— Madame... me l'avait défendu.
— Ah ! bien ! enfin ?
— D'abord madame s'est renfermée longtemps dans sa chambre ; et puis elle m'a appelée, m'a fait faire des paquets en me disant de me dépêcher ; et puis elle m'a dit d'aller chercher une voiture ; elle a fait descendre les paquets ; ensuite elle est partie avec sa fille en me disant : Vous remettrez cette lettre à monsieur.
— Une lettre !... où est-elle ?
— Je l'ai mise sur votre bureau, monsieur.

Je cours dans mon cabinet. La voilà, cette lettre... Que peut-elle m'écrire ? Je brise le cachet... Je cherche des traces de larmes sur le papier... mais il n'y en a point. Elle m'a quitté, quitté pour toujours sans répandre une larme !... Mon cœur se révolte. Ah ! si le ciel est juste, un jour viendra où je pourrai lui en faire verser d'aussi amères que celles que j'ai répandues. Lisons.

« Monsieur, je vous ai trompé. Je pourrais peut-être le nier encore ; mais je veux être plus franche que vous ne l'avez été avec moi. Je suis coupable, je le sais ; mais sans votre exemple je ne l'aurais jamais été. Et, quoique aux yeux de la loi je sois beaucoup plus criminelle que vous, moi je ne me juge pas ainsi. Nous ne pouvons plus demeurer ensemble, je le sens. D'ailleurs je crois que ce sera un bien pour tous deux. Je garderai ma fille, vous garderez votre fils. Ma fortune me suffira, et je n'aurai jamais besoin d'avoir recours à la vôtre. Adieu, monsieur ; croyez pourtant que je fais des vœux sincères pour votre bonheur.

» EUGÉNIE. »

Quelle lettre !... Pas un mot de regret... pas une expression de repentir ! Ah, tant mieux ! cela me donne du courage. Mais ma fille, mon Henriette... il faudrait vivre sans la voir, sans l'embrasser tous les jours !... Quelle cruauté !... Eugénie sait à quel point je chéris ma fille, et elle l'emmène... Ce n'est pas par tendresse maternelle... Non, elle ne sait pas aimer ses enfants... C'est donc pour me rendre encore plus malheureux !... Henriette... chère enfant... tu ne viendras plus tous les matins t'asseoir sur mes genoux ; je ne passerai plus ma main dans ta blonde chevelure en appuyant ta tête contre ma poitrine ; et, en cessant de me voir, tu cesseras peut-être de m'aimer !

Je me jette sur un siège ; j'appuie ma tête sur mon bureau ; je ne sais combien de temps j'y reste ainsi.

J'entends la bonne. Cette pauvre fille est derrière moi ; elle me parle depuis longtemps peut-être.
— Que me voulez-vous ?
— Est-ce que monsieur ne dînera pas ?... il est plus de six heures. C'est pour cela que j'ai osé... Je craignais que monsieur ne fût incommodé.
— Non... merci... je ne dînerai pas... Mais que disait ma fille en partant ? que faisait-elle... cette pauvre petite ?
— Dame ! monsieur, elle voulait emporter sa poupée ; sa maman n'a pas voulu ; elle lui a dit qu'elle lui en achèterait une autre...
— C'est là tout ?
— Et puis mamzelle Henriette a dit : Pourquoi donc n'attendons-nous pas papa pour aller en voiture ?
— Chère enfant, elle a pensé à moi !

Ces mots me font du bien. Je reviens à moi. Eugénie n'a pas dit où elle va, mais je le saurai par son banquier. Il faudra bien que je le sache, et nous verrons si elle refusera de me rendre ma fille. Allons ! plus de faiblesse ! ne songeons maintenant qu'à me venger de Dulac. Je sais dans quelle réunion il sera ce soir... Je devais y conduire madame. Mais si elle lui avait écrit... si elle l'avait instruit de ce qui s'est passé... Oh ! non, elle n'a d'abord songé qu'à s'éloigner.

Je m'informe à la bonne si madame a écrit d'autres lettres ; elle ne le sait pas. Ah! si Dulac m'échappait ce soir... Il est près de sept heures ; habillons-nous pour aller en soirée... Aller dans le monde !... feindre le calme, sourire lorsque mon cœur est déchiré !... mais ce sera pour longtemps, j'espère.

Je mets beaucoup d'or dans mes poches ; il est encore de bien bonne heure pour aller en soirée... je me promène dans mon appartement. Logement maudit, où je débutai par être malheureux, tu ne me verras plus longtemps !

Enfin huit heures sonnent ; je pars. C'est chez la dame où l'on a vu la lanterne magique qu'il y a réunion. C'est là que j'ai eu les premières lumières sur mon malheur : il est juste que ce soit là que j'en tire vengeance.

Il y a du monde, mais peu encore, et il n'est point arrivé. On me demande des nouvelles de madame ; je la dis indisposée, et vais m'asseoir contre une table de jeu.

Toutes les fois que la porte du salon s'ouvre, je retourne avec un frémissement involontaire... Il ne vient pas !

Bélan, Giraud arrivent. Ils viennent me dire bonsoir ; j'ai l'air très-occupé du jeu pour ne pas entrer en conversation avec eux ; mais Bélan trouve moyen de s'approcher de moi et de me dire dans le tuyau de l'oreille :
— Mon ami, je ne le suis pas... tout s'est expliqué à ma plus grande satisfaction... J'irai vous conter cela un de ces matins.

Je me contente de lui serrer la main ; un peu convulsivement sans doute, car il retire la sienne en disant : — Je suis bien sensible au plaisir que cela vous fait.

Enfin le voilà ! Il est entré dans le salon... il le parcourt des yeux... Je devine ce qu'il cherche... Il vient à moi... Bon ! il ne sait rien ! Il a l'audace de me demander des nouvelles de ma femme, et pourquoi elle n'est pas venue. Je me contiens, je réponds quelques mots vagues, et je m'éloigne de lui.

J'attends qu'il se place à l'écarté ; il s'y met enfin. Je parie contre lui. Au second coup, où nous perdons deux points, je prétends que notre adversaire n'avait pas fait couper ; j'ai l'air de croire que le jeu était préparé. On se regarde avec étonnement, on ne dit rien. M. Dulac devient rêveur, distrait ; il propose d'annuler le coup, on s'y refuse.

Nous perdons. Je me hâte de prendre la place. Je triple mon jeu pour que les parieurs ne trouvent pas à mettre contre moi ; ensuite je tiens mes cartes de manière qu'on ne puisse les voir. J'écarte mes atouts afin de perdre. Je demande en revanche, et, quoiqu'il soit d'usage de se lever quand on perd, je ne me lève pas, et je double mon jeu, en lançant encore des épigrammes sur le bonheur de mon adversaire.

M. Dulac montre une grande patience, il paraît mal à son aise, mais il ne dit rien. Je perds de nouveau ; j'ai l'air d'un joueur déterminé ; j'augmente encore mon jeu. Je perds ; je me lève en jetant les cartes au nez de M. Dulac.

Il n'y avait plus moyen de prendre cela paisiblement. Dulac se lève à son tour et me demande si j'ai eu l'intention de l'insulter. Je lui ris au nez et ne lui réponds pas. On cherche à arranger l'affaire en lui faisant entendre que je suis mauvais joueur, et que la perte m'a exaspéré. Je vois bien que tout le monde me donne tort. Dulac ne dit rien, ni moi non plus. J'en ai fait assez en public pour que notre duel puisse s'expliquer par cette scène.

Au bout de quelques instants, je m'approche de Dulac et lui dis bas :
— Je vous attendrai demain à sept heures, avec un ami, à l'entrée de Vincennes ; n'y manquez pas, et songez que cette affaire ne peut s'arranger.

Il m'a fait un signe affirmatif. Je fais encore quelques tours dans le salon, puis je m'éclipse.

Il me faut un témoin ; mon choix est déjà fait : le nombre de nos vrais amis n'est pas si grand pour que l'on puisse être embarrassé.

Je vais chez Ernest, à sa nouvelle demeure. Ils sont sortis, ils sont au spectacle avec leurs enfants. Mais ils ont une domestique maintenant. Je les attendrai, car il faut absolument que je voie Ernest ce soir.

La certitude de prochaine vengeance ou de la fin de mes peines a un peu calmé mes sens. Je réfléchis à ma situation : je vais me battre... Si je tue mon adversaire, cela ne me rendra pas le bonheur... S'il me tue, mes enfants seront donc livrés à une mère qui ne les aime pas ; ainsi ce duel même ne peut avoir un résultat satisfaisant. Était-il bien nécessaire ?... Oui, parce que j'exècre ce Dulac maintenant... Et pourtant il n'a fait que remplir son rôle de jeune homme, il n'a fait que ce que j'ai fait aussi, moi, étant garçon. Ma femme est bien plus coupable !... et je ne puis la punir !

En cas de mort, je n'ai aucun écrit à tracer, mes enfants hériteront de moi... Puissent-ils ignorer toujours la faute de leur mère !

Que de maux pouvaient résulter d'un instant de faiblesse ! si une femme le calculait, serait-elle jamais coupable !... Mais le calculais-je, moi, avant mon mariage ? Non ; il faut des passions, des tourments, de l'agitation à notre âme. Un bonheur calme et pur nous ennuierait.

Il en est pourtant qui connaissent ce bonheur !...

Il y a des êtres privilégiés il y en a aussi qui n'ont point de passions, qui aiment comme ils mangent, comme ils boivent, comme ils dorment. Ne connaissant pas le véritable amour, ils n'en ont jamais les tourments : ce sont peut-être les plus heureux.

Après cinq ans, six mois de mariage... et d'un mariage d'amour !... Elle semblait tant m'aimer !... N'était-ce donc pas vrai alors ?... ou l'aurait-on forcée à me le dire, à m'épouser ? Sa mère ne faisait que ses volontés. Celle que l'on contraint à donner sa main à un homme qu'elle n'aime pas est bien moins coupable quand elle trahit sa foi. Mais me montrer tant d'amour, et... Allons, il faut oublier tout cela.

Ernest et sa femme reviennent du spectacle. On leur dit qu'un monsieur les attend dans leur salon. Ils entrent et poussent un cri de surprise en me voyant.

— C'est Blémont !...
— C'est monsieur Henri... Ah ! qu'il y a longtemps... Par quel hasard si tard ?
— Je voulais vous voir... J'avais quelque chose à demander à Ernest.

Ils me regardent tous deux, et tous deux en même temps se rapprochent de moi...

— Qu'avez-vous donc ?... Que vous est-il arrivé ?
— Comme il est pâle... défait !...
— Je n'ai rien.
— Oh ! si, mon ami, vous avez quelque chose... Votre femme serait-elle malade !...

Je retombe sur ma chaise en balbutiant : — Je n'ai plus de femme... plus d'enfant avec moi... je suis seul à présent...

— Que dit-il ? s'écrie Marguerite. Votre femme ?...
— Elle m'a trompé... trahi... elle n'est plus avec moi.
— Ils ne disent plus un mot ; ils paraissent atterrés. Je me lève, et reprends d'un ton plus ferme : — Oui, elle m'a trompé, cette Eugénie... que j'aimais tant... Vous le savez... vous... qui étiez confidents de mon amour... Ce n'est que ce matin que j'ai eu la preuve de sa perfidie... Je ne suis pas encore habitué à souffrir... je m'y ferai peut-être... mais, je le jure, je ferai mon possible pour oublier une femme indigne de moi... J'ai été malheureux en amour... j'aurai du moins quelques consolations en amitié.

Ernest et Marguerite se jettent dans mes bras ; Marguerite pleure ; Ernest me presse tendrement la main. Enfin je me dégage de leurs bras.

— Mes amis, il est tard ; pardonnez-moi d'être venu ainsi troubler votre bonheur. Adieu, ma chère voisine... Ernest, deux mots, s'il vous plaît...

Il me suit dans l'embrasure d'une croisée.

— Je me bats demain. Vous devinez avec qui et pour quel motif. Je n'ai pas besoin de vous dire qu'il n'y a aucun arrangement à proposer... quoique nous soyons censés nous battre pour une querelle au jeu. Voulez-vous être mon témoin ?
— Oui, sans doute.
— Je vous attendrai demain, à six heures précises du matin.
— Je serai exact.

Marguerite était passée dans une autre chambre. Elle revient alors en me disant : — Avant de vous en aller, est-ce que vous ne voulez pas embrasser nos enfants ?...

A cette proposition, des larmes me viennent dans les yeux ; car je songe que ce soir je ne pourrai pas, avant de me coucher, aller embrasser ma fille.

Marguerite a sans doute deviné ma pensée : — Ah ! pardonnez-moi, me dit-elle, je vous fais du chagrin... Mon Dieu ! c'est sans le vouloir.

Je lui serre la main, je fais un signe de tête à Ernest, et je sors précipitamment.

Il me faut encore rentrer dans ce logement... Ah ! c'est un supplice. Comme il me semble vide !... il l'est en effet. Plus de femme... plus d'enfant autour de moi. Ce n'est pas Eugénie que mes yeux cherchent... Depuis longtemps elle me fuyait, elle évitait ma présence. C'est ma fille, ma petite Henriette... celle-là ne m'évitait pas.

Quelle nuit pénible je passe ! pas un instant de sommeil !... je voudrais savoir si elle dort tranquille, celle qui me remet le bonheur.

Enfin le jour vient, et à six heures Ernest est chez moi. Je prends mes pistolets, une voiture est en bas, nous montons dedans et j'indique Vincennes au cocher.

Je ne parle pas pendant le trajet. Près d'arriver, Ernest me dit :
— Si vous succombiez, mon ami, n'avez-vous rien à me dire, à m'ordonner ?
— Rien, mon cher Ernest... car, excepté vous et votre femme, personne ne s'intéresse véritablement à moi. Mon fils n'est pas d'âge à comprendre la perte qu'il ferait... Ma fille... elle pleurerait peut-être !... c'est pour cela qu'il ne faudrait rien lui dire non plus... Pauvre enfant ! je ne voudrais pas lui faire verser une larme !

Nous sommes arrivés. A quelques portées de fusil du château, j'aperçois deux hommes qui se promènent : c'est Dulac et son témoin. Nous marchons à grands pas vers eux : nous nous rejoignons ; ils nous saluent : je ne réponds pas à cette politesse et marche vers le bois.

Je ne connais pas le témoin de Dulac : il ne vient pas dans nos sociétés : tant mieux ! J'ignore ce que Dulac lui a dit, mais je suis persuadé que celui-ci n'est pas dupe du motif qui m'a fait lui chercher querelle hier au soir.

Nous nous arrêtons. Les témoins nous donnent nos armes, qu'ils ont examinées ; ils ont mesuré la distance.

— Tirez, monsieur, dis-je à Dulac ; je suis l'agresseur.
— Non, monsieur, me répondit-il froidement ; c'est à vous de tirer, c'est vous qui êtes l'offensé.

Je ne me le fais pas répéter ; je tire... Je le manque. C'est à son tour... il hésite...

— Tirez, lui dis-je ; et songez, monsieur, que cette affaire ne peut se terminer ainsi.

Il tire... Je ne suis pas atteint. Ernest me donne un autre pistolet. Je vise de nouveau Dulac : le coup part ; il tombe.

Je ne suis pas méchant, mais je voudrais l'avoir tué.

CHAPITRE XVII. — Un tourment de plus. — Une ancienne connaissance.

J'ai sur-le-champ quitté le bois ; Ernest en fait autant en annonçant au témoin de Dulac qu'il va lui envoyer du monde.

Cette fois, le sort a donc été juste ! ma vengeance est satisfaite. Je devrais me sentir un peu soulagé, et pourtant il n'en est rien : c'est que je me suis vengé de celui qui m'a fait le plus de mal. Je remercie Ernest, et le quitte en lui promettant d'aller le voir souvent. Il voulait que j'allasse, ce jour même, dîner avec lui ; mais j'ai encore besoin d'être seul. J'irai chez eux lorsque j'aurai un peu appris à supporter ou, du moins, à cacher mes chagrins.

Je cherche un appartement dans le quartier d'Ernest, loin de celui où je suis maintenant. Je loue le premier qui est vacant, puis je rentre à ma demeure. Je vais chez mon propriétaire ; je paye ce qu'il exige pour partir tout de suite. Je suis libre enfin ! Je fais sur-le-champ emporter mes meubles.

Je renvoie ma domestique. Je n'ai pas à me plaindre de cette femme, bien au contraire ; mais elle me servait du temps que je veux oublier : je ne veux plus la voir. Je lui donne de quoi attendre patiemment une autre condition.

Mes meubles sont portés dans mon nouveau logement, rue Saint-Louis. Je m'y installe... Je m'y sens déjà mieux, j'y respire plus librement. Pour les peines du cœur comme pour celles du corps, il n'y a rien de tel que de changer d'air.

Je voudrais aller voir mon fils : il est trop tard aujourd'hui pour me rendre à Livry. Je vais chez le banquier d'Eugénie pour tâcher de savoir où elle est. Je veux lui écrire, je veux qu'elle me rende ma fille. Ce n'est pas trop de mes deux enfants pour me tenir lieu de tout ce que j'ai perdu.

Ce banquier est un homme recommandable. Je me garde bien de lui apprendre la véritable cause de ma séparation avec ma femme. Je lui fais entendre que notre humeur, que nos goûts étant changés, nous avons cru tous deux devoir prendre ce parti, qui est irrévocable. Ce n'est donc pas pour courir après ma femme que je désire savoir où elle est, c'est simplement pour lui écrire au sujet de quelques affaires d'intérêt que nous n'avons pu régler.

Il ignore où est Eugénie ; elle ne lui a pas écrit. Mais il me promet de m'envoyer son adresse aussitôt qu'il la saura.

Il faut donc attendre pour revoir ma fille. Si je l'avais près de moi, il me semble que je retrouverais tout mon courage, et que je pourrais encore être heureux. Oh ! oui, je le serais en embrassant cette aimable enfant. Si du moins j'avais son portrait !... Bien souvent j'ai eu l'idée de le faire, mais mes occupations ou des scènes avec ma femme m'empêchaient de me livrer à ce travail... Attendons quelques jours, l'original me reviendra, et je ne m'en séparerai plus.

Le regret de n'avoir pas fait ce portrait me rappelle celui que je porte sans cesse sur moi... Ah ! je veux le briser, comme jadis elle a brisé le mien.

Le portrait d'Eugénie est attaché dans l'intérieur d'un souvenir. Je le sors de ma poche ; j'ouvre le souvenir, et, malgré moi, mes yeux se portent sur cette miniature, qui me retrace si bien ses traits. Je ne sais comment cela se fait, mais ma fureur se dissipe... Je me sens ému, attendri... Ah ! ce n'est pas là cette femme qui m'a trahi, abandonné !... C'est celle qui m'aimait... qui répondait si bien à mes transports... dont les yeux cherchaient toujours les miens !... Cette Eugénie d'autrefois n'est plus la même que celle d'aujourd'hui... pourquoi donc briserais-je son image ?

Je regarde autour de moi.. je suis seul... Mes lèvres se collent encore sur ce portrait... C'est une indigne faiblesse... mais je me persuade que je la retrouve comme il y a cinq ans, et cette illusion me procure un moment de bonheur.

Le lendemain je pars de grand matin pour Livry. Cette route me rappelle bien des souvenirs !... Mon fils n'a encore que onze mois ; mais aussitôt que cela se pourra, sans nuire à sa santé, je le retirerai de chez sa nourrice, et je le viendrai plus dans cette campagne.

J'arrive chez les paysans. Ils me demandent toujours des nouvelles de ma femme. J'abrège leurs questions en leur disant qu'elle est en voyage pour longtemps. Je demande mon fils.

On m'apporte le petit Eugène. Je le prends dans mes bras... je vais le couvrir de baisers... Tout à coup une idée nouvelle... une pensée cruelle s'offre à mon esprit... mes traits s'altèrent. J'éloigne l'enfant qui me tendait les bras, et je le remets dans ceux de sa nourrice.

Cette bonne femme ne comprend rien au changement qui vient de s'opérer en moi. Elle me regarde et s'écrie :

— Eh ben ! quoi donc ?... vous me rendez vot' fils sans l'embrasser !... Il est pourtant bien gentil ce pauvre bijou...

— Mon fils ! me dis-je à moi-même, mon fils !... Il n'a que onze mois... et Dulac venait à la maison avant qu'Eugénie ne fût enceinte !...

Un nouveau soupçon vient aggraver mes tourments. Qui me dit que cet enfant est à moi ? que ce n'est pas le fruit de leur liaison que je vais embrasser ?

A cette idée je me lève brusquement.

— Est-ce que vous êtes malade, monsieur ? me demande la nourrice.

Je ne lui réponds pas et sors de la maison. Je me promène quelque temps dans la campagne. Je sens que désormais je ne pourrai plus penser à mon fils sans que cette idée cruelle me poursuive : en embrassant cet enfant, elle troublera mon bonheur, elle altérera la tendresse que j'aurais eue pour lui. Et ces dames prétendent qu'elles ne sont pas plus coupables que nous !... Ah ! elles sont toujours sûres d'être mères... elles ne craignent pas de prodiguer leurs caresses à l'enfant d'une étrangère ! C'est un bien grand avantage qu'elles ont sur nous. Mais la nature ne fait pas tout... on devient père en adoptant une innocente créature ; il ne l'est plus, celui qui abandonne, qui délaisse ses enfants.

Je rentre plus calme chez la nourrice. Cette pauvre femme se tient dans un coin avec l'enfant sur ses bras ; elle n'ose plus me le présenter. Je vais à elle, je baise l'enfant au front en poussant un profond soupir. Je le recommande à la paysanne ; je lui donne de l'argent et je retourne à Paris plus triste encore que je n'en étais parti.

Je trouve chez moi Ernest qui m'attendait. Il a été à mon ancienne demeure, il a su ma nouvelle, et depuis ce matin il m'a cherché partout pour me distraire, me consoler.

— Que dit-on du monde ? telle est ma première question la voyant ; car, je l'avoue, ma plus grande crainte est que l'on sache que ma femme m'a trompé, et c'est bien moins pour moi que pour elle que je le crains. Aux yeux de la société, je ne voudrais pas qu'elle fût coupable ; c'est bien assez qu'elle le soit pour moi. Je supplie donc Ernest de ne me rien cacher.

— Votre duel est connu, me dit-il ; mais on l'attribue à la scène que vous avez eue au jeu. On vous donne tort, on plaint votre adversaire. Dulac n'est point mort, on pense même qu'il en reviendra ; mais sa blessure est grave et il sera pour longtemps au lit. Je ne sais comment il se fait que Giraud a déjà su votre changement de domicile, et qu'ici vous êtes emménagé dans votre épouse. Il aura sans doute questionné les portiers. Il a été conter cela partout. On en jase, chacun fait son histoire ; le plus grand nombre pense que vous rendiez votre femme si malheureuse qu'elle a été obligée de se séparer de vous.

— Ah ! tant mieux ! que l'on croie cela et qu'on me donne tous les torts, c'est ce que je désire. Vous seul et votre femme connaissez la vérité, mon cher Ernest ; mais je sais bien que vous ne trahirez pas ma confiance.

— Non, sans doute... quoique cela m'indigne d'entendre qu'on vous accuse et que l'on plaint votre femme. A votre place, je ne sais si je serais aussi généreux !...

— Et mes enfants, mon ami, et ma fille !...

— C'est vrai !... je n'y songeais pas.

— Que m'importe que le monde qui me blâme ?... il ne me verra guère à présent...

— J'espère cependant que vous ne deviendrez pas misanthrope et que vous chercherez à vous distraire, à oublier une femme qui ne mérite pas vos regrets ; agir autrement serait une faiblesse impardonnable...

— Je vous promets de tâcher de suivre vos conseils.

— Pour commencer, vous allez venir dîner avec moi...

Je ne puis refuser Ernest, quoique la solitude soit maintenant tout ce que je désire. Je vais chez lui. Sa compagne m'accable de soins, d'amitiés ; leurs enfants viennent me caresser et jouer avec moi. En dînant, ils font tout ce qu'ils peuvent pour me distraire. Je suis sensible à leur amitié ; mais la vue de ce bonheur domestique, de cette heureuse famille n'est pas capable d'alléger mes peines ; elle les redouble au contraire. Et moi aussi j'ai une femme, des enfants !... Ah ! ce ne sont point de pareils tableaux qu'il faut me présenter : ils brisent mon cœur. C'est de la foule, du tumulte, ce sont des plaisirs bruyants qu'il faut m'offrir ; j'ai besoin d'être étourdi et non pas attendri.

Je quitte de bonne heure ces bons amis. Trois jours après, je reçois une lettre du banquier d'Eugénie : il m'apprend qu'elle est pour le moment à Aubonne, près de Montmorency. Je sais où elle est, cela me fait du bien ; il semble que l'on soit moins éloigné des personnes quand on sait où elles sont. Je me rappelle qu'Eugénie a une vieille parente de sa mère qui habite Aubonne : elle se sera retirée chez elle. Y restera-t-elle, c'est ce que j'ignore. Mais je vais lui écrire sur-le-champ.

Je me mets à mon bureau. Je ne sais par où commencer : c'est la première fois que je lui écris depuis notre séparation... Nous n'avons jamais été séparés... Je ne lui adresserai aucun reproche sur sa conduite... A quoi bon maintenant ? il ne faut se plaindre que lorsqu'on veut bien pardonner. Pas de phrases, allons au fait.

« Madame, vous avez emmené ma fille ; je désire, je veux qu'elle reste avec vous. Gardez votre fils ; vous pouvez, vous, lui donner ce nom ; mais, moi, dois-je aussi l'appeler mon fils ?... Prenez cet enfant et rendez-moi ma fille. Ce sera pas pour vous une privation ; d'ailleurs, je lui permettrai d'aller vous voir quand vous le désirerez. J'espère, madame, ne pas être obligé de vous écrire une seconde fois. »

Je signe cette lettre, et la fais sur-le-champ porter à la poste : il me tarde d'avoir la réponse.

Je ne veux plus m'occuper d'affaires, je renonce à mon état. J'ai assez de quoi vivre, maintenant que je ne veux plus tenir de maison ni recevoir de monde. Mais que ferai-je pour utiliser ce temps, si long quand on souffre ?... Je reprendrai mes pinceaux ; oui, je vais de nouveau cultiver cet art consolateur ; je vais m'y livrer entièrement, il charmera mes loisirs. Cette idée me sourit ; il me semble que je vais revenir à ma vie de garçon. Sans enfants, j'aurais pour quelque temps quitté Paris, j'aurais voyagé... mais ma fille est encore tr p jeune pour que je lui fasse supporter des changements de climat qui pourraient altérer sa santé.

Deux jours ne sont pas écoulés que je reçois une lettre d'Aubonne : c'est la réponse d'Eugénie... Je tremble en ouvrant cette lettre.

« Monsieur, vous vous trompez en croyant que ce ne serait pas une grande privation pour moi de n'avoir pas ma fille; je l'aime tout autant que vous pouvez l'aimer. Quant à votre fils, il est bien à vous, monsieur. Vous connaissez ma franchise, croyez donc à ce que je vous dis. Les choses resteront telles qu'elles sont : ma fille ne me quittera pas. Invoquez les lois si vous le voulez; rien ne changera ma résolution.

» EUGÉNIE. »

J'ai peine à supporter la lecture de cette lettre. Je suis indigné,

M. Dulac.

furieux. Elle m'a déshonoré, elle fait mon malheur, et refuse de me rendre ma fille ! Ah ! cette femme n'a plus aucune pitié, aucune sensibilité !... Elle aime sa fille, dit-elle... oui, comme elle m'a aimé, moi ! Elle me brave... elle me dit d'invoquer les lois ! Ah ! si je le pouvais... si j'avais à produire des preuves de son crime !... Mais, non; quand même je le pourrais, elle sait trop bien que je ne le ferais pas... que je ne voudrais pas que les tribunaux retentissent de mes plaintes... que dans le monde mon nom ne soit plus prononcé sans être un sujet de plaisanteries. Oui, elle me connaît, c'est pourquoi elle ne craint rien. Elle m'affirme que son fils est le mien; elle veut que je croie à sa parole !... Non, je ne verrai plus cet enfant, je ne veux plus en entendre parler ! Mais ma fille !... Ah ! je ne veux ni ne veux l'oublier !

Je suis pendant quelques jours dans la plus grande agitation, je ne sais que faire et à quel parti m'arrêter. Tantôt je veux partir, quitter pour jamais la France : mais l'image de Henriette me retient; tantôt je veux retourner dans le monde, avoir des maîtresses, passer mon temps avec elles et m'étourdir entièrement sur le passé. Un profond abattement succède à cette fièvre de mes sens. Je fuis la société, je ne vais même pas chez Ernest, quoiqu'il soit venu plusieurs fois m'en prier. Tout m'ennuie, tout me fatigue; je n'aime qu'à être seul pour penser à ma fille... Sa mère, je la hais, je la maudis. Ah ! je partirai, je quitterai ce pays... Qui donc me retient encore ?... Je n'en sais rien.

Plusieurs semaines se sont écoulées sans que je sache comment j'ai vécu. Je sors de grand matin pour éviter même les visites d'Ernest, car chaque jour je deviens plus misanthrope, plus morose; je me promène dans les endroits solitaires, je rentre de bonne heure et j'ordonne toujours à mon portier de dire que je n'y suis pas. C'est aussi mon portier qui est mon domestique, qui a soin de mon appartement, lequel est même assez mal soigné.

La maison où je demeure maintenant me convient sous beaucoup de rapports : triste et sombre comme la plupart des maisons anciennes du Marais, elle renferme, je crois, fort peu de locataires, car je n'en rencontre jamais sur l'escalier. Cependant j'ai un voisin dont je me passerais volontiers : c'est un homme qui loge dans les chambres mansardées, lesquelles sont au-dessus de mon appartement, la maison n'ayant en tout que trois étages.

Ce voisin a l'habitude de chanter dès qu'il est chez lui; il rentre ordinairement entre dix et onze heures du soir; et, jusqu'à ce qu'il soit couché et endormi, il faut que j'entende ses refrains joyeux, ses chansons à boire. Cela m'impatiente... non que cela m'empêche de dormir; le sommeil ne me visite pas de si bonne heure. Mais cela me trouble dans mes pensées, dans mes réflexions. J'ai eu quelquefois envie de me plaindre au portier... Mais parce que j'ai des chagrins, faut-il donc que j'empêche les autres d'être gais ?

Depuis quelques jours cela devient plus insupportable, parce que le voisin rentre beaucoup plus tôt et que les chants commencent souvent dès huit heures du soir. Moi, qui ne cause jamais avec mon portier, je me décide pourtant à lui demander quel est ce voisin qui chante toujours.

— Monsieur, me répond le portier, c'est un pauvre tailleur... un Allemand... Je ne conçois pas comment il a le cœur de chanter, car il n'a pas le sou, il ne trouve pas d'ouvrage, à ce qu'il paraît... Ça ne m'étonne pas, c'est un ivrogne; il travaille fort mal ! Je lui ai donné un de mes pantalons pour faire un habit neuf à mon fils; c'était mal fait... sans grâce, sans tournure... les reprises en devant !... Je lui ai retiré ma pratique. Au reste, il ne vous ennuiera pas longtemps; comme il ne paye pas le loyer de sa chambre, on est décidé à lui donner congé.

Je fais entendre au portier que je ne demande pas que l'on renvoie cet homme; mais il paraît que le propriétaire ne connaît que ses loyers. Le soir, sur les huit heures, j'entends chanter le tailleur... il donne toute sa voix, il fait des roulades, des cadences... Qui croirait que cet homme n'a pas le sou ?

J'entends fort bien... ils s'embrassent... et je distingue ces mots : A présent,
il faut que je parte...

Je me rappelle la fable du *savetier et du financier*; si j'allais donner de l'argent au voisin pour le faire taire ?... Mais l'argent le fera peut-être chanter plus fort; car on trouverait peu de savetiers comme celui de la fable. Cependant je cède à l'idée d'aller voir mon voisin... S'il est complaisant, il voudra peut-être bien chanter un peu moins fort... mais je ne l'espère pas, car les Allemands sont entêtés, et ils aiment la musique. N'importe, allons toujours voir le tailleur.

Je monte l'étage qui me sépare des mansardes. La voix du voisin me guide pour trouver sa porte. La clef est après, malgré cela je frappe avant d'ouvrir.

On continue un passage du *Freyschutz* et on ne me répond pas ; j'ouvre alors.

J'entre dans une chambre dans laquelle il y a, dans un coin à terre, un matelas avec une mauvaise couverture dessus. Une chaise dépaillée, quelques pots égueulés, et une longue planche qui sert sans doute d'établi, mais qui alors est adossée au mur : voilà tout l'ameublement. Sur le rebord de la fenêtre, qui est ouverte, est un homme jeune encore, dont la figure insouciante et enluminée ne m'est pas inconnue. Il est en chemise, et assis à la manière des tailleurs, les genoux en dehors de la croisée, ce qui, au moindre mouvement en avant, l'exposerait à tomber dans la cour.

A mon arrivée il s'arrête au milieu de sa roulade et s'écrie : — Tiens, je croyais que c'était le portier qui venait encore me demander de l'argent... Je lui aurais dit : Prout, prout ! Asseyez-vous donc, monsieur.

Je m'assieds, car le voisin paraît sans façon ; il ne s'est pas levé. Je ne sais s'il croit que je suis venu pour l'entendre chanter ; mais il semble disposé à reprendre son air ; je l'arrête auparavant.

— Monsieur, je suis votre voisin...
— Ah! vous êtes mon voisin!... A côté ou au-dessous?
— Au-dessous.
— Ah! oui... Parbleu, à côté ce ne sont que les cuisinières de la maison... toutes des vieilles malheureusement... Ça ne chante plus... ça ne fait plus l'amour... ça ne sait plus faire que des sauces... des consommés réduits, comme dit celui du premier... Moi, je donnerais tous ses réduits pour une bouteille de beaune... Ah! que c'est bon, le beaune... Si j'en avais je vous en offrirais pas!... mais depuis trois jours je n'ai bu que de l'eau. Prout! prout! il faut se consoler.

Pendant que le tailleur parle, je l'examine, je suis persuadé que je l'ai vu quelque part, je ne puis me rappeler où.

— Êtes-vous venu pour une culotte ou un habit? reprend mon voisin. Ça tomberait bien, je n'ai rien à faire, je vous ferai cela tout de suite, et dans le dernier goût, quoique ce méchant portier ait osé se plaindre de mon talent... L'imbécile! il veut que je trouve un habit neuf pour son fils dans un vieux pantalon qui avait déjà été retourné trois fois.

— Je ne suis venu ni pour un habit ni pour une veste... mais pour vous adresser une prière...
— Une prière !...
— Vous chantez beaucoup, monsieur.
— Parbleu! je n'ai pas autre chose à faire!...
— Vous chantez très-bien certainement.
— Oui, j'ai de la voix ; nous autres Allemands, nous sommes tous musiciens, c'est né avec nous.
— Je le sais ; mais pensez-vous que pour quelqu'un qui travaille de tête... qui est obligé de réfléchir... de méditer, ce soit bien agréable d'entendre chanter toute la soirée?
— Qu'est-ce que ça me fait tout ça?
— Tenez, monsieur, je vais au fait, vos chants m'incommodent, m'importunent, et si vous vouliez avoir la complaisance de chanter moins ou moins fort, je vous prierais d'accepter ceci comme une faible marque de ma reconnaissance.

J'avais tiré ma bourse de ma poche et je cherchais sur quoi la poser, ce qui était difficile, à moins de la mettre à terre, lorsque le tailleur, qui venait de quitter brusquement la fenêtre pour sauter dans la chambre, s'avance vers moi en fronçant les sourcils.

— Dites donc, monsieur d'au-dessous qui n'aimez pas la musique, est-ce que je vous ai l'air de demander l'aumône? qui est-ce qui vous a permis de venir me faire une avanie dans ma chambre. Est-ce que Pettermann a jamais passé pour un mendiant?...

— Pettermann! dis-je en le regardant plus fixement ; vous vous appelez Petterman?
— Schnick Pettermann... garçon tailleur depuis l'âge de quinze ans... Je n'ai jamais pu devenir maître... Ce n'est pas ma faute... Eh ben! quand vous me regarderez sous le nez...
— Oui, j'y suis à présent... Vous avez demeuré rue Meslay?
— Je crois que oui... J'ai déménagé si souvent que je ne peux guère me souvenir de tous les appartements que j'ai occupés!
— Vous rappelez-vous cette petite chambre où vous rentriez si souvent par la fenêtre du toit en cassant les carreaux... parce que vous perdiez votre clef?...
— Ah! j'y suis... il y avait un plomb large... C'était commode, je grimpais dessus.
— Et cette jeune voisine chez qui vous allumiez votre chandelle?...
— La petite Marguerite... Ah! bon... je vous reconnais à présent! Vous étiez l'amant de ma voisine...

M. de Roquencourt et sa nièce Caroline.

— Oh! non, je n'étais que son ami... mais j'y allais souvent... Nous vous entendions rentrer... Ah! que j'étais heureux alors!...
— Vous étiez heureux quand je cassais les carreaux? Ça vous amusait?...
— Il faudra donc toujours que je retrouve des souvenirs de ce temps... je veux les fuir... et pourtant votre vue me fait plaisir.
— Vous êtes bien honnête, monsieur!... Il y a de ça déjà cinq ans au moins... Pus de cinq ans même, je n'étais pas encore marié alors.
— Ah! vous vous êtes marié depuis?
— Mon Dieu, ne m'en parlez pas!... Je ne sais quelle chienne d'idée m'était passée par la tête, moi qui ne pense guère à l'amour, vlà-t-il pas qu'un jour... prout! prout!... ça me prend comme une envie d'éternuer ; je me figure que j'en tiens pour une jeune cuisinière qui m'avait quelquefois demandé l'heure... puis du feu... des bêtises enfin qui annoncent l'intention de faire une connaissance. Suzanne était jolie... Oh! une superbe fille... bien découplée... Je lui rendrai justice pour le physique. Elle avait amassé douze cents francs en trichant un peu ses maîtres sur les légumes et le beurre. Je me dis : ce sera de quoi commencer un joli établissement de tailleur en boutique, à l'instar du Palais-Royal. J'offre ma personne, qu'on accepte, et nous nous marions, et je loue un magasin sur le boulevard du Pont-aux-Choux, et ça va bien pendant...
— Pendant quelques mois?
— Ah! prout! vous êtes ben honnête! pendant quelques jours... une semaine au plus. Après ça, mon épouse trouve que je m'attarde... que je bavarde, que je bois. Moi, je prétends qu'elle ne doit s'occuper que de faire des boutonnières. Elle refuse de mordre aux boutonnières, ça me fâche ; je m'entête, elle s'obstine, bref nous nous battons!... oh! mais nous nous battons comme des lutteurs ; et une fois l'habitude prise!... c'était fini, nous n'y manquions pas un seul jour. Prout! prout! matin et soir!... Fallait voir comme nous nous rossions!...
— Ne valait-il pas mieux quitter votre femme?
— Ah! certainement, c'est ce que je me suis dit ; un soir que mon épouse m'avait presque arraché toute l'oreille gauche, j'ai fait mon paquet et je l'ai laissée là.
— L'avez-vous revue depuis?
— Oh! pas si bête... Je n'ai pas envie de la revoir, et de son côté je crois bien qu'elle ne se soucie pas non plus de me retrouver. A c't'heure c'est fini ! prout ! pour l'amour !... Que ma femme meure ou non, ça m'est bien égal, je ne me marie plus.
— Vous n'avez pas d'enfants?
— Comment voulez-vous!... Est-ce que nous avions le temps d'en

faire en nous rossant?... Ma foi, j'aime autant n'en pas avoir eu; ça me serait resté sur les bras, il faudrait nourrir les mioches, et c'est difficile quand on ne peut pas se nourrir soi-même tous les jours.
— Mais du moins votre femme vous a été fidèle?...
— Fidèle? ah! prout! Est-ce que je me suis occupé de ça?... D'ailleurs nous ne sommes restés que quatre mois ensemble, et ça ne m'a pas enrichi!... Depuis quelque temps l'ouvrage ne va pas du tout, et on se gâte les doigts à ne rien faire. Mais c'est égal, ce n'est pas une raison pour venir comme ça avec vot' bourse à la main !...
— Ecoutez-moi, monsieur Pettermann, je me suis mal expliqué, je n'avais nullement l'intention de vous offenser...
— Je ne m'offense pas, mais...
— On m'a dit que vous étiez sans ouvrage, j'avais l'intention de vous donner ma pratique...
— Oh! c'est différent! vot' pratique, ça me va...
— Je ne puis pas vous montrer ce soir ce que je veux vous faire faire... mais je croyais qu'il n'y avait aucun mal à vous offrir quelque argent d'avance sur ce que vous ferez pour moi... nous avons déjà logé sous le même toit... nous nous connaissons... je serais fâché de me brouiller avec vous.
— Monsieur, du moment que vous m'offrez ça en avance sur des façons que je vous ferai, c'est toute autre chose. Donnez-moi ce que vous voudrez... je recevrai, et je ne vous prendrai pas plus cher pour cela.
— A la bonne heure... Tenez, voici quarante francs... nous compterons ensemble.
— Quarante francs... Je vous ferai habit, veste et culotte soignés pour ça... Et pour ce qui est de chanter, si ça vous gêne...
— Non, chantez, Pettermann, chantez; maintenant que je sais que c'est vous, cela ne me fatiguera plus; je me figurerai que j'habite encore mon logement d'autrefois.

Je laisse le tailleur, qui ne sait dans quelle poche mettre ses quarante francs, et je pars de chez moi... Mais ce soir-là et toute la semaine suivante je n'entends pas chanter Pettermann, parce qu'il ne rentre qu'à minuit, qu'il est gris et qu'il s'endort dès qu'il est couché.

Chapitre XVIII. — Une Rencontre. — Le Départ.

Ma conversation avec le tailleur m'a distrait; mes idées sont un peu moins noires, et je dors mieux : lorsque nous devenons mélancoliques, nous nous refusons à toutes distractions, nous fuyons nos amis, dont la présence adoucirait à la longue nos peines. On devrait alors nous traiter comme les malades que l'on force à prendre des tisanes qu'ils refusent, et qui sont nécessaires à leur guérison.

Un matin je me rends chez Ernest, qui est venu au moins dix fois chez moi sans me trouver.

Sa femme me gronde sur ma conduite : — Vous fuyez vos vrais amis, me dit-elle, vous vivez comme un loup!... cela n'a pas le sens commun... Devez-vous punir des fautes des autres? Votre femme a voulu garder sa fille... est-ce une raison pour vous désoler... ne pouvez-vous aller la voir?
— La voir... Ah! je ne m'en sens pas le courage... j'en ai mille fois le désir... mais elle est avec sa mère; dont je ne pourrais supporter la vue.
— Sa mère n'est pas toujours avec elle, me dit Ernest; lorsqu'elle vient à Paris... et cela lui arrive souvent depuis quelques jours, il est rare qu'elle emmène sa fille avec elle.
— Quoi! Eugénie est déjà revenue à Paris!... Je croyais qu'elle ne serait plus s'y montrer.
— Songez donc que dans le monde c'est à vous que l'on donne tort. C'est vous qui avez abandonné une femme charmante dont vous faisiez le malheur... Je vous rapporte exactement ce qui se dit, cela ne vous fâche pas?...
— Au contraire, je suis bien aise de l'entendre. Continuez, Ernest : dites-moi ce que vous avez appris.
— Après avoir passé quinze jours seulement à la campagne, votre... femme est revenue à Paris... Elle a pris un bel appartement dans la rue d'Antin, elle a été dans le monde; elle s'est de nouveau livrée aux plaisirs. Elle s'est mise avec la plus grande élégance; on l'a vue au spectacle, au bal, au concert. Cependant elle retourne souvent à la campagne, elle y passe quelques jours, puis revient ici. Avant-hier je me suis trouvé avec elle à la soirée de madame de Saint-Albin...
— Vous l'avez vue?
— Oui; il y avait beaucoup de monde. Lorsque j'arrivai, elle était à une table de jeu. Elle parlait très-haut, elle riait : frappé des éclats de sa voix, je m'approchai. Lorsqu'elle m'aperçut, mes yeux étaient fixés sur elle; elle détourna les siens; il se fit un grand changement dans ses traits; son front se rembrunit, elle cessa de parler et quitta bientôt le jeu.
— Lui avez-vous parlé?
— Non, je n'en avais nulle envie; et de son côté je crois qu'elle ne le désirait pas davantage, car elle évitait avec soin de rencontrer mes regards. Elle partit que je la cherchais encore dans le salon; je crois que ma présence fut cause de son départ.
— Vous n'étiez pas à cette soirée, madame? dis-je en m'adressant à madame Ernest.

— Oh! non, monsieur Henri!... vous savez bien qu'on ne m'invite pas, moi... Je ne suis pas mariée!...

En disant ces mots, il me semble que la petite femme soupire et jette un coup d'œil en dessous à Ernest. Elle reprend après un moment :
— Du reste, je serais mariée que je ne voudrais pas aller plus dans le monde pour cela!... Le peu que j'en ai vu ne me l'a pas fait aimer!
— Ma chère amie, dit Ernest, il faut aller où l'agrément ou irait au spectacle, non pas pour faire plaisir aux autres, mais pour s'amuser soi-même; quand la pièce ennuie, on n'est pas obligé de rester jusqu'à la fin.
— Et M. Dulac? dis-je au bout d'un moment, vous ne m'en avez pas parlé, Ernest. Ne craignez pas de me dire ce que vous savez... Je pense bien qu'il est plus que jamais le chevalier de madame Blémont...
— Vous vous trompez... A peine était-il remis de sa blessure, et il n'y a pas longtemps de cela, qu'il s'est mis en voyage; on assure qu'il est allé en Italie.

J'avoue que cette nouvelle me fait plaisir. Et cependant que m'importe à présent que ce soit Dulac ou un autre qui soit l'amant de madame Blémont, puisque je n'aurai plus rien de commun avec cette femme? Madame Blémont!... elle se fait toujours appeler ainsi; Ernest me l'a confirmé. J'espérais qu'elle aurait repris le nom de sa mère. N'est-il pas cruel de ne pouvoir ôter son nom à une femme qui le déshonore? Si madame Blémont faisait maintenant des enfants, ils porteraient aussi mon nom, ils partageraient mon héritage... Est-ce là de la justice? Et l'on a proscrit le divorce!... on le trouvait immoral!... Ah! sans doute, il est bien plus moral de laisser à une femme coupable le nom du mari qu'elle abandonne, à des enfants étrangers un titre et des biens auxquels ils n'ont pas droit!

Et Ernest veut que j'y retourne dans ce monde où madame Blémont est fêtée, accueillie; tandis que l'on croirait se compromettre en invitant cette bonne Marguerite qui chérit ses enfants, s'occupe de son ménage et fait le bonheur d'Ernest; et pourquoi?... parce qu'elle ne s'est pas mariée. Ah! le monde rempli de vices et de sots préjugés! Je le laisse à madame Blémont, je ne veux plus rien partager avec elle.

Je promets à mes amis d'aller les voir plus souvent. Je ne suis pas encore déterminé à ce que je veux faire; mais mon intention est toujours de voyager, de quitter Paris... surtout depuis que je sais que madame Blémont y est revenue.

Mon portier m'apprend qu'un monsieur est venu me demander pour la troisième fois. Au portrait qu'il me fait, je ne puis douter que ce soit Bélan, et je lui recommande de toujours lui dire que je suis absent. Il me remet aussi une carte sur laquelle est le nom de Giraud. Ces gens-là ne me laisseront donc jamais en repos! Malheureusement, mes affaires m'ont obligé de laisser mon adresse à mon ancien logement. Mais je vais me hâter de me débarrasser de toutes les causes que l'on m'avait confiées, afin de pouvoir quitter Paris le plus promptement possible.

Je cours une partie de mes journées pour trouver mes anciens clients auxquels je rends leurs dossiers, sous prétexte que ma santé me force à renoncer à ma profession d'avocat. J'ai bien quelquefois aperçu Bélan ou Giraud; mais j'ai toujours réussi à les éviter. Je viens de terminer ma dernière affaire. Je me sens libre et content de pouvoir disposer de moi-même, lorsqu'en traversant à la hâte le Palais-Royal, je suis arrêté par Bélan. Cette fois je n'ai pu l'éviter.

— Ah! je vous tiens enfin... Vraiment, ce n'est pas malheureux... Où diable vous cachez-vous, mon cher ami? j'ai été très-souvent chez vous... à votre nouveau logement... mais vous êtes toujours sorti...
— J'ai beaucoup d'affaires à terminer... mon cher Bélan; et dans ce moment je suis encore très-pressé...
— Oh! ça m'est égal... je ne vous lâche pas... j'ai trop de choses à vous conter... Mais, dites-moi, vous avez donc quitté votre femme?
— Oui... nous ne pouvions plus nous accorder...
— C'est ce que j'ai dit tout de suite, moi : ils ne s'accordaient pas. Je vous avoue qu'en général on vous donne tort... on vous nomme mari jaloux, mari fantasque, mari despotique, mari tyran domestique.
— Que l'on dise ce qu'on voudra ; cela m'est fort indifférent.
— Et vous avez raison. Quant à moi, si je pouvais me séparer d'avec ma femme... oh ! Dieu!... comme je serais content! Mais Armide ne veut pas quitter sa mère ; ça fait que je suis sans cesse entre deux feux : quand l'une ne me cherche pas querelle, c'est l'autre. Il est vrai que je suis bien tranquille maintenant sur la vertu de ma femme. Le marquis ne vient plus nous voir ; j'ignore pourquoi ; mais il a entièrement cessé ses visites. Quant à Armide, elle est devenue d'une humeur si revêche!... si acariâtre... Ah! Dieu!... il y a des moments où je crois que j'aimerais mieux être cocu et que ma femme fût douce... et cependant...
— Bélan, je suis forcé de vous quitter.
— Bah! qui vous presse? à présent vous êtes bien heureux, vous!... vous vivez de nouveau en garçon, vous avez vos farces...
— Je ne m'occupe qu'à terminer mes affaires et...
— Oh! oui... le bon apôtre! je vous connais, séducteur!... Ma foi! entre nous, je vous dirai que j'ai fait aussi une petite connaissance. Ecoutez donc... on n'est pas un saint!... et, quoique marié, on peut

avoir des faiblesses, des moments d'oubli; d'ailleurs, ça nous est permis, à nous autres hommes. Mais il faut que je prenne les plus grandes précautions, car si ma femme ou ma belle-mère me surprenait en bonnes fortunes...

— Adieu, Bélan... Je vous souhaite beaucoup de plaisir.
— Mais où allez-vous donc si vite?... Je vais vous accompagner.

Je ne me soucie pas que le petit homme m'accompagne; et, pour m'en débarrasser, je lui dis que je vais au bois de Boulogne. Il se frappe dans les mains en s'écriant :

— Parbleu !... ça se trouve bien ; c'est justement là que j'ai donné rendez-vous à ma petite... auprès du château de Madrid... Je ne la vois jamais que hors barrière.
— Moi, j'ai affaire d'un autre côté.
— C'est égal; nous allons prendre un cabriolet et aller ensemble jusqu'au bois.

Je ne puis plus faire autrement : allons jusqu'au bois de Boulogne ; peu m'importe, après tout... J'ai le temps. Mais arrivé là, je saurai me débarrasser de Bélan.

Nous prenons un cabriolet. Chemin faisant, Bélan me parle de sa femme, de sa maîtresse, de sa belle-mère et de mon duel avec Dulac, qu'il croit la suite de notre scène au jeu. Je me garde bien de le détromper.

Nous arrivons. Entrés dans le bois, Bélan veut que je l'accompagne pour me faire voir sa connaissance. Je lui assure que l'on m'attend aussi ; mais, pour le contenter, je lui donne rendez-vous pour deux heures plus tard, à la porte Maillot, et je me promets bien de ne pas m'y trouver.

Bélan me quitte enfin. J'entre dans une allée opposée à celle qu'il a prise. Le temps est beau. Il est quatre heures, et il y a beaucoup de promeneurs, surtout beaucoup de cavaliers dans le bois. Depuis quelques instants je regarde ces jeunes gens qui viennent montrer ici leur toilette, leurs chevaux et leur talent dans l'équitation. Il fut aussi un temps où ce plaisir était le mien ; et maintenant rien de tout cela ne me tente.

Un nuage de poussière m'annonce une cavalcade. Je crois distinguer deux femmes avec les cavaliers : je m'arrête pour regarder les amazones. La cavalcade arrive au galop, elle passe près de moi. J'ai vu une des dames ; mes yeux se portent sur l'autre... C'est Eugénie. Eugénie, vêtue d'un élégant habit d'amazone, qui conduit avec grâce un cheval fringant. Elle passe contre moi ; son cheval me couvre de poussière... et je n'ai pu faire un pas de plus là... tellement j'étais saisi, tellement oppressé, que je n'aurais pas eu la force de marcher.

La cavalcade est déjà loin ; mes yeux la suivent encore, je suis à la même place, immobile, étourdi, ne voyant plus autre chose. Des cavaliers arrivent de nouveau au grand galop. Ils me crient : — Gare. Je ne bouge pas... Tout à coup j'éprouve une violente commotion. Je suis renversé sur le sable, et le pied d'un cheval me frappe au front.

Mes yeux se ferment ; je perds connaissance. Quand je reviens à moi, je me trouve dans un des cafés de l'entrée du bois. Je vois beaucoup de monde autour de moi, entre autres plusieurs jeunes élégants. L'un d'eux me dit :

— Monsieur, je suis au désespoir... c'est moi qui suis l'auteur de cet accident... Cependant je vous ai bien crié : Gare ; mais mon cheval était lancé, je n'ai plus été maître de l'arrêter.
— Oui, c'est vrai, reprend un homme qui me soutient la tête, j'en suis témoin que monsieur a crié : Gare... Mais aussi, pourquoi aller comme le vent ?... Je vous criais : Arrêtez !... mais prout ! prout !... vous n'arrêtiez pas.

J'ai reconnu Pettermann ; c'est lui qui est derrière moi. Je reçois les excuses du jeune cavalier, et je lui déclare que je ne lui en veux pas. Je le rassure sur ma blessure, quoique je me sente bien faible, car j'ai perdu beaucoup de sang. On a envoyé chercher une voiture, et je demande à Pettermann s'il peut m'accompagner.

— Comment, si je le peux ? répond le tailleur ; mais je ne le pourrais pas, que je vous accompagnerais tout de même... Est-ce que je laisserais dans ce lieu un brave voisin qui m'a avancé quarante francs !... Ah ! prout ! vous ne me connaissez pas !

On m'a enveloppé la tête de linge, on m'aide à monter en voiture. Pettermann s'y place devant moi, et nous retournons à Paris.

Durant le chemin, ma blessure m'occupe bien moins que la rencontre que j'ai faite. Je demande à Pettermann si, lorsqu'on m'a relevé et emporté, il n'a pas vu une femme à cheval en amazone passer près de moi.

— Quand vous avez été renversé, dit le tailleur, je n'étais qu'à trente pas de vous. Je me promenais... je flânais... je n'ai rien à faire... Je suis pourtant allé encore ce matin chez vous, monsieur, pour vous demander vos étoffes ; mais je ne vous trouve jamais le matin... et le soir je ne trouve pas votre porte...
— Ce n'est pas de cela qu'il s'agit.
— C'est juste... Je me promenais donc ; je venais de regarder passer des dames à cheval... ah ! c'est qu'elles allaient joliment ! D'autres chevaux viennent, je me range ; c'est alors que je vous aperçois. On vous crie : Gare ! Je ne sais pas ce que vous regardiez, mais vous ne bougiez pas ; et pourtant je me disais : « Ce monsieur n'est pas sourd, car il m'entendait bien chanter. Les chevaux avançaient toujours. Je vous crie : Gare ! aussi ; je crie aux cavaliers : Arrêtez !... mais prout !... vous étiez déjà à terre, et avec une fameuse balafre !...

Les jeunes gens se sont arrêtés alors. Je vous tenais déjà sur moi. Oh ! celui qui vous a renversé était désolé, je dois lui rendre justice. Nous vous avons porté au café le plus proche. Quand j'ai dit que j'étais votre voisin et que je vous connaissais, on a envoyé chercher une voiture, et puis vous avez rouvert les yeux... Mais c'est égal ! vous avez là un joli coup de pied !...
— Et, pendant que j'étais sans connaissance... vous n'avez pas vu d'autres personnes près de moi !... Ces dames à cheval... l'une d'elles n'est pas revenue ?...
— Non, monsieur. Il n'y avait pas d'autre dame près de vous que la maîtresse du café ; mais elle a bien lavé votre blessure... Oh ! elle n'a pas épargné l'eau !...

Je ne dis plus rien. Je commence à souffrir beaucoup ; la voiture me fait mal : ma tête brûle, mes idées s'embrouillent. Nous arrivons enfin à ma demeure. Pettermann et le portier me montent chez moi, me mettent au lit... on vont chercher un médecin. J'ai une fièvre violente ; bientôt je ne puis plus répondre à ceux qui m'entourent, je ne les connais plus.

Un soir, je rouvre mes yeux appesantis ; je les promène dans ma chambre : une lampe l'éclaire à demi. J'aperçois Pettermann assis devant une table, sa tête appuyée sur une de ses mains, et ses regards attachés sur une montre qu'il tient dans l'autre. Je l'appelle faiblement : il m'entend, pousse un cri de joie, laisse tomber la montre, et vient à mon lit. Il m'embrasse en s'écriant : — Ah !... vous êtes sauvé !... Le médecin avait prédit que ce soir, avant neuf heures, vous reprendriez votre connaissance... Je comptais les minutes... il n'y en avait plus que cinq... je commençais à douter du médecin... Mais vous me reconnaissez... Allons ! sacredié ! vous êtes sauvé !..

Il m'embrasse de nouveau, et je sens des larmes qui me mouillent les joues. Il y a donc encore des gens qui m'aiment ! Cette pensée me soulage. Je tends la main à ce brave homme, je serre la sienne, et lui fais signe de s'asseoir près de moi.

— Avant tout, dit-il, vous allez boire ceci... c'est une potion ordonnée par le médecin, et il faut faire ce qu'il recommande, puisqu'il vous a guéri... Je croirai aux médecins à présent.

Je bois la potion ; alors Pettermann ramasse la montre, et la porte à son oreille, en disant :

— C'est votre montre que j'avais jetée par terre, monsieur ; mais elle ne s'est pas seulement arrêtée. Elle est comme vous, le ressort est bon.

Il s'assied, et reprend :

— Il y a cinq jours que vous êtes là au lit, et depuis ce temps, la fièvre, le délire vous tenaient joliment !... Oh ! votre tête galopait comme le maudit cheval qui vous a renversé. On avait beau chercher à vous calmer... vous m'appeliez Eugénie... vous ne parliez que d'Eugénie. Tantôt vous l'adoriez, et l'instant d'après vous la maudissiez ; ce qui fait que le portier, qui est un peu cancanier, disait qu'il fallait qu'une Eugénie vous eût fait des traits ; moi, je lui répondais : Vous voyez bien que monsieur a le délire, par conséquent il ne sait ce qu'il dit. Bref, je ne sais pas si j'ai eu tort, monsieur, mais, vous voyant dans cet état, et personne avec vous pour vous soigner, je me suis installé ici, et je n'en ai plus bougé. Le portier a voulu me faire des remontrances, il voulait que ce fût sa nièce qui, à neuf ans, qui vous gardât ; mais, prout ! je ne l'ai pas écouté, et j'ai dit : C'est moi qui ai amené monsieur blessé chez lui, et je ne le quitterai pas qu'il sera guéri. Si j'ai tort... je vous en demande excuse, et j'vas m'en aller.

Je tends encore la main à Pettermann. — Bien loin d'avoir eu tort, mon ami... c'est moi qui vous dois beaucoup de reconnaissance...
— Du tout, monsieur, c'est moi qui vous dois quarante francs... mais dès que vous aurez vos étoffes...
— Ne parlons pas de cela !
— Soit, d'ailleurs, ne parlez pas beaucoup : c'est encore l'ordonnance du médecin.
— M'est-il venu des visites ?
— Excepté le médecin et le portier, il n'est pas venu un chat.

Ernest et sa femme ignorent mon accident, sans quoi je suis bien sûr qu'ils seraient venus me garder. Je ne puis donc plus avoir que des étrangers près de moi ! Ah ! si ma mère avait su !... mais je suis bien aise qu'on ne lui ait pas appris cet événement, qui l'aurait effrayée. Il y a encore bien des choses qu'il faut lui cacher et que je voudrais pouvoir lui cacher aussi !

Je tâche de prendre du repos : l'image d'Eugénie vient souvent le troubler. C'est elle qui est cause que je suis dans ce lit... Il est impossible qu'elle ne m'ait pas reconnu : son cheval a passé tout près de moi... et elle ne s'est pas retournée !... A-t-elle entendu le bruit causé par mon accident, que j'ignore. Pendant que je fuis la société, comme si j'étais coupable, Eugénie court le monde, les plaisirs. Elle qui ne montait qu'en tremblant sur un cheval, et le conduisait bien paisiblement, elle traverse maintenant le bois de Boulogne au grand galop et déploie l'audace d'un cavalier expérimenté !... Il me semble encore que je rêve, que j'ai le délire... Ah ! puisque l'Eugénie d'autrefois n'existe plus, oublions la nouvelle; ne songeons plus à celle qui a fait mon malheur.

Si je pouvais embrasser ma petite Henriette, il me semble que je serais sur-le-champ entièrement guéri. Avant de quitter Paris j'irai la voir, la presser dans mes bras à l'insu de sa mère; et, lors même que sa mère le saurait, n'ai-je pas le droit d'embrasser ma fille? Patientons jusque-là.

Le médecin revient me voir. C'est un homme que je ne connaissais pas. Il paraît brusque, froid; il parle peu, mais il ne fait ni embarras de son savoir, ni phrases à ses malades. J'aime les médecins comme cela.

Au bout de quelques jours je suis beaucoup mieux; je commence à reprendre des forces. Pettermann est toujours chez moi. Il m'a dit de le renvoyer dès qu'il m'ennuierait, et je l'ai gardé.

Je me suis habitué aux soins, aux services de cet homme. Je ne puis douter de son attachement; il m'en a donné des preuves, une bien grande surtout, c'est qu'il ne s'est pas grisé une seule fois depuis qu'il s'est fait mon gardien. Ce n'est pas l'intérêt qui le guide; en refusant ma bourse lorsque je suis monté chez lui, il m'a prouvé qu'il ne tenait pas à l'argent. J'ai remarqué aussi qu'il n'est ni curieux ni indiscret.

Je fais toutes ces réflexions un soir que je suis étendu sur une dormeuse; Pettermann est assis contre la croisée. Il ne dit rien : car, lorsque je ne lui parle pas, il ne cherche point à causer. Nous passons quelquefois plusieurs heures de suite sans dire un mot : c'est encore une qualité que j'aime en lui.

— Pettermann?
— Monsieur.
— Aimez-vous beaucoup votre état de tailleur?
— Ah! ma foi! monsieur, j'ai eu si peu d'ouvrage depuis quelque temps que je finirai par oublier mon état... Et puis, je dois l'avouer, je n'ai jamais pu m'y distinguer... et ça me dégoûte!...
— Dès que j'aurai repris toutes mes forces, je compte quitter Paris et voyager... fort longtemps peut-être... Si je vous proposais de me suivre, de rester avec moi, non comme domestique, mais comme homme de confiance, comme compagnon fidèle, cela vous conviendrait-il?
— Si ça me conviendrait!... Ah! prout!... Oui, monsieur, ça me conviendrait beaucoup. Je serai votre jockey, votre valet de chambre, tout ce que vous voudrez, car je suis certain que vous me traiterez jamais de manière à m'humilier.
— Non, sans doute, Pettermann, vous avez un défaut...
— Je sais ce que vous voulez dire : je me grise. C'est vrai; mais cela m'arrivait jamais plus lorsque je n'avais rien à faire... Vous m'occuperez, ça me corrigera de boire... Cependant je ne veux pas jurer de renoncer entièrement au vin, je mentirais; si vous me prenez avec vous, vous me permettrez de me griser une fois par mois... Je ne vous demande que cela.
— Une fois par mois, soit; mais pas plus !
— Non, monsieur.
— C'est convenu : vous resterez avec moi. Rien ne vous retient à Paris?
— Oh! mon Dieu, non! monsieur, je n'y ai que ma femme.
— Dans quelques jours nous partirons; mais je vous préviens que je compte voyager en artiste, tantôt à pied, tantôt en voiture, braver la pluie, le soleil, quand ce sera mon idée.
— Monsieur plaisante. Je ne suis pas une petite maîtresse : je ferai ce qu'il fera.
— Encore un mot... Savez-vous mon nom?
— Je l'ai entendu dire une fois au portier... Je ne m'en souviens pas bien, mais...
— Ne cherchez pas à vous le rappeler. Je veux en prendre un autre sous lequel je compte voyager. Je me nommerai désormais... Dalbreuse. Je ne veux plus être appelé autrement.
— Cela suffit, monsieur, vous entendez bien que, moi, je vous nommerai comme vous voudrez... Me voilà donc un nom!... Je n'ai plus besoin de chercher des vestes, des culottes à faire... Prout pour la couture!... Et puis je suis content de ne plus quitter monsieur.

La joie de Pettermann me fait plaisir. Je suis bien aise de m'attacher quelqu'un qui ne m'ait pas connu marié.

Le lendemain de cette convention, Ernest entre chez moi; il court m'embrasser, me presser dans ses bras.
— Vous savez que j'ai manqué mourir? lui dis-je.
— Je viens de l'apprendre par votre portier. Ingrat! et vous ne nous avez rien fait dire!... Est-ce ainsi que l'on se conduit avec ses amis?
— Mon cher Ernest, quand j'ai été en état de vous le faire savoir, c'est que j'étais hors de danger; alors j'ai voulu attendre mon entière guérison pour aller vous dire cela moi-même.
— Mais quel est donc cet accident qui vous est arrivé?

Je conte tout à Ernest. Je ne lui cache pas que c'est pour avoir trop longtemps regardé Eugénie que j'ai été renversé sur la poussière. Ernest est indigné de sa conduite et veut me gronder.
— Mon ami, lui dis-je, vous n'aurez plus de tels reproches à me faire : pour vous le prouver, je ne veux plus, dès cet instant, entendre parler de ma femme. Vous-même, vous me promettez de ne plus m'en dire un mot?
— Oh! ce n'est pas moi qui manquerai à cette promesse!
— D'ailleurs, je vais vous quitter... pour longtemps peut-être. Je vais voyager.
— Malgré le chagrin que j'aurai d'être séparé de vous, je ne puis qu'approuver ce projet. Le changement de lieu vous fera du bien... Mais partez-vous seul?
— Non, j'ai trouvé un compagnon fidèle... Cet homme qui a quitté la chambre, lorsque vous êtes entré... Vous ne l'avez pas reconnu? C'est ce pauvre garçon tailleur qui demeurait dans les mansardes près de votre chère Marguerite, et cassait les carreaux pour rentrer chez lui.
— Se pourrait-il?... Et cet homme?...
— Ne m'a pas quitté une minute pendant que mes jours étaient en danger... Et pourtant je n'étais qu'un étranger pour lui... Il voyagera avec moi, il me suivra partout.
— Je suis bien aise de savoir quelqu'un de dévoué auprès de vous.
— Tenez, mon ami... prenez cet agenda...
— Qu'en faut-il faire?
— Il renferme le portrait de celle... que j'avais nommée ma femme... Je ne dois plus le garder... Plus tard, vous donnerez, si vous le voulez, ces tablettes... à... son fils.
— Son fils! mais, Blémont, il est le vôtre aussi... N'irez-vous donc pas le voir avant de partir?
— Non. Sa vue m'est trop pénible... Je vous ai dit tout ce que je pensais... tous mes tourments... Je ne verrai plus cet enfant...
— Mon cher Blémont!... n'êtes-vous point dans l'erreur?... Cet enfant est-il responsable des fautes de sa mère?...
— Il est possible que je sois injuste... Pourquoi m'a-t-on donné le droit de l'être?... C'est vous que je charge de veiller à tout ce qui le regarde, de le mettre en pension lorsqu'il aura l'âge convenable... Je vous donnerai une lettre pour mon notaire, afin qu'il vous remette des fonds chaque fois que vous en aurez besoin. Pardonnez, mon ami, tous les embarras que je vous cause.
— Ne parlez pas d'embarras..... Mais songez pourtant que cet enfant...
— Pas un mot de plus sur lui, je vous en prie. Je veux tâcher d'effacer de ma mémoire ceux que je dois bannir de mon cœur. Ah! il faut cesser aussi de m'appeler Blémont. Dès ce moment je prends le nom pour prendre celui de Dalbreuse. C'est donc sous ce nom que vous m'écrirez, Ernest; car j'espère que vous m'écrirez, mon ami?
— Oui, sans doute ; mais j'espère aussi que vous ne resterez pas un siècle éloigné de nous... Il viendra un temps, mon cher Henri, où vous pourrez habiter Paris et y rencontrer, la personne que vous fuyez maintenant, sans que cela vous fasse une grande impression...
— Je le souhaite. En attendant, je partirai; j'irai visiter la Suisse, les Alpes... les Pyrénées... l'Italie... Non, je n'irai pas en Italie... Mais avec moi je m'arrêterai partout où je me trouverai bien. Je tâcherai de copier quelques beaux sites, quelques riants paysages.
— Faites surtout des portraits de jolies femmes; c'est ce qui vous distraira le plus. Et quand partez-vous? Il faut d'abord être bien rétabli.
— Dans huit jours je me flatte de ne plus me ressentir de ma blessure; d'ici là vous me verrez souvent. On me permet de sortir demain, et j'irai chez vous.

Ernest est parti, et je fais mes dispositions pour mon voyage. Ernest louera mon appartement tout meublé pendant mon absence ; je le laisse maître de tout. Je n'ai qu'un désir, c'est d'être loin de Paris; mais avant il faut que je revoie, que j'embrasse ma fille.

Je puis enfin quitter ma chambre. Je vais acheter deux chevaux : j'ai l'intention de voyager ainsi à petites journées tout cela m'amusera. Je vais ensuite voir ma mère; je tremble qu'elle ne sache que je ne suis plus avec ma femme. Elle le sait en effet; des amis charitables n'ont pas manqué de lui apprendre que je n'habitais plus avec Eugénie; mais elle croit que ce n'est qu'une querelle qui a causé cette rupture. Elle me propose sa médiation pour nous raccommoder, car elle croit aussi que c'est moi qui suis dans mon tort; et elle me fait un sermon.

Je remercie ma mère, je lui apprends mon prochain départ, auquel je donne pour cause des affaires importantes. Elle espère qu'à mon retour tout sera oublié entre ma femme et moi. Je le lui fais espérer et lui dis adieu. Je suis bien certain qu'elle n'ira pas voir ma femme, cela dérangerait ses habitudes.

Je donne à Ernest et à sa compagne tout le temps qui s'écoule jusqu'à mon départ. Ils sont fâchés de me quitter, et cependant ils sont satisfaits de je parte ; il en est de même de moi. Je leur recommande de me donner des nouvelles de ma fille, c'est une partie de moi-même dont je me sépare, mais en restant je ne la verrais pas davantage. Je leur fais jurer que, lorsqu'ils m'écriront, il ne sera jamais question de madame Blémont. Enfin un soir j'embrasse tendrement Ernest, Marguerite et leurs enfants. Je veux partir le lendemain de grand matin.

Pettermann est prêt depuis longtemps. Il m'a dit qu'il montait bien à cheval. Nous avons chacun une excellente monture, et à six heures du matin nous quittons Paris. Mon compagnon est fort content de se mettre en route, il fredonne quelques refrains des *Nozze di Figaro*, ce qui ne lui était pas arrivé depuis ma maladie.

J'ai pris le chemin de Montmorency ; car c'est près de là qu'est Aubonne, où je veux aller pour voir ma fille. Depuis deux jours j'ai pris en secret des informations sur madame Blémont à son logement de la rue d'Antin. A Paris, avec de l'argent on sait tout ce qu'on veut. Le résultat de mes informations m'a appris que madame Blémont est maintenant à Paris, mais que sa fille n'y est pas avec elle. Henriette est donc sans sa mère à la campagne ; je ne puis trouver un instant plus favorable pour voir ma fille.

Nous passons Montmorency et nous arrivons à Aubonne. Pettermann trotte derrière moi sans jamais me demander où nous allons, et cette discrétion me plaît. Au moment où nous apercevons la première maison d'Aubonne, je lui dis :

— Pettermann, j'ai affaire dans ce village... il faut que j'y voie quelqu'un qui m'est bien cher.

— Tant que ça vous fera plaisir, monsieur ; l'endroit paraît gentil.

— Il faudrait d'abord que vous prissiez quelques informations pour savoir où est la demeure de madame Rennebaut ; c'est une vieille dame qui a une maison dans ce pays.

— Madame Rennebaut ?... suffit, je vas demander chez le premier boulanger que je verrai. Il n'y en a peut-être qu'un dans l'endroit, et il faut nécessairement que madame Rennebaut se fournisse chez lui. Attendez-moi ici, monsieur, je serai bientôt de retour.

Je laisse aller Pettermann ; je suis alors sur le haut d'une colline d'où je puis apercevoir plusieurs maisons de campagne des environs ; j'ai arrêté mon cheval. Mes yeux voudraient percer dans l'intérieur de ces habitations pour y trouver mon Henriette ; l'espoir de voir, d'embrasser bientôt ma fille fait battre mon cœur, ah ! bien plus fort que lorsqu'il s'agissait d'une maîtresse.

Pettermann revient.

— Monsieur, on m'a indiqué madame Rennebaut : une vieille dame, riche veuve, sans enfants, qui a un jardinier, une cuisinière et une femme de chambre.

— Sa maison ?

— C'est à l'autre bout du village... en prenant ce chemin tout droit jusqu'à la mare, puis à gauche... puis nous verrons la maison devant nous... C'est une belle maison avec une grille, un jardin qui a une terrasse d'où l'on a une vue magnifique...

— Avançons, Pettermann.

Nous prenons le chemin qu'on nous a indiqué. Comme je sais madame Blémont à Paris, je ne crains point de me présenter chez madame Rennebaut ; j'ignore ce qu'Eugénie lui a dit, mais je demanderai à voir ma fille, et je ne suppose pas qu'on veuille me refuser cette satisfaction.

Nous avons passé la mare, nous sommes sur une espèce de route dont un côté donne sur les champs et plonge sur la belle vallée de Montmorency. J'aperçois la maison qu'on nous a indiquée ; je pousse mon cheval ; nous côtoyons déjà les murs du jardin lorsque j'aperçois une femme se promenant sur la terrasse qui longe le mur de ce côté ; elle donne la main à une petite fille. Cette femme, cette enfant, je les ai reconnues, et, faisant aussitôt tourner la bride à mon cheval, j'entre avec lui dans les champs, et je m'éloigne de la maison aussi vite que je m'en étais approché.

Je ne m'arrête que lorsque plusieurs touffes d'arbres me cachent la maison. Eugénie est là... mon émissaire a donc été trompé, ou peut-être est-elle revenue d'hier au soir. Mais enfin elle est là, je ne puis plus entrer dans cette maison... sa présence m'en repousse ; elle croirait peut-être que c'est elle que je veux voir. Je serais trop humilié qu'elle eût cette pensée. Cependant je ne veux pas m'éloigner sans embrasser ma fille.

Je ne sais que faire. Pettermann m'a suivi, il est derrière moi ; mais il attend et ne dit rien. Je descends de cheval, il va en faire autant que moi.

— Non, lui dis-je, restez en selle... gardez mon cheval... nous repartirons bientôt... Attendez-moi derrière ces arbres.

Je le quitte et me rapproche de la maison en prenant des détours pour ne pas être vu des personnes qui seraient sur la terrasse ; je suis certain que tout à l'heure on ne m'avait pas aperçu, car on ne regardait pas de mon côté.

Me voilà en face de ces jardins où elles étaient tout à l'heure ; une charmille me masque. Je vois les bords de la terrasse, mais je ne puis plonger dans le jardin. Il y a un noyer à quelques pas de moi : je regarde si personne ne peut m'apercevoir, et en quelques secondes je suis dans l'arbre. Alors je vois parfaitement dans le jardin et ne crains pas d'être vu.

Les voilà... elles reviennent... elles sortent d'une allée qui me les dérobait. Henriette court, joue. Sa mère se promène lentement, les regards souvent baissés vers la terre ou les portant avec indifférence autour d'elle. Oh ! ma fille ! que tu me sembles embellie encore !... Que je suis heureux lorsque tu tournes la tête de mon côté.

Elles s'approchent... Sa mère s'assied sur un banc qui est tout près de l'angle de la terrasse. Elle tient un livre à la main, elle est à côté d'elle et ne lit pas... Pourquoi ne lit-elle pas ?... A quoi donc pense-t-elle ? elle ne cause pas avec sa fille ; son front est soucieux... ses yeux abattus... Est-elle donc déjà lasse de plaisirs ?

Henriette vient près d'elle et lui présente quelques fleurs qu'elle vient de cueillir. Elle prend sa fille entre ses genoux... elle la regarde... puis tout à coup l'embrasse à plusieurs reprises avec une sorte de frénésie, puis elle la laisse aller et retombe dans sa rêverie.

Jamais devant moi elle n'avait embrassé sa fille ainsi : craignait-elle donc de me faire plaisir en me rendant témoin des caresses qu'elle faisait à cet enfant ?

Près d'une heure s'écoule. Elle est toujours là... assise sur le banc, ne lisant point, regardant quelquefois sa fille qui joue sur la terrasse. Et moi je ne songe pas au temps qui s'écoule, à ce pauvre Pettermann qui m'attend ; je ne puis détourner mes yeux qui sont attachés sur ce jardin.

Tout à coup, en courant pour revenir près de sa mère, Henriette fait un faux pas ; elle tombe sur le visage. Je pousse un cri en même temps qu'Eugénie.

Elle court à sa fille, la relève, l'embrasse ; la petite pleure un peu, mais bientôt elle se calme, sourit, et je l'entends dire :

— Ce n'est rien, maman.

Eugénie regarde alors de tous côtés. Tout en tenant sa fille dans ses bras, elle s'avance sur le bord de la terrasse et cherche sur la route.

Je l'entends dire à sa fille :

— Ce n'est cependant pas toi qui as crié en tombant ?

— Non, maman.

— Qui est-ce donc ?

— Je ne sais pas, maman.

— Est-ce que la bonne est dans le jardin ?

— Je ne sais pas...

— Oh non ! ce n'est pas la bonne qui a crié ainsi !

Ses yeux cherchent encore ; elle regarde partout, et moi je n'ose pas bouger ; je crains de remuer une feuille ; je serais désolé d'être découvert.

Elle se rassied enfin ; mais au bout d'un moment elle dit à sa fille :

— Rentrons, Henriette.

— J'aime mieux rester dans ce jardin.

— Si tu tombais encore...

— Non, je ne courrai plus... Je jouerai doucement.

Elle s'éloigne, et ma fille est restée. Si je pouvais profiter de ce moment !... mais ce mur est un mur bien haut... Comment arriver là ?... Ah ! en montant sur mon cheval, je le pourrai peut-être.

Je descends de mon arbre ; je cours rejoindre Pettermann, qui est toujours en selle, je remonte à cheval, et fais signe à mon compagnon de me suivre. En une minute je suis de nouveau contre le mur du jardin. Je monte debout sur mon cheval, j'atteins le haut du mur, je m'élance, je suis sur la terrasse, laissant Pettermann me regarder avec des yeux étonnés, mais sans souffler mot.

Je fais quelques pas dans le jardin : je vois ma fille, je cours à elle, je la prends et la couvre de baisers avant qu'elle ait eu le temps de me reconnaître ; enfin elle a pu me regarder et elle s'écrie avec joie :

— C'est mon papa !... mon petit papa !... Ah ! tu es donc revenu ! je demandais tous les jours à maman si tu allais venir.

— Tais-toi... tais-toi, chère enfant, viens là-bas... sur la terrasse... Je ne veux pas qu'on me voie de la maison.

— Attends... je vais chercher maman...

— Non... non... n'y va pas... reste avec moi... ne me quitte pas... il y a si longtemps que je ne t'ai embrassée... chère enfant !... Pensais-tu à moi quelquefois ?

— Oh ! oui, papa, je m'ennuyais après toi...

— Tu t'ennuyais de ne pas me voir... Et ta mère que dit-elle quand tu lui parles de moi ?

— Elle ne dit rien... elle me dit : C'est assez... ne parle pas de ton papa.

— Elle ne veut pas que tu penses à moi... Elle veut que tu m'oublies !...

— Et pourtant elle me parle de toi toute la journée, elle.

— Ta mère ?...

— Laisse-moi donc aller dire à maman que tu es là.

— Non, ma chère amie, je n'ai pas le temps de lui parler à présent... Et toi il faut aussi que je te quitte... pour bien longtemps peut-être...

— Comment ! tu vas encore t'en aller... Ah ! reste avec nous, papa, ne t'en va pas.

— Pauvre enfant ! j'aurais tant de plaisir à rester avec toi ! Je m'asseois sur le banc où était tout à l'heure sa mère, je la prends sur mes genoux, je la tiens dans mes bras. Il me vient un moment l'idée de l'emmener avec moi, de la ravir à Eugénie ; mais cette chère enfant ne pourrait voyager avec moi, et, peut-être dans mes bras pleurerait-elle chaque jour sa mère ; car un enfant se passe plutôt de son père que de celui de sein à peine. Ah ! laissons-la près d'elle, il vaut mieux que ce soit moi qui souffre et qui sois malheureux.

Ces réflexions me serrent le cœur, je soupire en prenant ma petite Henriette dans mes bras, elle me regarde, et, me voyant triste, n'ose plus sourire. Pauvre enfant... et je voulais t'emmener avec moi ! non... dans mes bras te perdrais trop souvent cette gaieté seul trésor de ton âge.

Tout à coup une voix fait entendre ces mots :

— Henriette... Henriette... tu ne veux donc pas rentrer ?...

— Voilà maman, s'écrie ma fille; je me lève brusquement, je pose ma fille à terre, je l'embrasse à plusieurs reprises, puis je me sauve.
— Mais, papa, attends donc... voilà maman...

Ces mots me font redoubler de vitesse, je suis au mur, je me laisse couler à terre, puis je cours près de Pettermann, je remonte à cheval et lui crie : — Au galop.

Tous deux nous pressons nos chevaux et nous sommes déjà loin d'Aubonne, que je n'ai pas encore osé me retourner, de crainte de voir sur la terrasse.

CHAPITRE XIX. — Le Mont-d'Or.

Deux années se sont écoulées depuis que j'ai quitté Paris. Accompagné de mon fidèle Pettermann, j'ai parcouru l'Espagne; le souvenir de Gil Blas m'en rendait le séjour plus gai ; je le cherchais dans les hôtelleries, dans les promenades, et plus d'une fois, en voyant un mendiant jeter son chapeau devant moi, j'ai regardé s'il ne me couchait pas en joue avec une escopette. Les maritornes, les muletiers, m'ont aussi rappelé Don Quichotte et son facétieux écuyer; j'aurais voulu les rencontrer chevauchant et cherchant des aventures. Honneur aux poëtes qui peignent si bien leurs héros qu'on se persuade que ces personnages ont existé ! Gil Blas, Don Quichotte, ne sont que des êtres imaginaires, et pourtant quelquefois nous croyons les reconnaître; nous les cherchons dans le pays où l'auteur les a placés. Elles sont donc bien vraies ces pages du romancier, puisque nous leur donnons la vie, et qu'elles se gravent dans notre mémoire. Quant à moi, je sais qu'il me serait impossible d'aller dans les montagnes d'Écosse sans me rappeler *Rob-Roy* ; à l'Ile-de-France, sans parler de *Paul et Virginie*, et en Italie, sans penser à *Corinne*.

J'ai traversé les Pyrénées ; mais l'idée m'en vient de voir la Suisse, et nous nous éloignons de nouveau de la France. Ma mélancolie est dissipée, je ne suis plus silencieux et morose comme lorsque je partis : aussi Pettermann a repris l'habitude de chanter. Nous avons voyagé quelque temps à cheval ; puis j'ai vendu nos coursiers, et nous avons parcouru à pied une partie de l'Andalousie; ensuite des voitures publiques ou des occasions de chaises de poste nous ont transportés en d'autres lieux. C'est en variant ainsi nos courses vagabondes que j'ai triomphé du mal qui me minait ; et ce n'était pas chose facile. Cependant il y a toujours quelque chose d'amer dans mon sourire, et je crois que c'est une expression dont je ne pourrai me défaire.

Dans les différents pays que j'ai parcourus, j'ai vu bien des époux qui étaient ce que je suis et qui ne s'en inquiétaient guère. Quelques-uns, jaloux par amour-propre, avaient des maîtresses et tyrannisaient leurs femmes ; d'autres, en feignant d'être philosophes, traitaient fort mal chez eux l'épouse à laquelle, dans le monde, ils semblaient accorder entière liberté. Beaucoup fermaient les yeux, et le plus grand nombre se croyait trop fin pour être trompé. Mais j'en ai vu bien peu aimant véritablement leur femme, et méritant par leurs soins et leur conduite que ces dames leur fussent fidèles.

J'ai formé quelques intrigues galantes ; mais je n'ai pas donné mon cœur. Je ne le crois plus susceptible d'éprouver de l'amour ; il a été trop cruellement déchiré !.... C'est un malade que je promène avec moi ; il est faible encore, et il craint les fortes émotions.

Pettermann ne pense guère aux femmes : j'en suis bien aise pour lui; mais il n'oublie pas la permission que je lui ai donnée : il se grise complétement une fois tous les mois. Les autres jours il boit raisonnablement. Je n'ai pas eu à me plaindre de lui depuis qu'il m'est attaché. Son caractère est égal et gai ; il chante quand il me voit de bonne humeur, il se tait quand je suis soucieux. Du reste, jamais une question, jamais un mot indiscret ; il ne m'a pas une seule fois parlé d'Aubonne, où il m'a vu escalader un mur. J'ai tout lieu de penser qu'il me croit garçon.

Pendant la première année de mon absence, j'ai reçu assez fréquemment des lettres d'Ernest, auquel j'écrivais de je séjournais dans une ville. Fidèle à la promesse qu'il m'a faite, il s'est abstenu de me parler de celle que j'espère entièrement oublier. Il m'a donné des nouvelles de ma fille et du petit Eugène. Il m'a écrit que mon Henriette était toujours charmante; je l'ai plusieurs fois... A-t-il pour cela été chez sa mère? c'est ce que j'ignore. Ah ! qu'il me tarde de revoir ma fille, de l'embrasser ! C'est pour elle que je vais retourner à Paris; je la presserai dans mes bras ; puis je me remettrai en voyage; j'aurais pris du bonheur pour quelque temps. Quant à mon... quant au petit Eugène, je ne puis penser à cet enfant sans que toutes mes peines se renouvellent... J'aurais eu tant de plaisir à aimer mon fils, à partager ma tendresse entre sa sœur et lui ! et ce bonheur, je ne le goûterai jamais !... Pauvre Eugène ! quel triste avenir pour lui !

Les dernières lettres que j'ai reçues d'Ernest m'ont semblé différentes des autres ; le style n'est plus le même ; j'y trouve de la gêne, des réticences. Dans la dernière missive, j'ai remarqué cette phrase :
« On a bien changé ici depuis quelque temps, mon ami ; vous ne reconnaîtriez plus la personne que vous avez fuie... Je n'ose vous en dire plus, de crainte d'être grondé pour avoir manqué à ma promesse. Mais ne tardez pas à revenir, mon cher Henri ; vos enfants ont besoin de vous revoir, et vos amis de vous embrasser. »

Mes enfants... il s'obstine à dire mes enfants... Ah ! je n'en ai qu'un,

un seul. Quant au changement dont il me parle, que m'importe !... Voudrait-il m'intéresser à cette femme ? Oh ! non, je ne le crois pas. Je ne lui ai pas répondu un mot à ce sujet.

Avant de revenir à Paris, je suis bien aise de voir l'Auvergne, ce pays pittoresque et montagneux, l'Écosse de la France, que les Français amateurs de rochers, de glaciers et de précipices, visiteraient davantage s'ils ne l'avaient pas près d'eux. Nous n'admirons que ce qui est loin de nous ; nous n'aspirons qu'à voir la Suisse et l'Italie, et nous ne pensons pas à l'Auvergne, à la Bretagne, à la Touraine !...

J'ai vu Talende aux belles eaux, la Roche blanche, le Puy-de-Dôme. Quelquefois, charmé d'un beau site, je me tourne vers Pettermann, et lui dis :
— Comment trouvez-vous cela ? Mais Pettermann n'est pas peintre ; je ne vois aucun enthousiasme sur sa figure. Il secoue la tête, et répond froidement :
— C'est gentil !... mais prout ! ça ne vaut pas les vues de Munich.

C'est que Munich est sa patrie. A la bonne heure, voilà au moins un homme qui fait les honneurs de son pays.

Comme nous passons du Mont-d'Or, je veux aller en goûter les eaux, et voir la petite ville où se rendent les malades, les curieux, et le plus souvent les gens qui ne savent que faire de leur temps.

Je m'arrête dans le plus bel hôtel de l'endroit. J'y trouve nombreuse société ; des étrangers, surtout des Anglais, mais j'y rencontre aussi beaucoup de Français, et notamment de ces chevaliers d'industrie, gens à belles manières que l'on voit à Paris dans les *raouts*, dans les grandes soirées, et qui ne viennent au Mont-d'Or pour jouer ; car on joue beaucoup dans les villes où l'on prend les eaux. Et tel voyageur arrive en bel équipage, avec valets en livrée, qui s'en retourne souvent à pied et sans suite pour avoir cédé à la passion du jeu.

Je ne joue pas ; mais on se réunit aussi pour danser et faire de la musique. La musique ne me plaît plus, le son d'un piano me fait mal. Je ne danse pas ; il faut donc que je cherche dans la conversation à m'occuper un peu. Parmi les voyageurs avec lesquels je me trouve chaque jour, je n'ai pu m'empêcher de remarquer une Parisienne qui peut avoir vingt-cinq ans. Elle est jolie, elle le sait trop peut-être ; pourtant il y a dans sa coquetterie quelque chose de franc, d'aimable, qui semble dire : Je suis coquette, je ne puis pas m'en empêcher, il faut excuser mes défauts, et me prendre telle que je suis, car je ne changerai pas...

Elle se nomme Caroline Derbin. D'abord je l'ai crue mariée ou veuve, car à ses manières, à son ton décidé, je ne devinais pas une demoiselle ; elle l'est cependant encore : on la dit riche et déjà maîtresse de son bien. Riche, jolie et encore demoiselle ; il est probable que c'est par sa volonté.

Elle est ici avec son oncle, qui s'appelle M. Roquencourt ; c'est un petit homme sec et maigre qui approche de la soixantaine, mais qui est vif et gai. Ses petits yeux brillent encore quand il lorgne une dame. A bon ton, il est galant et empressé près du beau sexe; un peu bavard ; mais il faut bien laisser la parole à ceux qui n'ont plus que cela. Du reste, aux petits soins pour sa nièce, dont il fait toutes les volontés.

Si Caroline est coquette, si elle cherche à plaire, du moins elle n'a ni la maussaderie, ni les vapeurs d'une petite-maîtresse. Avec elle on fait vite connaissance, et on est bientôt comme avec une ancienne amie. Ceci laisser-aller prouve-t-il en faveur de sa vertu, de ses principes ?... c'est ce que je ne déciderai pas. Je ne jugerai plus sur les apparences. Que me fait, d'ailleurs, sa coquetterie ou son inconséquence ? Je n'en veux faire ni ma femme, ni ma maîtresse !... Sa société me plaît et m'amuse, cela me suffit.

M. Roquencourt aime à causer ; je sais écouter : talent ou patience qui est plus rare qu'on ne pense. Je suis bientôt son homme de prédilection.

— Monsieur Dalbreuse, me dit-il le quatrième jour de mon arrivée au Mont-d'Or, figurez-vous que je ne pensais pas du tout à venir prendre les eaux... D'abord je ne suis pas malade, moi ; mais l'idée est venue à ma nièce de voir le Mont-d'Or, et crac ! il a fallu partir ! Je me souviens qu'il y a trente-cinq ans je me trouvais aux eaux de Plombières avec le fameux Lekain ?
— Avez-vous connu Lekain ?
— Non, monsieur.
— C'est juste, vous êtes trop jeune. Eh bien ! monsieur, j'ai pourtant joué devant Lekain le Crispin des *Folies amoureuses*...
— Ah ! vous avez joué la comédie...
— Par goût... entre amateurs. Oh ! j'ai été fou de la comédie !... J'avais une garde-robe complète... J'ai encore plusieurs de mes costumes à Paris ; je jouais la grande livrée !...
— Et mademoiselle votre nièce ?...
— Ma nièce !... non, elle prétend qu'elle serait mauvaise. Je jouai donc devant Lekain : c'était une partie qu'on avait formée à la hâte dans la maison de campagne d'un fournisseur. Nous avions, ma foi, un joli théâtre, et mademoiselle Contat y était, et joua avec nous. Avez-vous connu mademoiselle Contat ?
— Non, monsieur.
— Ah ! monsieur !... vous n'avez rien vu !... Quel talent !... quelle âme !... et quelle figure !... Un jour... je ne sais plus dans quelle pièce,

attendez, je crois que c'était dans *Tartufe!*... Non, ce n'était pas Tartufe...

La nièce de M. Roquencourt s'approche de nous en ce moment, ce dont je ne suis nullement fâché. Elle prend le bras de son oncle en lui disant :

— Voilà l'heure de la promenade; le temps est superbe. Venez, mon oncle, vous causerez comédie une autre fois. Venez-vous avec nous, monsieur Dalbreuse?...

Elle me dit cela comme si nous nous connaissions depuis longtemps. J'avoue que j'aime ces manières; je me suis toujours laissé prendre à ce qui ressemblait à la candeur, à la franchise; aujourd'hui, d'ailleurs, peu m'importe si je me trompe!

J'accompagne M. Roquencourt et sa nièce. Une jolie calèche les attend en bas. Je remarque que les voyageurs, en saluant la jolie Caroline, me regardent d'un œil d'envie quand je me place devant elle dans la voiture. Je conçois qu'une femme charmante, de vingt-cinq ans, et qui a une calèche, doit faire partout de nombreuses conquêtes. Les uns sont amoureux de la femme, les autres de la voiture. Mais moi qui ne convoite ni l'une ni l'autre, je m'assieds avec le plus grand calme près de mademoiselle Derbin, et jouis fort à mon aise de la promenade, parce que je ne suis pas occupé à faire les yeux doux à mon vis-à-vis.

Mademoiselle Derbin admire quelquefois le paysage; puis tout à coup elle se met à rire de la toilette d'une buveuse d'eau qui passe près de nous. Tout en riant de ses observations, je parais écouter avec attention l'oncle qui me conte maintenant l'effet qu'il a produit en jouant Mascarille devant Molé.

La promenade me semble courte. Nous revenons à l'hôtel; et le soir nous nous retrouvons à la salle des réunions. Je m'amuse à observer mademoiselle Derbin. Dans le monde elle est plus coquette, et par conséquent moins aimable qu'en petit comité. Comme je ne lui fais pas la cour, je m'éloigne discrètement lorsque je vois plusieurs adorateurs venir de son côté. Aussi par cette bizarrerie, assez commune chez les femmes, c'est mademoiselle Derbin qui semble me chercher, et qui souvent vient se placer près de moi.

— Vous ne dansez donc pas? me dit-elle vers la fin de la soirée.
— Non. Je n'aime plus la danse.
— Et vous ne jouez pas?
— On joue très-gros jeu ici. J'ai une fortune qui me suffit; je ne veux pas la compromettre avec des gens qui trouveraient tout simple de m'en dépouiller.
— Vous êtes un sage!
— Oh! non...
— Cependant vous n'avez pas d'intrigues ici?
— Vous pensez donc qu'on doit absolument avoir des intrigues quand on vient aux eaux?
— Je ne dis pas cela... mais je crois que vous êtes un homme original.
— Original... Non, je vous assure qu'il y en a beaucoup comme moi, au contraire.

Elle me quitte en me regardant d'une façon singulière. Voudrait-elle me ranger parmi ses nombreuses conquêtes?... C'est possible : ce qu'elle vient de me dire pourrait me donner de tristes idées de sa sagesse. Une demoiselle qui trouve singulier qu'un homme n'ayez pas d'intrigues... et pourtant j'aime mieux croire que cela tient à son originalité.

Voilà quinze jours que je suis au Mont-d'Or, et je comptais n'y passer qu'une semaine. La société y est agréable; cependant si Caroline et son oncle n'y étaient plus, je partirais : je m'habitue à être avec eux. Ici, on n'a rien à faire qu'à se voir. Aussi nous sommes ensemble presque toute la journée. Je ne fais pas la cour à Caroline, mais elle est bien jolie!... ses yeux noirs ont tour à tour une expression de douceur et de malice... Quoiqu'on ne soit pas amoureux, il y a toujours un charme attaché à la présence d'une jolie femme... c'est probablement ce charme-là qui me retient.

Il n'y a pas tous les jours bal ou concert à la salle des réunions, alors nous restons à l'hôtel; les voyageurs qui se conviennent se réunissent le soir. Les uns jouent, le plus grand nombre cause. Nous avons quelques personnages titrés : ce ne sont pas les plus aimables; nous les laissons s'ennuyer dans leur coin, et nous jasons avec l'artiste spirituel, qui a toujours en réserve une foule d'anecdotes plaisantes, ou avec l'homme à bonnes fortunes, qui nous raconte ses dernières aventures. Dans ce cercle, M. Roquencourt n'est pas un de ceux qui parlent le moins. Cite-t-on une ville, il y a joué la comédie; parle-t-on d'un personnage célèbre, il a connu un acteur qui le contrefaisait parfaitement, et lui-même en fait aussitôt un échantillon.

J'aime à écouter; mais je parle peu, et dans le peu que je dis il n'est jamais question de moi. Caroline, qui avec son air léger et coquet remarque et observe fort bien tout ce qui se passe dans un salon, me dit un jour :

— Monsieur Dalbreuse, tout le monde ici conte ses aventures : vous seul jusqu'à présent avez gardé le silence, pourquoi cela?
— C'est qu'apparemment je n'ai pas d'aventures à conter, mademoiselle.
— Ou que vous ne voulez pas nous les dire. Au reste, vous êtes le maître. Moi je dis tout ce qui me regarde, parce que jusqu'à présent je n'ai eu aucun secret à garder. Je suis orpheline; mon père, qui était fournisseur aux armées, m'a laissé vingt-cinq mille francs de rente. Je demeure avec M. Roquencourt, mon tuteur et mon oncle maternel, qui me laisse faire toutes mes volontés, parce qu'il sait que depuis mon enfance je suis accoutumée à cela. Voilà toute mon histoire, et vous me connaissez à présent comme si nous avions été élevés ensemble.

Elle pense peut-être que sa confiance provoquera la mienne; je me contente de lui répondre : — Par quel hasard, riche et jolie comme vous l'êtes, n'êtes-vous pas encore mariée?
— Ah! j'étais certaine que vous me feriez cette question!... on me l'a faite si souvent! Eh, mon Dieu! monsieur, est-ce donc si pressé d'être mariée, et sous la dépendance d'un homme qui peut-être ne me laisserait plus faire toutes mes volontés? Je suis si heureuse avec mon oncle! il est si bon! surtout quand il ne parle pas de ses Crispin et de ses Lafleur. En vérité, je tremble de perdre ma liberté; et puis, tenez, je le dis franchement, je n'ai encore trouvé aucun homme qui méritât que je lui fisse tant de sacrifices.

— Vous êtes heureuse, mademoiselle; ah! vous avez bien raison de rester ainsi; croyez-moi, ne hasardez pas le repos de toute votre vie en vous liant à quelqu'un dont vous croirez être aimée, et qui vous trahira lâchement... non; ne vous mariez pas.

Caroline me regarde avec surprise; elle garde quelques moments le silence, puis elle se met à rire en disant : — Vous êtes le premier qui me teniez ce langage; j'avais raison de penser que vous ne ressemblez pas à tout le monde.

Le lendemain de cette conversation, après avoir écouté en riant beaucoup les galanteries de plusieurs jeunes gens, mademoiselle Derbin vient, comme c'est assez sa coutume, s'asseoir près de la croisée de laquelle je contemple la vue qui s'étend devant nous.

— Toujours en admiration devant ces montagnes, n'est-ce pas, monsieur?
— Oui, mademoiselle; je trouve ce pays fort curieux.
— Est-ce que vous êtes peintre, monsieur?
— Non, mademoiselle; je peins cependant, mais en simple amateur.
— Ah! vous peignez... quel genre?
— La miniature.
— Vous faites des portraits?
— Je n'en ai essayé quelquefois.
— Ah! que vous seriez aimable de faire le mien! Ici on a bien du temps à soi. Je vous donnerai séance aussi souvent que vous voudrez. On m'a peint bien des fois, mais jamais je ne me suis trouvée ressemblante. Voulez-vous, monsieur Dalbreuse?

Comment refuser une jolie femme qui vous adresse une prière en fixant sur vous des yeux charmants? D'ailleurs je n'ai aucun motif pour lui refuser ce qu'elle me demande.

— Je ferai votre portrait, mademoiselle, mais je ne me flatte pas d'être plus heureux que ceux qui l'ont fait déjà.
— Oh! peut-être; d'ailleurs, qu'importe? cela nous amusera, cela nous occupera quelque temps. Quand commencerons-nous?
— Quand vous voudrez.
— Tout de suite, alors, nous prendrons séance chez mon oncle : mais il faut sans doute que je me fasse coiffer d'abord?
— Non, je veux vous peindre telle que vous êtes habituellement, et non pas en costume de bal; vous ne ferez aucune toilette.
— Comme vous voudrez.
— Je vais chercher ma boîte à couleurs.
— Et moi je vais dire cela à mon oncle. Ah! vous êtes bien aimable.

En rentrant chez moi, je trouve Pettermann qui furetait dans un tiroir tout en brossant mes habits, auxquels il a toujours soin de regarder s'il ne manque aucun bouton, et si les poches ne sont pas percées, parce qu'alors il répare le dommage.

— Monsieur va peindre?
— Oui, Pettermann; et je crois que nous resterons encore quelques jours ici... vous ne vous y ennuyez pas, je pense?
— Non, monsieur; je ne m'ennuie nulle part, moi : d'ailleurs le vin est bon ici. A propos, monsieur, à quel quantième sommes-nous du mois?
— Au dix-sept.
— Ah! nous ne sommes qu'au dix-sept! diable! il est long ce mois-ci!...

Je devine pourquoi il me fait cette question, et je lui dis : — Puisque vous trouvez le vin bon ici, comme je m'y amuse et qu'il est juste que vous en fassiez autant, agissez comme si le mois était fini.

— Oh! non, monsieur, ce qui est convenu est sacré. Depuis que je suis avec vous, j'apprends à me respecter, et si je me grise encore une fois le mois, je ne hasarderai pas que je serais malade si je cessais entièrement de riboter. Mais c'est égal; si le vin est bon ici, les femmes y sont terriblement curieuses!... Ah! prout!...

— Les femmes sont curieuses ici!... comment savez-vous cela, Pettermann?
— Parce que depuis quelques jours on ne fait que tourner autour de moi pour tâcher de me faire jaser...
— Qui donc?
— D'abord, c'était l'hôtesse... les servantes; mais, comme on a vu

que ça ne prenait pas, il y a une jolie dame qui est venue elle-même, comme par hasard...
— Une dame qui demeure dans cet hôtel?
— Oui... celle qui a un petit oncle qui parle toujours.
— Mademoiselle Derbin?
— Justement.
— Que vous a-t-elle demandé?
— Elle avait l'air de passer dans la cour où j'étais; elle me dit d'abord : c'est vous qui êtes au service de M. Dalbreuse?
— Oui, mademoiselle.
— Il fallait dire, Pettermann, que vous étiez avec moi, mais non pas comme mon domestique.
— Pourquoi donc cela, monsieur? Je me trouve heureux de vous appartenir; et, comme il faut toujours qu'il y en ait un qui fasse la volonté de l'autre, il est juste que vous me commandiez : donc vous êtes le maître.
— Enfin, Pettermann?
— Enfin cette demoiselle ou cette dame reprit : — Y a-t-il longtemps que vous êtes avec M. Dalbreuse?
— Deux ans environ.
— Il a l'air bien doux, M. Dalbreuse?

Pettermann.

— Il n'est pas méchant, mademoiselle.
— Et que fait-il à Paris?...
— Moi, ça commençait à m'ennuyer toutes ces questions-là, et je lui répondis un peu sèchement : — Il fait ce qu'il veut, mademoiselle; ça m'est fort égal. Sur ce coup-là, elle s'éloigna. Mais elle revint en sautillant, et, en voulant me glisser une pièce d'or dans la main, elle me dit presque à l'oreille : — Il est garçon, n'est-ce pas?... Moi, je ne pris pas la pièce d'or et je la saluai en disant : — Oui, mademoiselle, il est garçon. Alors elle se mit à rire et s'éloigna en s'écriant : — Le valet est presque aussi original que le maître. Par exemple, si celle-là n'est pas curieuse, je ne m'y connais pas!
Mademoiselle Derbin veut absolument savoir qui je suis, quel est mon rang, ma position dans le monde. Le silence que je garde l'a piquée. Mais avoir été jusqu'à demander si je suis marié... c'est assez singulier. Pettermann me croit garçon. Je n'ai jamais rien dit devant lui qui pût faire deviner que j'ai cessé de l'être. Qu'importe à cette demoiselle que je sois marié ou non? Aurait-elle quelque penchant pour moi? je ne puis le croire; je ne lui ai jamais dit un mot d'amour. Ce serait donc un caprice de coquette qui veut tout soumettre à son empire. Elle ne me connaît que depuis quinze jours... Il me semble d'ailleurs que je ne dois plus inspirer d'amour, qu'on ne peut plus m'aimer.
Je me dis tout cela en examinant ma boîte à couleurs. Mais cela ne doit pas m'empêcher de me rendre près de mademoiselle Derbin, car elle m'attend; et alors même que je lui plairais, ce ne serait pas une raison pour la fuir. Il faut laisser ces beaux traits-là aux patriarches de la Genèse que nous ne sommes nullement tentés d'imiter.
On m'attend. L'oncle est là; il me félicite sur mon talent et me remercie de ma complaisance. Caroline est fort en peine de la pose qu'elle doit prendre. Je la prie de se tenir comme si je ne faisais pas son portrait, pour que la pose n'ait rien d'affecté, et je me mets à l'ouvrage.
Mon modèle est très-docile; il me regarde et me sourit avec beaucoup de complaisance. L'oncle se promène dans la chambre, et nous dit bientôt :
— Cela fera un fort joli portrait. Monsieur, on m'a peint dans le costume de Scapin... C'était un artiste de beaucoup de talent. Je ne me souviens plus de son nom... Il me reviendra tout à l'heure. Il se trouvait à Bordeaux, chez madame la comtesse de Vernac, qui recevait chez elle les premiers artistes de Paris!... Molé, Saint-Phal, Fleury, Dugazon... C'est même chez elle que je fis la connaissance de Dugazon... Oh! le farceur!... aussi comique en société qu'à la scène... Vous avez vu jouer Dugazon?
— Ma foi, monsieur, je crois que oui; mais j'étais si jeune que je m'en souviens à peine. Mademoiselle, la tête un peu moins baissée, s'il vous plaît...
— Pour en revenir à mon portrait, cet artiste me trouva si drôle dans les *Fourberies de Scapin*, j'avais une tête si plaisante lorsque je sortis du sac... Vous connaissez les *Fourberies de Scapin*?
— Oui, monsieur.
— Ah! mon oncle, comment pouvez-vous faire de telles questions à monsieur?... s'il connaît Molière!... Vous feriez bien mieux de regarder si cela me ressemble déjà.
— Est-ce que tu es folle, ma chère amie? Tu veux que cela ressemble au bout d'un quart d'heure!... On fit donc mon portrait en Scapin, et très-ressemblant. Ce n'était pourtant pas mon rôle de prédilection; mon triomphe, c'était le Pasquin du *Dissipateur*. J'ai fait pleurer, monsieur; oui, pleurer, en disant : *Le peu que je possède!...* Il y a beaucoup de manières de dire cela. Je l'avais entendu dire à Dugazon; eh bien! monsieur, je le pris tout autrement que lui : *le peu que je possède!...* il y en a qui déclament cela; Dugazon le déclamait, moi je soutiens qu'il ne faut y mettre que de la vérité et de l'âme : *le peu que je possède!...* et je voyais des larmes rouler dans tous les yeux!... *le peu que...*
— Ah! mon oncle, de grâce!... est-ce que vous voulez nous faire pleurer aussi?... Vous donnez des distractions à monsieur; vous serez cause que mon portrait ne ressemblera pas.
— Monsieur votre oncle peut parler, mademoiselle; je vous assure que cela ne m'empêche pas du tout de travailler.
Caroline fait une petite mine de dépit, que je voudrais pouvoir rendre sur l'ivoire, parce que cela lui va fort bien. Je crois qu'elle désirerait que son oncle nous laissât; mais M. Roquencourt n'y songe pas. Après avoir fait quelques tours dans la chambre, il vient me regarder travailler, puis considère sa nièce, et s'écrie :
— En vérité, Caroline a dans la physionomie, dans les yeux surtout, beaucoup de rapports avec mademoiselle Lange... Vous n'avez pas connu mademoiselle Lange, qui jouait aux Français?
— Non, monsieur.
— Ah! monsieur Dalbreuse! c'est peut-être l'actrice qui avait le plus de vérité, le plus de charme dans la manière de dire... et femme charmante avec cela! je l'ai beaucoup connue!... elle m'apprit à me poser mon rouge. C'est une chose fort difficile que de bien mettre son rouge!... je m'en couvrais la figure à tort et à travers. Elle me dit un soir, que je venais de jouer Gros-René... vous savez, Gros-René du *Dépit amoureux* :

... La femme est, comme on dit, mon maître,
Un certain animal difficile à connaître,
Et de qui la nature est fort encline au mal;
Et comme un animal est toujours animal,
Et ne sera jamais...

— Ah! mon oncle, nous avons vu le *Dépit amoureux*!... Cette tirade n'est pas ce que j'aime le mieux dans Molière!...
— Je venais donc de jouer Gros-René... et avec beaucoup de succès, ma foi!... j'avais fait rire aux larmes!... Lange me prit à part, après la pièce, et me dit : Tu as joué comme un Dieu (elle me tutoyait)!... Tu as joué divinement; mais, mon ami, tu ne sais pas mettre ton rouge... Tu te fais des placards partout... ce n'est pas cela : mets-en beaucoup sous les yeux... tu as déjà les yeux brillants, tu verras comme ils le seront encore plus! Ensuite, va en mourant derrière les oreilles, et presque rien au bas de la figure. Je suivis ses conseils, et je m'en trouvai très-bien.
— Mon oncle, est-ce que vous ne deviez pas faire ce matin une partie de trictrac avec cet Anglais qui vous a provoqué hier?
— Ce n'est pas ce matin, ma chère amie, c'est ce soir que nous devons y jouer.
— Il me semblait bien que c'était ce matin.

— Tu te trompes... C'est un fort beau jeu que le trictrac ; le jouez-vous, monsieur Dalbreuse?
— Un peu, monsieur.
— C'est Dazincourt qui me l'a appris... il y était de la première force. Je me souviens qu'un soir nous jouâmes une de ses perruques... c'était la perruque qu'il mettait dans... Attendez donc... une excellente perruque... et c'est beaucoup à la scène... C'était sa perruque du...

Caroline se lève avec impatience en disant :
— En voilà assez pour aujourd'hui ; je ne veux pas fatiguer monsieur ; allons promener, il fait beau et j'ai besoin de prendre l'air. Mon oncle, que vous seriez aimable d'aller me chercher mon chapeau !

Pettermann trotte derrière moi sans jamais demander où nous allons, et cette discrétion me plaît.

Monsieur Roquencourt va chercher le chapeau en se grattant l'oreille et en murmurant : — Comment! le nom du rôle ne me reviendra pas !

Lorsqu'il est éloigné, mademoiselle Derbin me dit :
— Demain, si vous voulez, nous prendrons séance plus tôt, à l'heure où mon oncle va lire les journaux ; car, en vérité, il est terrible avec ses acteurs, sa comédie... On ne sait plus ce qu'on fait, il me semble qu'on doit mieux travailler quand il n'y a pas toujours près de nous quelqu'un qui parle ; à moins cependant, monsieur, que vous ne craigniez de rester en tête-à-tête avec moi?

Elle sourit en me disant cela ; mais son sourire a quelque chose de mélancolique. En vérité, cette jeune personne sait prendre toutes les physionomies. Tantôt rieuse, enjouée, moqueuse, ou bien sérieuse, pensive, langoureuse ; elle n'est pas deux minutes la même : est-ce un art chez elle, ou les différentes sensations qu'elle ressent viennent-elles aussitôt se peindre sur ses traits? Peu m'importe après tout ; cependant je n'ai pas encore répondu à sa question, je me sens presque embarrassé. En ce moment son oncle revient avec le chapeau en s'écriant :
— Ce qu'il y a de certain, c'est que je gagnai la perruque par un carme qui me donna douze points. Dazincourt en sauta de dépit sur sa chaise en me disant :
— Je ne jouerai plus avec toi!... Il me tutoyait aussi.

Mademoiselle Derbin ne se soucie pas d'en entendre davantage, elle me prend le bras, et nous sortons ; elle m'emmène promener, elle ne m'a même pas demandé si je voulais les accompagner ; elle devine donc que cela me plaira... Elle devine fort bien : je ne m'ennuie jamais avec elle.

Le lendemain je me rends chez son oncle à l'heure qu'elle m'a indiquée ; je la trouve seule ; je n'en ressens aucun trouble, aucun embarras, car je n'ai point de déclaration à lui faire ; alors même qu'elle me plairait, je ne le lui dirais pas. Je ne suis pas libre, et je ne voudrais pas la tromper ; mais je n'ai rien à craindre. Mon cœur n'éprouvera plus d'amour ; j'aime la société de mademoiselle Derbin, j'aime son caractère, son esprit, son abandon, je rends justice à ses charmes ; mais je ne suis pas amoureux d'elle... Je ne puis plus être amoureux.

Nous nous mettons sur-le-champ à l'ouvrage. Je travaille avec plaisir à ce portrait ; quelquefois cependant un souvenir cruel se réveille dans mon cœur : je me rappelle ces séances délicieuses que ma femme me donna. Quel plaisir je goûtais à la peindre!... Ah! son sourire était bien doux aussi... et ses yeux pleins d'amour pour moi.

Lorsque ces idées reviennent m'assaillir, il se fait sans doute un changement bien visible dans ma physionomie, car mon modèle me dit pour la seconde fois :
— Qu'avez-vous donc, monsieur Dalbreuse?... vous sentiriez-vous indisposé?
— Non, mademoiselle.
— Vous avez pris tout à coup un air si triste !... Si cela vous ennuie de me peindre, monsieur, rien ne vous oblige à continuer.
— Non, mademoiselle, cela me plaît beaucoup, au contraire.
— Ah! vous dites cela bien drôlement.

Je ne réponds plus, je travaille. Caroline devient sérieuse et ne souffle plus mot.
— Mademoiselle, voudriez-vous sourire un peu?... vous n'avez pas l'air si sérieux ordinairement.
— C'est que vous ne me dites rien pour m'amuser... et vous-même vous avez quelquefois un air... O mon Dieu! quel homme aimable vous faites!
— Je puis avoir des souvenirs qui ne soient pas gais... et ce que je fais en ce moment me rappelle...
— Quoi donc?
— Une personne dont j'ai fait aussi le portrait...
— Une femme?...
— Oui.
— Que vous aimiez sans doute?
— Oh! oui!...

Caroline change de couleur et se lève brusquement en disant :
— En voilà assez pour aujourd'hui... je ne veux plus poser...

Mon modèle est très-docile, il me regarde et sourit avec beaucoup de complaisance.

— Mais, mademoiselle, nous ne faisons que commencer.
— J'en suis fâchée ; mais je suis fatiguée... d'ailleurs je ne me soucie plus d'avoir mon portrait!
— Quel caprice vous prend donc maintenant?
— Eh bien, monsieur, si je veux avoir des caprices, moi!...
— J'en suis bien fâché aussi, mais j'ai commencé votre portrait et je désire le finir...
— Je vous dis que je ne veux pas de mon portrait... vous seriez obligé de le garder... je vous demande un peu à quoi cela vous servirait?... un homme! cela ne porte pas un portrait... Ah! quelquefois sur un souvenir, je crois... Allons, voilà que vous prenez encore vo-

tre air sérieux... Eh bien! me voilà, monsieur, me voilà, ne vous fâchez pas... Mon Dieu, je poserai tant que vous voudrez.

Elle se remet à sa place. Je la regarde... Elle a essayé ses yeux à la hâte, et pourtant j'y vois encore briller des larmes. Quelle femme singulière! quel mélange de coquetterie et de sensibilité! Que se passe-t-il donc dans son cœur?... Je crains quelquefois de le deviner.

Nous travaillons longtemps et j'avance peu ma besogne, car je suis bien distrait : le passé et le présent m'occupent tour à tour. Caroline elle-même est rêveuse. Quelquefois elle me gronde et me dit de Paris, je devine qu'elle tient à savoir ce que j'y faisais; je ne vois aucun inconvénient à lui apprendre que j'étais avocat. Elle semble charmée de savoir que j'exerçais cette profession. Pourquoi prend-elle tant d'intérêt à ce qui me regarde?... Je ne lui dis pas un mot d'amour.

Notre seconde séance est plus gaie ; nous nous habituons l'un à l'autre. Quand je soupire, elle me gronde et me dit de mieux travailler. Quand elle est rêveuse, je la prie de sourire, de faire la coquette comme me j'étais avocat. Le temps de ces séances passe bien vite. En vérité, je ne me reconnais plus : il y a des moments où je crains de trop m'habituer à la société de Caroline. Ah! Ernest avait bien raison lorsque, pour me distraire de ma douleur, il m'engageait à peindre de jolies femmes.

Chapitre XX. — La Gazette des Tribunaux.

Nous avons pris dix séances; le portrait est à peu près fini. Il pourrait même rester tel qu'il est, car Caroline en est enchantée, et son oncle le trouve aussi ressemblant que le sien en Scapin ; mais, moi, je trouve encore quelque chose à faire ; Caroline elle-même demande de petits changements dans la robe, puis à la coiffure. Je crois que nous serions fâchés tous deux que les séances fussent terminées.

Un soir que le temps est mauvais et que nous sommes restés à l'hôtel avec plusieurs voyageurs, la conversation est devenue générale. Un vieux gentilhomme, qui est presque aussi causeur que M. Roquencourt, mais bien moins aimable, nous entretient d'un procès scandaleux dont la *Gazette des Tribunaux* a rendu compte. Il s'agit d'un mari qui attaque sa femme en adultère. « Il y a, dit-il, dans cette affaire des détails piquants que le journal rapporte en y ajoutant ses réflexions. » Le vieux gentilhomme monte à sa chambre chercher le journal, qu'il veut absolument nous lire. Je l'aurais volontiers dispensé de cette complaisance.

Toutes les fois que l'on traite ce sujet, je me sens mal à mon aise. Ces messieurs plaisantent, et rient beaucoup sur les maris trompés. J'ai beau vouloir feindre de rire aussi, je ne puis le prendre sur moi. Je voudrais changer la conversation; je n'ose : il me semble qu'on devinerait mon motif. Heureusement, mademoiselle Derbin est près de moi, et elle ne paraît pas s'occuper beaucoup de l'anecdote rapportée par la *Gazette des Tribunaux*.

— Messieurs, dit un Anglais, chez nous on envisage la chose sous un autre point de vue; cela devient presque une opération commerciale. Nous faisons payer une amende fort considérable à l'amant de la dame.

— Une amende peut-elle rendre l'honneur à un mari outragé? dit un vieil Espagnol. Dans mon pays, la réparation est prompte, mais elle est terrible!...

— Messieurs, dit M. Roquencourt, je me souviens d'avoir joué le *Mariage de Figaro* avec un de mes amis, qui se trouvait dans le cas du mari de la *Gazette des Tribunaux*. Il faisait Almaviva. Comme tout le monde savait ce qui lui était arrivé, vous jugez combien on fit d'applications pendant la pièce... On rit beaucoup. Malgré cela, il joua fort bien. Moi je faisais Figaro. J'avais le plus joli costume qu'il soit possible de voir... blanc et cerise, noeuds en soie, en broderies, en paillettes! Ça m'avait coûté fort cher! Mais Dugazon, qui le vit, en fut si enchanté, qu'il me le demanda pour s'en faire un pareil.

Je suis enchanté cette fois d'entendre M. Roquencourt parler des rôles qu'il a joués : j'espère que cela changera la conversation; et je vais lui demander quelques anecdotes sur Dugazon, lorsque le maudit gentilhomme arrive avec son journal à la main en s'écriant : — Voici la *Gazette*, je vous assure qu'il y a des détails fort plaisants, que du reste on peut lire devant les dames...

— Est-ce que cette conversation vous amuse? dis-je tout bas à Caroline.

— Croyez-vous que j'écoute tous ces bavards?... Non, vraiment, et je crois que mes pensées valent mieux que leurs discours.

En disant ces mots elle me regarde tendrement et appuie sa main sur mon bras, car je viens de m'asseoir à côté d'elle. Je baisse les yeux; je suis tout préoccupé de la *Gazette des Tribunaux*.

Le vieux gentilhomme a mis ses besicles et s'est approché d'une lampe. Il faudra absolument que nous entendions le journal. Il y a des gens qui veulent vous amuser malgré vous!

— Messieurs, voici l'article : c'est de Paris... les noms sont en toutes lettres...

— C'est fort agréable pour le mari, dit à demi-voix l'Espagnol; toute l'Europe saura qu'il est cocu!...

— Quand un mari est assez sot pour plaider pour une semblable bagatelle, dit un jeune Français, il mérite bien que l'univers entier se moque de lui...

— Bagatelle! monsieur! reprend l'Espagnol, quand il s'agit de notre honneur!...

— Où diable a-t-on été le placer?... Eh! eh!... C'est Beaumarchais qui a dit cela... et Beaumarchais avait diablement d'esprit!... Quand j'ai joué son *Figaro*, je venais de me trouver avec...

— Ah çà! messieurs, vous ne voulez donc pas entendre le journal?

— Si fait. Nous écoutons.

« Une cause, assez commune par le fond, mais fort piquante par les détails et les débats, a été jugée aujourd'hui en première instance. Le sieur Ferdinand-Julien Bélan avait épousé, au mois de juin de mil huit cent vingt-quatre, demoiselle Armide-Constance-Fidèle de Beausire... Pendant quelques années... »

— Ferdinand Bélan! dis-je en sortant de ma rêverie. Tous les yeux se portent sur moi, et on s'écrie :

— Est-ce que vous le connaissez?... est-ce qu'il est de vos amis?... Ah! quel homme est-ce? contez-nous cela.

— Je connais en effet une personne qui porte ce nom... peut-être n'est-ce pas la même... Ce Bélan était marié, il est vrai, mais il y a longtemps que je l'ai perdu de vue... Je ne sais rien qui le concerne.

— Oh! il est probable que c'est celui-là.

— Il doit avoir l'air bête! s'écrie un jeune voyageur.

Un mari trompé, il me semble que cela doit leur donner une drôle de figure!...

— Voilà bien une réflexion de jeune homme! dit l'Anglais. Si cela se voyait sur la figure, messieurs les Français en riraient moins!

— Messieurs, j'ai joué le Sganarelle du *Cocu imaginaire* : c'était à Bordeaux.... Je l'ai joué depuis à Paris; mais ce que je veux vous dire se passa à Bordeaux. C'était une partie montée depuis longtemps... je n'en étais pas. Tout à coup, l'amateur qui devait représenter Sganarelle se trouve dans un grand embarras : il perdait deux cent mille francs. Vous sentez bien qu'il ne songe plus à jouer la comédie. La société était dans un grand embarras, lorsque Molé s'y trouvait dans cette société, leur dit : — Eh! pardieu! je connais quelqu'un qui peut, s'il le veut, vous tirer de peine : c'est un de mes amis, qui joue la comédie comme un petit ange : il est justement à Bordeaux dans ce moment. Tout le monde de lui dire : Oh! amenez-nous votre ami! amenez-nous votre ami! Molé vint me trouver, et me dit : Veux-tu jouer Sganarelle dans le *Cocu imaginaire*? (Molé et moi nous tutoyions.) Je lui réponds : Et pourquoi pas?

— Tu rendras la vie à des femmes charmantes, qui t'embrasseras. . Sais-tu le rôle?

— Non.

— Il est long.

— Je le saurai demain.

— Je t'en défie!

— Gageons!

— Une dinde aux truffes!

— Ça va. Le lendemain, je jouai Sganarelle, et j'eus un succès prodigieux!...

— Messieurs, il me semble qui j'ai apporté le journal pour vous en faire la lecture; et, si vous le permettez...

Ce diable d'homme n'en démord pas; et, quoique je sache fort bien qu'il s'agit du Bélan que je connais, je ne suis pas curieux d'entendre la lecture de son procès. Heureusement la maîtresse de la maison entre en ce moment dans le salon. Après avoir salué tout le monde, elle s'approche de mademoiselle Derbin !

— Mon Dieu! mademoiselle, si j'osais me permettre... si cela ne vous contrariait pas...

— Qu'est-ce donc, madame?

— C'est que nous avons une nouvelle voyageuse... une dame française... qui est ici depuis ce matin. Elle vient pour prendre les eaux, et on voit bien que ce n'est pas seulement pour un agrément qu'elle est venue, car elle a l'air bien malade... bien souffrant...

— Est-ce la jeune dame que j'ai aperçue ce matin? dit l'Anglais.

— Oui, milord.

— Elle a l'air.très confortable... très intéressant.

— Et que puis-je faire à tout cela, madame l'hôtesse ? dit Caroline.

— Pardon, mademoiselle ; voilà ce que c'est. Cette dame, qui a fort bon ton et de très-bonnes manières, n'a avec elle que sa femme de chambre. Depuis ce matin elle n'est pas sortie de sa chambre ; je crains qu'elle ne s'ennuie. Je suis montée un moment près d'elle tantôt ; je lui ai dit que le soir la société se réunissait dans le salon; qu'il fallait descendre, que cela la distrairait. Elle n'a ni promis ni refusé... Elle semble timide; mais si une personne de la réunion, comme vous, mademoiselle, allait l'engager à venir, je suis bien certaine qu'elle ne refuserait pas. Cette pauvre dame a l'air si souffrant !... Je suis persuadée qu'en compagnie elle oublierait un peu son mal.

Plusieurs voyageurs joignent leurs instances à celles de l'hôtesse. Moi-même, qui suis bien aise qu'on oublie le journal, j'engage mademoiselle Derbin à nous amener la malade.

— Puisque vous êtes si curieux de voir cette dame, messieurs, dit Caroline en se levant, je vais me rendre en ambassade près d'elle. Mais ne vous réjouissez pas trop d'avance, car je ne vous promets pas de réussir ; et il faudra peut-être que vous vous contentiez encore d'adresser vos galanteries aux dames qui sont dans ce salon.

En disant ces mots avec une gaieté charmante, elle sort du salon avec l'hôtesse. Cet événement a fait oublier le procès de Bélan, et j'espère qu'on n'y reviendra pas ; cependant je remarque que le vieux gentilhomme, qui ne se tient pas pour battu, est allé s'asseoir d'un air de mauvaise humeur dans un coin du salon, mais en gardant toujours dans sa main la *Gazette des Tribunaux*.

Quelques moments s'écoulent.

— Mademoiselle Derbin ne réussira pas, dit l'Espagnol ; si cette dame est malade, elle ne voudra pas quitter sa chambre.

— Et pourquoi cela ? dit un jeune homme ; est-ce qu'il faut se faire ermite parce qu'on vient prendre les eaux ?...

— Messieurs, je crois que ma nièce réussira ; car, en vérité, elle réussit en tout ce qu'elle entreprend, et, si elle a mis dans sa tête de nous amener cette voyageuse, soyez certains qu'elle ne reviendra pas seule. Ma nièce tient de moi : j'ai peut-être joué trente rôles dans ma vie... Bah ! qu'est-ce que je dis donc ? j'en ai joué plus de cinquante !...
Eh bien ! je vous assure qu'il y en a au moins une douzaine que j'ai appris dans les vingt-quatre heures, au pied levé, comme celui du *Cocu imaginaire*. Mais celui-là était long ! Ah ! je ne vous ai pas dit l'effet que je produisis chez Molé ! Il ne m'avait vu que dans les grandes livrées ; Sganarelle est bien, si l'on veut, de l'emploi des valets, mais......

— Voici mademoiselle Derbin, et elle amène cette dame, dit un jeune homme qui a entr'ouvert la porte du salon.

Aussitôt, par un mouvement de curiosité naturel, on fait cercle et tous les yeux se tournent vers la porte.

Caroline paraît donnant la main à la nouvelle venue. Tout le monde salue cette dame ; et moi, au moment d'en faire autant, je reste saisi, glacé ; je retombe sur ma chaise. Dans cette femme pâle, maigre et à l'air souffrant qui vient d'entrer, j'ai reconnu Eugénie.

Elle ne m'a pas aperçu ; car, en entrant, elle a salué sans regarder tout le monde : et, conduite par Caroline, elle a été s'asseoir sur-le-champ. Je suis derrière elle ; je n'ose ni remuer ni respirer.

— Messieurs, dit mademoiselle Derbin, madame a bien voulu se rendre à mes prières ; mais j'ai eu infiniment de peine à la décider à quitter sa retraite, et vous me devez beaucoup de reconnaissance.

Ces messieurs remercient Caroline, qui s'est assise près d'Eugénie. La conversation s'engage de nouveau. Eugénie y prend peu de part ; elle ne cause qu'avec mademoiselle Derbin, qui la questionne sur sa maladie. J'entends un de nos jeunes gens dire à M. Roquencourt :

— Je reconnais cette dame ; je l'ai vue une fois en soirée à Paris il y a deux ans... Elle se nomme madame Blémont, son mari l'a quittée : c'était un mauvais sujet, un joueur, un libertin.

— Pauvre femme ! répond M. Roquencourt ; oh ! nous en avons tant de ces scélérats de maris qui se conduisent ainsi ! sans compter les *Beverley*, les *Othellos*, les... On a voulu me faire jouer Beverley, c'est le seul rôle que j'aie refusé.

Je regarde le jeune homme qui a nommé ma femme. Je suis bien certain qu'il ne me connaît pas ; je ne me rappelle pas l'avoir jamais rencontré en société. Mais je ne puis rendre ce que je souffre ; la vue d'Eugénie a renouvelé toutes mes douleurs. Je voudrais fuir, je n'ose, je crains de faire un mouvement ; si elle tournait un peu la tête, elle me verrait.

Cependant cette situation ne peut durer longtemps. Caroline, qui vient de cesser de parler à Eugénie, se tourne vers moi et me dit :

— Eh bien ! monsieur Dalbreuse, pourquoi donc restez vous si loin ?... Vous avez l'air de bouder... Venez donc causer un peu avec nous.

Je ne sais que répondre. Mais Eugénie a reculé son fauteuil, comme pour me faire de la place auprès de sa voisine ; en même temps elle tourne les yeux vers moi. Bientôt je la vois chanceler et laisser tomber sa tête sur le dos de son fauteuil.

— Cette dame se trouve mal ! s'écrie Caroline en se penchant vers Eugénie. Messieurs, vite des sels... un flacon... Ouvrez la fenêtre : il lui faut de l'air peut-être.

Il se fait un mouvement général. Je me lève aussi, je vais sortir du salon, Caroline m'appelle, me retient, me prie de l'aider à porter la malade contre la fenêtre que l'on vient d'ouvrir. Comment me dispenser de faire ce qu'elle me demande ! et puis... la vue de cette femme dont les yeux sont fermés et dont les lèvres pâles, les traits amaigris, annoncent la souffrance me cause une émotion, me fait éprouver un sentiment... qui ressemble presque à du plaisir. Je n'ai pas un cœur barbare, mais elle m'a fait tant de mal !... Il me semble que je commence à me venger. Pourquoi donc fuirais-je de ce salon ? Est-ce à moi de fuir ?... Non. Je veux voir comment elle supportera ma présence.

Pendant que ces idées se croisent dans ma tête, Caroline m'a poussé vers le fauteuil sur lequel est Eugénie en me disant :

— Eh bien ! monsieur, voyons donc... Est-ce que vous allez rester là sans bouger ?... Oh ! que les hommes sont gauches dans certaines circonstances !...

Nous portons le fauteuil près de la fenêtre. On apporte des sels.

— Soutenez donc la tête à cette dame, me dit Caroline. Avancez-vous donc... En vérité, je ne sais à quoi vous pensez ce soir !... mais vous avez l'air de ne pas m'entendre... Pauvre femme !... comme elle est pâle !... Elle est jolie, malgré cela... n'est-ce pas ? Hein ! la trouvez-vous jolie ?

— Oui, mademoiselle...

— C'est bien heureux qu'on puisse vous arracher cela !... Ah ! la voilà qui revient à elle !...

Eugénie rouvre les yeux... Elle semble chercher à rappeler ses idées... Enfin elle regarde lentement autour d'elle... La retraite amène la première personne qu'elle aperçoit... Elle rebaisse vivement les yeux et porte ses mains à son front.

— Vous m'avez fait bien peur, madame, dit Caroline. Comment vous trouvez-vous maintenant ?

— Je vous remercie, mademoiselle : c'était un étourdissement ; je suis mieux... Cependant je voudrais rentrer chez moi...

En disant cela elle fait un mouvement pour se lever et retombe sur son fauteuil en balbutiant :

— Je me sens accablée !...

— Restez donc avec nous... cela va se dissiper ; cette faiblesse vient des nerfs : contre la fenêtre vous serez bien... La retraite amène l'ennui, et l'ennui redouble le mal... N'est-ce pas, monsieur Dalbreuse ?... Allons ! il ne m'entend plus... Je ne conçois pas ce qu'il a ce soir.

Pendant que Caroline parlait, je me suis éloigné du fauteuil d'Eugénie. Celle-ci reste assise, la tête tournée vers la fenêtre ; elle ne regarde pas dans le salon.

— Je ne me suis trouvé mal qu'une fois dans ma vie, dit M. Roquencourt ; mais c'était de chaleur. J'avais consenti à faire le rôle d'Arlequin dans *Colombine mannequin* ; je ne m'en souciais pas trop... je redoutais le masque ; enfin la société m'en pria tant qu'il fallut bien se rendre... C'était madame la marquise de Crézieux qui faisait Colombine... Femme charmante, ma foi !... j'avais une faible pour elle... Quand je la vis en Colombine, je la trouvai si jolie que je me piquai d'honneur ; je jouai mon rôle d'Arlequin à ravir. Je fis mille singeries, mille gambades... J'étais un véritable chat ! A la fin de la pièce on me jeta des couronnes : c'était un transport, un délire !... mais moi, bien le bonsoir ! je n'en pouvais plus. Je tombai dans la coulisse ; et, si on ne m'avait pas sur-le-champ arraché mon masque, c'était fini, j'étais suffoqué.

Plusieurs personnes s'approchent d'Eugénie pour lui demander comment elle se trouve. Je n'entends pas ce qu'elle répond ; mais elle ne bouge pas. Elle craint sans doute, en tournant la tête, de rencontrer encore ma figure. Elle n'a pas amené sa fille avec elle : quel dommage ! Et cependant, si elle l'avait amenée, aurais-je été maître de cacher ma tendresse ?... Ah ! je suis resté trop longtemps ici : j'aurais déjà dû aller revoir ma fille...

Depuis quelques instants la conversation est tombée ; quelques personnes causent entre elles à demi-voix, mais cela n'est plus animé. Le vieux monsieur qui est resté dans un coin, avec son journal à la main, juge le moment favorable ; il rapproche sa chaise en disant : — Messieurs et dames... il me semble que tout à l'heure nous causions du procès dont il a été fait mention dans la *Gazette des Tribunaux* que je tiens ; j'allais même vous faire la lecture du journal, lorsqu'on a été chercher madame. Je pense que maintenant vous ne serez pas fâchés d'entendre cette lecture, et je commence... Hum ! hum !...

— C'est très-difficile de bien lire, dit M. Roquencourt ; nous avons beaucoup d'auteurs qui ne savent pas lire leurs ouvrages.... C'est Larive qui lisait bien... Oh ! il lisait parfaitement !... Moi, lorsque j'avais une lettre à lire en scène, je m'en acquittais de manière que le souffleur m'en envoyait un seul mot !... Mais une fois il m'arriva une plaisante aventure... C'était, je crois, dans *l'Étourdi*.

— Monsieur, dit d'un ton courroucé le vieux gentilhomme en s'avançant avec son journal, voulez-vous ou ne voulez-vous pas que je vous lise la *Gazette* ?

— Ah ! pardon !... lisez... je vous en prie... Je vous conterai mon histoire après... Elle vous fera rire...

— Je suis sur les épines. Faudra-t-il donc entendre la lecture de cette cause ? et cependant n'est-ce pas ma vengeance qui commence ?... Eugénie souffrira en écoutant ces détails... Mais il me semble que je souffrirai autant qu'elle. L'impitoyable liseur a développé le journal et remis ses besicles : nous ne lui échapperons pas !

« Une cause, assez commune par le fonds, mais fort piquante par les détails et les débats, a été... »

— Vous nous lisez le, monsieur.

— C'est juste... arrivons au procès. « Le sieur Bélan attaque donc en adultère sa femme Armide de Beausire. Voici quels sont les faits qui ont amené le sieur... »

Aux premiers mots de cette lecture, j'ai examiné Eugénie : elle a voulu se lever, s'éloigner ; à peine a-t-elle fait quelques pas qu'un gémissement sourd lui échappe, ses membres se roidissent, elle tombe aux pieds de mademoiselle Derbin.

— C'est une attaque de nerfs, s'écrie-t-on de toutes parts ; cette dame est bien mal, il faut la transporter chez elle.

Plusieurs de ces messieurs offrent leur assistance ; Eugénie est emportée du salon, Caroline les suit. Je reste, je m'approche de la fenêtre. Ce spectacle, ce gémissement que je crois entendre encore, m'ont déchiré l'âme. Je sens que je ne veux plus de vengeance à ce prix. Je partirai cette nuit même... Je ne veux pas la tuer... S'il ne dépendait que de moi, son mal serait bientôt guéri.

On va et vient dans le salon. Les uns causent sur ce second évanouissement, les autres font demander des nouvelles de la malade. Le vieux gentilhomme seul est allé sans rien dire se rasseoir dans un coin, d'un air d'humeur, en remettant le journal dans sa poche.

Caroline revient enfin, on s'empresse autour d'elle : — Cette dame est un peu mieux, dit-elle, mais, en vérité, je crains que toutes les eaux du Mont-d'Or ne puissent lui rendre la santé.

— Eh ! madame, je me devine qui a causé ce second évanouissement, dit le jeune homme qui a déjà parlé d'Eugénie. Cette pauvre madame Blémont... C'est le nom de cette dame...

— En effet, je me rappelle que l'hôtesse l'a nommée ainsi... Eh bien ! vous disiez donc que cette dame ?

— Elle a été très-malheureuse en ménage ; son mari l'a quittée, abandonnée ; elle aura pensé à tout cela en entendant parler d'un mari qui plaide contre sa femme.

— Comment, monsieur, dit Caroline, cette dame a été quittée par son mari ?

— Oui, mademoiselle ; j'ai vu plusieurs fois cette dame en soirée à Paris. Je l'ai sur-le-champ reconnue, quoiqu'elle soit bien changée...

— Et son mari ?

— Je ne l'ai pas connu ; il paraît que c'était un monstre !... joueur, débauché, jaloux ! tous les vices enfin ; il a laissé sa pauvre petite femme avec deux enfants sur les bras, un garçon et une fille...

— O mon Dieu !... il y a des hommes indignes !... Cette jeune dame a l'air si doux, si aimable ! Certainement elle devait faire le bonheur d'un homme qui aurait su l'apprécier. Abandonnée par son mari ! que je la plains !... Et peut-être l'aime-t-elle toujours ; car nous sommes si bonnes, nous ne savons pas vous haïr, lorsque même que vous le méritez le plus !... Mon oncle, décidément je ne veux jamais me marier.

Après avoir dit cela, Caroline me regarde comme pour chercher dans mes yeux à deviner ce que je pense. Mais je détourne mes regards et ne dis pas un mot.

Tout le monde semble se retirer. On se salue, on se dit bonsoir. Je me sens pincé au bras ; c'est Caroline qui me dit d'un air piqué :

— Il faut donc que ce soit moi, monsieur, qui vous souhaite le bonsoir aujourd'hui !... Ah ! vous pouvez vous flatter d'avoir été bien maussade !

Ce reproche me rend à moi-même ; je pense que je veux partir avant le jour, que peut-être je vois mademoiselle Derbin pour la dernière fois : et je m'avance pour saisir sa main ; mais elle la retire en me disant d'un ton plus doux :

— Je ne pardonne pas si vite... demain nous verrons si vous méritez qu'on fasse la paix.

Elle est éloignée ; je rentre dans mon appartement. Il faut que je parte, que je quitte cette maison... cette ville... Je sens que je ne puis me trouver en présence d'Eugénie ; d'ailleurs elle est malade, je dois avoir pitié d'elle. Mais pourquoi est-elle venue troubler le bonheur que je goûtais en ces lieux ?... j'y avais presque oublié le passé... mademoiselle Derbin est si aimable !... Après tout, un peu plus tôt, un peu plus tard, il aurait toujours fallu la quitter.... Si elle savait que je suis de Blémont, cet homme que dans le monde ils appellent un monstre ! Comme ils me traitent !... mais cela ne m'offense nullement ; au contraire, je suis enchanté que l'on ait pris le change ; je préfère passer pour un mauvais sujet, à faire, comme Bélan, retentir mes plaintes devant les tribunaux... Pauvre Bélan !... me doutais-je qu'il en viendrait là... Mais Caroline me croit garçon... raison de plus pour partir... Que pouvais-je espérer de cette liaison ? d'avoir une amie... Oh ! non... à l'âge de Caroline ce n'est plus, d'un amant qu'il faut ; c'est de l'amour qu'elle veut éprouver : l'amitié ne suffit pas à une âme de vingt-quatre ans. Elle rencontrera l'homme qu'elle cherche, et elle m'oubliera aussi vite qu'elle a fait ma connaissance. Et moi... oh ! moi, dès que je tiendrai ma petite fille dans mes bras, je suis certain que j'oublierai tout l'univers ! Appelons Pettermann ; il ira à la poste demander des chevaux, et fera nos valises.

J'appelle à plusieurs reprises mon fidèle compagnon ; je ne reçois pas de réponse... il n'a pas l'habitude de se coucher avant moi. Je monte à sa chambre, il n'y est pas ! je demande dans l'hôtel si on l'a vu : une servante se rappelle que sur le midi il est entré dans un petit cabinet tenant à un corps de logis au fond du jardin, et qu'il s'y est fait porter, avec un copieux déjeuner, plusieurs bouteilles de vin de Bourgogne. Elle assure qu'il n'en est pas sorti depuis le matin.

Je me rappelle à présent que nous sommes au premier du mois ; c'est le jour que Pettermann choisit ordinairement pour se mettre en gaieté : je devine qu'il fait dans le cabinet. Je prie la servante de me conduire. Nous nous dirigeons, avec de la lumière, vers le pavillon que l'ancien tailleur a choisi pour prendre ses ébats.

Nous n'apercevons aucune clarté à travers la fenêtre ; nous entrons. Pettermann, qui probablement a autant à cœur de s'enivrer complétement une fois par mois, qu'il met d'amour-propre à être sage les autres jours, est étendu dans un état complet d'ivresse devant la table, aux pieds d'une banquette, sur laquelle il était probablement assis quand il pouvait encore s'y tenir.

— Ah ! mon Dieu ! est-ce qu'il est mort ? s'écrie la servante : il ne bouge pas !...

— Non, rassurez-vous, il n'est que gris, et comme maintenant cela ne lui arrive qu'une fois par mois, il ne se grise pas à demi. Fâcheux contre-temps, moi qui voulais partir cette nuit...

— Partir... mais, monsieur n'a pas demandé de chevaux...

— N'en trouve-t-on pas à toute heure à la poste ?

— Ah ! oui, mais qu'vot' domestique dans un bel état pour se mettre en route... Il me semblait que monsieur ne songeait pas encore à son départ ?...

Je m'approche de Pettermann, je lui prends le bras, je le secoue, je l'appelle :

— Prout !... je dors... murmure enfin le tailleur.

— Mais, mon ami, j'ai besoin de vous, tâchez donc de vous réveiller.

— Prout ! je veux boire aujourd'hui pour un mois... laissez-moi dormir... vous me réveillerez quand j'aurai soif.

Il m'est impossible d'en obtenir un mot de plus.

— Je vous conseille, monsieur, de laisser votre domestique passer la nuit là, dit la servante ; il y sera tranquille, personne ne le dérangera. Et puis vous voyez qu'il serait difficile de le faire bouger. Vous ne pouvez pas l'emmener comme ça !

Cette fille a raison ; je ne puis cette nuit rien espérer de Pettermann. Si je pars, il est hors d'état de me suivre. Faut-il m'éloigner sans lui, ou attendre à demain pour quitter le Mont-d'Or ?

Ce dernier parti me semble le plus raisonnable. D'ailleurs, je me rappelle maintenant que je suis possesseur du portrait de mademoiselle Derbin ; après toutes les politesses dont elle et son oncle m'ont accablé, n'eût-il pas été malhonnête de lui faire remettre ce portrait sans lui avoir seulement dit adieu ?... Allons, je resterai jusqu'à demain ; et d'ici à mon départ, je ferai en sorte de ne plus me trouver avec Eugénie.

Je remonte chez moi et je me couche. J'avais bien envie de m'éloigner, pourtant je crois que je ne suis pas fâché d'être obligé de rester encore.

CHAPITRE XXI. — Un Bavard.

En m'éveillant le lendemain de cette soirée, ma première pensée est qu'Eugénie habite sous le même toit que moi. Comme elle est changée !... quelle pâleur sur son visage ! quelle expression de tristesse répandue sur tous ses traits ! Est-ce le remords... le repentir qui ont amené ce changement ? Ah ! je suis bien bon de le supposer ! m'a-t-elle montré des remords lorsque je lui ai écrit pour me séparer d'elle, pour lui demander ma fille !... En avait-elle lorsqu'au bois de Boulogne elle passait fièrement devant moi ?... Non ; et d'ailleurs la faute qu'elle a commise est celle dont on a le moins de repentir : cette vérité n'est point morale, mais ce n'en est pas moins une vérité.

N'importe, je partirai. Je ne veux pas que la soirée d'hier se renouvelle. Je ne veux plus me trouver avec madame Blémont, et je veux revoir ma fille. Pauvre petite ! à qui l'a-t-elle confiée ?... Et Ernest qui ne m'écrit pas... Mais j'oublie que je lui ai pour ainsi dire fait savoir mon séjour dans cette ville, où je ne croyais m'arrêter que peu de jours.

Je me lève et je vais sonner Pettermann lorsque, en jetant les yeux sur ma cheminée, j'aperçois un billet et un agenda qui n'étaient point là la veille.

Je m'approche. Cet agenda... c'est le mien ; c'est celui que j'ai remis à Ernest en le quittant ; par quel hasard le trouvé-je ici ?... Voyons ce billet... Ah ! j'ai reconnu ces caractères... C'est Eugénie qui m'écrit : « A Monsieur Dalbreuse. » C'est elle qui m'aura fait remettre ces tablettes... Vouloir que je lise son portrait !... quelle audace !... ne devrais-je pas lui renvoyer tout cela sans lire son billet !... Oui, je le devrais... mais, comme on ne fait pas souvent ce qu'on devrait faire, je ne résiste pas à ma curiosité et j'ouvre le billet.

« J'ai appris, monsieur, que vous aviez voulu quitter cet hôtel cette nuit. Que ma présence ne vous fasse pas fuir un séjour où vous semblez vous plaire ; je vous jure, monsieur, que vous ne me rencontrerez plus ; je ne quitterai plus ma chambre ; si j'en avais la force je serais partie sur-le-champ. J'ai confié votre fille à madame Firmin. Elle et son mari veulent bien se charger de tenir lieu de parents à nos enfants. Je pense que vous m'approuverez de leur avoir laissé votre Henriette ; au reste, vous serez le maître de disposer de votre fille ; je vous la rends et ne veux plus garder que mes larmes et mes remords. »

Que nous sommes faibles !... J'étais courroucé contre elle en ouvrant ce billet, et maintenant je me sens tout ému... tout bouleversé !... C'est que cette lettre est encore empreinte de ses pleurs. Quelle différence entre ce billet et celui qu'elle me répondit il y a deux ans !... Si alors elle m'eût écrit ainsi... je ne sais ce que j'aurais fait. Elle me rend ma fille... elle l'a confiée à madame Firmin. Autrefois elle détestait Marguerite !... comment se fait-il qu'elle lui ait confié sa fille ?... que s'est-il donc passé en elle depuis deux ans ?... Je m'y perds ; mais je suis enchanté de savoir ma petite Henriette chez mes fidèles amis.

Quant à l'agenda, je ne conçois pas qu'elle ait eu l'idée de me l'envoyer. Espérerait-elle me forcer à l'aimer encore, obtenir son pardon en me rendant ce portrait? Oh! non; je l'ai trop aimée pour lui pardonner jamais. Pourquoi Ernest lui a-t-il donné ce souvenir?... je vais le lui renvoyer.

Je tiens les tablettes dans mes mains; je les tourne et les retourne... comme pour m'assurer si ce sont bien les mêmes; puis je les ouvre enfin pour voir si la peinture a beaucoup perdu depuis deux ans.

Que vois-je?... ce n'est plus le portrait d'Eugénie qui est là; c'est celui de ma fille... de mon Henriette! Chère enfant!... Oui, c'est bien elle; voilà son sourire, ses yeux... Il me semble que je la vois!

J'embrasse le portrait de ma fille. Cher agenda, tu ne me quitteras plus à présent; car, si un enfant se lasse de voir son père, un père a toujours du plaisir à contempler les traits de son enfant. Ah! que je suis gré à Eugénie de m'avoir envoyé ce portrait!... Si quelqu'un pouvait encore plaider pour elle, qui mieux que sa fille pourrait se charger de ce soin?

Je voudrais savoir qui a placé tout cela sur ma cheminée. Je sonne, et Pettermann arrive se frottant les yeux.

— Pettermann, vous étiez gris hier?...
— Oui, monsieur, c'était mon jour.
— Depuis quand êtes-vous éveillé?
— Mais il n'y a pas fort longtemps... Je m'en étais tapé hier... Ah! prout!...
— Je le sais, je vous ai vu, je vous ai parlé.
— Ma foi, je ne vous ai ni vu ni entendu, moi, monsieur.
— Ainsi vous n'avez dit à personne dans l'auberge que je voulais partir cette nuit?
— Partir... cette nuit?
— Et ce n'est pas vous qui avez placé ce matin sur ma cheminée ces tablettes et ce billet?
— Non, monsieur; je ne suis pas entré chez vous depuis hier au matin.
— Pettermann, envoyez-moi la petite servante qu'on nomme, je crois... Marie... une grosse courte...
— Ah! je sais, monsieur, c'est elle qui m'a servi à déjeuner hier.

La servante arrive. Elle nie avoir apporté le billet et le souvenir; mais elle avoue qu'elle a dit le matin devant les domestiques que j'avais voulu partir cette nuit.

Qu'importe par qui Eugénie m'a envoyé cela? je ne lui en veux plus de cette action; mais, comme je ne veux pas la forcer à garder la chambre, je partirai. Cependant, si je pars tout de suite, elle croira que je n'ai pu supporter d'être auprès d'elle... je ne voudrais pas qu'elle eût cette pensée en récompense du présent qu'elle m'a fait. Je ne sais à quel parti m'arrêter.

Je me suis fait servir à déjeuner dans ma chambre, et je vais me mettre à table, lorsque je vois arriver M. Roquencourt.

— Bonjour, monsieur Dalbreuse.
— Monsieur, je vous présente mes salutations... Quelle heureuse circonstance me procure cette visite matinale?
— Mon cher ami, c'est ma nièce qui m'envoie vous chercher pour que vous veniez déjeuner, prendre du thé avec nous... Oh! elle me pressait... elle me pressait... Heureusement je m'habille vite... Quand on a joué la comédie on a tellement l'habitude de changer de toilette... Ah çà, mon cher monsieur Dalbreuse, qu'est-ce que ma nièce m'a dit!... Vous avez voulu partir cette nuit... nous quitter sans nous dire même adieu?...
— Monsieur... il est vrai que...
— Est-ce qu'on saute des scènes comme cela?... est-ce qu'on se sauve ainsi?... Il me semble qu'on ne vous poursuit pas ici comme M. de Pourceaugnac... Ah! ah! ah! ai-je fait rire dans ce rôle de Pourceaugnac!... C'est un rôle extrêmement difficile... bien des gens l'ont joué; celui que je mets au-dessus de tous les autres, c'est Baptiste cadet. Ah! monsieur, quelle admirable sottise... car Pourceaugnac n'est pas une bête, c'est un sot, mais un sot bien élevé; il ne faut pas en faire un imbécile de mauvais ton. Baptiste cadet saisissait parfaitement toutes ces nuances, et...
— Monsieur, puisque mademoiselle votre nièce nous attend...
— Oui, vous avez raison... Elle nous attend. Je vous préviens qu'elle est horriblement fâchée contre vous... C'est pour cela qu'elle veut que vous veniez déjeuner. Elle a dit que vous étiez un vilain homme... Ah! ah!...

Non, l'on n'a point vu d'âme à manier si dure,
Ni d'accommodement plus pénible à conclure.

Je suis M. Roquencourt. Caroline va donc me gronder de ce que je voulais partir; en a-t-elle le droit?... Il me semble que non.

Mademoiselle Derbin est assise et prend le thé; elle me fait une légère inclination de tête; je vois fort bien qu'elle est fâchée, mais qu'elle ne voudrait pas en avoir l'air.

M. Roquencourt m'a pris par la main et me présente à sa nièce d'un air comique en disant : — Bourguignon, voilà Lisette! Lisette, voilà Bourguignon!...

— Qu'est-ce que signifie tout cela, mon oncle? dit Caroline avec humeur. A qui en avez-vous, avec vos Bourguignon et vos Lisette?
— Comment! ce que cela signifie!... Est-ce que tu n'as pas vu les Jeux de l'Amour et du Hasard?...
— Est-ce que c'est pour jouer la comédie que vous amenez monsieur? Je pensais que c'était pour déjeuner... Asseyez-vous donc, monsieur. Mon oncle est terrible avec ses rôles!...
— C'est-à-dire que tu as de l'humeur, ce matin; voilà le fait...
— Moi, j'ai de l'humeur?... par exemple! Et pourquoi donc? Quel sujet m'en aurait donné?
— Je te dis que tu en as... Au reste, j'avais prévenu M. Dalbreuse, je lui avais dit : Ma nièce vous en veut à la mort!...
— En vérité, mon oncle, je ne sais pas ce que vous avez aujourd'hui! Vous avais-je chargé de dire cela?... Pourquoi donc en voudrais-je à monsieur?... Serait-ce parce qu'il voulait partir cette nuit sans nous dire seulement adieu?... Mais, après tout, monsieur n'est-il pas son maître? Nous ne sommes rien pour lui que de simples connaissances... de ces gens avec lesquels on veut bien s'amuser quand cela ne dérange pas, mais auxquels on ne pense plus dès qu'on les a quittés!...
— Ah! mademoiselle, j'espère que vous ne croyez pas cela...
— Si, monsieur, je le crois, j'en suis persuadée même. Si vous nous aviez regardés autrement, si vous aviez eu quelque amitié pour nous, vous n'auriez pas voulu nous quitter ainsi, et ce ne serait pas à l'ivresse seule de votre domestique que nous serions redevables du plaisir de vous voir encore.
— Mademoiselle, une circonstance imprévue nous force quelquefois à nous éloigner des personnes qui nous plaisent le plus.
— Oui, sans doute; quand il y en a d'autres que nous sommes pressés de revoir... et pour lesquelles nous oublions même la plus simple politesse.
— Mon cher ami, je vous avais prévenu... elle est fâchée contre vous!...
— Mon Dieu! mon oncle, que vous êtes désagréable aujourd'hui!

M. Roquencourt rit et prend son thé; j'en fais autant. Caroline ne dit plus rien et ne tourne pas les yeux de mon côté. L'oncle fait seul les frais de la conversation.

Au bout de quelques instants, Caroline lui dit :
— Mon oncle, avez-vous eu des nouvelles de madame Blémont?
— Non, pas encore...
— Elle a l'air fort distingué, cette dame; elle me plaît beaucoup.
— Oui, elle a l'œil très-beau... Elle m'a rappelé mademoiselle Contat dans...
— Mon oncle, est-ce qu'il ne serait pas convenable que vous allassiez vous-même vous informer comment elle a passé la nuit?
— Moi!... moi, ma chère amie... cette dame qui est seule... voudra-t-elle recevoir la visite d'un homme?...
— Oh! mon oncle... vous êtes d'un âge où les visites ne tirent point à conséquence!
— Qu'est-ce que vous dites donc, ma nièce? savez-vous bien que je suis un gaillard à faire encore des conquêtes? et si je voulais...
— Mais je pense bien que vous ne voulez plus, mon cher oncle. Je vous en prie, montez chez cette dame.
— J'y consens, mais je ne réponds pas des suites.

L'oncle nous a quittés. Caroline se tourne alors de mon côté, et me dit avec un accent de sensibilité que je ne lui supposais pas :
— Pourquoi partiez-vous si vite et sans me voir?... Je vous en prie, dites-moi pourquoi.
— Une affaire pressante me rappelait à Paris.
— Je ne crois pas cela; vous n'avez reçu aucune lettre hier. Que vous avait-on fait pour provoquer ce brusque départ?... Aurais-je dit quelque chose qui vous ait fait de la peine?... Je suis quelquefois si folle, si étourdie...
— Non, mademoiselle... bien loin de là... Je suis confus de votre bonté... de votre indulgence.
— Ma bonté! mon indulgence! on dirait qu'il parle à son précepteur!... Mais enfin pourquoi partiez-vous?
— Je ne puis vous le dire, mademoiselle.
— Ah! vous avez des secrets... A la bonne heure! j'aime mieux qu'on me dise cela!... Mais mon portrait... est-ce que vous comptiez l'emporter?
— Non, mademoiselle... je vous l'aurais fait remettre...
— Vous me l'auriez fait remettre... Mais il n'est pas fini; il y manque encore beaucoup de choses.

L'oncle revient en disant : — Cette dame n'était pas encore visible... Je m'y attendais... Mais elle est fort sensible à notre attention, et se trouve un peu mieux ce matin.
— Tant mieux! J'irai la voir. Dites-moi, mon oncle, quand retournons-nous à Paris?
— Quand?... Pardieu! la question est bonne!... Je ne fais que ce qu'elle veut, et elle a l'air d'attendre mes volontés! Hum! bonne pièce!...
— Eh bien! il me semble que nous pourrions passer encore huit jours ici... Et si les affaires de M. Dalbreuse n'étaient pas si pressantes, nous le prierions d'accepter une place dans notre voiture, et nous le

ramènerions avec nous à Paris. Eh bien ! monsieur, voulez-vous nous dire ce que vous pensez de la proposition que mon oncle vous fait ?...
— Oui, mon cher ami ; car, quoique ce soit toujours ma nièce qui arrange tout à sa fantaisie, il faut que j'aie l'air de l'avoir décidé. Du reste, croyez que je serai très-flatté de vous avoir pour compagnon de voyage.

Je ne sais que dire, que résoudre ; il me semble que je devrais partir : cela me serait pourtant agréable de rester. Huit jours sont bien vite écoulés... Je ne me trouverai pas avec madame Blémont, puisqu'elle reste chez elle, et elle-même m'a supplié de ne point m'éloigner.

Pendant que je fais ces réflexions, Caroline s'est rapprochée de moi. Enfin elle me frappe légèrement sur l'épaule :
— Monsieur, quand vous voudrez... nous attendons votre réponse...
— Ah ! pardon, mademoiselle... je réfléchissais à...
— Reviendrez-vous avec nous ?...
— Je crains... de vous gêner... J'ai quelqu'un avec moi...
— Votre Allemand ? il y a un siége derrière la voiture.
— Eh bien !... j'accepte, mademoiselle.
— Ah !... c'est bien beau de votre part !

Mademoiselle Derbin redevient d'une humeur charmante. Elle arrange une promenade en calèche pour la journée ; elle veut visiter plusieurs sites des environs, dont on lui a parlé. Il faut que nous soyons prêts dans une heure ; elle nous quitte pour s'occuper de sa toilette ; nous ne travaillerons pas au portrait aujourd'hui.

Caroline est un enfant gâté ; on le voit à son ton volontaire, à ses impatiences lorsqu'on ne cède pas à ses caprices, mais elle est si aimable, si séduisante lorsqu'elle veut nous plaire, qu'il est vraiment difficile de lui résister. Je lui crois une âme aimante, sensible, exaltée peut-être ; cet intérêt si vif qu'elle me témoigne m'inquiète quelquefois. Je crains qu'elle ne m'aime... Je le crains, parce que cet amour ne pourrait la rendre heureuse ; mais dans le fond de mon cœur j'en serais flatté... enchanté, car notre amour-propre est toujours plus écouté que notre raison.

Pour me distraire de ces idées, je regarde le portrait de ma fille, je lui demande pardon de ne pas retourner près d'elle sur-le-champ ; mais je la sais avec Ernest et sa femme, je suis certain qu'elle est bien et qu'ils lui parlent souvent de moi.

L'heure de la promenade est venue ; je vais rejoindre mademoiselle Derbin et son oncle. Caroline a une toilette charmante, ses grands yeux bruns brillent d'un feu encore plus vif que de coutume ; ils expriment le plaisir, le contentement.
— Me trouvez-vous bien ainsi, monsieur ? me dit-elle.
— Je vous trouve toujours bien, mademoiselle.
— Est-ce vrai ?... Pensez-vous ce que vous dites là ?...
— Mais sans doute... Je ne suis d'ailleurs que l'écho de tout le monde.
— Je n'aime pas que l'on soit un écho ; je ne vous demande pas ce que pensent les autres, cela m'est indifférent.

Nous allons partir, quand tout à coup Caroline s'écrie : — Ah !.. si j'allais engager madame Blémont à venir avec nous...
— Vous savez bien qu'elle est malade, mademoiselle ; elle vous refusera.
— Une promenade en voiture ne peut que lui faire du bien... Je vais le lui demander...
— Vous faites une démarche inutile, mademoiselle...
— C'est ce que nous allons voir, monsieur.

Elle ne m'écoute pas et nous quitte. Mais je suis tranquille ; certainement Eugénie n'acceptera pas.
M. Roquencourt s'approche de moi ; il me montre son gilet qui est en soie fond-blanc, avec des bouquets de couleur, et coupé comme du temps de Louis XV, et me dit : — Comment trouvez-vous ce gilet-là ?
— Fort original.
— Je l'ai mis pour faire M. de Crac.
— Je le crois, il devait être très-joli au théâtre.
— Toutes les dames en étaient raffolaient ; mais aussi je jouais bien joliment M. de Crac ; d'abord je gasconne comme si j'étais de Toulouse, et Dugazon m'avait donné quelques leçons pour ce rôle. Mon entrée était admirable :

Enfants, petits laquais qué jé né logé pas,
Jé suis content : allez, jé pairai vos papas,
On né vit jamais prodigué de louanges,
Mais ils ont rabattu commé dés petits anges.

M. Roquencourt peut bien réciter la pièce entière si cela lui fait plaisir ; je ne l'écoute pas : j'attends avec impatience le retour de mademoiselle Derbin. Enfin elle revient, et seule, comme je l'espérais ; il y a sur sa figure plus que de la contrariété.
— Partons, messieurs, nous dit-elle ; M. Dalbreuse avait deviné que ma démarche serait inutile : cette dame refuse de venir avec nous.

Nous montons en voiture, et commençons notre promenade. Je voudrais bien savoir ce que ces dames se sont dit. Je n'ose questionner Caroline ; elle m'en évite la peine, et dit en me regardant fixement :

— Monsieur Dalbreuse, est-ce que vous connaissez madame Blémont ?
— Moi... si je connais cette dame ?... mais... non, mademoiselle.
— Vous n'avez pas l'air d'en être bien sûr.
— Pardonnez-moi. Mais pourquoi me faites-vous cette question ?
— C'est que cette dame n'a fait que me parler de vous pendant le peu de temps que j'ai été chez elle, me demandant s'il y avait longtemps que je vous connaissais... si nous nous étions vus ailleurs... J'ai trouvé cela un peu curieux. Lorsque je lui ai dit que nous comptions retourner à Paris ensemble, elle a fait une mine... Ah ! ah ! c'est fort plaisant... Et vous ne l'aviez jamais vue à Paris ?
— Non, mademoiselle.
— Alors, c'est que vous avez apparemment fait sa conquête hier au soir... N'est-ce pas, mon oncle ?
— Ma chère amie, qu'aurait-ce que cela aurait d'extraordinaire ? Moi, j'ai fait dix conquêtes dans le rôle de Figaro... Il est vrai que mon costume cerise et blanc était bien élégant !...
— Il paraît que M. Dalbreuse n'a pas besoin d'être en Figaro pour séduire les dames... J'avoue que celle-là ne me plaît plus autant. Je l'ai bien regardée ce matin... Dieu ! quelle maigreur !... quelle pâleur ! Décidément elle n'a jamais pu être bien jolie !...

Je suis prêt à affirmer le contraire, mais je me contiens et me tais. Après une promenade de plusieurs heures, nous rentrons à l'hôtel ; nous remarquons beaucoup de mouvement parmi les gens de la maison ; la servante nous apprend qu'il est arrivé de nouveaux hôtes : deux lords avec leurs ladys, et un monsieur de Paris, qui fait à lui seul autant d'embarras que quatre personnes. Caroline va sur-le-champ s'occuper de sa toilette, pour l'emporter sur les Anglaises, et peut-être aussi pour faire la conquête des Anglais et du Parisien. Je rentre dans mon appartement, je réfléchis à ce que mademoiselle Derbin m'a rapporté de sa conversation avec madame Blémont. Qu'importe à Eugénie ma liaison avec Caroline ou avec toute autre ! Ne suis-je pas libre maintenant de disposer de mon cœur ?... Mais les femmes ont tant d'amour-propre, que lors même qu'elles ne nous aiment plus, elles éprouvent du dépit de nous voir suivre leur exemple. Les hommes sont bien comme cela aussi.

Je me rends avec confiance à la réunion du soir, bien persuadé que madame Blémont n'aura nulle envie d'y paraître.

Il y a beaucoup de monde au salon. Les Anglais y sont déjà, les deux Anglaises sont jeunes et jolies ; leurs compagnons de voyage, j'ignore si ce sont leurs époux, ne s'occupent point d'elles et sont déjà enfoncés dans la politique avec l'Espagnol et quelques Français. Plusieurs jeunes gens font les galants près des deux étrangères ; je m'approche de mademoiselle Derbin, qui est presque délaissée pour les nouvelles arrivées, qui cependant ne la valent pas.

Je m'assieds près de Caroline, je vois avec plaisir qu'elle n'a point d'humeur de l'abandon de sa petite cour.
— Vous ne faites donc pas comme les autres ? me dit-elle en souriant. Vous n'allez pas encenser les étrangères ?
— Je n'en ai nulle envie ; pourquoi changer quand on est bien ?
— Cela arrive souvent cependant...
— Hélas ! oui... mais c'est qu'apparemment on peut être bien et ne plus le sentir.
— J'espère ne jamais penser ainsi, moi.

Je ne sais comment il se fait qu'en ce moment la main de Caroline est sous la mienne. Elle ne la retire pas ; nous restons longtemps ainsi sans nous occuper de ce qui se passe dans le salon. Cette main placée contre la mienne me rappelle pourtant Eugénie et l'époque où je lui faisais la cour. Ah ! sans doute Caroline se doute que la pression de sa main me fait penser à une autre femme, et que c'est là ce qui me rend rêveur. Mais on s'abuse bien souvent sur les sensations que l'on fait naître, et ce qui flatte notre amour-propre ne nous causerait quelquefois que du dépit si nous en connaissions la véritable cause.

Tout à coup la porte du salon est ouverte avec fracas ; quelqu'un entre en parlant très-haut, en faisant beaucoup de bruit. Je me retourne ; car chaque fois que l'on entre dans le salon j'éprouve une secrète inquiétude.
— C'est sans doute le monsieur de Paris, dit Caroline.

Je regarde le nouveau venu, qui est en train de saluer la société... c'est Bélan !

Il s'est déjà retourné de notre côté ; il salue mademoiselle Derbin, et malgré les signes que je lui fais s'écrie en me voyant :
— Je ne me trompe pas !... c'est Blémont !... ce cher Blémont que je n'ai pas vu depuis deux ans !... Eh ! mon cher ami, embrassons-nous donc !...

Il m'ouvre ses bras ; je crois que je l'étoufferais de bon cœur. Tous les yeux sont portés sur nous. Je ne puis cacher mon embarras, mon dépit. Bélan me prend, me presse, m'embrasse malgré moi en criant encore :
— Ce pauvre Blémont !... Comme ça fait plaisir en voyage de rencontrer un ami ! n'est-ce pas ?...
— Hum !... Que la peste vous...
— Hein ?... comment ?... Il n'est pas encore revenu de sa surprise...

Caroline, que le nom de Blémont a frappée, me regarde fixement, et dit à Bélan :
— Mais, monsieur, ne vous trompez-vous pas?... C'est à M. Dalbreuse que vous parlez... N'est-il pas vrai, monsieur? Répondez donc!
Je ne sais que dire. Bélan reprend :
— Il se nomme à présent Dalbreuse?... Ma foi! mon cher ami, je ne vous ai jamais connu sous ce nom-là... Mais je devine... ah! le fripon!... c'est quand il a quitté sa femme qu'il aura changé de nom pour faire le garçon.
— Sa femme! s'écrie Caroline.
— Sa femme! répètent plusieurs personnes.
— Monsieur, dis-je en réprimant avec peine ma colère, qui vous a chargé de raconter des faits qui n'intéressent que moi?
— Mon Dieu! mon cher Blémont, je ne pensais pas que ce fût un secret; et puis... je viens de rencontrer votre femme dans le jardin... à présent je vous trouve ici, moi : je crois que tout est fini... que vous vous êtes remis ensemble, et...
— En voilà assez, monsieur.
— Votre femme dans le jardin!... Quoi!... c'est votre femme?... me dit à demi-voix Caroline.
Je baisse les yeux. Je voudrais en ce moment que la terre m'engloutît et me dérobât à tous les regards; j'entends dire de tous côtés :
— C'est le mari de la dame malade!...
Bélan, qui s'aperçoit de mon trouble et de l'effet que ses paroles ont produit dans le salon, me regarde d'un air bête en murmurant :
— Si ça vous fâche, je suis désolé de.. mais je ne pouvais pas deviner; il fallait me prévenir. Vous devez savoir ce qui m'est arrivé, à moi? Parbleu! ce n'est pas un mystère! mon procès était il y a quelques jours dans la Gazette des Tribunaux... Je suis... oh! c'est fini, je suis... je ne veux pas lâcher le mot devant ces dames. Et voyez mon malheur! le tribunal a trouvé qu'il n'y avait pas de preuves : il me condamne à rester avec ma femme et il ne veut pas que je sois cocu. Ah! mon Dieu! le mot m'est échappé !
— Cocu! répètent plusieurs jeunes gens en riant. Monsieur serait-il le sieur Ferdinand Bélan dont la Gazette des Tribunaux parlait récemment?
— C'est moi-même, messieurs, Julien-Ferdinand Bélan, voulant se séparer d'Armide-Constance-Fidèle de Beausire. On m'a condamné à garder ma femme, mais j'en appellerai. Je suis certain d'être cocu!... mes juges ont été influencés!
— On entoure Bélan, on le regarde en souriant, on le questionne. Cet incident fait qu'on ne s'occupe plus de moi. J'en profite, et, sans lever les yeux, sans remarquer l'état de Caroline, je sors vivement du salon.
Je monte chez moi. Je fais venir Pettermann; je lui ordonne de tout préparer pour notre départ. Je veux m'éloigner le plus promptement possible. Ah! que n'ai-je suivi mon idée hier! Si j'étais parti, j'aurais évité cette scène... Je n'aurais pas... Mais je ne me retrouverai plus avec tous ces gens-là. Et Caroline... et son oncle... pour qui vais-je passer à leurs yeux?... pour un fourbe, un intrigant peut-être!... On a toujours mauvaise opinion de l'homme qui cache son nom. Maudit Bélan! quel funeste hasard l'a conduit près de moi ?
Je descends payer mon hôtesse. Je veux retourner en poste à Paris. Je ne m'arrêterai plus en route, plus nulle part, de crainte de faire d'autres rencontres. L'hôtesse est désolée, dit-elle, de mon prompt départ; mais je paye et veux être servi.
En attendant que la chaise soit attelée, que les chevaux soient arrivés, je me promène avec agitation dans la cour de l'hôtel. Je ne veux pas entrer dans le jardin, de crainte d'y rencontrer madame Blémont, qui, dit-on, y est seule; je ne veux plus remonter dans la maison, car je crains aussi la rencontre de quelqu'un du salon. Je m'assieds sur un banc de pierre placé dans un coin de la cour Il est nuit, et je ne puis pas être vu de la maison. Je m'abandonne à mes réflexions : il y a des personnes que je quitte à regret. Je cherche à me consoler en songeant que je vais me rapprocher de ma fille et la revoir bientôt.
Quelqu'un vient de passer devant moi... c'est une femme. Elle s'arrête... revient de mon côté... M'aurait-elle aperçu?... Oui... elle s'approche et s'assied près de moi. C'est Caroline! Je puis voir l'expression de ses traits; mais, à l'altération de sa voix, à sa respiration courte et précipitée, je devine son agitation.
— Je vous cherchais, monsieur... je désirais vous parler...
— Moi-même, mademoiselle, je souffrais de ne pouvoir vous faire mes adieux... Mais j'attends des chevaux, et je vais partir.
— Vous partez!... je m'en doutais... Vous avez raison, monsieur, vous auriez même dû partir plus tôt... Je suis bien fâchée maintenant de vous avoir retenu ce matin. Je conçois pourquoi vous vouliez fuir la présence de madame Blémont!... Il est donc vrai, monsieur, que vous êtes son mari ?
— Oui, mademoiselle.
— Vous êtes marié... et vous nous le cachiez.... et vous... Ah! votre conduite est affreuse!... Je vous hais, je vous déteste autant que... j'avais d'estime, d'amitié pour vous. Vous êtes marié!... Mais pourquoi donc ne me l'avoir pas dit, monsieur?

— Ne vivant plus avec ma femme, il me semble, mademoiselle, que j'étais libre de...
— Libre... oui... Oh! sans doute... vous étiez libre... Que vous importent les peines... les tourments que vous pouvez causer à d'autres?... Vous vous en riez peut-être en secret... Je vois qu'on ne s'est pas trompé dans ce qu'on a dit de vous... Le portrait n'était pas flatteur cependant... Au reste, vous avez pu l'entendre hier... A-t-on dit vrai, monsieur?
— Oui, mademoiselle.
— Ainsi, sans raison, sans sujets légitimes, vous avez abandonné votre femme?...
— Oui, mademoiselle.
— Et vous avez vu son état, ses souffrances... souffrances dont vous êtes l'auteur, et cela ne vous a pas touché! vous n'avez pas été vous jeter à ses pieds, lui demander pardon de vos torts!... Ah! vous êtes un monstre!
Elle porte son mouchoir à ses yeux, elle pleure, elle sanglote. Je ne puis que soupirer et me taire. Enfin elle reprend : — Il faut retourner avec votre femme, monsieur; c'est votre devoir... Ne le ferez-vous pas?... Rappelez-vous dans quel état l'a mise votre vue... Pauvre femme! vous étiez loin de me douter!... Et cela ne vous donne pas de repentir de votre conduite... Mon Dieu! votre cœur est donc insensible!... Ah! je ne vous avais pas jugé ainsi... Mais, monsieur Dalbreuse... ce nom... ne me revient tout à la mémoire : promettez-moi... jurez-moi que vous retournerez avec votre femme.
— Non, mademoiselle; je ne puis vous faire une promesse que je n'ai pas l'intention de tenir... Nous sommes séparés pour jamais.
— Pour jamais!... En ce cas, monsieur, je dois vous dire adieu... et pour jamais aussi... il ne me conviendrait plus de revoir un homme qui s'est donné pour ce qu'il n'était pas... qui n'a pas eu assez de confiance en moi pour me dire... Mais, au fait, que m'aurait-il dit?... qu'il avait abandonné sa femme et ses enfants... Oh! non... cette confidence m'aurait indignée contre lui!... Il valait bien mieux être aimable... chercher à plaire... cacher que l'on fût engagé pour la vie... car voilà votre conduite avec moi!... Et pourtant, monsieur, je vous avais aimé... si je m'étais laissé séduire par ces dehors trompeurs, vous auriez donc fait aussi mon malheur à moi?... Eh bien! répondez donc, monsieur.
— Il me semble, mademoiselle, que je ne vous ai jamais dit un mot qui pût vous faire croire...
— Non... en effet... vous ne m'avez rien dit... Je suis une coquette, une insensée... Oh! non, vous n'avez jamais désiré me plaire... Mais vous avez mon portrait, monsieur, il me semble qu'il est au moins inutile que vous le gardiez : car j'espère que nous ne nous reverrons jamais...
— Le voilà, mademoiselle... je comptais vous le renvoyer à la première poste...
Caroline prend ou plutôt m'arrache le portrait des mains ; en ce moment une servante m'appelle, et Pettermann me crie que les chevaux sont là.
Je me lève. Caroline en fait autant; mais au premier pas que je fais, elle me saisit le bras en me disant d'une voix suppliante :
— Monsieur, je ne puis croire que votre cœur soit sourd aux noms d'époux et de père... Votre départ va peut-être causer la mort de celle qui sans doute n'est venue en ces lieux que dans l'espoir de se réunir à vous. Ah! ne trompez pas son espérance... Rendez-lui un époux, rendez un père à vos enfants... Tous les plaisirs que vous allez chercher vaudront-ils ceux qui vous attendent près de cette épouse qui vous adore?... car elle vous adore, j'en suis certaine, et elle vous pardonnera... Songez qu'elle est là... dans le jardin... Elle vous entend peut-être... Tenez... cette ombre blanche que je distingue près de l'entrée du jardin...
En effet, malgré l'obscurité, je crois apercevoir une femme. Aussitôt je me dégage, je m'éloigne de Caroline, je cours, je me jette dans la voiture qui m'attend ; Pettermann en fait autant, et nous partons.

CHAPITRE XXII. — Les Enfants.

Nous faisons la route sans arrêter. Plus je m'éloigne d'Eugénie, plus je me sens soulagé. Je ne conçois pas maintenant comment j'avais pu consentir à rester dans les lieux qu'elle habite. Mademoiselle Derbin avait donc bien de l'empire sur moi pour me faire oublier toutes mes résolutions... En serais-je venu au point de me trouver sans émotion en présence de madame Blémont? Oh! non, cela ne sera jamais. Quand elle me bravait, j'étais indigné ; maintenant qu'elle semble souffrir, je suis encore plus embarrassé devant elle.
Nous arrivons à Paris. En descendant de la chaise, le pauvre Pettermann ne peut plus marcher, son pantalon est collé à son postérieur, et, malgré tous ses efforts pour cacher ses souffrances, il fait des grimaces qui me feraient rire si je n'étais moins pressé d'arriver chez Ernest. Je prends une voiture, j'aide mon compagnon à monter dedans; il s'assied devant moi en criant :
— Ah! prout!... ça peut s'appeler aller bon train : deux postes de plus, et mon incivil était cuit.

Je vais revoir ma fille, l'embrasser à mon aise. Ah! que ce cocher est lent! que ses chevaux vont mal! Nous arrivons enfin devant la demeure de Firmin; je saute hors de la voiture avant que Pettermann ait pu se bouger.

Nouvelle contrariété : Firmin et sa femme sont à Saint-Mandé, où ils ont acheté une petite maison; ils y passent toute la belle saison. Il faut donc aller à Saint-Mandé. Je me fais bien donner l'adresse, je remonte en voiture, et nous partons au grand désespoir de Pettermann, qui s'était levé et ne sait plus comment s'asseoir.

Le vieux gentilhomme a mis ses besicles; il faudra absolument que nous entendions le journal.

Heureusement Saint-Mandé n'est pas loin de Paris. Arrivé dans le village, je descends de voiture, car j'irai plus vite à pied; je cours en avant, je vois la maison que l'on m'a indiquée : deux étages, des persiennes grises, une porte grillée, le jardin au fond : c'est bien cela. Je sonne ou plutôt je carillonne. Une domestique vient m'ouvrir.
— M. Firmin?
— C'est ici, monsieur.

Je n'en demande pas davantage, je monte le premier escalier que je vois devant moi; je n'écoute pas la bonne qui me crie : — Monsieur travaille, et il ne veut pas qu'on le dérange... Je suis persuadé qu'Ernest me pardonnera si je l'interromps au milieu d'une scène ou d'un couplet.

J'arrive au premier, je traverse plusieurs pièces; enfin je trouve mon auteur... Il va se plaindre d'être dérangé... Mais, en me reconnaissant, il jette la plume et vient m'embrasser.
— Vous voilà de retour enfin, mon cher Henri? nous vous attendions tous les jours.
— Oui, me voilà, mon ami, et bien empressé de revoir ma fille...
— Elle est ici. Votre... votre fem... madame Blémont nous l'a confiée.
— Je le sais.
— Vous savez cela?... Moi qui espérais vous surprendre!... Qui donc vous a dit?...
— Eugénie elle-même.
— Vous l'avez vue?
— Au Mont-d'Or. Je vous conterai tout cela. Mais, de grâce, où est Henriette?
— Tous les enfants sont avec ma femme dans le jardin.
— Venez... Conduisez-moi. Mais, je vous en prie, ne lui dites rien : je veux voir si elle me reconnaîtra : à l'âge qu'elle avait on oublie si vite!...
— Mon ami, il n'y a pas que les enfants qui oublient vite!.. Je suis certain que votre fille vous reconnaîtra.

Nous descendons au jardin; le cœur me bat de plaisir. Au bout d'une allée j'aperçois madame Firmin assise sur un banc de verdure; un peu plus loin est un gazon sur lequel jouent quatre enfants. Mes yeux ne cherchent que ma fille, et je l'ai déjà reconnue. Elle est grandie, mais elle a peu changé.

Les enfants sont tout à leurs jeux, ils ne nous ont pas entendus venir. Marguerite nous aperçoit; en me reconnaissant elle fait un mouvement pour venir à nous. Je lui fais signe de rester et de se taire. J'arrive jusqu'au banc de gazon : je me glisse derrière madame Ernest, un buisson de lilas me cache aux enfants. Alors seulement j'appelle Henriette à haute voix.

Elle lève la tête, regarde autour d'elle avec étonnement en disant : — Qui donc m'a appelée?... Ce n'est pas toi... n'est-ce pas, ma bonne amie?
— Non, dit Marguerite, mais c'est peut-être mon mari, puisque le voilà.
— Oh! non... ce n'était pas sa voix... C'est drôle... c'était une voix que je connais.

J'appelle de nouveau sans me montrer. Henriette paraît frappée; elle rougit, elle est émue; elle regarde de tous côtés en s'écriant : — Ah!... on dirait que c'est la voix de papa!...

Je n'y tiens plus : je sors de derrière le buisson; Henriette me voit, pousse un cri et s'élance dans mes bras en répétant : — Ah! c'est mon papa!...
— Chère enfant! que j'éprouve de bonheur en te pressant dans mes bras!... Comment ai-je pu tarder si longtemps à revenir!... Je vais m'asseoir près de madame Ernest; je prends ma fille sur mes genoux en lui disant : — Tu m'as donc reconnu?
— Oh! oui, papa; j'avais bien reconnu ta voix aussi.
— Tu pensais quelquefois à moi?
— Oui, papa, et je disais que tu étais bien longtemps à revenir.
— Ma chère fille!... Ah! je ne te quitterai plus à présent.

Les deux enfants d'Ernest ont quitté leurs jeux, et se sont approchés pour me voir. Un petit garçon, de trois ans environ, est resté seul assis sur le gazon; il nous regarde d'un air craintif; ma fille quitte

Je m'approche de Pettermann, je le secoue, je l'appelle : — Prout! je dors... murmure enfin le tailleur.

subitement mes genoux et court au petit garçon, elle lui prend la main et me l'amène en lui disant : — Eh bien! Eugène, viens donc embrasser papa.

J'avais deviné que c'était lui. Je l'examine : il a de jolis cheveux châtains, de beaux yeux, un teint rosé, un air doux; il ressemble beaucoup à Eugénie. C'est tout ce que je puis trouver dans ses traits.

Sans doute mon front est devenu sévère, car l'enfant semble craindre d'avancer. Cependant je ne puis m'empêcher de sourire lorsqu'il me dit avec un sérieux comique : — Bonjour, mon papa.

Je l'embrasse sur la joue, mais en soupirant et le cœur serré. Puis je le laisse, et il retourne bien vite sur le gazon. On dirait que le pauvre petit s'aperçoit que c'est contre mon gré que je lui ai fait une caresse.

Je reprends ma fille sur mes genoux : elle saute, elle frappe des mains avec joie, en s'écriant : — A présent, quand maman sera revenue, je serai bien contente ; elle reviendra bientôt, n'est-ce pas, papa? Pourquoi ne l'as-tu pas ramenée? En partant elle m'avait dit qu'elle allait te chercher.

Je baisse les yeux et ne réponds pas. Ernest me dit tout bas :

— Mon ami, vous nous avez défendu de vous parler de votre femme... mais maintenant il faut pourtant vous attendre à ce qu'on vous en parle souvent... Vous ne voudriez pas que votre fille cessât de penser à sa mère...

— Non, sans doute... maintenant, d'ailleurs, je suis plus raisonnable qu'autrefois... mais je suis curieux de savoir... Henriette, va jouer avec tes petits amis...

Ma fille va rejoindre son frère et les enfants d'Ernest. Je m'assieds entre Marguerite et Firmin, et leur dis :

— Contez-moi ce qui s'est passé depuis mon départ, et par quel hasard on vous a confié ma fille?

— Oui, nous allons vous conter cela, dit Marguerite. Mais d'abord... dis donc, Ernest : lui as-tu appris?... hein?...

Ernest sourit et se tait.

— Qu'est-ce donc? dis-je à mon tour.

— Nous sommes mariés ! s'écrie Marguerite en sautant sur le banc. C'est fini... depuis trois mois... Ah! je n'ai pas peur qu'il me quitte à présent... je suis sa femme.

Marguerite court prendre Ernest par la tête et l'embrasse ; celui-ci se dégage en lui disant :

— Finis donc!... tu me chiffonnes!...

— Voyez-vous, monsieur Henri, il n'est déjà plus si aimable... Oh! c'est pour rire que je dis cela!

— Mes chers amis, vous avez bien fait de vous marier, puisque cela vous a convenu. Je ne crois pas que vous serez plus heureux que vous ne l'étiez, mais j'espère que vous le serez autant... vous avez des garanties de bonheur.

J'embrasse Marguerite, je presse la main d'Ernest, qui me dit :

— C'est assez vous occuper de nous, venons à ce qui vous regarde.

Lorsque vous fûtes parti, je désirai connaître la conduite que tenait madame Blémont. Mais elle ne se montrait plus que rarement dans le monde ; et cependant (car vous savez comme le monde est juste) on la plaignait, on faisait son éloge et on vous blâmait de l'avoir mariée. Un soir elle vint à une grande soirée où j'étais. Sa toilette était toujours recherchée ; mais je la trouvai pâlie, changée. Je m'aperçus que sa gaieté était forcée et qu'elle retombait à chaque instant dans une sombre rêverie, dont elle ne sortait qu'avec peine.

Vous savez quels sentiments m'inspirait madame Blémont. Seul dans le monde je portais sur elle un regard plus que sévère, et je suis persuadé qu'elle devinait que j'étais le seul à qui vous aviez confié vos peines ; aussi ma présence faisait-elle toujours sur elle un effet magique : elle cessait de parler ; il semblait que devant moi elle n'osait plus même affecter d'être gaie.

Bélan vint à cette réunion avec sa femme et sa belle-mère. J'ignore si ce fut par méchanceté ou bêtise, mais en me voyant il me dit :

— Eh bien! ce pauvre Blémont a donc manqué mourir?... Il a été renversé au bois de Boulogne par une cavalcade. J'ai su cela par un jeune homme qui a aidé à le ramasser.

Votre femme se trouvait alors derrière nous. Je la regardai ; je rencontrai ses yeux attachés sur les miens avec une expression que je ne saurais rendre... ils semblaient me supplier de l'entendre. Je me hâtai

Je me glisse derrière madame Ernest, un buisson de lilas me cache aux enfants.

de m'éloigner, de quitter la réunion. Le lendemain, à sept heures du matin, votre femme était chez moi.

— Chez vous!

— Jugez de ma surprise en la voyant entrer dans mon cabinet, pâle, tremblante et se soutenant à peine. — Monsieur, me dit-elle, je suis persuadée que vous connaissez tous mes torts envers M. Blémont ; j'ai lu dans vos yeux le mépris que je vous inspire, et il m'a fallu beaucoup de courage pour oser me présenter chez vous ; mais ce que j'ai entendu hier ne m'a pas laissé un moment de repos. M. Blémont a été blessé au bois de Boulogne par des gens à cheval... je me rappelle fort bien y avoir passé près de lui... aurais-je, sans m'en douter, été cause de cet accident?... ai-je encore ce crime à me reprocher?... la santé de M. Blémont ne serait-elle pas rétablie? De grâce, monsieur, ayez pitié de mon inquiétude et ne me cachez rien.

J'appris à votre femme comment l'accident vous était arrivé. Elle ne put douter qu'elle en était la première cause. Elle m'écouta sans parler, elle semblait atterrée : je crus devoir profiter de ce moment pour lui faire connaître l'éloignement que vous éprouviez pour votre fils, votre intention de ne point le voir, et je terminai en lui présentant l'agenda que vous m'aviez remis et qui renfermait son portrait. En l'apercevant, un cri de désespoir lui échappa, et elle tomba privée de sentiment. Marguerite arriva, je la confiai à ses soins. C'est elle maintenant qui va terminer mon récit.

— Mon Dieu! j'aurai bientôt achevé, dit Marguerite. Je trouvai cette pauvre dame sans connaissance ; je la secourus : mais, lorsqu'elle revint à elle, un affreux désespoir l'agitait ; elle voulait mourir, elle voulait attenter à ses jours. Elle vous appelait ainsi que ses enfants, et se donnait les noms les plus odieux... Ah! si vous l'aviez vue alors, je suis certaine que vous en auriez eu pitié ; quant à moi, comme je m'aperçus qu'elle avait la fièvre et que parfois sa raison s'égarait, je ne voulus pas la laisser revenir seule chez elle, je la reconduisis, puis ensuite je fis demander à mon mari la permission de rester près d'elle jusqu'à ce qu'elle fût mieux, et mon mari le voulut bien.

— Ah! madame, que votre cœur est bon!... vous avez oublié la manière dont elle s'est conduite avec vous...

— Ah! depuis longtemps, je vous jure. Dans ce monde, il faut, je crois, savoir oublier beaucoup et pardonner souvent. Madame Blémont, dans les intervalles de sa fièvre, me regardait et me serrait la main sans parler. Lorsqu'elle fut tout à fait mieux, elle me remercia de ce que j'avais eu soin d'elle, comme si ce que j'avais fait n'était pas tout naturel ; elle me demanda pardon du mal qu'elle avait pensé de moi... Oh! je lui pardonnai de bon cœur. Elle m'avoua que je lui avais toujours inspiré beaucoup de jalousie ; le grondai de vous avoir soupçonné ; je lui appris que c'était d'elle que vous veniez nous parler dans ma petite chambre : elle pleurait en m'écoutant. Mais elle pleura encore plus fort en me racontant sa faute... et moi je versais aussi des larmes pendant son récit, car je vis qu'elle vous avait toujours aimé, et que, sans une folle jalousie, le dépit, les mauvais conseils...

— Enfin, madame?...

— Enfin, elle me dit qu'elle se repentait de vous avoir refusé votre fille, et que, malgré tout le chagrin qu'elle éprouverait à se séparer d'elle, elle était décidée à satisfaire vos moindres volontés. Elle me pria de vouloir bien me charger de votre petite Henriette jusqu'à votre retour. Vous pensez bien que j'acceptai. Elle me recommanda aussi votre fils... Oui, votre fils, et elle répéta plusieurs fois ce mot. Elle me dit qu'elle allait vivre au fond d'une retraite et s'exiler pour toujours de la société.

— En effet, dit Ernest, elle abandonna entièrement le genre de vie qu'elle menait auparavant; elle vécut dans la solitude la plus absolue. Seulement, nous avons appris, il y a quelques jours, qu'elle était allée prendre les eaux du Mont-d'Or, parce que, sa santé étant fort altérée, son médecin lui avait ordonné ce voyage. Voilà ce qui s'est passé, mon cher Henri. En vous faisant ce récit, nous n'avons pas cherché à vous attendrir par le tableau du repentir de votre femme, quoique nous jugions ce repentir sincère... Nous savons que sa faute n'est pas de celles qu'un mari puisse oublier... surtout lorsqu'il aimait sa femme... comme vous aimiez la vôtre; cependant, sans oublier, on pardonne quelquefois : dans le monde, il y a beaucoup de femmes plus coupables!... et **nous ne pouvons nous empêcher de plaindre madame Blémont et de gémir sur l'avenir de ses enfants!**

— Mes chers amis, dis-je en prenant la main d'Ernest et de Marguerite, lorsque je partis il y a deux ans, votre seul désir était que j'oubliasse à jamais une épouse coupable ; vous aviez été témoins de mon désespoir, des souffrances de mon cœur, et alors vous étiez peut-être plus irrités que moi contre l'auteur de tous mes maux. Aujourd'hui, la vue d'Eugénie en larmes... de ses remords... que je veux bien croire sincères, vous ont ému, attendris... Vous voudriez m'amener à pardonner ; ne l'espérez pas. Si deux ans d'absence ont un peu cicatrisé les blessures de mon cœur, ne pensez pas pour cela qu'ils puisse jamais oublier le coup dont il a été frappé!... Lors même que je pardonnerais à celle qui a détruit mon bonheur, ce bonheur ne renaîtrait pas, sa présence me serait toujours pénible, jamais je ne pourrais la presser dans mes bras sans me rappeler qu'un autre eut aussi ses caresses; une telle existence serait un supplice continuel; je ne m'y condamnerai pas. Je ne puis à ce prix rendre une mère à ma fille ; je crois avoir fait assez en lui conservant l'honneur. Ne revenons donc jamais sur ce sujet. Quant au petit Eugène... je ferai mon devoir. Si je n'ai pas pour lui le cœur d'un père... c'est qu'il le faudrait... je ne sais quelle lumière pour effacer de mon esprit les soupçons qui s'y sont introduits. Ah! je suis assez à plaindre de n'oser aimer celui que je nommais mon fils.

Ernest et Marguerite se regardent tristement, mais ne trouvent rien à me répondre. Je me lève ; je songe à Pettermann que j'ai laissé dans le fiacre.

— Votre maison me paraît charmante : pourrez-vous m'y donner une chambre ? dis-je à Ernest.

— Elle est toute prête et nous vous attend depuis quinze jours.

— Fort bien, mais ici je n'ai pas besoin de Pettermann : ai-je toujours mon logement à Paris?

— Oui, je n'ai pas voulu le relouer le terme dernier, parce que je vous attendais.

— En ce cas, Pettermann va s'y rendre ; moi, puisque vous me le permettez, je me mets en pension chez vous... j'irai le moins possible à Paris.

— Nous tâcherons de vous rendre cette demeure agréable.

— J'y ai ma fille et de vrais amis ; je m'y plairai.

Pettermann était encore assis dans le fiacre, qui attendait devant la maison. Je lui apprends qu'il doit retourner dans mon logement à Paris, s'y installer et se tenir toujours prêt à m'apporter à Saint-Mandé ce dont j'aurai besoin. Pettermann s'incline et repart en disant :

— Je suis bien content de ne m'être pas décollé de dedans la voiture.

Ernest et Marguerite me conduisent à la chambre qu'ils m'ont destinée. Elle donne sur le jardin ; je la trouve fort à mon goût, surtout lorsqu'on me montre au fond du corridor, en face, la chambre où couchent Henriette et son frère : je suis bien aise de pouvoir, dès que je m'éveillerai, et sans déranger personne, aller embrasser ma fille.

Il ne reste plus qu'à me faire voir la maison. C'est un plaisir pour un propriétaire ; Ernest et sa femme s'en acquittent avec joie. La maison n'est pas grande ; mais elle est gentille et commode. D'ailleurs Ernest est vraiment poète ; il n'a point d'ambition. Il s'ennuierait dans un palais, et il est de l'avis de Socrate. Quant à Marguerite, elle se croit dans un château ; elle ne peut se lasser de dire : *Notre propriété*. Mais elle ajoute bien vite :

— Ah! quand je demeurais dans ma petite chambre, sous les toits, je ne me doutais guère que j'aurais un jour une maison.

Et moi, je lui réponds :

— On est digne d'avoir une maison, madame, quand cela ne fait pas oublier qu'on a habité sous les toits.

Il ne reste plus à voir que le jardin. Il est passablement grand et il a au fond une sortie sur le bois de Vincennes. Au bout du mur, j'aperçois un petit pavillon ayant deux fenêtres, dont l'une donne sur le bois ; elles sont toutes deux fermées par des volets.

— Que faites-vous de ce pavillon? dis-je à Ernest.

— Je compte... le destine à un cabinet de travail...

— En effet, vous y serez tranquille pour travailler.

— Mais il n'est pas encore disposé pour cela, dit Marguerite, et, comme nous avons déjà fait beaucoup de dépenses dans notre propriété, nous attendrons pour faire arranger ce pavillon... n'est-ce pas, mon mari?

— Oui, ma femme.

Ernest sourit en disant cela ; j'en fais autant, parce que madame Ernest appuie sur ce mot : *mon mari*, qu'elle prononce à chaque instant, comme pour se dédommager du temps où elle n'osait pas le dire.

J'ai pris ma fille par la main pour parcourir le jardin. Henriette a sept ans ; elle n'est pas très-grande, mais son esprit et sa raison m'étonnent. Toute la soirée je la fais causer ; ses réponses me charment, car elles dénotent déjà autant de sens que de bonté. Je ne me lasse pas de la regarder, de l'entendre. Je me suis plus d'une fois ennuyé dans un cercle élégant, mais je suis bien sûr que je ne m'ennuierai jamais avec ma fille.

Les jours s'écoulent vite dans la demeure d'Ernest. La peinture, la lecture, les promenades avec ma fille, remplissent la journée. Le soir on cause ; il vient quelques amis, quelques voisins, mais sans toilette, sans prétention ; les hommes en casquette, en blouse ; les dames en tablier : c'est ainsi qu'il faut être à la campagne. Ceux qui apportent aux champs les modes et l'étiquette de la ville ne connaîtront jamais les plaisirs de la campagne.

J'ai déjà passé quinze jours à Saint-Mandé, et je n'ai pas eu une seule fois le désir d'aller à Paris. Pettermann m'apporte tout ce que je désire et fait mes commissions avec exactitude. Je lui demande toujours s'il ne m'est venu aucune visite ; cependant je n'en attends pas. Dans le monde, on ne sait pas seulement si je suis revenu de mes voyages. M. Roquencourt et sa nièce ignorent mon adresse à Paris ; et, quand même ils la sauraient, je ne dois plus attendre leur visite. Sans doute Caroline me pense plus à moi... Elle fait bien. Moi, j'avoue que je pense assez souvent à elle, et quelquefois je regrette de lui avoir rendu son portrait... Mais un sourire, une parole de ma fille dissipent ces idées-là.

Il y a encore une personne à laquelle je pense souvent, quoique Ernest et sa femme ne m'en parlent plus. Mais moi, je la vois pâlie, changée, telle que je l'ai laissée au Mont-d'Or ; et la nuit, dans le bois, dans le jardin, je crois quelquefois distinguer encore cette ombre blanche dont l'aspect m'a fait fuir si précipitamment de l'auberge où j'habitais.

Comment oublierais-je Eugénie! Ma fille ne me parle-t-elle pas tous les jours de sa mère ? ne me demande-t-elle pas si elle va bientôt revenir? Je cherche en vain à éviter ce sujet, Henriette y revient sans cesse ; je n'ose lui dire qu'elle me chagrine en me parlant de sa mère ; mais puis-je donc espérer encore un bonheur parfait? N'y a-t-il pas ici quelqu'un dont la présence m'empêcherait toujours d'oublier le passé.

Pauvre enfant! ce n'est pas ta faute, à lui, si sa mère fut coupable. C'est ce que je me dis chaque jour en le voyant ; malgré cela, je ne puis prendre sur moi et cacher la tristesse que me cause sa présence. Je ne le hais pas, il me serait doux, et je sens que je l'aimerais à la folie de le croire mon fils ; mais ces cruels soupçons font plus de mal que la certitude du mal même, mais lorsque je pardonnerais un parti relativement à Eugène, tandis que je ne sais à quoi m'arrêter.

Le pauvre petit ne m'a jamais vu lui sourire : aussi se tient-il toujours éloigné de moi ; jamais il ne m'approche que lorsque sa sœur me l'amène. Quelquefois, en me promenant dans les jardins, j'aperçois de loin Eugène qui joue avec les enfants d'Ernest. Alors je m'arrête, et, me plaçant derrière une charmille, je reste longtemps à le regarder. Je passerais des heures ainsi ! Il ne me voit pas se livre sans réserve à la gaieté de son âge, que ma présence semble toujours comprimer. Il me craint sans doute et il ne m'aime pas. Souvent cette pensée m'afflige... Alors il me prend des envies de courir l'embrasser, de l'accabler de caresses, car je me dis : Si c'était mon fils!... Mais bientôt l'idée cruelle revient, mon cœur se glace, et je m'éloigne précipitamment de l'enfant.

Ma fille s'est aperçue que je ne caressais pas son frère comme elle ; car une fille de sept ans fait déjà ses petites remarques, et les enfants sont plus observateurs qu'on ne pense. Henriette, qui se croit une femme à côté de lui, parce qu'elle a quatre ans de plus que lui, semble avoir pris le petit Eugène sous sa protection ; elle le fait jouer, le gronde, le punit ou le récompense ; enfin elle fait avec lui la petite maman. Mais, lorsque j'appelle Henriette, je n'appelle pas Eugène ; quand je la prends sur mes genoux, je n'y prends pas son frère : ma fille, qui a observé tout cela, me dit un matin pendant que je l'embrasse :

— Mais, papa, est-ce que tu n'aimes pas mon frère?... tu ne l'embrasses jamais... tu ne lui parles jamais... Il est pourtant bien gentil ! Il t'aime bien aussi, mon frère ; pourquoi donc ne le prends-tu pas dans tes bras ?...

— Ma bonne amie, c'est parce qu'on ne traite pas un garçon de même qu'une fille.

— Ah ! on n'embrasse pas les petits garçons ?

— Rarement.

— Mais, papa, M. Ernest embrasse pourtant son petit garçon aussi souvent que ta fille, lui.

Je ne sais que répondre ; les enfants nous embarrassent souvent lorsque nous voulons leur cacher quelque chose. Mademoiselle Henriette, qui s'aperçoit que je ne sais plus que lui dire, s'écrie :

— Ah ! si tu n'aimais pas mon frère, ce serait bien vilain !...

Pour éviter les remarques et les questions de ma fille, je me promets de moins l'embrasser dans la journée. Cependant, comme je veux m'en dédommager tous les matins, en me levant je me rends dans la chambre des enfants. Ils sont encore endormis quand je vais les voir. Le berceau d'Eugène est près d'une croisée, le petit lit d'Henriette est au fond de la chambre et entouré de rideaux, que j'écarte avec précaution pour ne pas l'éveiller. Je ne vais jamais au berceau, je m'éloigne doucement et sans faire de bruit lorsque j'ai embrassé ma fille.

Il y a plusieurs jours que je me conduis ainsi. Henriette ne me parle plus de son frère, mais elle me regarde en dessous d'un air malin; il semblerait qu'il y a déjà de projets dans cette petite tête-là.

Un matin, je me rends comme à l'ordinaire dans la chambre des enfants ; je viens d'entr'ouvrir les rideaux et d'embrasser ma fille; je vais m'éloigner sur la pointe du pied lorsque j'entends rire aux éclats derrière moi; je me retourne... je vois Henriette, en chemise, blottie derrière un fauteuil ; elle sort de sa cachette et vient sauter et danser dans la chambre en s'écriant :

— Ah! je savais bien que je te ferais embrasser mon frère.

Je la regarde avec surprise, puis je cours écarter les rideaux de son lit... c'est son frère qui est couché dedans... son frère auquel elle a mis son petit bonnet et qui a la figure tournée vers le mur. C'est lui que j'ai embrassé !... parce que sa sœur l'a mis à cette place. Je me sens ému, attendri... En ce moment la petite voix d'Eugène se fait entendre ; il crie sans bouger de place et sans se retourner :

— Ma sœur... faut-il que je remue à présent ?
— Oui, oui; c'est fini, répond Henriette.
— Comment?... que veut-il dire par là? dis-je à mon tour.
— Ah! papa, c'est qu'il ne dormait pas, il faisait semblant; je lui avais tourné la tête du côté du mur et je lui avais dit : Si tu remues, si tu tournes la tête, papa te reconnaîtra et ne t'embrassera pas. Tu vois qu'il a été bien sage, il n'a pas remué du tout.

Je n'y tiens plus ! je prends Eugène dans mes bras, je le couvre de baisers, ainsi que sa sœur, en m'écriant :

— Désormais vous recevrez de moi les mêmes caresses : mon cœur ne vous séparera plus... vous serez également mes enfants. Ah ! il vaut encore mieux aimer un étranger que de s'exposer à repousser son fils de ses bras.

CHAPITRE XXIII. — Le Marieur.

Ernest et sa femme s'aperçoivent bien vite du changement qui s'est opéré dans mes manières avec mon fils ; ils en paraissent enchantés. Je leur conte ce qu'a fait Henriette, je leur apprends que c'est elle qu'est dû ce changement. Ils la comblent de caresses, et moi j'en fais autant, car je lui dois d'être bien plus heureux.

En arrivant un jour de Paris, d'où il apporte des livres pour moi et des jouets pour les enfants, Pettermann reste debout devant moi ; c'est son usage lorsqu'il veut me dire quelque chose : il attend que je l'interroge ; je suis maintenant au fait de cela.

— Qu'est-ce qu'il y a de nouveau, Pettermann?
— Rien, monsieur, si ce n'est qu'en venant ici ce matin j'ai fait une rencontre.
— Une rencontre... est-ce que cela me regarde ?
— Oui... ce sont des connaissances de monsieur... des personnes qui étaient au Mont-d'Or en même temps que nous ; cette jeune dame bien faite, jolie, et ce petit monsieur maigre, vif, jovial.
— M. Roquencourt et sa nièce ?
— C'est ça même.
— Vous les avez vus ?
— Sur le boulevard, comme je gagnais le faubourg Saint-Antoine.
— Ce n'est pas vous qui leur avez parlé d'abord, je pense ?
— Ah! prout!.. est-ce que j'aurais eu l'idée de m'aviser de ça?... je ne les voyais même pas.... Tout à coup je me sens frapper tout doucement sur l'épaule... je me retourne : c'était l'oncle, il était hors d'haleine : sa nièce était plus loin en arrière. Il me dit d'abord : Mon ami, vous marchez terriblement vite !... ouf ! vous m'avez fait courir. Moi, je lui réponds : Dame, monsieur, je ne savais pas que vous me suiviez. Alors sa nièce nous rejoint. Il paraît qu'elle est toujours curieuse, la jeune personne ; vous vous rappelez, monsieur, qu'au Mont-d'Or elle m'avait déjà fait des questions ?
— Eh bien ! que vous a-t-elle demandé ?
— D'abord des nouvelles de monsieur; puis, comme je portais un paquet, elle me dit : — Où allez-vous donc avec cela ? — A Saint-Mandé, mademoiselle. — Est-ce que M. Dalbreuse demeure à Saint-Mandé ? — Oui, mademoiselle. — Et c'est pour lui, ce paquet ? — Oui, mademoiselle. Alors elle se mit à rire d'un air drôle, et je m'aperçus que la tête d'un polichinelle sortait du paquet que je tenais ; et l'oncle me dit : — Est-ce que M. Dalbreuse s'est fait un petit théâtre de marionnettes ? Je lui dis : — Non, monsieur ; il y a là-dedans des livres pour mon maître, mais les joujoux sont pour les enfants. — Comment ! il a donc des enfants avec lui ? s'écria la demoiselle. Ah ! prout ! que je me dis là-dessus, v'là les questions qui ne vont pas finir. Alors, ôtant mon chapeau ; je leur tirai ma révérence en leur disant que j'étais pressé.
— C'est là tout, Pettermann ?
— Oui, monsieur.

Caroline ne m'a donc pas oublié... nous nous sommes bien mal quittés, pourtant. Mais ce ne serait pas une raison pour ne plus penser l'un à l'autre ; tant de gens se quittent bien et s'oublient vite. Ce souvenir de mademoiselle Derbin me cause une douce émotion; elle avait un caractère si singulier... une façon de penser qui n'était pas celle de tout le monde, et malgré cela elle avait la grâce et l'amabilité de son sexe.

Si Pettermann était encore là, je lui demanderais si mademoiselle Derbin est changée, si elle a l'air aussi gai qu'autrefois.... Je lui demanderais... je ne sais quoi encore !... mais il est reparti. Il a aussi bien fait. Qu'ai-je besoin de m'occuper de Caroline !.... Je me suis promis de ne plus avoir d'amour que pour mes enfants. C'est dommage pourtant : l'amour est une si agréable occupation!

Il y a trois jours que Pettermann m'a conté cette rencontre. Je suis à me promener dans le bois de Vincennes avec mes enfants. Eugène est maintenant moins timide avec moi ; il me sourit, il me caresse même, quoiqu'il n'ait pas encore tout l'abandon de sa sœur, qui me fait faire toutes ses volontés. Je leur donne la main à chacun. J'écoute le babillage d'Henriette et les petites réponses de son frère. Mais ma fille vient de parler de sa mère, et mon front se rembrunit.

— Papa ! pourquoi donc ne revient-elle pas, maman ?
— Elle est fort loin, ma fille... Il se peut que tu ne la revoies pas de longtemps.
— Mais c'est bien ennuyant, cela... Pourquoi n'allons-nous pas la chercher ?
— Cela ne se peut pas.
— Pourquoi ?
— J'ignore où elle est maintenant.
— Ah ! mon Dieu... et si elle était perdue !...

Henriette me regarde les yeux pleins de larmes; elle me regarde en m'adressant cette question. Pauvre petite ! si elle savait le mal qu'elle me fait !... Je ne sais comment la consoler. Si Eugénie était revenue, je pense qu'elle aurait demandé à voir ses enfants, et je ne lui refuserai jamais cette satisfaction. Mais je n'entends pas parler d'elle. Ernest et sa femme ne me disent plus rien sur ce sujet, et quoique leur silence commence à me contrarier, je ne veux cependant pas être le premier à leur parler d'Eugénie; il est possible qu'ils n'en aient pas plus de nouvelles que moi.

Henriette me regarde toujours ; impatientée de ce que je ne lui réponds pas, elle s'écrie enfin :

— Mais, papa, à quoi penses-tu donc ?...
— A toi, ma fille.
— Je te demande si maman est perdue et tu ne me dis rien... Et monsieur Eugène qui ne demande jamais des nouvelles de sa maman... Hum !... que c'est vilain, ça !... Petit mauvais cœur !...

Eugène regarde sa sœur d'un air honteux, puis se met à me crier, comme s'il récitait un compliment :

— Papa, des nouvelles de maman..., s'il vous plaît ?

J'embrasse Eugène ; il se contentera de cette réponse, lui : mais ma fille, chaque jour elle m'embarrasse davantage. Cependant elle est déjà capable d'entendre la raison, car son intelligence est au-dessus de son âge. Je m'arrête, je m'assieds au pied d'un arbre ; j'attire mes enfants près de moi, et je dis à Henriette :

— Ma chère amie, tu n'es plus une enfant, toi ; on peut te parler raison.
— Oh! oui, papa, j'ai sept ans passés... et je sais lire.
— Ecoute : ta maman est partie... pour un pays fort éloigné, je ne sais pas moi-même quand elle reviendra ; tu dois bien penser que cela me fait du chagrin de ne plus la voir, et toutes les fois que tu m'en parles, tu augmentes ce chagrin-là... Comprends-tu, ma chère amie ?
— Oui, papa... Il ne faut donc plus que je te parle de maman ?...
— Du moins, ne me fais pas de questions auxquelles je ne puisse répondre.
— Ah !... mais je pourrai toujours y penser, à maman ?
— Oui, mon enfant. Puis sois bien sûre que, dès qu'elle reviendra à Paris, son premier soin sera de venir vous embrasser.

Ma fille se tait. Cette conversation semble avoir attristé ces pauvres enfants. Ils ne disent plus rien, et moi-même je reste pensif auprès d'eux. Au bout de quelques instants un monsieur et une dame viennent de notre côté. Je n'ai point levé les yeux pour les voir, mais je m'entends nommer... C'est M. Roquencourt et sa nièce. Ils s'arrêtent devant nous.

— Oui, ma nièce avait raison.... c'est bien ce cher monsieur Dalbreuse !

Je me lève ; je salue l'oncle et la nièce. Caroline a un air froid, mais poli. Je ne lui trouve plus cette physionomie vive et enjouée qu'au Mont-d'Or, attachait plus à son char : elle a pris un maintien plus grave. Son regard est presque mélancolique : mais que cet air lui sied bien ! que ce changement lui donne de charmes à mes yeux !

— Ma nièce me disait de loin : Voilà M. Dalbreuse... et j'avoue que je ne vous remettais pas... J'ai cependant la vue très-bonne !... je ne me suis jamais servi de lunettes... Mais quels sont ces jolis enfants ?

— Ce sont les miens.

— Les vôtres?... Ah! oui... je me rappelle... ma nièce m'a conté que vous étiez marié... Ils sont charmants... La petite a des yeux superbes... et déjà une petite tournure... Nous ferons bien des conquêtes avec ces yeux-là.... et toi, mon gros père.... Oh! que tu ferais bien les beaux Léandre... il serait étonnant avec une perruque et un catogan.

Pendant que M. Roquencourt regarde mes enfants, sa nièce se rapproche de moi et me dit à demi-voix :

— Vous avez donc vos enfants avec vous, maintenant?
— Oui, mademoiselle.

Elle se penche alors vers Henriette en lui disant :
— Voulez-vous bien m'embrasser, ma bonne amie?

Ma fille fait une belle révérence, puis se laisse embrasser. Ensuite mademoiselle Derbin prend Eugène dans ses bras pour le caresser. Je ne sais pourquoi je la regarde faire avec plaisir.

— Ah ça! vous demeurez à Saint-Mandé, monsieur Dalbreuse? Nous avons appris cela par votre domestique que nous avons rencontré.

— Oui, monsieur; je passe la belle saison ici; je suis chez un ami qui, pendant mes voyages, avait bien voulu avec sa femme se charger de mes enfants.

— Vous ne savez pas une chose? c'est que depuis hier nous sommes vos voisins.

— Comment?

— Oui, vraiment. Nous avons loué une petite maison toute meublée à Saint-Mandé, et nous sommes venus nous y établir pour passer le reste de la saison. C'est une idée qui est venue à ma nièce. Après que nous eûmes rencontré votre domestique, elle me dit : Mon oncle, je ne me porte pas bien... Il est vrai qu'elle est toujours souffrante depuis notre retour du Mont-d'Or...

— Mon Dieu! mon oncle, tout cela intéresse fort peu monsieur. A quoi bon ces détails?

— Mademoiselle, tout ce qui vous regarde ne peut que m'intéresser.

Caroline détourne la tête. Son oncle continue :

— Oui, ma chère amie, tu es souffrante... tu as beau vouloir le cacher... cela se voit bien... et cet air sérieux, mélancolique, qui a remplacé ta gaieté d'autrefois... car tu n'as plus la gaieté, et...

— Mais vous vous trompez, mon oncle ; je suis toujours la même.

— Enfin, tu as voulu venir ici pour ta santé.. tu me l'as dit du moins ; et quand tu veux quelque chose... vous savez, mon cher Dalbreuse, c'est comme lorsqu'elle nous faisait faire des promenades au Mont-d'Or... il faut tout de suite que cela se fasse : aussi, dans les vingt-quatre heures, nous sommes venus, nous avons vu et loué une petite maison! et il a fallu l'habiter tout de suite.

— C'est que Paris m'ennuyait... et puis... je ne connaissais pas ce pays...

— Moi, je le connaissais; mais je l'aime beaucoup... Dugazon a eu une maison de campagne à Saint-Mandé... Je vous la montrerai en revenant. Nous venions y rire, y faire de petits soupers, y jouer la comédie. J'y ai joué l'Avocat Patelin!... et Petit-Jean des Plaideurs... Oh! dans les Plaideurs, j'ai fait une farce indigne!... Vous savez, le moment...

— Mais, mon oncle, nous retenons monsieur.... nous le gênons peut-être!

— Oh! nullement, mademoiselle... j'allais retourner vers Saint-Mandé...

— Nous y retournions aussi; nous ferons route ensemble... C'était donc dans les Plaideurs. Vous savez qu'au troisième acte on apporte des petits chiens : Dugazon m'avait dit : Te charges-tu de... Je vous ai dit que Dugazon me tutoyait : Te charges-tu d'avoir des petits chiens? Moi qui avais déjà mon projet, je lui dis : Oui, je m'en charge. C'est très-bien. La pièce se joue; arrive le moment où l'on demande les malheureux orphelins!... j'apporte une grande corbeille couverte... Devinez ce qui en sort!... une douzaine de souris que j'avais cachées là-dedans, et qui se mettent aussitôt à courir sur le théâtre, à se sauver dans l'orchestre... et les hommes de rire! les femmes de crier!... elles croyaient toutes avoir une souris sous leur jupon!... Ah! ah! moi je me tenais les côtes!.... Après la pièce, ces dames dirent que j'étais un monstre!... Cela me valut trois bonnes fortunes!

M. Roquencourt continue de parler, et nous arrivons au village. Caroline a toujours tenu la main à Eugène, et elle a souvent causé avec ma fille.

— Voilà notre ermitage, dit M. Roquencourt en s'arrêtant devant une jolie maison qui n'est qu'à deux portées de fusil de celle d'Ernest. J'espère, monsieur Dalbreuse, que vous viendrez nous y voir. A la campagne, il faut voisiner... j'apporte une chaise, ma nièce?

— Si monsieur veut nous faire ce plaisir... s'il voulait nous amener ses enfants... je serais charmée de les revoir... Voudrez-vous venir, ma chère amie?...

— Oui, madame.

— Et vous, mon petit ami?... vous devez aimer les bonbons, et j'en ai toujours.

Eugène répond avec un grand sérieux qu'il veut bien aller voir les bonbons. Je remercie pour mes enfants, et je prends congé en promettant de les amener le lendemain.

Caroline veut donc bien me revoir : sa grande colère contre moi est apaisée ; c'est que sans doute le sentiment qui faisait naître cette colère est dissipé aussi. Mais pourquoi n'a-t-elle plus son enjouement d'autrefois?... En vérité! je serais bien fat de croire que cela me regarde. Mademoiselle Derbin ne peut-elle pas avoir quelque peine de cœur, ou quelque secret auquel je sois tout à fait étranger? Je voudrais bien savoir si, avant de quitter le Mont-d'Or, elle a revu madame Blémont. Au fait, je ne suis pas fâché de cette rencontre. Quand Ernest travaille, on ne peut pas lui parler; sa femme est sans cesse occupée de ses enfants, du soin de sa maison : j'irai quelquefois causer chez M. Roquencourt.

Au dîner, j'apprends à mes hôtes la rencontre que j'ai faite.

— Si ce sont des gens aimables, engagez-les à venir nous voir, dit Ernest.

Je m'aperçois que sa femme n'est pas de cet avis. J'ai dit que Caroline était charmante : les femmes craignent quelquefois les visites d'une personne charmante, et Marguerite est femme maintenant.

— Mon ami, dit-elle, si ce sont des gens qui ont vingt-cinq mille livres de rente et un équipage, je n'oserai jamais les recevoir.

— Et pourquoi donc cela, ma chère amie? Je suis auteur, moi, et le génie marche avant la fortune. N'est-ce pas, Henri?

— Cela devrait être, du moins.

— Mon ami, moi, qui ne suis pas auteur, je n'ai pas de génie...

— Ce ne serait pas une raison, ma chère amie... l'un va très-souvent sans l'autre...

— Enfin je n'oserai... ou ne saurai pas... Tu dis toi-même qu'il ne faut pas faire des connaissances qui entraînent à des dépenses...

Il me semble que Marguerite s'embrouille ; je crois voir qu'elle fait des signes à son mari, mais celui-ci cherche une fin de couplet et n'écoute plus Marguerite. Je rassure la petite femme en lui disant que rien ne l'oblige à recevoir M. Roquencourt et sa nièce.

— Mais vous irez les voir? me dit-elle.

— Oui ; je ne vois pas ce qui m'en empêcherait.

— Non, sans doute... Mais, tenez, d'après ce que j'ai entendu de cette demoiselle, qui ne veut pas se marier, j'ai dans l'idée que c'est une coquette.

— Quand cela serait, pourvu que sa société soit agréable... Il me semble que je n'ai rien à craindre, moi.

Madame Ernest ne dit plus rien ; je vois fort bien qu'elle n'est pas satisfaite du nouveau voisinage qui nous est arrivé, et je n'en puis en concevoir la raison : cela ne m'empêchera pas d'aller voir les voisins.

Le lendemain j'emmène mes enfants et je me rends à la demeure de M. Roquencourt. Je trouve l'oncle se promenant dans son jardin avec plusieurs personnes du pays. Les gens riches ont vite de la société!... c'est lui qui se liera avec les personnes qui ont équipage. M. Roquencourt était en train de raconter à ses nouvelles connaissances une scène de M. de Crac ; il prend mon fils et ma fille par la main, et veut leur faire voir son jardin et goûter de ses pêches. Je les laisse aller ; j'entre au rez-de-chaussée pour saluer Caroline. J'entends le son d'un piano. Un piano !... que cet instrument me rappelle de choses!... Ces accords me font mal maintenant. Je me souviens que mademoiselle Derbin m'a dit qu'elle touchait du piano. Je m'efforce de vaincre mon émotion, et j'entre dans le salon où est Caroline. Je l'écoute pendant quelque temps sans lui parler... je ne puis dire ce que j'éprouve. Elle cesse enfin, et je m'approche.

— Vous étiez-là? me dit-elle.

— Oui, je vous écoutais.

— Vous n'avez pas amené vos enfants?

— Pardonnez-moi ; ils sont avec monsieur votre oncle.

— Ils sont charmants, vos enfants ; et... je vous félicite, monsieur, de les avoir avec vous... C'est une preuve que madame votre épouse a oublié vos torts... puisqu'elle vous confie ce qu'elle a de plus cher... Cela me fait présumer que bientôt tout rentrera...

— L'avez-vous revue avant de quitter le Mont-d'Or, mademoiselle?

— Non, monsieur ; elle a quitté l'hôtel que nous habitions le lendemain même de votre départ. Est-ce que vous ne savez pas où elle est maintenant?

— Non, mademoiselle.

— En vérité, monsieur, je ne comprends rien à votre conduite... à vous-même... Vous paraissez aimer, chérir vos enfants... Si je ne vous avais pas vu et que l'on ne m'eût parlé de vous, j'aurais cru madame votre épouse au physique comme au moral... mais quand on vous connaît... on ne peut cependant pas penser cela.

Caroline sourit ; je me tais : c'est ce que j'ai de mieux à faire quand on entame ce sujet. Henriette et Eugène reviennent du jardin. Caroline court les embrasser et leur prodigue des joujoux et des bonbons ; puis, comme je garde toujours le silence, elle se remet devant le piano, et commence pendant quelques instants errer ses doigts sur les touches. Eugène s'est assis dans un coin : il est tout occupé de ses bonbons ; Henriette admire une belle poupée qu'on vient de lui donner : mais, aux premiers accords du piano, je m'aperçois qu'elle écoute et cesse de jouer. Moi aussi j'écoute ; car il me semble entendre Eugénie... c'était le même talent, la même expression... Bientôt mon illusion augmente encore. Mademoiselle Derbin, après de brillants préludes, vient de commencer un air que je reconnais... C'est celui qu'Eugénie jouait de préférence... Je me persuade que c'est elle que j'écoute comme aux premiers temps de notre union... Je suis tiré de cette illusion par des sanglots... je lève les yeux... Ma fille est tout en larmes, et la poupée est tombée de ses mains. Je cours à Henriette; Caroline en fait autant.

— Qu'as-tu donc, ma chère enfant? lui dis-je en la pressant dans mes bras. Pourquoi ces pleurs?

— Ah, papa... c'est que... je croyais encore entendre maman!

Pauvre petite, je la presse contre mon cœur, et je cache dans sa chevelure les larmes qui s'échappent aussi de mes yeux.

Caroline est restée devant nous, mais je l'entends me dire à demi-voix : — Vous voyez les pleurs de cette enfant, et vous ne lui rendez pas sa mère!...

Je reviens à moi-même, je console ma fille : Caroline la comble de caresses; mais malgré ses instances pour me retenir je m'éloigne avec mes enfants : car j'entends venir M. Roquencourt, et en ce moment il me serait impossible de supporter la société.

J'ai fait plusieurs visites à mes voisins. Caroline ne touche plus du piano quand je suis là. Elle comble mes enfants de caresses, de présents, que les enfants ne peuvent refuser; avec moi elle est triste et silencieuse : pourtant elle trouve toujours que je m'en vais trop tôt.

Chez Ernest, je vois qu'on n'aime pas les nouveaux voisins : cela me semble fort injuste, puisqu'on ne les connaît pas. On jette des regards dédaigneux sur les jouets que ma fille et Eugène reçoivent de Caroline : est-ce jalousie, et parce que ses enfants n'en ont pas autant, que madame Ernest déprécie ce qu'on donne aux miens? Non, je connais l'excellent cœur de Marguerite; il est étranger à l'envie : d'où vient donc qu'elle montre tant de prévention contre la nièce de M. Roquencourt?

En allant un jour chez Caroline je suis fort surpris d'y rencontrer M. Giraud. Mais j'apprends bientôt qu'il a été présenté par un voisin chez lequel il allait passer la journée. A la campagne un ami en amène un autre, et Giraud est de ces gens qui ne demandent qu'à être amenés. Il paraît charmé de me voir; on aime toujours à trouver des connaissances dans une maison où l'on va pour la première fois, cela met plus à l'aise. En s'apercevant que je suis bien vu dans la maison, que l'oncle et la nièce me témoignent beaucoup d'amitié, Giraud redouble de prévenances avec moi; j'en devine le motif : Giraud n'est pas venu ici sans but : il aura entendu dire que mademoiselle Derbin était à marier... Une demoiselle jolie et riche, quelle belle noce à faire!...

Il veut se ménager des intelligences ici. Il accable Caroline de compliments qui, je crois, ne la touchent guère; mais il écoute avec une patience imperturbable M. Roquencourt lui réciter Mascarille, et cela pourra le faire inviter à revenir.

Cependant le voisin qui l'a amené veut retourner chez lui; Giraud s'éloigne à regret; il demande la permission de venir saluer l'oncle et la nièce quand il se promènera à Saint-Mandé; on lui fait une réponse polie, il n'est point enchanté. Je pars en même temps, car je vois qu'il désire me parler; en effet, à peine dehors il me prend sous le bras, ralentit le pas en criant à son ami d'aller toujours devant; puis entame la conversation :

— Mon cher ami, il me paraît que vous êtes très-lié... très-bien reçu chez M. Roquencourt.

— Mais, monsieur Giraud, je me flatte d'être bien reçu partout où je vais; je le suis autrement...

— Ce n'est pas ça... mon Dieu! je connais votre mérite, mon ami... quoique vous ne viviez plus avec votre femme... mais ça ne prouve rien!... Dites-moi donc, c'est un parti superbe que cette demoiselle Derbin... s'il est vrai ce qu'on m'a dit ici... Mais je le prendrai des informations... vingt-cinq mille francs de rente bien nets, et encore des espérances sur l'oncle!... avec ça une jolie personne; de la tournure, des talents; elle touche du piano... Touche-t-elle d'autre chose encore?

— Je ne le lui ai pas demandé.

— C'est égal! c'est un parti très-avantageux, et j'ai justement l'homme qu'il lui faut.

— Ah! vous avez...

— Oui, vous savez bien que j'ai toujours des maris à offrir, moi... Aussi quand Dupont, qui va devant là-bas, m'a parlé de cette demoiselle, je lui ai dit sur-le-champ : Il faut me mener là; il m'y a mené, et j'y retournerai. Sont-ils toujours chez eux?

— Excepté quand ils vont se promener.

— Mais je veux dire : ils ne retournent pas à Paris?

— Je l'ignore.

— Alors je me hâterai de revenir... C'est un trop beau mariage à faire pour ne pas se presser; un autre le ferait... Heureusement Saint-Mandé ce n'est pas loin, et il y a les omnibus. Mais il faudrait, mon cher ami, me servir un peu, tâter l'oncle et la nièce, et leur parler de mon jeune homme.

— Quel jeune homme?

— Celui que je proposerai : un beau garçon de vingt-deux ans, fils unique, de la fortune... qui désire acheter une pharmacie... D'ailleurs, si celui-là ne convient pas, j'en ai d'autres... Le tout est de savoir si la demoiselle n'a pas d'inclination... Savez-vous si elle a quelque inclination?

— De quel droit, monsieur Giraud, irai-je demander cela à cette demoiselle?

— Ah! bah! sans demander, on sait toujours; enfin, c'est égal, servez-moi dans la maison; je tâcherai que Dupont me serve aussi. Il faut que je le rejoigne... Mon ami, je vous en prie, tâtez toujours la demoiselle : vous pouvez offrir un fort joli garçon avec cent mille francs et deux beaux héritages en perspective... Ah!... si elle ne veut pas d'une pharmacie... ce qui est présumable quand on a vingt-cinq mille livres de rente, on achètera une charge d'avoué... ça lui plaira mieux... à la rigueur même on n'achètera rien du tout... Holà... eh! Dupont... me voilà... Diable! il serait capable de dîner sans moi.

Giraud me quitte. Je ne puis m'empêcher de rire de sa manie de marier tout le monde; je crois que c'est sa seule profession, et que, outre le repas de noces, il se fait donner un pot-de-vin par le marié. S'il compte sur moi pour parler à mademoiselle Derbin, il sera trompé dans son attente. Irai-je parler pour quelqu'un que je ne connais pas?... D'ailleurs je ne vois pas qu'il soit si nécessaire de marier les gens.

Trois jours se sont écoulés depuis cette rencontre. J'ai oublié Giraud et je crois qu'on ne pense guère à lui chez M. Roquencourt. Je suis sorti un moment sans mes enfants; mon intention n'était pas d'aller voir Caroline, mais elle était contre la fenêtre quand je suis passé, elle m'a vu et me fait signe d'entrer. Son oncle est au jardin, elle est seule dans le salon. Depuis notre séjour au Mont-d'Or, je ne sais pourquoi je suis embarrassé quand je me trouve seul avec elle.

Nous restons assez longtemps sans nous parler. C'est assez ce qui arrive lorsqu'on aurait beaucoup de choses à se dire. Caroline est près de son piano et n'y touche pas.

— Pourquoi ne vous entends-je plus en jouer? lui dis-je.

— Parce que cela vous attriste... et je ne vois pas la nécessité de vous faire de la peine.

— Il y a des souvenirs pénibles et doux à la fois. Je voudrais pourtant entendre encore cet air que vous jouiez la dernière fois.

— Et qui a fait pleurer votre fille... Pauvre enfant... combien je l'aime!...

Caroline se met au piano et joue le morceau favori d'Eugénie. Je me laisse aller au charme de l'entendre et à l'illusion des souvenirs. Mon cœur est gros de larmes, et j'y prends pourtant du plaisir. Caroline se retourne souvent pour me regarder, mais moi je ne la vois plus.

Tout à coup un grand bruit nous tire de cette situation qui avait du charme pour tous deux. On a sonné avec force à la porte de la maison. Bientôt nous entendons plusieurs voix et les aboiements d'un chien.

— Quel ennui! s'écrie Caroline, on ne peut pas être tranquille un moment ici; mon oncle reçoit tous ses voisins!... il faudra absolument que je me fâche.

Le bruit va toujours en augmentant. Il me semble entendre des voix de connaissance. Enfin on se dirige vers le salon, et je vois entrer Giraud avec sa femme, sa fille, un de ses fils, et un grand jeune homme qui est habillé comme pour aller au bal, et qui n'ose pas se mouvoir de peur de déranger le nœud de sa cravate ou de froisser son col.

Caroline regarde entrer tout ce monde en ouvrant de grands yeux. Giraud s'avance d'un air dégagé, et présente sa femme en disant :

— Mademoiselle, j'ai bien l'honneur de vous offrir mes hommages... c'est mon épouse que je vous présente... Ma femme, c'est mademoiselle qui est la nièce de M. Roquencourt, chez qui j'ai reçu un accueil si aimable dimanche dernier, et à laquelle je m'suis engagé à venir quand je me promènerai de ces côtés... Voilà mon fils aîné et ma fille... Saluez donc, mes enfants... Monsieur est de vos amis intimes... il était de notre promenade... et je me suis permis de vous le présenter... Bonjour, mon cher Blémont, enchanté de vous retrouver ici!

Caroline a fait un salut assez froid à toute la bande; elle se contente d'indiquer des chaises. La famille Giraud s'assied; le beau monsieur se place sur le bord d'un canapé. Giraud reprend bien vite :

— Mais où est donc de cher oncle, cet aimable M. Roquencourt?... Dieu! et M. de Crac!... Ah! comme c'était ça !... J'ai bien fait rire ma femme en lui racontant cette pièce-là... N'est-ce pas, ma bonne?

— Oui, mon ami. Mais, mon Dieu! qu'a donc Azor à fureter ainsi sous toutes les chaises... Tenez-vous, Azor... Monsieur Mouillé, donnez donc un coup de pied, s'il vous plaît, pour qu'il se tienne tranquille.

M. Mouillé, c'est le beau jeune homme, se lève, et cherche à saisir le chien. Ne pouvant le prendre, il lui applique un coup de pied, qui fait aboyer et fuir Azor au moment où M. Roquencourt entre dans le salon.

Tout le monde se lève de nouveau. M. Giraud présente derechef sa famille et son jeune homme en ajoutant cette fois : — M. Mouillé ne vient pas souvent à la campagne... il a tant d'affaires à régler depuis qu'il a hérité de son oncle le négociant, qui lui a laissé cent cinquante mille francs et un boghei... Est-ce un boghei ou un tilbury que votre oncle avait?...

— C'était un tape-cul, répond M. Mouillé sans tourner le cou.

Giraud fait un peu la grimace et continue : — Oui... une voiture enfin. C'est gentil pour un jeune homme de vingt-trois ans. Mais quand je lui ai dit que nous nous arrêterions chez des personnes aussi aimables, il n'a plus hésité à nous accompagner... Ma femme, voilà M. Roquencourt qui, comme je te le disais tout à l'heure, a si bien joué la comédie autrefois !... Dieu! que vous m'avez fait rire en me faisant Mascarille !...

M. Roquencourt a d'abord paru un peu surpris de trouver une réunion amenée par un homme qu'il n'a vu qu'une fois ; mais, du moment qu'on lui parle comédie, ses traits se dilatent, ses yeux s'animent; il s'écrie :

— Oui, pardieu ! j'ai joué la comédie !... et devant Dugazon, Larive, et beaucoup d'autres !...

— C'est ce que j'ai dit à ma femme et à M. Mouillé : vous avez joué devant Dugazon... Ma bonne, monsieur a joué devant Dugazon !

— Mascarille est un beau rôle, fort long ; mais, quoique j'y fusse très-bien... surtout quand je disais : *Vivat Mascarillus, fourbum imperator !*...

— Ah ! charmant !... délicieux !... Hein, ma femme ? qu'est-ce que je t'avais dit ? *Fourbum imperator !* Taisez-vous, mes enfants !

— J'avais d'autres rôles que je préférais... D'abord, Figaro... Ah ! Figaro !... le costume est si joli !... il m'allait si bien !...

— Oui, le costume devait très-bien vous aller... Monsieur Mouillé, ne vous êtes-vous pas déguisé en Figaro une fois pour aller à un bal superbe chez un entrepreneur ?

— Non, monsieur, j'étais en *Pinçon* dans *Je fais mes Farces*.

— Ah ! c'est différent !

— Pour en revenir à mon costume, dit M. Roquencourt, il était blanc et cerise et tout en soie... Je crois que je l'ai encore !...

— Blanc et cerise !... et vous l'avez encore !... Ah, Dieu ! si vous le mettiez ce que ce serait aimable !...

Caroline, qui n'a pas prononcé un mot pendant toute cette conversation, se penche alors vers moi et me dit à l'oreille : — Est-ce que ces gens-là sont venus avec l'intention de se moquer de mon oncle ?

— Non... il y a un autre motif que je vous apprendrai.

M. Roquencourt regarde un moment Giraud ; mais il lui répond avec bonhomie : — Oh ! non ; je ne puis plus mettre ce costume... Il y a vingt-cinq ans qu'il ne m'a servi... et, depuis ce temps, j'ai pris du corps... beaucoup de corps...

— Oui, au fait, en vingt-cinq ans on change, on engraisse... Monsieur Mouillé, je trouve que vous avez encore grandi depuis l'année dernière.

— De trois lignes, reprend M. Mouillé en s'inclinant.

— Trois lignes !... Peste !... vous ferez un gaillard !... Mademoiselle a une bien belle taille aussi... de ces tailles élégantes et sveltes... qui ne permettent pas à un petit homme de lui offrir son bras.

C'est à Caroline que ce compliment s'adresse. Elle me regarde en faisant un mouvement d'impatience ; mais Giraud, qui croit avoir fait la plus belle chose du monde en vantant les belles tailles, n'a pas pensé à M. Roquencourt qui est fort petit. L'oncle s'avance au milieu du cercle en disant :

— Monsieur, vous vous trompez beaucoup lorsque vous dites qu'un homme de moyenne taille ne doit pas donner le bras à une grande femme : mademoiselle Contat n'était pas petite, et certainement elle me trouvait très-bien pour son cavalier.

— Oh ! monsieur Roquencourt !... mais ce n'est pas du tout ça que j'ai dit ou que j'ai voulu dire... Diable ! entendons-nous... les petits hommes !... peste !... Mais tout le monde sait que les héros, les Alexandre, les Frédéric, les Napoléon, étaient de petite taille !... N'est-ce pas, monsieur Mouillé ?... Ma femme, fais donc taire ta fille.

— Et au théâtre, monsieur, il vaut beaucoup mieux être petit que grand, car la scène grandit déjà...

— Oui, certainement. Un homme grand ne peut jouer ni Figaro, ni Mascarille, ni Scapin. Ah ! que j'étais petit et joli en Scapin !... On a fait mon portrait sous ce costume...

— Votre portrait en Scapin !... A-t-il été au salon ?...

— On a voulu me faire aussi dans *M. de Crac*...

— Ah ! Ah ! Ma femme n'est encore parce que je le lui en ai récité quelques scènes d'après vous... Ah ! monsieur Roquencourt ! si vous étiez assez bon... M. Mouillé n'a jamais vu *M. de Crac*... N'est-ce pas, M. Mouillé ?

— Pardonnez-moi, répond le beau jeune homme, je crois l'avoir vu jouer chez *Bobino*.

— Ah ! ah ! chez Bobino ? s'écrie M. Roquencourt. Pardieu ! ce devait être joli !... Un rôle d'une difficulté !... D'abord il faut bien prendre l'accent :

Dé façon qué dé loin sur le pauvre animal
Lé perdreau, pour mentir, semblait être à cheval,
Et fût resté longtemps dans la même posture,
Si mon chien n'avait pris cavalier et monture.
Eh donc ! qu'en dites-vous ?

Pendant cette tirade, Giraud trépigne des pieds et a l'air de se rouler de plaisir sur sa chaise ; madame Giraud n'est occupée qu'à faire tenir ses enfants en repos. M. Mouillé ne bouge pas.

— Ah ! bravo !... bravo !..., s'écrie Giraud. Hein ! ma femme... tu n'avais jamais entendu jouer la comédie avec cette facilité !... Monsieur Mouillé, vous devez vous estimer bien heureux de nous avoir accompagnés à Saint-Mandé !... et bien heureux de toutes les façons, car on trouve ici tout ce qui peut séduire et charmer !... Ah ! monsieur Roquencourt, encore quelque chose... quelques fragments.

— Est-ce que tout cela va durer longtemps ? me dit tout bas Caroline. Je souris et ne réponds rien. M. Roquencourt ne se fait pas prier pour continuer. Il s'avance de nouveau au milieu du salon en disant :

— Voici un passage de la scène où on lui demande des nouvelles de son fils... et c'est son fils lui-même qui le questionne, sans qu'il le reconnaisse...

— Ah ! bon... j'y suis... Ma femme, on lui demande des nouvelles de son fils... Attention, monsieur Mouillé ; et c'est son fils lui-même... Vous entendez ?

— Je ne comprends pas du tout, répond le beau jeune homme.

— Si fait, si fait... Chut ! taisons-nous, mes enfants !

. . . . Il sert contré lé Russe;
Mais il sert bien dé tout bon. Ah ! lé feu roi dé Prusse
Savait l'apprécier : et lé Grand-Frédéric,
En fait d'opinion, valait tout un public.
Il admirait mon fils... J'en ai...

M. Roquencourt est interrompu dans sa déclamation par la cuisinière, qui accourt en disant : — Mon Dieu, mamselle, qu'est-ce que c'est donc que ce chien qui vient d'arriver ici ? il est entré dans ma cuisine, il se jette sur tout ce qui s'y trouve ; il a mangé d'un trait le restant du chapon qui était sur la table, et il vient d'emporter le gigot qui était pour vot' dîner...

— Ah ! c'est qu'il a soif ! s'écrie Giraud, donnez-lui à boire... il a eu très-chaud, faites-le boire, s'il vous plaît... et il vous caressera tout de suite.

— Monsieur, dit Caroline en se levant et en s'avançant d'un air très-décidé vers Giraud, je suis désolée, mais il faudra que vous fassiez boire votre chien ailleurs ; mon oncle doit se rappeler que nous avons à sortir ce matin, l'heure nous presse, et nous ne pouvons avoir le plaisir de vous posséder plus longtemps chez nous.

En disant cela, Caroline a lancé à son oncle un regard que celui-ci a fort bien compris, et il balbutie : — Oui, en effet... je crois que nous avons à sortir...

Giraud paraît consterné, il regarde sa femme, qui regarde M. Mouillé, lequel regarde si son pantalon ne fait pas de plis. Cependant la famille se lève ; le beau jeune homme les imite, et Giraud salue profondément en disant : — Puisque vous avez affaire... certainement nous ne voulons pas vous retenir... une autre fois j'espère que nous serons plus heureux, et que nous pourrons former des rapports dont l'heureuse suite... M. Mouillé, présentez donc vos hommages à mademoiselle... Salue, mes enfants... Monsieur Roquencourt, nous n'oublierons pas votre aimable complaisance... Azor... holà... Azor... Azor... oh ! il faisse bien qu'il vienne... Au revoir, mon cher Blémont.

La famille s'en va à reculons en saluant, et Giraud me dit à l'oreille :

— Est-ce que cela vous a lui inclination ? Si ce jeune homme-ci ne lui convient pas, j'en ai deux autres à lui présenter... écrivez-moi ce qu'on vous aura dit.

Enfin ils ont quitté le salon, et on parvient à retrouver Azor qui sort de la maison avec un os de gigot dans la gueule.

Quand la société est partie, Caroline dit à la bonne et au jardinier :

— Si jamais ces gens-là se présentent ici, songez bien à dire que nous n'y sommes pas. C'est vraiment d'une indiscrétion trop forte.

— Soyez tranquille, mamselle, dit la cuisinière, je n'ai pas envie de revoir pus les maîtres que le chien... V'là mon dîner à refaire, à présent.

— C'est la faute à mon oncle... il invite tous les gens qu'il aperçoit ; pourvu qu'on lui parle théâtre, comédie, ça lui suffit... il déclamerait devant les ramoneurs !...

— Ma nièce, ceci est trop fort... ai-je été chercher ce monsieur... lui dire de nous amener sa femme, ses enfants et son monde ? Il trouve que je dis bien la comédie, je ne vois rien d'extraordinaire à cela... bien d'autres que lui ont pensé cela aussi !... mais déclamer devant des ramoneurs !... au reste, des ramoneurs pourraient avoir le sens très-juste... le peuple ne fait que ce que vous sembliez le croire, et Dugazon m'a répété plusieurs fois qu'aux représentations *gratis* les applaudissements ne partaient que lorsqu'ils étaient mérités... Mais vous ne comprenez rien à la comédie, et devant vous il serait inutile d'avoir du talent.

M. Roquencourt est piqué, il nous laisse et rentre dans son appartement. Je veux aussi m'éloigner. Caroline me retient en me disant :

— Encore un moment, s'il vous plaît... Vous connaissez ce M. Giraud, qui semblait vouloir se planter ici avec toute sa famille et même ses amis... il vous a parlé bas... Vous m'avez dit que vous m'apprendriez le motif de sa visite... voulez-vous bien me l'apprendre, monsieur ?

Je me rassieds près de Caroline ; je ne puis m'empêcher de sourire en lui disant : — Mademoiselle, ce M. Giraud a une manie... un penchant... ou une vocation pour faire des mariages. En apprenant que vous étiez libre encore, il a sur-le-champ conçu le dessein de vous marier...

— L'impertinent ! de quoi se mêle-t-il ?...
— Comme il est persuadé que l'on doit toujours finir par en venir là, il met dans ses projets une persévérance incroyable. Il m'avait déjà chargé de vous parler en faveur du jeune homme qu'il vient de vous amener...
— Comment ! ce grand nigaud ?
— C'était un aspirant à votre main, oui, mademoiselle ; et, malgré l'accueil peu flatteur que vous venez de faire à Giraud et à son protégé, je ne serais nullement étonné qu'il revînt bientôt à la charge avec un nouvel époxeur.
— Je vous assure, monsieur, que je ne le recevrai plus. Ce que vous venez de m'apprendre me fait trouver ce Giraud encore plus insupportable... Vouloir me marier !... conçoit-on une pareille idée ?

La physionomie de Caroline est devenue sérieuse. Elle baisse les yeux et reste pensive ; au bout d'un moment elle reprend : — Me marier... oh ! non... Je ne me marierai jamais... un moment j'ai cru que c'était possible... C'était un rêve charmant que j'avais fait... mais ce n'était qu'un rêve... Je m'étais cruellement abusée !...

Ces paroles portent le trouble dans mon âme... et pourtant est-ce à moi qu'elles sont adressées ? Je ne devrais pas chercher à le savoir ; malgré moi je me rapproche de Caroline, dont la tête est tristement penchée sur sa poitrine, et je lui prends la main, ce que je n'avais jamais fait encore... mais elle a l'air si triste, je voudrais la consoler.

Je ne sais que lui dire... Je n'ose lui demander le motif de sa résolution. Nous restons longtemps ainsi sans parler ; ma main serre doucement la sienne, mais cela ne la console pas, car des larmes coulent de ses yeux ; alors mon bras presse sa taille... Je sens son cœur battre sous mes doigts... Je respire presque son haleine.

Tout à coup elle me repousse, s'éloigne de moi et s'écrie : — Ah ! je ne me croyais pas si faible... mais du moins je ne serai pas criminelle... non... je n'ajouterai pas à la douleur d'une femme que je plains... que je voudrais rendre au bonheur... et puisque je ne sais pas vous cacher ce que j'éprouve... ce n'est plus que dans le monde... que devant des étrangers qu'il faut nous voir... oui, j'en fais le serment, ce tête-à-tête est le dernier que nous aurons ensemble.

En achevant ces mots, elle sort précipitamment du salon, et moi je m'éloigne en trouvant qu'en effet nous aurons raison de nous fuir.

CHAPITRE XXIV. — Le Fantôme.

Depuis mon dernier tête-à-tête avec Caroline, je vais moins souvent chez elle, et je ne m'y rends jamais sans être accompagné de mes enfants. La saison s'avance, nous n'avons plus que peu de temps à passer à la campagne, et je vais chaque jour le promener avec eux dans le bois. Quelquefois madame Ernest vient avec nous ; je m'aperçois qu'elle me montre plus d'amitié, qu'elle est de meilleure humeur depuis que je passe moins de temps chez M. Roquencourt ; j'en conclus que décidément elle a quelque chose contre ses voisins. Mais comme elle est toujours aussi bonne, aussi attentive pour moi et mes enfants, comme son mari me témoigne la même amitié, je ne leur en demande pas davantage.

Souvent, au contraire, je m'aperçois que c'est madame Ernest qui voudrait me parler. Je lis assez bien dans les physionomies pour deviner qu'elle a quelque chose à me dire... Mais alors, qui la retient ? Lorsque je suis pensif, je la vois m'examiner en dessous, puis regarder mes enfants ; mais elle se tait, ou parle de choses qui ne peuvent m'intéresser.

Une après-dînée, nous venons d'aller dans le bois de Vincennes avec notre famille. Je tiens la main Henriette et Eugène ; madame Ernest conduit également son fils et sa fille. Le jour commence à baisser ; en entrant dans une allée un peu sombre, Eugène s'écrie :
— Ah !... j'ai peur du fantôme ici !
— Du fantôme ? dis-je en prenant Eugène dans mes bras. Et qui donc t'a parlé de fantôme, mon ami ?
— C'est la bonne, s'écrie la petite fille de madame Ernest, qui dit qu'il y a un fantôme dans notre maison, et qu'elle l'a vu dans le jardin.
— Votre bonne est une sotte, et vous aussi, mademoiselle, dit aussitôt la maman ; je lui défendrai de vous parler de choses semblables.
— Oh ! j'en ai aussi entendu parler, dit Henriette, et la bonne assure que c'est du côté du petit pavillon qu'on entend ou qu'on voit le fantôme.
— Mon Dieu ! que ces gens-là sont bêtes !... Et vous, Henriette, qui êtes si raisonnable, comment pouvez-vous répéter cela ?

Madame Ernest semble très-fâchée de ce qu'on a parlé d'un fantôme. Je me mets à rire et lui dis : — Mais, en vérité, vous prenez presque cela au sérieux. Est-ce que vous pensez que je vais me sauver bien vite parce que ces enfants disent qu'il y a un fantôme dans votre maison ?
— Non, sans doute ; mais ne trouvez-vous pas aussi que l'on a tort de rendre des enfants peureux en leur parlant de ces choses-là ?
— C'est pour cela qu'il vaut mieux en rire avec eux que de s'en fâcher. Toi, Henriette, je suis bien sûr que tu n'as pas peur du fantôme, parce que tu comprends qu'il n'en existe pas...

— Dame, papa... je ne sais pas s'il y en a, mais j'en ai un peu peur aussi... Et l'autre nuit... je me suis éveillée, il m'a semblé voir quelque chose de blanc qui sortait de la chambre.... Oh ! j'avais bien envie de crier ; mais je me suis vite mis la tête sous la couverture.
— Mais, ma chère amie, il faudrait d'abord savoir de quoi l'on a peur. Qu'est-ce que c'est qu'un fantôme ? voyons !
— C'est... je ne sais pas, papa.
— Oh ! moi, je le sais bien, s'écrie le petit Ernest ; un fantôme, c'est un revenant.
— Ah, diable ! et qu'est-ce que c'est qu'un revenant ?
— Dame !... c'est un fantôme.
— Bravo ! tu saurais t'expliquer l'Apocalypse, toi.
— Un fantôme, s'écrie à son tour la petite fille, c'est un diable qui a une queue rouge et des cornes vertes, et qui vient la nuit tirer les pieds aux petits enfants qui sont méchants.

Cette définition nous fait rire, Marguerite et moi ; mais je conviens qu'elle aura raison de gronder sa bonne, qui fait de tels contes aux enfants. Il ne faut jamais effrayer et rembrunir de jeunes imaginations. Il vient assez vite le temps où nous ne voyons plus tout en rose.

En parlant de fantômes, nous sommes revenus à la maison. J'embrasse mes enfants avant de les voir se livrer au repos, et je me rends au jardin. La soirée, qui est superbe, invite à respirer l'air du soir. Je me trouve bientôt près du pavillon que je n'ai pas habité. La lune éclaire alors cette partie du jardin ; mais sa clarté porte à la mélancolie. Tout en jetant les yeux sur les massifs d'arbres qui m'environnent, je me rappelle le fantôme dont nous avons parlé en route, et, quoique je n'aie nulle croyance aux revenants, je sens qu'en y mettant un peu de bonne volonté, il est facile de voir derrière le feuillage des ombres que le moindre souffle du vent fait mouvoir.

Je m'assieds sur un banc qui est contre le pavillon. La nuit est si douce, si calme, que je ne songe pas à rentrer. L'image de Caroline, le souvenir d'Eugénie viennent tour à tour s'offrir à ma pensée, je soupire en songeant que je dois fuir l'une parce qu'elle m'aime, et oublier l'autre parce qu'elle ne m'aimait plus. Mais cette dernière est la mère de mes enfants... Aujourd'hui encore ils m'ont parlé d'elle, ils m'ont demandé si je ne la reviendrais bientôt ; je n'ai su que leur répondre. Ernest et sa femme ne me parlent plus d'Eugénie : ce silence m'étonne et m'inquiète... Un mot d'elle... plus rien qui me fasse savoir où elle est, ce qu'elle fait... si elle existe encore... Elle était si changée, si souffrante, au Mont-d'Or ! Ah ! je voudrais avoir de ses nouvelles. Je puis ne plus l'aimer, mais son sort ne me sera indifférent.

Ces pensées m'ont fait oublier l'heure. Un bruit que j'entends assez près de moi me fait lever la tête... C'était comme un léger soupir... Je m'aperçois personne, je me lève... Il me semble, à travers le feuillage, distinguer quelque chose de blanc qui fuit vers l'autre bout du jardin. Le souvenir du fantôme se présente à mon esprit... Tout ceci pique ma curiosité. Je me dirige vers l'allée où j'ai cru voir quelque chose ; mais je ne trouve rien, et je me décide à rentrer dans ma chambre : car il est tard, et sans doute tout le monde est déjà retiré.

Je ne crois certainement pas aux revenants, mais je me rappelle l'impatience de madame Ernest lorsque les enfants ont parlé du fantôme, et je soupçonne qu'il y a là-dessous quelque mystère. Je voudrais le découvrir, car quelque chose me dit que cela doit m'intéresser.

Je me suis couché, mais je ne puis dormir. Tourmenté par ces idées, je me décide à me relever et je vais ouvrir ma fenêtre, lorsqu'il me semble entendre du bruit au bout du corridor, dans la chambre de mes enfants. J'entr'ouvre bien doucement ma porte... En ce moment une espèce d'ombre blanche sort de la chambre du fond ; j'avoue que j'éprouve d'abord un léger serrement de cœur... Je suis prêt à me précipiter vers cet être mystérieux... Je me contiens cependant, et j'attends en silence et sans bouger pour savoir ce que tout ceci deviendra.

Après avoir refermé la porte de la chambre des enfants, l'ombre se baisse pour prendre une lanterne ; puis elle vient lentement de mon côté... C'est une femme... Je puis la distinguer à présent... Ah ! je la reconnais... C'est Eugénie.

Elle marche bien doucement, elle semble craindre de faire du bruit ; une robe blanche et le grand voile de mousseline qui s'est rejeté en arrière de sa tête lui donnaient de loin quelque chose d'aérien, de vaporeux ; je ne doute plus que ce ne soit le fantôme qui a effrayé la bonne et les enfants. Pauvre Eugénie ! sa figure est presque aussi pâle que ses vêtements. Quelle tristesse dans ses yeux ! Quel abattement dans toute sa personne ! Elle s'arrête... elle est debout devant l'escalier... elle tourne la tête vers la chambre qu'elle vient de quitter, puis elle regarde de mon côté... Je tremble qu'elle ne m'aperçoive... mais non ; je suis sans lumière et dans un endroit fort obscur. Elle se décide enfin à descendre l'escalier : je cours alors vers ma fenêtre, j'aperçois la petite lanterne traverser rapidement le jardin et disparaître près du pavillon.

C'est donc Eugénie qui habite ce pavillon, qui est toujours fermé avec soin ; Ernest et Marguerite lui ont donné pour qu'elle puisse plus facilement venir voir ses enfants... Ainsi elle est là... près de moi... depuis longtemps peut-être, et je ne m'en doutais pas. Quel est son but... son espoir ?... N'est-ce que pour ses enfants qu'elle s'est ca-

chée là?... Mais Ernest et sa femme savent bien que je ne l'empêcherais pas de les voir.
Je voudrais connaître les motifs de la conduite d'Eugénie, les projets de Marguerite et de son mari. Pour cela, ne leur laissons pas deviner que j'ai aperçu le prétendu fantôme, et, la nuit prochaine, tâchons d'en savoir davantage.

Le temps me paraît bien long jusque-là. Dans la journée, j'ai involontairement été plusieurs fois du côté du pavillon... mais il est fermé comme de coutume. Je remarque alors que la porte qui est à côté, et qui donne sur le bois, doit être fort commode pour que l'on entre et que l'on sorte du jardin sans être vu de la maison.

Henriette sort de sa cachette et vient sauter et danser dans la chambre, en s'écriant : — Ah! je savais bien que je te ferais embrasser mon frère.

La nuit revient enfin. J'ai embrassé mes enfants, et on les a conduits dans leur chambre. Lorsque je les suppose endormis, je dis bonsoir à mes hôtes, et me retire chez moi en prétextant un violent mal de tête; mais, à peine dans ma chambre, j'en ressors doucement sans prendre de lumière, et vais dans celle de mes enfants. La clef est toujours sur la porte, j'entre; et, en attendant qu'on vienne, je m'assieds près du lit de ma fille, qui, ainsi que son frère, dort bien paisiblement.

Enfin, quelque temps après que chacun est retiré, j'entends marcher à petits pas. Aussitôt je quitte ma chaise, et vais me cacher derrière les grands rideaux de la croisée; à peine y suis-je qu'on ouvre doucement la porte, et Eugénie entre dans la chambre en tenant sa petite lanterne qu'elle pose avec précaution au pied du berceau de son fils.

Elle rejette son voile sur ses épaules, et, s'avançant sur la pointe du pied, elle se penche vers le lit de sa fille qu'elle embrasse sans l'éveiller; elle en fait autant à son fils, puis elle revient s'asseoir en face des enfants, et pendant longtemps les contemple endormis.

Je n'ose remuer; je respire à peine... mais Eugénie est presque en face de moi, je puis la voir, je puis compter ses soupirs. Elle porte son mouchoir à ses yeux, qui se sont remplis de larmes : bientôt j'entends des phrases entrecoupées sortir de sa bouche:

— Pauvres enfants!... que je suis malheureuse!... mais je dois me priver de vos caresses... vous ne me nommerez plus jamais votre mère, et lui... il ne me nommera plus jamais son Eugénie!... Ah! que je suis punie!...

Ses sanglots redoublent, et moi j'ai besoin de tout mon courage pour ne pas voler près d'elle, essuyer ses larmes et la presser sur mon cœur comme autrefois.

Il y a déjà longtemps que nous sommes tous deux dans cette situation. Enfin Eugénie se lève et semble se disposer à dire adieu à ses enfants, lorsque l'on ouvre doucement la porte. Un mouvement d'effroi échappe à Eugénie; mais elle se rassure en reconnaissant Marguerite. Celle-ci referme la porte avec précaution, puis vient s'asseoir près d'Eugénie; et alors, quoiqu'elles parlent toujours à demi-voix, je ne perds pas un mot de leur conversation.

— Mon mari travaille; moi, je n'avais pas envie de dormir, j'ai pensé que je vous trouverais ici, et je suis venue tout doucement... d'ailleurs, il n'y a plus de lumière chez M. Blémont, et je crois qu'il dort depuis longtemps... Eh bien! toujours des larmes... vous vous rendez plus malade... vous n'êtes pas raisonnable.

— Ah! madame, les pleurs, les regrets, tel est désormais mon partage... je ne puis plus avoir d'autre existence !

— Qui sait?... il faut encore conserver de l'espérance... si votre mari lisait bien dans le fond de votre âme, je crois qu'il vous pardonnerait.

— Non, madame; car il penserait toujours à ma faute... rien à ses yeux n'en atténuerait les motifs... et cependant, quoique je sois bien coupable, je le suis peut-être moins qu'il ne le pense... Vous m'avez comprise, vous... car les femmes savent se comprendre... Mais un homme! il ne voit que le crime... sans examiner ce qui a pu porter une femme à oublier ses devoirs... Et pourtant, le ciel m'en est témoin, si je l'avais moins aimé, je ne serais pas devenue coupable. S'il m'entendait dire cela, il sourirait de pitié, de mépris... mais vous... vous savez bien que c'est vrai...

Eugénie pose alors sa tête sur l'épaule de Marguerite, et ses sanglots redoublent. Pendant quelques minutes, elles gardent le silence; enfin Eugénie reprend :

— Je sais bien que ma jalousie ne m'autorisait pas à devenir coupable... mais, mon Dieu! savais-je ce que je faisais!... Je me croyais oubliée, trompée, trahie par un époux que j'adorais... Je n'avais plus qu'un désir, celui de lui rendre une partie des tourments qu'il me faisait éprouver... Soyez coquette, me disait-on, et vous ramènerez votre époux dans vos bras... les hommes deviennent bientôt froids pour une femme dont personne ne semble désirer la possession... Je crus cela... ou plutôt je crus que Henri ne m'avait jamais aimée... et alors je voulus cesser de l'aimer aussi. Vous savez, madame, combien je fus jalouse de vous... Ce bal où vous étiez... où il dansa avec vous... ah! ce bal acheva d'égarer ma tête... Déjà ma jalousie avait banni la paix de notre ménage... Hélas! elle ne devait plus y renaître!... Je me jetai dans le tourbillon du monde, non que j'y fusse heureuse... mais je m'étourdissais... et j'étais satisfaite de voir qu'il en éprouvait de la peine...

M. Mouillé.

Fatal aveuglement! j'aimais mieux sa colère que son indifférence! Une fois coupable, je ne puis plus vous dire ce qui se passa en moi, je voulais m'abuser sur ma faute... je vivais dans un état d'étourdissement continuel... n'osant plus réfléchir... m'efforçant sans cesse de trouver des torts à Henri, de me persuader qu'il m'avait trahie cent fois, et, malgré cela, comprenant que j'avais pour jamais détruit mon repos. Lorsque mon époux sut la vérité, je ne m'abaissai point à chercher par des larmes à obtenir mon pardon... Non, je voulus encore essayer de m'abuser moi-même... Mon Dieu! que dut-il penser de mon cœur en lisant les deux lettres que je lui répondis! Une femme qui n'aurait détesté n'aurait pu lui écrire autrement... Mais, comme si je n'étais pas déjà assez coupable, je voulais encore lui faire croire que je n'avais aucun repentir de ce que j'avais fait. Je continuai d'aller dans le monde... Il le saura, me disais-je, il croira que je suis heureuse sans lui... et cette idée me donnait la force de me contraindre au milieu de la foule et d'affecter une gaieté qui était si loin de mon cœur. Mais j'avais ignoré son duel et sa maladie. Ces deux nouvelles, que j'appris presque en même temps, m'ôtèrent la faculté de me contraindre davantage... il me sembla qu'un bandeau tombait de mes yeux. La pensée que j'aurais pu causer sa mort m'épouvanta... Dès ce moment, le monde me devint odieux!... j'ai senti tous mes torts; votre connaissance, vos discours m'ont appris que j'avais injustement soupçonné Henri... qu'il m'aimait lorsque je le croyais infidèle... Il m'aimait, et c'est par ma faute que j'ai perdu son amour! Ah, madame! cette idée est cruelle... et vous voulez que je cesse de pleurer!

— Mais pourquoi ne plus vouloir que nous lui parlions de vous, que nous cherchions à l'attendrir?...

— Ce qui me fait espérer, madame, que M. Blémont peut encore vous pardonner, c'est le soin qu'il a mis à cacher votre faute. Tout le monde l'ignore; lui seul a encouru le blâme.

Pauvre Eugénie! sa figure est presque aussi pâle que ses vêtements.

La femme de Pettermann.

— Ah! c'est pour son nom, pour ses enfants qu'il s'est conduit ainsi; mais ne croyez pas pour cela qu'il veuille me pardonner. Henri m'aimait trop... et j'ai fait son malheur!... Non! je vous en supplie

— Oh! non... c'est impossible... une autre l'a essayé déjà, et vainement, je vous l'ai dit... Cette jeune personne, mademoiselle Caroline Derbin, dont il avait, je crois, fait la rencontre au Mont-d'Or; cette demoiselle... qui le jugeait garçon d'abord, apprit, je ne sais comment, qu'il était mon époux. Alors, croyant que c'était lui qui m'avait abandonnée, elle le pria, elle le conjura de revenir à moi... J'étais près d'eux quand ils s'en doutassent, dans la cour de l'auberge; j'entendis toute leur conversation... Il eut encore la bonté de se laisser accuser de torts qu'il n'a pas; il ne chercha point à la désabuser sur mon compte. Mais, comme elle le suppliait de retourner avec moi, je l'entendis lui répondre : *Nous sommes séparés pour jamais!*... Ah! ces mots cruels retentirent au fond de mon cœur, et je ne conçois pas comment ils ne m'ont pas tuée, quoique déjà j'eusse perdu toute espérance d'obtenir mon pardon.

— Ce qu'il a répondu alors à mademoiselle Derbin, rien ne prouve qu'il le pense encore... Je vous ai dit combien il était changé avec son fils, ce pauvre petit Eugène, qu'il regardait à peine dans les commencements de son séjour ici : maintenant il lui témoigne autant de tendresse qu'à sa fille...

— Ah! depuis ma faute, je n'ai éprouvé qu'un moment de bonheur : c'est en apprenant qu'il ne repousait plus son fils de ses bras!... Pauvre enfant! parce que ta mère fut coupable, ton père pouvait toute la vie te traiter en étranger... Et pourtant, je le jure, j'étais heureuse sans reproche lorsque mon fils vit le jour, et Henri peut sans crainte le presser dans ses bras!

Ce que je viens d'entendre me cause un plaisir si vif que je ne le puis rendre; j'ai besoin de me soutenir après la croisée, car la joie nous ôte aussi nos forces. Heureusement Marguerite reprend la parole; elles n'ont pas entendu le mouvement que je n'ai pu réprimer.

Bélan paraissait tout fier de promener la superbe Armide.

encore, ne lui parlez jamais de moi!... Qu'il m'oublie... mais qu'il aime ses enfants. N'est-ce pas tout ce que je puis demander?... Grâce à votre bonté... à votre pitié pour moi... je puis du moins le voir en

core... Cachée dans ce pavillon que vous m'avez donné, une ouverture pratiquée dans les volets me permet de voir dans le jardin. Henri s'y promène souvent ; quelquefois j'entends sa voix, je l'aperçois au milieu de ses enfants... Alors... ah! madame, quel bonheur et quelle peine je ressens!... Entre mes enfants et lui... n'avais-je pas une place?... Et je ne puis plus l'occuper!...
— Pauvre Eugénie!... calmez-vous, de grâce.
— Oh! oui... il faut que je retienne mes sanglots, car je ne veux pas troubler le repos de mes enfants... Je puis les embrasser toutes les nuits... c'est ma seule consolation... mais ils ne m'appellent plus leur mère.. Ah! madame, c'est affreux de ne plus s'entendre nommer ainsi!...
— Si vous le vouliez, vous viendriez les voir... vous les feriez demander près de vous : jamais M. Blémont n'a eu l'intention de vous priver de leurs caresses.
— Non! je n'en suis plus digne... Et d'ailleurs ils grandiront... Que répondre à des enfants qui vous demanderont pourquoi vous ne revenez pas avec leur père ?... Il vaut mieux qu'ils ne me voient plus... qu'ils oublient leur mère!
Après un nouvel intervalle qui n'est rempli que par les sourds gémissements d'Eugénie, elle reprend : — Hélas! un autre tourment me déchire encore... Vous l'avez deviné... vous qui lisez si bien dans mon cœur... vous si bonne pour moi!... et que j'ai méconnue... accusée si longtemps!...
— Taisez-vous, dit Marguerite en embrassant Eugénie ; ne vous ai-je pas défendu de me reparler de cela ? Mais j'ai de bonnes nouvelles à vous apprendre encore : M. Blémont, depuis quelques jours, va beaucoup moins chez mademoiselle Derbin ; il y passe bien moins de temps...
— Il y va moins ?... il le pourrait ?... Ah! madame, je n'ai plus le droit d'être jalouse, je le sais ; je n'ai plus aucun droit sur son cœur... et cependant je serais heureuse à l'idée qu'il en aime une autre... Et cette Caroline est si jolie!... et puis elle l'aime, je n'en saurais douter!
— Qui vous le fait présumer ?
— Oh! vous savez bien que les femmes ne s'y trompent pas! Je m'en aperçus au Mont-d'Or ; j'en eus la certitude lorsque, le soir de son départ, j'entendis leur conversation. Elle le suppliait, il est vrai, de retourner avec moi ; mais sa voix était tremblante, elle avait peine à retenir ses larmes... Enfin elle lui parlait comme on parle à quelqu'un que l'on aime, alors même que l'on veut feindre de le haïr... Pauvre Caroline!... elle l'avait cru libre, garçon... Elle s'était sans crainte abandonnée au plaisir de l'aimer.
— Oui, mais maintenant qu'elle sait fort bien qu'il est marié, et qu'elle croit surtout que c'est lui qui vous a abandonnée, pourquoi est-elle venue avec son oncle s'établir à Saint-Mandé, à deux pas de nous ? pourquoi engager M. Blémont à aller la voir ? Est-ce ainsi qu'on se conduit avec un homme que l'on ne veut plus aimer, qu'on cherche à oublier ? Ah! je vous avoue que cela ne m'a pas donné une très bonne opinion de cette demoiselle, et plusieurs fois M. Blémont a pu s'apercevoir que, sans la connaître, je ne l'aimais pas.
— Que voulez-vous!... elle l'aime toujours... elle a voulu le revoir... Mais si du moins il pouvait ne pas l'aimer!... Depuis que je le vois chaque jour, depuis que, grâce à vous, j'habite si près de lui... je me fais encore illusion, je crois quelquefois régner encore sur son cœur... et le réveil est bien cruel!... Non, je ne puis plus qu'une étrangère. Je ne puis plus reconnaître la place que j'occupais dans son cœur... D'autres doivent avoir son amour.
— Pourquoi nous défendre de lui parler quelquefois de vous ?...
— Oh! jamais... jamais, je vous en supplie... Mes enfants lui parlent de moi.. je les entends souvent lui demander leur mère... s'il est sourd à leur voix, pensez-vous donc qu'il cède à la vôtre ?... Attendez que lui-même... mais il ne demandera jamais ce que je suis devenue!...
— Et moi je ne puis croire qu'il vous ait entièrement oubliée... Mais il est bien tard... rentrez... il est temps de vous reposer.
Marguerite va prendre la lumière, Eugénie va encore regarder et embrasser ses enfants ; mais madame Ernest l'entraîne, et toutes deux sortent de la chambre dont elles referment la porte avec précaution.
J'écoute quelques instants le bruit de pas dans le corridor ; enfin je n'entends plus rien. Alors je quitte ma cachette, j'embrasse aussi mes enfants, mais c'est avec un plus vif plaisir que de coutume ; et, après avoir pris les mêmes précautions pour ne pas faire de bruit, je retourne dans ma chambre. La conversation que je viens d'entendre est gravée dans ma mémoire, et déjà ma résolution est prise, mon plan de conduite arrêté.

CHAPITRE XXV. — Encore Lucile.

Le lendemain de cette nuit, qui doit changer ma destinée, j'écrivis à Pettermann de venir me trouver pour des commissions dont je veux le charger. Mon fidèle Allemand ne tarde pas à arriver à Saint-Mandé ; mais je lui trouve l'air embarrassé et il s'arrête devant moi en gardant le silence.
— Voyons, Pettermann, qu'y a-t-il de nouveau ?... je devine que vous avez quelque chose à m'apprendre.... pourquoi ne me parlez-vous pas ?

— Oui, monsieur, oui... j'ai quelque chose à vous dire... et je ne sais comment vous tourner cela...
— Expliquez-vous donc ?
— C'est que j'ai peur d'avoir l'air d'un imbécile... quand on a dit une chose et puis qu'on en fait une autre... Ma foi, prout!... au fait, tant pis!... monsieur sait bien que les hommes ne sont pas des phénix!... Voilà le fait... — Monsieur sait que je suis marié...
— Oui.
— Et que j'ai quitté ma femme parce que nous n'étions plus d'accord... Elle me battait et ne voulait pas que je boive... moi je voulais boire et ne pas être battu...
— Enfin, Pettermann ?
— Eh bien! monsieur, il y a quelques jours j'ai rencontré ma femme... elle m'a parlé... elle a fait un air doucereux... bref, nous nous sommes attendris... elle m'a demandé si je me grisais toujours : je lui ai répondu que cela ne m'arrivait plus qu'une fois par mois ; elle a dit : Pour une fois par mois, on ne peut pas s'en formaliser... Enfin, monsieur... tenez... j'ai promis de reprendre ma femme... Mais ce qui me chagrine, c'est qu'alors il me faudra vous quitter... et je crains aussi que monsieur ne soit fâché contre moi.
— Non, Pettermann, non ; reprenez votre femme... bien loin de vous faire des reproches, j'approuve votre résolution. Que fait votre femme à présent ?
— Elle est portière, monsieur, dans une belle maison à dix pas de celle où nous demeurons.
— Eh bien!... il est encore possible que vous me restiez attaché...
— Ah! mille prout!.., comme ça m'irait!...
— Y a-t-il un bel appartement à louer dans la maison de votre femme ?
— Deux superbes, fraîchement décorés... un au second, un au troisième avec bûcher et cave, orné de glaces... Je sais déjà tout ce qu'il y a dans la maison.
— Louez pour moi le logement du second... Est-il libre maintenant ?
— Oui, monsieur.
— Vous y ferez transporter mes meubles. Vous irez chez mon tapissier... Voici son adresse. Il ira voir le nouvel appartement, et fera tout ce qu'il jugera nécessaire pour que rien n'y manque.. il faut que tout soit fini et disposé à nous recevoir dans quatre jours au plus tard ; car alors... je vais vous faire une confidence, Pettermann... alors je reprends aussi ma femme.
— Votre femme! comment ? monsieur est marié!...
— Oui, mon ami ; et, ainsi que vous, je n'ai pas toujours été d'accord avec ma femme... quoique les motifs ne se ressemblent pas.
— Oh! je le pense bien.
— Mais aujourd'hui je reconnais mes torts, et j'espère encore retrouver le bonheur auprès de ma femme et de mes enfants.
— Ma foi! monsieur, ça me fait plaisir d'apprendre cela... Puisque monsieur fait comme moi, ça me tranquillise, et je pourrai toujours être au service de monsieur.
— Oui, mon ami. Vous m'avez bien compris ? dans quatre jours que tout soit prêt !...
— Ça sera.
— Mais, jusque-là, pas un mot!... point d'indiscrétion!
— C'est mort!
Pettermann est reparti pour Paris. Je me sens plus content, plus satisfait, et pourtant [je puis bien me l'avouer à moi-même] je n'ai plus d'amour pour Eugénie... non... Mais c'est peut-être parce que je n'ai plus d'amour pour elle qu'il m'est possible à présent de retourner avec ma femme. Je vois en elle la mère de mes enfants, et je veux pas la condamner à des larmes éternelles. Nous serons plus ensemble comme autrefois, c'est impossible !... j'aurai pour elle des égards, de l'amitié ; le temps fera le reste... Il faudra que je cesse entièrement de voir Caroline. Ah! ce n'est pas là le moindre sacrifice que j'aurai fait à mes enfants ! Mais, puisque tout est décidé, puisque ma résolution est invariable, j'irai la voir demain pour la dernière fois ; je lui apprendrai que je retourne avec ma femme... Elle croira que je cède à ses conseils.. à ses prières... Je ne la détromperai pas. Je retourne au salon, où tout le monde est rassemblé. Je veux m'étourdir, je veux être gai ; je joue avec les enfants, j'embrasse madame Ernest, je ris avec son mari.
— Qu'a-t-il donc aujourd'hui ? se disent Ernest et sa femme, comme il a l'air content!
— Je le suis en effet.
— Qu'avez-vous qui vous rende si gai ?
— J'ai... reçu des nouvelles qui m'ont fait plaisir.
— De qui ?
— Ah!... vous le saurez plus tard.
Le mari et la femme se regardent ; mais je ne crois pas qu'ils me devinent, et je reprends aussitôt : — Que fait-on aujourd'hui ? je serais très-disposé à m'amuser.
— Nous pouvons aller au bal... me dit Ernest. C'est aujourd'hui le dernier bal de Saint-Mandé ; on dit qu'il sera brillant.
— Je n'y ai pas encore été depuis que je suis ici ; je ne serai pas fâché de le voir. Nous irons... Est-ce convenu ?
— Oh! moi, je ne vais pas au bal, dit Marguerite, cela ne m'amuse

pas; j'aime mieux rester avec les enfants... Vous irez tous les deux. Mais surtout ne parlez pas à ces femmes... car il y a de tout dans ces bals des environs de Paris!

Nous promettons d'être sages, et aussitôt après le dîner, nous nous dirigeons, Ernest et moi, vers l'endroit où se tient le bal du pays. Comme le temps a été superbe, il y a, outre les habitants de Saint-Mandé et de Vincennes, beaucoup de gens de Paris qui ont voulu jouir encore d'un bal champêtre. De nombreux équipages stationnent aux alentours.

— Diable! mais ce sera superbe, me dit Ernest. Je parie que nous allons trouver là plus d'une dame de théâtre... les princesses de coulisses aiment beaucoup les bals champêtres.

— Vous savez que vous avez promis à votre femme d'être sage?...

— Eh! mon ami! on promet toujours! on tient si l'on peut!... Venez, mon cher Blémont : la musique se fait entendre...

En effet, on danse déjà. Il y a foule : de jolies toilettes, quelques paysannes, peu de bourgeoises, mais beaucoup de femmes entretenues. C'est comme dans tous les bals champêtres.

Nous n'avons pas fait dix pas que je m'entends appeler; je me retourne, et j'aperçois Bélan tenant sous son bras sa femme et sa belle-mère, et paraissant tout fier de promener sa superbe Armide. Il me fait un gracieux salut; puis, après avoir trouvé des chaises pour ses dames, vient à moi, et m'entraîne du côté opposé à la danse.

— Eh bien! mon cher Blémont... vous le voyez... tout est arrangé, je suis rentré au bercail... j'étais une brebis égarée... comme dit ma belle-mère : mais tout est oublié, je me suis remis avec ma femme.

— C'est ce que j'ai présumé en vous voyant tout à l'heure. Mais je vous avoue que cela m'a un peu surpris. Après avoir été en justice, après avoir fait mettre votre nom dans les gazettes...

— Qu'est-ce que ça fait tout cela?... qu'est-ce que ça prouve les gazettes?... D'ailleurs, puisque le tribunal a jugé que j'avais tort, que je n'étais pas cocu, je ne dois pas en savoir plus que mes juges.

— Il me semble qu'au Mont-d'Or vous teniez un autre langage : vous vouliez en appeler du jugement rendu contre vous.

— Vous croyez que j'ai dit ça?... c'est possible... c'est qu'alors j'étais exalté... la colère, la jalousie... on dit des bêtises... Aujourd'hui je raisonne. A mon retour du Mont-d'Or, les parents sont venus me trouver; ils m'ont dit qu'Armide était disposée à me pardonner. Là-dessus j'ai dit : Oublions nos discussions. Tous mes amis me disent que j'ai bien fait de reprendre ma femme.

— Je suis loin de vous en blâmer... mais, à votre place, j'aurais fait moins de bruit.

— Moi, j'aime assez à faire du bruit... à faire parler de moi... Dès que je vais dans le monde à présent, j'entends qu'on chuchote en me regardant, et qu'on se dit : C'est M. Ferdinand Bélan... comme on se dirait : C'est Voltaire... ou, le grand Frédéric. C'est que cela ne me déplaît pas du tout. Mais au revoir, mon cher ami, ces dames ne seront pas fâchées de faire danser Armide.

Je n'ai nulle envie de retenir Bélan. Quel singulier homme!... Singulier! pas tant... il s'en rencontre assez souvent de ce caractère. Mais sa société ne me plaît pas du tout. Il m'a fait quitter Ernest, tâchons de le retrouver.

Je me rapproche de la danse. Ernest y figure avec une dame de Saint-Mandé. Comme je ne veux pas danser, je cherche une place et une chaise, lorsque mes yeux rencontrent ceux d'une personne qui me fait signe de venir près d'elle. C'est Caroline qui est assise là avec son oncle et qui m'offre une place à ses côtés. J'hésite... car il me faudra bientôt cesser de jouir de sa présence... mais une fois encore... ce sera la dernière avant de lui dire adieu. Refuser en ce moment serait malhonnête. Je m'avance donc et vais m'asseoir à côté d'elle.

— Vous avez été long à vous décider, me dit-elle en souriant : ici pourtant nous ne sommes pas en tête-à-tête...

Je ne réponds rien, je crains même de la regarder; car je trouve ses yeux bien plus dangereux depuis que la coquetterie ne les anime plus. Heureusement son oncle met fin à mon embarras.

— Vous ne dansez pas, monsieur Dalbreuse?

— Non, monsieur; je n'aime plus la danse.

— Moi, je l'ai beaucoup aimée... j'ai même été un assez beau danseur... Je me rappelle que, dans *Amphitryon*, quand je faisais Sosie... Joli rôle que celui de Sosie!... Dugazon me l'avait fait répéter avec beaucoup de soin... Vous savez qu'il y a la fameuse scène de la lanterne... Dugazon sautait par-dessus la lanterne en faisant des bouffonneries, des cabrioles; moi, je voulus faire autre chose. Je plaçais la lanterne... tenez, comme cette chaise... à cette distance... Je m'élançais alors en faisant une pirouette, et je passais un très-joli entrechat en tombant de l'autre côté... C'était fort difficile... tenez... je vais coucher la chaise pour mieux vous montrer...

— Comment, mon oncle! est-ce que vous allez sauter par-dessus les chaises maintenant?

— Non, ma nièce, non, je ne veux pas sauter; mais j'explique à M. Dalbreuse ce que je faisais dans Sosie... et je me flatte que jamais acteur des Français n'a sauté plus haut que moi.

Heureusement pour M. Roquencourt qu'un de ses voisins de Saint-Mandé vient, en lui souhaitant le bonsoir, se placer sur la chaise qu'il voulait prendre. Cela dispense M. Roquencourt de me faire voir comme il sautait, et il entame la conversation avec le nouveau venu.

— Vous ne dansez pas? dis-je à Caroline.

— Oh! non... Ici je ne voudrais danser qu'avec une personne de connaissance... Mais d'ailleurs je suis comme vous, je n'aime plus la danse. Cet hiver je ne veux plus aller au bal... ni dans le monde. Tout ce qui me plaisait tant m'ennuie à présent!... je resterai chez moi... seule... avec mes pensées... Pouvoir penser tout à son aise... ah! c'est quelquefois un si grand plaisir!...

Elle me regarde, puis tous deux nous baissons les yeux et retombons dans le silence. Pendant ce temps, M. Roquencourt se dispute presque avec son voisin.

— Je vous certifie, monsieur, que jamais Dugazon n'a fait le marquis de Moncade de l'*École des Bourgeois*!

— Pardonnez-moi, je l'y ai vu.

— Vous vous trompez; c'était Fleury.

— Non; c'était Dugazon.

— Mais c'est impossible, ce n'était pas son genre. C'est comme si vous disiez que vous m'avez vu jouer *Hamlet* ou *Œdipe*; c'est absolument la même chose.

— Je ne sais pas ce que vous avez joué, mais j'ai vu Dugazon faire le marquis de Moncade...

— Oh! il y aurait de quoi sauter au plafond!

Et comme le petit oncle ne peut pas sauter au plafond, vu que nous sommes sous des arbres, il se contente de se rejeter en arrière avec sa chaise, ce qui me fait craindre qu'il ne veuille encore faire Sosie.

Nous ne pouvons nous empêcher de sourire, Caroline et moi. Cela dissipe un moment nos pensées. Tout à coup mademoiselle Derbin, qui a de nouveau regardé la danse, dit à son oncle :

— Ah! voyez donc ma raccommodeuse de dentelles... comme elle est parée!... Elle n'a pas mauvaise tournure; on croirait vraiment que c'est une femme comme il faut... Tenez, monsieur Dalbreuse! c'est cette femme en chapeau lilas...

Je regarde la personne qu'on m'indique... je reste terrifié comme si je venais d'apercevoir un serpent. C'est Lucile que Caroline m'a montrée... Lucile que je n'avais pas vue depuis le jour fatal. Il me semble que sa présence renouvelle tous les tourments que j'ai éprouvés alors. Je ne puis dire quel mal elle me fait.

Il faut que mes traits expriment bien ce que je ressens, car Caroline me dit aussitôt :

— Mon Dieu!... qu'avez-vous donc?... Vous connaissez cette femme assurément...

— Oui... je... c'est-à-dire autrefois... mais plus maintenant...

— Que vous a-t-elle donc fait pour que sa vue vous trouble à ce point?

— Rien... mais je ne sais pourquoi, en la regardant... je me suis rappelé... On ne sait pas quelquefois ce qu'on éprouve.

En ce moment la contredanse finit. Lucile et son danseur viennent de notre côté. Grand Dieu! elle s'assied à quelques pas de moi, elle m'aperçoit, elle me regarde fixement... Je ne puis supporter la présence, les regards de cette femme. Je me lève brusquement, je passe à travers tout le monde, je m'éloigne du bal et ne m'arrête que dans un endroit où il n'y a plus personne.

Je ne pourrai donc jamais être heureux, jamais perdre le souvenir de mes chagrins! Lorsque je suis décidé à pardonner à Eugénie, à rendre une mère à mes enfants, il faut que la vue de cette Lucile vienne me rappeler tout ce que je voulais oublier. Comme elle me regardait!... Elle jouissait du tourment, de la honte que me causait sa présence... La méchanceté brillait dans ses yeux.... Ah! j'espérais ne plus revoir Lucile!...

Je reste sur le gazon. Je tâche de me calmer. Après tout, la rencontre de cette femme ne changera rien au parti que j'ai pris. Je saurai à l'avenir être plus maître de moi... mais je ferai cent lieues s'il le faut pour éviter la rencontre de Lucile.

Je reste près d'une demi-heure à cette place. Enfin je suis plus calme, je me lève, mais je ne sais si je vous retourner au bal. Ernest m'y attend sans doute. Je fais quelques pas, puis je m'arrête, car je ne voudrais plus voir Lucile. Pendant que je suis indécis une femme vient du côté de la danse. Elle marche presque en courant vers moi. J'attends avec inquiétude... Ah! c'est Caroline.

Elle me rejoint et s'appuie sur mon bras en me disant :

— Je vous retrouve enfin... Je vous cherchais de tous côtés... Ah! que je suis contente!... Mais venez... allons dans le bois, je le puisse enfin vous parler. J'ai dit à mon oncle qu'il tant de choses à parler. J'ai dit à mon oncle qu'il ne soit pas inquiet, que vous me ramèneriez.

J'écoute Caroline avec surprise; il semble qu'il se soit passé en elle quelque chose d'extraordinaire; elle n'est plus telle que je l'ai quittée il y a peu de temps. Elle a pris mon bras, elle le serre doucement; elle paraît vivement agitée, mais on dirait que c'est de plaisir.

Cependant nous entrons dans le bois, et Caroline me dit en me regardant tendrement :

— Mon ami, je dois vous sembler bien folle, bien inconséquente... mais vous ignorez encore tout ce que je viens d'éprouver! depuis quelques instants, mon sort, mon avenir sont bien changés... A présent je puis être heureuse... Je vous aimais... vous le savez bien... je n'avais pu vous cacher les sentiments que j'avais pour vous. Sans nous l'être dit, nous nous étions entendus, mais cet amour était un crime... je le croyais du moins... je me le reprochais... je voulais vous fuir, vous oublier... Ah! mon Dieu! que j'étais malheureuse!... A présent je sais toute la vérité... je sais que je puis vous aimer...

— Comment?... Que voulez-vous dire?...

— Que je sais tout... Ah! pardonnez-moi d'avoir questionné cette femme... mais je ne pouvais résister à ma curiosité. Votre trouble à sa vue était si extraordinaire.

— Cette femme... Vous avez parlé à Lucile?

— Oui, et je sais maintenant que, loin d'être coupable envers votre épouse, c'est elle qui vous a indignement trompé...

— Ah! taisez-vous...

— Jamais, je vous le jure, je ne vous rappellerai une chose qui vous a tant affligé. Ah! maintenant je comprends bien que vous ne vous remettiez pas avec elle... je conçois pourquoi vous la fuyez. Je vous accusais... Je me croyais un obstacle à votre réconciliation, et c'est pour cela que je voulais vous fuir. Mais, puisqu'il en est ainsi, pourquoi me condamnerais-je à un chagrin éternel?... pourquoi donc ne me livrerais-je pas au sentiment que vous m'avez inspiré?...

— Caroline, que dites-vous? Si en effet mon épouse fut coupable... en suis-je plus libre de disposer de moi?...

— Libre... non; je sais bien que je ne puis être votre femme, mais que m'importe ce titre? c'est votre amour seul que je veux; vous savez que je m'inquiète peu du monde, des convenances... Je suis ma maîtresse, moi; pourquoi donc n'oserais-je pas vous aimer? Parce que vous êtes enchaîné à quelqu'un qui a fait votre malheur, il faudrait que votre vie entière s'écoulât dans l'amertume et l'abandon!... Ah! je veux au contraire, à force d'amour, vous faire oublier vos chagrins d'autrefois... Il me sera si doux d'être votre seule, votre unique amie... d'avoir toutes vos pensées, tous vos instants.... Mais vous ne me répondez pas... Mon Dieu! me serais-je abusée?... Est-ce que vous ne m'aimeriez pas?... Oh! alors tout serait fini pour moi, je n'aurais plus qu'à mourir!... Henri!... Henri!... Il ne me répond pas!...

Elle a posé sa tête sur ma poitrine. Je ne puis dire ce qui se passe en moi. Comment fuir!... comment repousser une femme que l'on aime!... je n'en ai pas la force. J'ai soutenu cette tête charmante... En voulant la consoler, ma figure se trouve contre la sienne... nos joues sont brûlantes, nos lèvres se rencontrent... Nous oublions tout l'univers, nous n'existons plus que pour nous deux.

Je ne sais combien de temps nous sommes restés là, sur ce gazon témoin de notre délire. Je suis heureux, et pourtant quelque chose m'oppresse, m'attriste. Je crains de réfléchir... Caroline a enlacé ses bras autour de mon cou; elle est toute à son amour. Je regarde autour de moi, j'écoute... on n'entend plus aucun bruit.

— Il est bien tard... Je crois, dit Caroline, qu'il faut rentrer... Tu vas me reconduire, n'est-ce pas, mon ami?

— Sans doute.

— Où sommes-nous ici?

— Je ne sais... Pourtant... on dirait que nous ne sommes pas loin du jardin d'Ernest... Oui... là-bas, je vois le mur.

— En effet, je crois voir un pavillon aussi...

— Un pavillon! ah! éloignons-nous bien vite.

— Tu viendras demain, n'est-ce pas, mon ami?... D'ailleurs je te verrai tous les jours à présent?

— Oui,... demain.. je te verrai... je te parlerai...

— Comme tu dis cela d'une façon singulière!... Qu'as-tu donc?

— Rien... Mais viens... éloignons-nous d'ici...

Caroline passe son bras autour de moi; ma main soutient sa taille, et nous nous éloignons ainsi du lieu témoin de nos serments. Il fait sombre. Nous n'avons pas fait dix pas que quelque chose arrête nos pieds. Caroline se penche et pousse un cri d'effroi en disant :

— Oh! mon Dieu! mon ami, c'est une femme!...

— Une femme!...

Un frisson me saisit; j'ose à peine baisser les yeux pour examiner celle qui est étendue devant nous.

— On dirait qu'elle est morte! s'écrie Caroline.

— Morte... Ah! si c'était...

Je me jette à genoux, je soulève la tête de cette infortunée, j'écarte le feuillage qui nous cache la clarté des cieux... Un gémissement sourd m'échappe... Je reste moi-même anéanti... C'est Eugénie, c'est ma femme qui est sans mouvement devant moi.

Caroline m'a entendu murmurer le nom d'Eugénie, elle reconnaît aussi l'infortunée; alors elle tombe à genoux près d'elle et s'abandonne au désespoir, car elle devine bien que c'est elle qui vient de causer sa mort. Moi, je ne puis plus ni parler ni agir. Je suis muet, glacé devant ce spectacle affreux.

Tout à coup Caroline s'écrie :

— Ah! son cœur bat encore... Elle n'est pas morte!...

Ces mots m'ont ranimé. Je me baisse, je prends Eugénie dans mes bras. Caroline écarte le feuillage... Mais où trouver du secours aussi tard?... L'endroit le plus proche est le jardin d'Ernest. Je me dirige vers la petite porte... Elle est ouverte; nous entrons. Une lumière éclaire l'intérieur du pavillon, dont la porte est restée ouverte aussi... On voit que l'on est sorti à la hâte de ces lieux. Nous entrons dans le pavillon. Je dépose Eugénie sur un lit. Caroline cherche partout, m'apporte de l'eau, des sels, puis elle sort et court vers la maison pour appeler du monde.

Je suis resté seul près d'Eugénie; j'inonde d'eau son front, ses tempes, tandis que mes mains cherchent à réchauffer ses mains glacées... Enfin elle fait un mouvement... Elle ouvre les yeux : elle me reconnaît... et, prenant ma main, elle la porte à sa bouche en murmurant :

— Ah! je serai donc heureuse encore une fois... Tu es auprès de moi...

— Eugénie, reviens à la vie... au bonheur... Je t'avais pardonné... Je voulais rendre une mère à ses enfants.

— Il se pourrait?... Mais non... il vaut mieux que je meure... Tu en aimes une autre... Je vous ai entendus... J'étais ici... Ta voix est parvenue jusqu'à moi... Je suis sortie à la hâte... et je t'ai vu dans ses bras... Ça m'a tuée. Et pourtant je méritais cette punition... Ah! puisse Caroline te rendre plus heureux que je ne l'ai fait!... Dis-moi encore que tu me pardonnes... que tu aimeras ton fils...

— Eugénie!... mon Dieu!... elle va perdre connaissance... Et personne ne vient!...

Ernest et Marguerite entrent précipitamment dans le pavillon. Ils courent au lit. Eugénie entr'ouvre encore les yeux, elle me tend la main en murmurant :

— Je n'ai pas vu mes enfants...

Marguerite fait un mouvement pour sortir; Eugénie lui fait signe d'arrêter en balbutiant :

— Non... ils dorment... Ne les éveillez pas!...

Puis elle s'endort aussi, mais pour ne plus s'éveiller.

FIN DU COCU.

UN SECRET,

PAR

PAUL DE KOCK.

Nathalie de Hauteville avait vingt-deux ans, et depuis trois années déjà elle se trouvait veuve. Nathalie était une des plus jolies femmes de Paris : brune piquante, dont les grands yeux noirs avaient un charme indéfinissable. C'était une de ces délicieuses têtes dans lesquelles on trouve tout à la fois la vivacité d'une Italienne, l'âme brûlante d'une Espagnole et la grâce d'une Française ; de ces traits fins et spirituels qui plaisent plus encore par leur expression que par leur régularité.

Mariée à dix-huit ans à un homme qui avait près de trois fois son âge, Nathalie, très-enfant de caractère, n'avait songé alors qu'au plaisir de faire une grande toilette, de recevoir une corbeille, de porter un bouquet de fleurs d'oranger et d'être appelée madame. M. de Hauteville était riche ; il avait comblé sa femme de présents. Une année s'était écoulée au milieu des fêtes, des plaisirs ; puis tout à coup une maladie de quelques jours avait emporté M. de Hauteville, et laissé veuve une jeune femme qui avait regretté son époux comme on regrette un ami et un protecteur.

Mais à dix-huit ans le chagrin passe vite ; l'âme est encore si neuve d'illusions et de sentiments ! Madame de Hauteville se voyait recherchée, invitée partout ; le monde la désirait ; elle était appelée par sa fortune, par sa position, à faire l'ornement de la société. Cependant Nathalie sentit qu'elle était trop jeune pour vivre sans mentor, pour aller seule dans ces brillantes réunions où elle se plaisait beaucoup. Elle pria son oncle, M. d'Ablaincourt, de venir demeurer avec elle.

M. d'Ablaincourt était un vieux garçon ; il n'avait jamais eu en sa vie qu'une passion, et c'était lui-même qu'elle avait pour objet. Il s'aimait au-dessus de tout ; et si parfois il avait un peu aimé quelque autre, c'est que probablement cet autre avait eu pour lui des soins, des attentions, des prévenances qui avaient rendu leurs relations à son avantage. M. d'Ablaincourt était un profond égoïste, mais un égoïste de bon ton, de bonnes manières ; ayant l'air de ne faire que vos volontés, tout en ne faisant que ce qui lui était agréable ; paraissant s'intéresser à vous, mais ne s'intéressant jamais qu'à lui ; trop insouciant pour faire du mal, mais peu disposé à faire du bien, à moins que cela n'eût pour lui quelque résultat avantageux ; enfin, aimant ses aises et tenant à toutes ces petites jouissances de la vie que le luxe sait inventer. Tel était M. d'Ablaincourt, qui avait consenti à venir demeurer chez sa nièce, parce qu'il savait que Nathalie, qui était aimable et bonne, quoiqu'un peu vive et légère, le comblerait de prévenances et de petits soins.

M. d'Ablaincourt accompagnait sa nièce dans le monde, parce qu'il aimait encore ses plaisirs ; cependant, quand on avait reçu une invitation d'une maison où il présumait ne pas s'amuser, le vieux garçon tournait autour de sa nièce en lui disant :

— Je crains que tu ne te plaises pas à cette soirée... Il n'y aura pas de jolies toilettes... On n'y fera que jouer. Moi, je suis tout disposé à t'y conduire ; tu sais que je fais tout ce que tu veux ! mais j'ai bien peur que tu ne t'y ennuies !

Et Nathalie, qui avait toute confiance en son oncle, se laissait persuader et ne manquait pas de dire :

— Vous avez raison ; je crois que nous ferons bien mieux de ne pas aller à cette réunion.

Il en était ainsi de tout. M. d'Ablaincourt, qui était très-gourmand, sans vouloir le paraître, avait dit à sa nièce :

— Ma chère amie, tu sais que je ne suis pas gourmand ; je m'inquiète peu comment une table sera servie, et je suis toujours satisfait de ce qu'on me donne. Mais ta cuisinière accommode tout trop salé !... C'est malsain pour une jeune femme ; et puis elle sert ses plats sans élégance, sans soins ; et cela me contrarie pour toi que donnes souvent à dîner. Dernièrement tu avais dix personnes à table, et elle a servi les épinards mal dressés. Que veux-tu qu'on pense de la maison, quand on y voit de telles négligences ?... On dit : Madame de Hauteville ne sait pas se faire servir. Cela peut te faire beaucoup de tort ; il y a des personnes qui prennent garde à tout !...

— Cela est bien vrai, mon oncle ; serez-vous assez bon alors pour me chercher un cuisinier ?

— Oui, ma chère amie ; pour t'être agréable, tu sais bien que je ne regarde pas à ma peine.

— Mon oncle ! que je suis heureuse de vous avoir près de moi pour surveiller mille petits détails qui m'échappent encore !

— Sois tranquille, j'aurai l'œil pour toi.

Nathalie embrassa M. d'Ablaincourt, et on renvoya la cuisinière qui servait mal les épinards, pour prendre un excellent cuisinier qui faisait fort bien les friandises, que le cher oncle aimait beaucoup.

Une autre fois, c'était le jardin dans lequel il fallait faire des changements ; par exemple, couper les arbres qui étaient devant les fenêtres de la chambre du vieux garçon, parce que leur ombre donnait de l'humidité qui pouvait être dangereuse pour Nathalie ; ou bien c'était l'élégante calèche qu'il fallait remplacer par un landau, voiture dans laquelle une jeune femme est beaucoup plus à son aise ; et c'était ainsi que M. d'Ablaincourt s'occupait d'être agréable à sa nièce.

Nathalie était coquette, habituée à captiver les regards, à charmer, à séduire ; elle écoutait en riant les nombreuses déclarations qui lui étaient adressées, et renvoyait à son oncle tous ceux qui aspiraient à sa main, en leur disant : — Avant de vous donner aucune espérance, je veux savoir si vous plairez à M. d'Ablaincourt.

Il est probable que Nathalie aurait répondu autrement si son cœur eût éprouvé quelque préférence ; mais jusqu'alors elle avait trouvé qu'il était plus doux de plaire et de garder sa liberté.

De son côté, le vieux garçon, qui était maître chez sa nièce, ne désirait pas qu'elle se remariât. Un neveu pouvait être moins soumis, moins complaisant pour lui que Nathalie ; c'est pourquoi M. d'Ablaincourt ne manquait jamais de découvrir quelque défaut grave chez chaque nouvel aspirant à la main de la jolie veuve.

Celui-ci était un homme d'un caractère trop sévère, trop sérieux pour Nathalie ; celui-là aimait beaucoup le jeu, et il était à craindre que cette passion ne l'entraînât un jour à faire quelque folie ; un autre avait eu une série d'aventures galantes, on devait redouter qu'il ne fût pas corrigé ; enfin, chacun des amoureux était bien poliment éconduit par le cher oncle, qui, en ceci comme en toute autre chose, semblait n'avoir pour objet, pour seul but que le bonheur de sa nièce.

Outre son égoïsme et sa gourmandise, le cher oncle avait depuis quelques années une autre passion : c'était celle du trictrac. Ce jeu l'amusait beaucoup, il le préférait à tous les autres : jouer au trictrac était pour M. d'Ablaincourt le plus doux passe-temps. Mais ce jeu est peu répandu ; les dames ne l'aiment point dans un salon, parce qu'il fait passablement de bruit ; les jeunes gens préfèrent la bouillotte ou l'écarté ; M. d'Ablaincourt trouvait rarement l'occasion de faire cette partie qu'il aimait tant. Quand par hasard une des personnes qui venaient chez sa nièce savait jouer au trictrac, il s'en emparait pour toute la soirée ; il n'y avait plus moyen de lui échapper. Mais on ne se souciait pas de venir chez la jolie veuve pour y faire la partie du vieil oncle, et M. d'Ablaincourt soupirait quelquefois longtemps après un joueur de trictrac.

Pour plaire à son oncle, Nathalie avait essayé d'apprendre ce jeu qu'il aimait tant ; la jeune nièce n'avait pu y réussir : elle était trop étourdie, elle avait trop de distraction pour prêter l'attention nécessaire ; elle cassait mal, elle faisait école sur école. Le cher oncle grondait, et Nathalie avait jeté les dés et le cornet, en s'écriant : — Décidément, mon oncle, je ne comprendrai jamais ce jeu-là !

— Tant pis ! avait répondu M. d'Ablaincourt, car c'est un jeu qui t'aurait beaucoup amusée, et je ne voulais te l'apprendre que pour te procurer un agrément de plus.

Les choses en étaient là, lorsque, dans une soirée brillante où Nathalie remportait tous les suffrages par ses grâces, ses attraits et le charme d'une toilette ravissante, on annonça M. d'Apremont, capitaine de vaisseau.

Nathalie s'attendait à voir un vieux marin bien brusque, bien sévère, ayant au moins une jambe de bois et un œil couvert d'un bandeau noir ; son grand étonnement, elle vit entrer un homme de trente ans au plus, fort bien de figure, dont la haute stature et la tournure martiale n'étaient nullement dépourvues de grâces, et qui n'avait ni jambe de bois ni bandeau sur l'œil.

Armand d'Apremont était entré de très-bonne heure au service : passionné pour la marine, il était parvenu, quoique fort jeune, u grade de capitaine. Déjà riche par sa famille, il avait encore augmenté sa fortune. Cependant il venait d'avoir trente ans. Depuis quinze années il courait les mers, et il se sentait quelquefois le désir de prendre du repos. On lui conseillait de se marier; mais jusqu'alors le capitaine d'Apremont n'avait fait que rire de l'amour, qu'il regardait comme une passion indigne d'un marin.

La vue de Nathalie changea tous les sentiments du capitaine; une révolution soudaine s'opéra en lui. Il regardait danser la jeune veuve, et ne pouvait plus porter ailleurs ses regards. Il suivait tous les mouvements de madame de Hauteville, dont la danse gracieuse et légère le transportait et ne lui permettait plus de remarquer d'autres femmes. Enfin M. d'Apremont dit à quelqu'un qui était près de lui :

— Quelle est donc cette jolie femme qui danse avec tant de grâce ?
— C'est madame de Hauteville... une jeune veuve... Vous la trouvez bien, n'est-ce pas, capitaine ?
— Oh! oui!... Je la trouve... ravissante.
— Elle a autant d'esprit que de charmes; invitez-la à danser, vous pourrez causer avec elle, et vous en jugerez.
— Que je l'invite à danser... moi!... mais je ne sais pas danser.
— Ah! c'est différent.

Pour la première fois de sa vie, Armand regretta de ne pas savoir danser; il tournait autour de la jolie femme, et cherchait un prétexte pour entamer avec elle une conversation; mais quand il pensait l'avoir trouvé, un jeune cavalier venait prendre Nathalie par la main et l'emmenait à la danse.

M. d'Apremont se mordait les lèvres, et se contentait encore d'aller admirer la charmante danseuse.

La soirée se passa ainsi. Le capitaine n'osa point parler à madame de Hauteville, mais il ne la perdit pas de vue un instant.

Nathalie s'aperçut de la conduite du capitaine; les femmes voient bien vite l'effet qu'elles produisent; mais elle n'eut pas l'air d'y faire attention, quoiqu'on lui avait dit : — C'est un homme très-peu aimable avec les femmes; on ne l'a jamais entendu leur adresser un compliment.

Et Nathalie s'était dit : — Cela m'amuserait de l'entendre me faire la cour.

D'Apremont, qui, avant d'avoir vu Nathalie, allait très-peu dans le monde, et surtout aux bals, ne manqua plus de se rendre où il espérait rencontrer la jolie veuve. Il trouva moyen de lui parler, et fit tous ses efforts pour être aimable. On remarquait le changement de conduite du capitaine, ses assiduités près de Nathalie, et on lui disait :

— Prenez garde de vous laisser enflammer! Madame de Hauteville est coquette, elle s'amusera de votre amour et se moquera de vos soupirs.

Ensuite on disait à Nathalie : — Le capitaine est un original, un ours, qui a tous les défauts des marins : il est colère, emporté; il fume, il jure; vous ne parviendrez pas à le rendre aimable.

Malgré ces charitables avertissements, qui n'étaient peut-être que le résultat de la jalousie et de l'envie, le marin et la coquette avaient beaucoup de plaisir à se trouver ensemble. Lorsque d'Apremont allait s'oublier et laisser échapper une expression trop marine, Nathalie le regardait en faisant un petit mouvement du sourcil; aussitôt le capitaine s'arrêtait, balbutiait et n'osait plus achever, tant il avait peur de voir sa jolie figure prendre une expression de sévérité. Et que l'on ne s'étonne pas de cette timidité dans un marin, l'amour change les caractères, il fait des miracles; nous en avons-nous pas eu mille exemples depuis Samson, le destructeur des Philistins, jusqu'à monsieur Coradin, le tyran de l'Opéra-Comique.

Il était venu quelques bruits aux oreilles de l'oncle sur la nouvelle conquête que sa nièce avait faite. M. d'Ablaincourt n'y avait apporté que peu d'attention, présumant qu'il en serait de ce soupirant comme des autres, et qu'il lui serait facile de le faire disgracier. Cependant les rapports redoublaient, et lorsqu'un jour Nathalie annonça à son oncle qu'elle avait engagé le capitaine à venir chez elle, le vieux garçon se mit presque en colère, et dit à sa nièce :

— Vous avez fort mal fait, Nathalie, vous agissez trop sans me consulter. On dit le capitaine d'Apremont brusque, maussade, querelleur... Je ne l'ai aperçu dans le monde que derrière votre chaise... il ne m'a jamais demandé seulement comment je me portais... Il n'était pas nécessaire de le recevoir chez vous... C'est dans votre intérêt que je parle, ma nièce; mais vous êtes trop légère.

Nathalie, craignant d'avoir agi inconsidérément, était sur le point de faire dire au capitaine que sa soirée n'aurait pas lieu; son oncle n'exigea pas cela; il pensa qu'il saurait empêcher que le capitaine ne vînt trop souvent.

Mais à quoi tiennent les résolutions, les événements les plus importants de notre vie ? souvent à un hochet, à une bagatelle que le hasard envoie sur notre chemin; ici le jeu de trictrac fut cause que la charmante Nathalie devint madame d'Apremont.

Le capitaine était très-fort au trictrac; il en laissa échapper quelques mots; aussitôt M. d'Ablaincourt lui proposa une partie; d'Apremont accepta. La partie dura presque toute la soirée, parce que le marin avait compris qu'il fallait être agréable à l'oncle de Nathalie.

Quand tout le monde fut parti, la jolie veuve se plaignit du capitaine qu'elle avait trouvé fort peu galant, et qui ne s'était presque pas occupé d'elle.

— Vous aviez raison, mon oncle, dit-elle avec dépit, les marins ne sont pas aimables du tout, et j'ai eu tort d'engager M. d'Apremont à venir chez moi.

— Au contraire, ma nièce, répondit le vieux garçon, ce capitaine est fort aimable, fort bien élevé; nous l'avions mal jugé... aussi je l'ai engagé à venir souvent faire ma partie... c'est-à-dire te faire la cour. C'est un homme plein d'esprit... et d'un ton parfait.

Nathalie vit que le capitaine avait fait la conquête de son oncle; elle lui pardonna d'avoir été moins empressé près d'elle. D'Apremont revint; grâce au trictrac, il était désiré par M. d'Ablaincourt.

A force d'amour, de soumission, il captiva aussi le cœur de la jolie veuve, et un matin Nathalie vint en rougissant dire à son oncle :

— Le capitaine veut m'épouser... que me conseillez-vous ?

Le vieux garçon réfléchit quelques minutes; il se dit : « Si elle refuse, d'Apremont cessera de venir ici... plus de trictrac. Si elle accepte, il sera de la maison, je l'aurai toujours sous la main pour faire ma partie. »

Et la réponse fut : — Tu feras fort bien d'épouser le capitaine.

Nathalie ne demandait pas mieux, car elle aimait Armand. Cependant, comme une femme ne doit pas avoir l'air de céder trop vite, celle-ci fit venir le capitaine et lui dicta ses conditions.

— S'il est vrai que vous m'aimiez...
— Ah! madame! je jure par tout...
— Chut!... laissez-moi parler, s'il vous plaît : s'il est vrai que vous m'aimiez, m'en faut des preuves...
— Tout ce que vous exigerez, je...
— Mais, monsieur, ne m'interrompez donc pas toujours. Il ne faut plus jurer... comme cela vous arrive encore quelquefois, ce qui est très-vilain devant une femme; ensuite il faut... et c'est surtout à cela que je tiens beaucoup, il faut ne plus fumer, car je déteste l'odeur de la pipe... du tabac... enfin, je ne veux pas d'un mari qui fume.

Armand poussa un léger soupir, mais il répondit : Je me soumets à tout pour vous plaire... je ne fumerai plus.

— Alors, voilà ma main.

Les noces furent bientôt célébrées. D'Apremont était au comble de ses vœux; Nathalie partageait l'amour de son époux. Lorsque dans le monde on les revit mariés, on se dit :

— Comment! cette petite maîtresse a pu épouser un marin !
— Eh quoi!... ce sévère capitaine s'est laissé séduire par les coquetteries de la jolie veuve! Voilà un couple bien mal assorti.

Pauvres juges du cœur humain; que ceux qui croient qu'il faut se ressembler de caractère pour aimer. Ce sont les contrastes qui produisent les plus heureux effets; il faut de l'ombre à la lumière, de la force pour soutenir la faiblesse, des éclats de gaieté pour dissiper la mélancolie; mais si vous mettez ensemble deux humeurs, deux organisations semblables, quel résultat en obtiendrez-vous ? *Sic cœcus cœcum ducat.*

Les premiers mois du mariage se passèrent donc très-bien. Cependant, je dois le dire, au milieu des plaisirs, du bonheur qu'il goûtait près de sa Nathalie, brillante de jeunesse et d'attraits, quelquefois Armand devenait soucieux, son front se rembrunissait, une certaine inquiétude se lisait dans ses yeux; mais cela ne durait pas : c'était comme un nuage qui passait sans laisser de traces; la jeune femme ne s'en était même pas aperçue.

Pourtant, au bout de quelque temps, ces moments de sombre, d'inquiétude vague, devinrent plus fréquents, et Nathalie le remarqua.

— Qu'as-tu donc, mon ami ? dit-elle à son mari, un jour qu'elle le voyait frapper du pied avec impatience. Qui te cause de l'humeur... de l'ennui ?...

— Moi !... rien, je t'assure ! répondit le capitaine, comme honteux de n'avoir pas été maître de lui. Je n'ai ni ennui... ni humeur... Contre qui veux-tu que j'aie de l'humeur ?

— Mon Dieu, mon ami! je n'en sais rien... mais voilà plusieurs fois que j'ai cru remarquer que tu avais quelque chose... si je t'ai fâché sans le savoir, dis-le-moi, afin que cela ne m'arrive plus.

Le capitaine embrassait tendrement sa femme en lui répétant qu'elle se trompait, et pendant quelques jours il ne lui échappait aucun de ces mouvements qui inquiétaient Nathalie; mais ensuite cela revenait, Armand s'oubliait de nouveau, et sa femme se creusait la tête pour deviner le sujet de ces moments de tristesse de son mari.

Nathalie fit part de ses remarques à son oncle, et le vieux garçon répondit : — C'est vrai... je crois que d'Apremont a quelque chose... Plusieurs fois en jouant au trictrac je l'ai vu regarder autour de lui d'un air inquiet, puis passer sa main sur son front... et alors il fait école sur école !...

— Mon Dieu, mon oncle! que signifie ce mystère ? Mon mari a

UN SECRET.

quelque secret qui l'oppresse... qui le chagrine, j'en suis certaine, et il ne veut pas me le confier !...

— Cela est possible.... il y a des choses qu'on ne peut pas dire à sa femme !

— Qu'on ne peut pas dire à sa femme !... mais je n'entends pas cela ! je veux que mon mari me dise tout ; qu'il n'ait point de mystère avec moi... car je n'en ai pas pour lui... Je ne puis pas être heureuse si celui auquel j'ai donné mon cœur a un secret pour moi.

M. d'Ablaincourt promit de tout tenter pour connaître le sujet des préoccupations de son neveu ; mais il se borna à tâcher de le faire jouer plus souvent au trictrac, moyen qu'il pensait pour conserver la bonne humeur.

On était alors au commencement de l'été... On quitta Paris pour se rendre dans une jolie propriété que le capitaine possédait aux environs de Fontainebleau.

D'Apremont semblait être toujours aussi amoureux de sa femme : il mettait tous ses soins à lui plaire, à prévenir ses désirs. Cependant comme Nathalie préférait le repos à la promenade, son mari lui demanda la permission d'aller après le dîner faire quelques tours dans la campagne. Cette demande était trop naturelle pour qu'on pût la lui refuser. Tous les jours après le dîner, que l'on eût ou non de la société, Armand s'éclipsait pour aller faire sa promenade ; mais en revenant il était d'une humeur charmante, et les moments de tristesse, d'impatience, d'ennui, avaient entièrement disparu.

Malgré cela, Nathalie n'était pas satisfaite ; ses soupçons renaissaient, elle se disait : — Mon mari n'a plus de ces airs sombres, soucieux, comme à Paris, mais c'est depuis qu'il sort tous les soirs après son dîner... Il est quelquefois deux heures absent... où va-t-il ?... il préfère sortir seul... il y a du mystère dans sa conduite ! Je ne serai pas heureuse tant que je ne découvrirai pas ce mystère-là.

Quelquefois Nathalie avait pensé à faire suivre son époux, mais elle éprouvait de la répugnance pour cette action ; mettre les domestiques dans sa confidence, faire espionner les pas d'un homme qui ne semblait occupé qu'à lui plaire, c'eût été mal ; la jeune femme le sentait et ne le faisait pas. Ce n'était qu'à son oncle qu'elle osait conter ses inquiétudes, et celui-ci se contentait de répondre : — Ton mari joue moins au trictrac avec moi ; c'est vrai ; mais enfin il y joue encore, et je ne puis pas essayer de le suivre dans ses promenades, car j'ai de mauvaises jambes, et il en a de très-bonnes ; je me fatiguerais inutilement.

Un jour qu'il y avait du monde chez madame d'Apremont, un jeune homme lui en riant au maître de la maison :

— Que diable faisais-tu donc hier, mon cher Armand, déguisé en paysan, à la fenêtre d'une petite chaumière à un quart de lieue d'ici ?... Si mon cheval n'avait pas été lancé, j'aurais voulu te demander si tu gardais là quelques troupeaux...

— Mon mari... déguisé en paysan ! dit Nathalie en fixant sur son époux des regards pleins d'étonnement.

— Édouard se trompe, répondit le capitaine en cherchant à cacher un embarras assez visible, ce n'est pas moi qu'il a vu !

— Ce n'est pas possible, dit le jeune homme fâché de l'impression que ses paroles ont produite sur Nathalie, et s'apercevant qu'il a été indiscret. J'ai fort bien pu me tromper...

— Comment donc était mis cet homme ? demanda Nathalie ; où est cette chaumière ?

— Ma foi, madame..., il me serait assez difficile de retrouver l'endroit, car je connais peu le pays... Quant à l'homme, il avait une blouse bleue... une espèce de casquette... Ah ! je ne sais où diable j'ai été penser que c'était le capitaine, car enfin nous ne sommes pas en carnaval.

Madame d'Apremont ne dit plus rien, mais elle demeura persuadée que c'était bien son mari que l'on avait vu, et puisqu'il était obligé de se déguiser, il fallait qu'il fût engagé dans une intrigue bien extraordinaire, et la jeune femme versa quelques larmes en répétant : — Que je suis donc malheureuse d'avoir épousé un homme qui a des mystères avec moi !

La jalousie ne tarda pas à s'en mêler, car du moment que l'on a des secrets pour elles, les dames sont persuadées qu'il s'agit de quelques infidélités. Est-ce qu'elles n'auraient pour nous que de ces secrets-là ?

Madame d'Apremont voulut revenir à la ville. Toujours docile aux moindres volontés de sa femme, le capitaine se hâta de la ramener à Paris ; là, pendant quelque temps, les mouvements d'impatience, d'ennui, reparurent dans la conduite d'Armand, mais un jour il dit à sa femme :

— Ma chère amie, la promenade le soir me fait beaucoup de bien... je m'en étais parfaitement trouvé pendant notre séjour à la campagne ; moi, ancien marin, tu conçois que j'ai besoin de prendre de l'exercice, et que je ne puis rester enfermé dans un salon ou dans un spectacle aussitôt après mon dîner.

— Oui, monsieur, oui, je conçois très-bien cela, répondit Nathalie en se mordant les lèvres de dépit. Allez vous promener, puisque cela vous fait du bien.

— Cependant, ma bonne amie, pour peu que cela te contrarie...

— Non, monsieur, non... allez vous promener... je ne m'y oppose pas.

Le mari fut se promener tous les soirs pendant deux heures, et sa bonne humeur revint, et ses moments d'impatience, de tristesse, disparurent de nouveau.

— Mon mari a quelque intrigue !... il aime une autre femme, et il ne peut pas se passer de la voir, se dit Nathalie en pleurant en secret. Voilà tout le mystère de ses humeurs... de sa conduite, de ses promenades... Ah ! je suis bien malheureuse... d'autant plus malheureuse qu'il est toujours aimable... aux petits soins près de moi, et que je ne sais comment m'y prendre pour lui dire qu'il est un monstre.... un perfide... Cependant il faut que je lui dise, car cela m'étouffe !... mais auparavant, si je pouvais avoir des preuves irrécusables de sa trahison... oh ! oui, il me faut absolument des preuves !...

Et Nathalie va trouver son oncle, elle a le cœur gros, les yeux rouges, et elle s'écrie en l'abordant :

— Ah ! je suis la plus malheureuse des femmes !

— Qu'est-ce donc ? dit le vieux garçon en s'enfonçant dans sa bergère, qu'est-il arrivé ?

— Mon mari va se promener tous les soirs après son dîner !... cela dure deux heures... comme à la campagne, et il revient gai, aimable... et il est toujours de bonne humeur, et il me fait mille caresses.... me jure qu'il m'adore comme le jour de mon mariage !... Ah ! mon oncle, je ne puis plus y tenir... vous voyez que tout cela n'est que fausseté, perfidie... Armand me trompe... il a quelque intrigue.

— Il joue beaucoup moins au trictrac avec moi, cela est vrai, mais cependant...

— Mon oncle, si vous ne m'aidez pas à découvrir ce mystère... je mourrai de chagrin... je ferai quelque malheur... je me séparerai de mon mari...

— Mais, ma nièce...

— Mon cher oncle, vous qui êtes si bon, si obligeant, rendez-moi encore ce service, que je sache au moins où mon mari va tous les soirs.

— Sans doute j'aime beaucoup à rendre service... j'ai passé ma vie à cela... mais je ne vois pas comment...

— Je vous le répète, mon oncle, il faut que je perce ce mystère, ou vous n'avez plus de nièce.

M. d'Ablaincourt tenait à conserver sa nièce, et même son neveu ; il sentait bien qu'une rupture entre les deux époux troublerait la vie paisible qu'il goûtait chez Nathalie ; il se décida à simuler quelques démarches pour ramener la paix. Il fit semblant de suivre le capitaine dans ses promenades ; mais comme cela le fatiguait, il revint tout doucement après avoir perdu Armand de vue, et dit à sa nièce :

— J'ai suivi ton mari plus de six fois ; il se promène fort tranquillement tout seul.

— Où cela, mon oncle ?

— Mais... tantôt d'un côté... tantôt de l'autre ; ainsi tes soupçons n'ont pas le moindre fondement.

Nathalie ne fut pas dupe de cette réponse ; elle eut l'air d'ajouter foi à ce que lui disait son oncle ; mais, décidée à tout tenter pour savoir enfin la vérité, elle fait appeler près d'elle un petit commissionnaire qui stationnait au coin de sa maison, et dont plusieurs fois elle avait entendu vanter l'intelligence.

Après s'être assurée qu'il connaissait son mari, elle lui dit :

— M. d'Apremont sort tous les soirs.

— Oui, madame.

— Demain tu le suivras, tu sauras bien où il va... et tu viendras me le dire... Surtout qu'on ne se doute de rien !...

— Oh ! madame peut être tranquille.

Nathalie attend le lendemain avec cette impatience qu'un jaloux peut seul comprendre. Enfin le moment est arrivé : le capitaine est sorti, et l'on doit être sur ses pas.

La jeune femme compte les minutes, les instants ; elle brûle et tremble de voir revenir son commissionnaire. Trois quarts d'heure s'écoulent ; il arrive enfin, couvert de sueur et de poussière.

— Eh bien ! dit Nathalie d'une voix altérée, que sais-tu ? parle... dis-moi tout... n'oublie aucune circonstance.

— Madame, j'ai donc suivi monsieur en prenant bien garde pour ne pas être remarqué. Monsieur m'a mené loin !... jusque dans le Marais, dans la Vieille rue du Temple ; enfin il est entré dans une maison... pas trop belle... je ne sais pas le numéro, mais je reconnaîtrai bien la maison... c'est comme une allée ; il n'y a pas de portier...

— Pas de portier... une allée !... quelle horreur !... enfin ?...

— Je suis entré aussi, un moment après monsieur ; je l'entendais monter toujours, il s'est arrêté au troisième : c'est le dernier étage ; là il a mis une clef dans sa serrure, et il a ouvert une porte...

— Il a ouvert lui-même... il n'a pas frappé, tu en es sûr ?...

— Oh ! oui, madame.

— Le monstre !... il a une clef !... Et mon oncle qui le défendait !... Mais achève donc...

— Quand j'ai entendu qu'on refermait la porte, je suis monté tout doucement... et je me suis ingéré de regarder par le trou de la serrure... ; comme il n'y avait que deux portes sur le carré, j'ai eu bientôt trouvé celle par où monsieur était entré...
— Tu auras vingt francs de plus, achève...
— J'ai aperçu monsieur qui traînait un grand coffre dans une chambre.
— Un coffre?
— Ensuite, j'ai vu monsieur qui se déshabillait.
— Il se déshabillait?... Mon Dieu! que je suis malheureuse!... Après?
— Je ne pouvais pas toujours bien voir, mais au bout d'un moment j'ai revu monsieur; il était vêtu d'une espèce de blouse grise, et avait un bonnet grec sur la tête...
— Une blouse grise à présent?... Mais, mon Dieu! qu'est-ce qu'il fait donc avec toutes ces blouses?... Et puis...
— Alors, madame, j'ai pensé que vous seriez déjà bien aise de savoir tout cela, je sommes bien vite accouru vous le dire.
— Il suffit. Va chercher un fiacre... qu'il m'attende en bas... tu monteras près du cocher, et tu le feras arrêter à la maison d'où tu viens.

Le commissionnaire va chercher la voiture. Nathalie met à la hâte un chapeau, un châle, et entre chez son oncle en s'écriant :
— Je suis trahie... j'en ai des preuves... mon mari est chez sa maîtresse en ce moment... il a une blouse grise... il en avait une bleue à la campagne... mais je vais le confondre.
— Ensuite...
— Oh! ensuite vous ne me verrez plus.

Le vieux garçon n'a pas le temps de répondre, de retenir sa nièce. Déjà Nathalie est partie, elle est montée dans le fiacre, et le commissionnaire est près du cocher.

On s'arrête Vieille rue du Temple.
— C'est là, dit le petit bonhomme, et Nathalie descend, pâle, tremblante, pouvant à peine se soutenir.
— Voulez-vous que je monte avec vous, madame? dit le commissionnaire.
— Non, c'est inutile, j'irai seule; tu m'as dit au troisième?...
— Oui, madame, la porte à gauche.
— C'est bien.

La jeune femme se tient après la rampe, car elle a besoin de soutien. Elle monte un escalier étroit et sombre; elle arrive au troisième; mais, parvenue devant le logement où est son mari, elle sent ses forces lui manquer, et ne peut plus que se jeter contre la porte en s'écriant : — Ouvrez-moi, de grâce, ou je vais mourir!

La porte s'ouvre, le capitaine reçoit sa femme dans ses bras, et Nathalie n'aperçoit dans la chambre que son mari, seul, vêtu en blouse, en bonnet grec, et fumant dans une superbe pipe turque.

— Ma femme! s'écrie Armand en regardant Nathalie avec surprise.

— Oui, votre femme, monsieur, qui sait que vous la trahissez... que vous vous déguisez... et qui veut enfin connaître le mystère de votre conduite...
— Comment, Nathalie, tu as pu penser que j'en aimais une autre!... Le mystère de ma conduite... eh bien! tiens... le voici... (et le capitaine montrait sa pipe à sa femme.) Avant notre mariage, tu m'avais défendu de fumer et je t'avais promis de t'obéir. Pendant quelques mois je tins religieusement ma promesse... mais si tu savais ce qu'il m'en coûtait! il me manquait quelque chose... j'avais des moments d'humeur, de tristesse, que je ne pouvais vaincre... c'était ma pipe... ma bonne pipe que je cherchais en vain... et après laquelle je soupirais. Enfin, n'y pouvant plus tenir, à la campagne je découvris une chaumière dans laquelle un bon paysan fumait. Je lui demandai s'il pourrait me prêter une blouse, un chapeau; car je voulais bien fumer, mais il ne fallait pas que tu pusses t'en apercevoir, et c'est surtout aux vêtements que s'attache la fumée ; pour la bouche, je sais mille moyens qui empêchent qu'elle conserve aucune odeur de la pipe. Tout fut bientôt convenu entre moi et le paysan. Arrivé chez lui, je changeais de costume, je mettais même un bonnet sur ma tête pour que mes cheveux fussent garantis, et, grâce à ma précaution, tu ne te doutais de rien. Tu voulus revenir à Paris : il me fallut trouver un nouveau moyen pour fumer en secret. Je louai cette chambre dans un quartier éloigné du nôtre; j'y apportai moi-même un costume de rechange, et, avant de fumer, j'ai soin d'enfermer bien hermétiquement dans un coffre les effets que je viens d'ôter. Voilà tout le mystère, ma chère amie: pardonne-moi de t'avoir désobéi, tu vois que j'ai fait tout mon possible pour te le cacher.

Nathalie est déjà dans les bras de son mari, qu'elle embrasse tendrement en s'écriant :
— Il se pourrait! ce n'est que cela... Ah! que je suis heureuse!... Oh! désormais, mon ami, tu fumeras chez toi tant que cela te fera plaisir... oh! je ne m'y opposerai plus, et tu n'auras pas besoin de te cacher pour cela!

Et Nathalie revient vers son oncle, rayonnante de joie, lui dire :
— Il m'aime toujours, mon cher oncle, il m'adore..... C'est qu'il fumait, et voilà tout... mais je veux qu'il fume tout à son aise à présent, je suis si contente!...
— Il y a un moyen de tout arranger, dit M. d'Ablaincourt, ton mari fumera en jouant au trictrac avec moi.
— Et comme cela... pensait le vieux garçon, je suis sûr de faire ma partie tous les soirs.
— Ma chère Nathalie, dit le capitaine, tout en profitant de la permission que tu me donnes, j'aurai toujours soin que cela ne t'incommode pas, et je prendrai chez moi les mêmes précautions que je prenais dehors.
— Oh! mon ami, tu es vraiment trop bon... mais je suis si heureuse de savoir que tu n'es pas infidèle! Ah! il me semble maintenant que j'aime l'odeur de la pipe.

www.ingramcontent.com/pod-product-compliance
Lightning Source LLC
LaVergne TN
LVHW052110090426
835512LV00035B/1494